Gérard Trèves

Gérard Trèves est né en 1942 à Marseille. Malgré une poliomyélite contractée à l'âge de 7 ans, il pratique dès 16 ans le parachutisme sportif et devient à 20 ans, en 1962, champion du monde de précision d'atterrissage à Orange, près de Boston aux États-Unis. Autodidacte, il entreprend une carrière professionnelle dans la vente et la communication, crée et administre par la suite plusieurs sociétés immobilières de prestige. Gérard Trèves partage aujourd'hui son temps entre sa famille, le Chemin de Saint-Jacques et l'association « Espérance Jeunesse » pour les enfants défavorisés de la Fondation des Apprentis d'Auteuil.

Retrouvez l'auteur sur
http://www.gerardlatortuedecompostelle.fr

MARCHER
POUR APPRENDRE
À AIMER

GÉRARD TRÈVES
LE PÈLERIN *LA TORTUE*

SAINT-JACQUES-DE-COMPOSTELLE

MARCHER POUR APPRENDRE À AIMER

Témoignage de 4 000 km à pied sur le chemin des étoiles…

TRÈVES ÉDITIONS

Pocket, une marque d'Univers Poche,
est un éditeur qui s'engage pour la préservation
de son environnement et qui utilise du papier fabriqué
à partir de bois provenant de forêts gérées
de manière responsable.

ISBN 978-2-266-23371-2

Aimer sans agir, cela ne signifie rien...

Raoul FOLLEREAU

Je dédie ce témoignage à :

Joy, ma mignonne petite fille qui vient de naître, et Guy, mon très cher frère aîné qui vient prématurément de nous quitter,

mon épouse, mes enfants et petits-enfants, mon beau-père François, à notre grande famille et nos amis à travers le monde, et particulièrement à l'île Maurice, en Amérique et au Togo,

tous ceux rencontrés ou croisés sur le Chemin : pèlerins, hospitaliers, randonneurs ou autochtones,

tous ceux qui ont pris ou prendront cette route mythique...

À ceux qui nous ont quittés
et ont atteint l'autre rive, particulièrement :

mes parents Lucienne et Jean, ma belle-mère Marie-Louise, mon beau-père Charles, mon oncle Édouard, mes frères Alex, Claude et Guy, maman Simone Bax de Keating et Paul Ahyi.

mes amis trop tôt disparus : Anna Collet, Dominique Morize, Françoise Petit, Isabelle Smaniotto, Jeanne Lucette Sermoz, Martine Ziegler, Raymond Boisse-rand, André Chambon, Terry Durandard, Roger Fugier, Alain Pilot, Gilles de la Roque, Georges Tour.

et ceux avec qui j'avais eu le plaisir de pérégri-ner sur le Chemin : Sœur Andrée-Marie de Roca-madour, Gisèle, Jacqueline, Noëlle, Alain, Daniel du gîte d'Aroue.

Préface de Nicolas Vanier

Le Voyageur du Froid

« Il faut parler au cœur pour que la tête entende. »

Nicolas Vanier
Le Voyageur du Froid

à

Gérard Trèves
Pélerin de Saint-Jacques

Depuis trente ans, Nicolas parcourt le Grand Nord... Aujourd'hui, fort de ces expériences et enseignements il témoigne de l'urgence qu'il y a à protéger notre planète. Il ne s'agit pas d'être prophète de malheur mais de tirer une sonnette d'alarme tout en faisant rêver.

Ce livre est un bonheur qui ressemble au chemin que vous avez suivi. Votre aventure est déjà un exploit physique et sportif. L'opiniâtreté dont vous avez fait preuve, ce que vous appelez « l'envie de continuer, d'aller jusqu'au bout » force le respect. Mais, à travers votre témoignage, en partageant votre expérience, vous nous offrez surtout un beau voyage qui, au-delà du défi physique, représente surtout un défi spirituel, profondément humain.

L'adage « le temps que l'on gagne en voyage est celui que l'on perd en chemin » résonne tout au long de ces pages comme le ferait une bonne paire de chaussures cloutées sur la roche. Car c'est bel et bien le chemin qui compte et marque durablement. Cette histoire est pleine de rencontres qui font aimer la vie et ceux qui l'aiment. Oui, seul le chemin compte et la façon dont on le suit. L'arrivée, le sommet, n'est rien.

Le rythme lent de la marche à pied nous fait redécouvrir ce qu'est la vérité du temps qui passe. Il nous fait comprendre la richesse qui émane de cette relation harmonieuse à la nature que nous avons abandonnée au profit d'une vie souvent superficielle, rapide, qui nous fait oublier l'essentiel. Enfin la marche, silencieuse et respectueuse, nous fait aimer ce que nous traversons : ces paysages féériques que nous nous devons désormais de protéger. Nous devons passer de l'ère de la destruction à celle de la préservation et ce genre de témoignage nous en donne l'envie. Merci pour ce merveilleux récit que vous nous offrez et qui saura certainement cheminer dans les esprits.

Bonne route et bien amicalement,

Nicolas Vanier.

Après Le Dernier Trappeur *(2004), Nicolas Vanier, auteur-réalisateur a sorti le 9 décembre 2009 son film* Loup. *Cette merveilleuse histoire d'amitié entre un jeune Évènes et une meute de loups est un grand succès, et les paysages du Grand Nord sont fantastiques !*

Nous pensons en famille que ce film mérite une belle reconnaissance et pourquoi pas une récompense...

Merci Monsieur Nicolas Vanier !

Préface de Zazie

Femme de cœur

Artiste engagée, auteur-compositeur-interprète, très active dans les associations caritatives : Sol En Si, Les Enfoirés... et bien d'autres !

Un jour, il y a longtemps, l'Homme s'est mis debout et il a marché... Depuis, il n'a cessé d'inventer des moyens pour aller plus loin, plus vite... Qu'en est-il de l'Humanité ?

Ce livre est le carnet de route d'un homme qui, comme nous, vit dans ce monde qui semble porter plus d'intérêt aux résultats qu'aux chemins pour y arriver, ce monde qui nous formate et nous dicte une conduite à suivre, une route à prendre.

Alors ce livre fait du bien car il prend son temps, comme celui qui l'écrit, comme celui qui le lit.

Gérard Trèves... je n'invente rien, un nom prédestiné pour faire une pause, une parenthèse dans nos vies pressées. Peu importe qu'il soit marcheur ou pèlerin. Peu importe le nombre de villages et d'églises. Cet homme est en marche, et son cœur aussi, qui rencontre les autres venus, comme lui, prendre le temps de réfléchir, respirer, reprendre leur souffle.

Cet homme est de tous les pays, toutes les croyances. Il n'est ni mon ami, ni de ma famille, mais je partage avec lui l'intime et profonde conviction que le plus intéressant dans cette incroyable expérience qu'on appelle la vie, ce n'est pas le résultat… On le connaît, le résultat, c'est le même pour tous les hommes, tôt ou tard… Non, la vie, c'est bien le Chemin. Il faut aimer le prendre chaque jour, semé de fleurs ou d'embûches, le célébrer sans cesse, lui rendre hommage.

Marcheur, il y a longtemps, c'était le propre de l'Homme…

En sommes-nous toujours capables aujourd'hui ?

Zazie

Prologue d'André Dréan

Gérard Trèves débarque à l'aéroport de Santiago de Compostela. Demain débute pour lui l'inimaginable : joindre Challes-les-Eaux, à plus de 2 000 kilomètres, à pied.

L'aller, notre homme connaît déjà, mais pas le retour. C'est comme le jour et la nuit : l'aller est l'aventure du Monde ; le retour, la découverte de soi. On perd ou on gagne : c'est le pari de la vie, car il s'agit d'arriver à la maison différent de ce qu'on était au départ. En vérité, peu y réussissent. C'est plus qu'une épreuve ! Le pèlerin doit se débarrasser d'une existence antérieure, comme d'un mal-être, pour n'être que vie et amour actif.

C'est ce qu'engage notre marcheur, persuadé qu'on ne peut aimer que si l'on s'accepte tel qu'on est –

« Aime-moi comme tu es ! » lui chuchotait Dieu. Sur le chemin de Compostelle, on l'appelait La Tortuga et ça a été pour lui plus qu'une souffrance – « Je traîne la patte depuis plus de 100 km, parfois je marche en canard pour préserver ma cheville gauche. » Moyenne horaire : 1,7 km. Dur de devenir un homme en de telles conditions, de se mettre nu devant soi-même. Au fil des étapes, Gérard Trèves va laisser aller ses vieilles peaux, s'ouvrir à une nouvelle naissance : la sienne cette fois, forgée en ses mains. Habité du profond désir de renaître, notre pèlerin est remonté vers la vie, à la source de l'amour qui est de se présenter comme don.

Ce retour lui a offert la foi, ce qu'il n'avait pu réussir à l'aller. C'est devenu un croyant en Christ et en Dieu : sans leur aide, serait-il revenu à la maison « assoiffé de partage » ? Non, c'est une épreuve, Compostelle ! On n'y est pas pour le plaisir, mais au service de la vie. Le pèlerin La Tortue est entré vivant en celle-ci, donc en l'éternité. Ainsi d'ailleurs que le lui affirmait une pèlerine : « Le ciel est en chacun de nous. » À une condition, de réussir à l'ouvrir : pas une mince affaire, laquelle réclame courage, humilité, et surtout d'être visité par la lumière.

L'étonnant avec ce chemin de Compostelle, ce n'est pas tant ce qui se passe pendant qu'après. S'il ne se passe rien, le marcheur de Compostelle doit se remettre en chemin : il a échoué. Celle ou celui qui réussit entre en action, pour l'autre, et par amour – selon le mot de Raoul Follereau : « Aimer sans agir cela ne signifie rien. » L'amour est action : ce n'est pas que des mots ! Et vivre est aussi agir. C'est ce verbe fait chair que gagne le pèlerin La Tortue : le Chemin le décide à être charité et partage. Voici son témoignage, écrit à la face de l'homme.

André Dréan

Pèlerin de Saint-Jacques-de-Compostelle
et auteur d'*Aventure Népal* (tome 1 et 2) en 2006
aux éditions L'Harmattan

AVANT-PROPOS DE GÉRARD TRÈVES

Lorsque vous avez aperçu la couverture de ce livre sur Saint-Jacques-de-Compostelle, vous vous êtes sûrement dit : « Tiens ! Encore un livre sur le Chemin… » Par simple curiosité, vous avez pris le livre en main et vous avez lu la quatrième de couverture pour en savoir davantage.

Cet ouvrage est le témoignage de mon retour à pied de Saint-Jacques-de-Compostelle avec des rencontres exceptionnelles, de longues traversées solitaires, des incidents techniques dus à la marche quotidienne et petit à petit, l'élévation de l'âme vers le spirituel…

Tout au long de ce retour, j'ai relaté dans mon petit carnet de voyage mes réflexions, mes observations et la transformation que je sentais là, au fond de moi. Mon tempérament de Marseillais m'ouvrait sur les autres mais écrire n'était pas habituel pour moi : je voulais exprimer l'importance d'une rencontre, la signification d'une attitude, la compréhension d'un fait troublant et comment, tout au long de ces 2 000 kilomètres de retour vers ma maison, j'ai parfois senti monter en moi un sentiment d'abandon, espérant pourtant à chaque étape, le soir, un changement profond de mes mauvaises habitudes…

Le Chemin, dit-on, façonne : j'avais le temps… Je faisais partie des quelques pèlerins originaux qui, aujourd'hui, s'aventurent à remonter le Chemin : ils ne sont pas nombreux et j'étais parmi eux. L'année précédente, j'avais découvert le chemin de Saint-Jacques-de-Compostelle grâce à l'émission de télévision de Patrick de Carolis « Des racines et des ailes ». La décision de mon départ fut un double défi pour montrer à ma famille que je pouvais marcher et soutenir un effort constant pendant plusieurs jours. Pour moi qui avais eu la polio dans mon enfance, c'était une épreuve nouvelle. Même si cette terrible maladie m'a en partie épargné, elle a provoqué une atrophie de trois centimètres aux muscles de la jambe droite, en longueur et en épaisseur : le fessier fut particulièrement touché et le déhanchement qui a résulté de tout cela m'a donné une véritable aversion pour la marche à pied ! En plus de ce handicap, un grave accident de ski a bloqué partiellement ma cheville gauche. Pour ces deux raisons, je n'ai jamais sollicité mes jambes lors de longues épreuves.

Les pèlerins aguerris mettent deux mois pour faire à pied les 1 600 kilomètres qui séparent Le Puy-en-Velay de Saint-Jacques : il m'en a fallu un peu plus de trois pour atteindre ce but, ce qui m'a valu le surnom de *La Tortue* !

L'aller à Saint-Jacques m'avait fait découvrir le Chemin. J'étais pris dans un engrenage étonnant : sans m'en rendre compte, je descendais vers les reliques de l'apôtre en compagnie d'une multitude de pèlerins que je revoyais plus ou moins régulièrement en fonction du rythme de nos déplacements. Nous étions en fait « aspirés » par Saint-Jacques et plus nous approchions du but, plus la cadence était effrénée... même pour une petite tortue qui parfois se demandait ce qu'elle faisait là !

Pendant l'hiver qui a suivi cette belle aventure, j'ai pris – pour plusieurs raisons que j'exposerai plus loin – la décision de remonter le chemin de Saint-Jacques, de faire ce retour à pied seul avec moi-même, sans date précise de retour. Je savais que ce serait une aventure difficile mais j'étais certain qu'elle pourrait apporter un vrai changement dans ma vie. J'avais alors besoin de me reconstruire, de changer mes attitudes, de trouver d'autres motivations à mon existence ; et aussi des réponses aux nombreuses questions qui persistaient même après ce 25 août, jour de mon arrivée à Saint-Jacques-de-Compostelle.

Pourquoi aujourd'hui, longtemps après mon retour, ai-je eu envie de vous ouvrir mon cœur ? Pourquoi me décider si tardivement ?

Depuis mon départ du Puy-en-Velay le 6 juin, je n'ai jamais cessé d'être en chemin. Pratiquement chaque jour, même après mon retour d'Espagne, j'ai raconté ce que j'avais vécu aux personnes que la Providence mettait à mes côtés. Puis j'ai organisé des soirées de rencontres et de partage autour de la présentation de mon diaporama numérisé de 52 minutes *Fleurir le chemin de Saint-Jacques par des gestes d'amour*. Pendant la demi-heure de questions-réponses qui suivait la projection, j'accompagnais mes propos de petites anecdotes pour mieux illustrer mon témoignage : à la fin des soirées, les spectateurs me demandaient souvent si je ne les avais pas relatées dans un livre. Au fil de ces remarques, l'idée a fait son chemin (elle aussi).

Mais je n'étais pas encore prêt à faire le pas. C'est Nadia, une amie du centre de transfusion sanguine de Chambéry, qui m'y a aidé : je la rencontrais tous les deux mois pendant ces longues cytaphérèses[1] où on me prélevait des plaquettes ou du plasma. Elle venait près de mon fauteuil, apportant du jus de fruit et des biscuits pour favoriser la reconstitution de mon sang, et nous nous racontions nos petites aventures. Nadia accompagne des personnes qui ont des difficultés dans leur vie affective ou spirituelle. Un jour, avant de nous quitter, elle me dit : « Tu sais, Gérard, il faut que tu continues à témoigner sur tout ce que tu as vécu sur le Chemin. Tu es un semeur d'espérance et d'amour ! » Je me suis vivement défendu de cette image qu'elle avait de moi : elle ne me connaissait pas suffisamment, ni mes défauts dont j'ai du mal à me débarrasser ! Mais l'homme est ainsi fait. Malgré tout, cette phrase a résonné en moi et je l'ai transformée en maxime de vie : « Nous devons devenir des semeurs d'espérance et d'amour ! », ce qui me semblait plus conforme à la réalité.

Une autre raison – et non des moindres – qui m'a remis en chemin et incité à reprendre mon entraînement, je la dois à mon ami Luc Bax de Keating, celui que j'appelle « mon frère Mauricien » !

Un jour, en mars, il m'a téléphoné et m'a dit : « Gérard, prépare-toi : j'ai lu tes écrits et regardé

---

1. Technique consistant à prélever le sang d'un donneur pour en extraire un type de cellules (globules blancs, globules rouges ou plaquettes) et à restituer le reste.

ton diaporama, je viendrai une quinzaine de jours cet été afin de me rendre à pied à Saint-Jacques-de-Compostelle avec toi comme guide ! »

J'ai eu beau lui expliquer que j'avais rangé mes affaires de marche, rien n'y a fait ! Un peu plus tard, alors que je lui racontais cette conversation avec Luc, ma fille Sybille m'a dit : « Papa, tu es à la retraite : pourquoi ne pas partir de Challes et rejoindre le Puy-en-Velay ? Cela te permettrait de t'entraîner pour finir ton pèlerinage. Luc viendra te rejoindre et vous pourrez ainsi fouler le Chemin ensemble ! »

C'est ce que j'ai fait. Vingt-cinq jours après mon départ, mon épouse Nicole a emmené Luc au Puy et j'ai fait avec joie la route du Puy à Estaing dans le Lot en compagnie de mon ami. Ensuite, ma sœur Gisèle nous a amenés à O Cebreiro en Galice, à 150 kilomètres de Compostelle. Luc, totalement conquis par Saint-Jacques, disait regretter que je n'aie pas écrit les belles aventures que je racontais dans les gîtes le soir à la veillée…

Cet été à Rocamadour, haut lieu du Chemin où j'étais venu comme hospitalier itinérant, j'ai pris la décision de me lancer dans un travail d'écriture des belles histoires de mon chemin. Ça se passait lors d'une soirée au gîte *Lou Cantou* dirigé par les Sœurs du Calvaire de Gramat en compagnie des sœurs Andrée-Marie et Marie-Renée et de l'abbé Ronan de Gouvello, curé du sanctuaire marial de Rocamadour.

Ainsi, j'avais donc fini par accepter le conseil des personnes rencontrées dans l'Aubrac sur la route du retour et qui avaient tellement insisté, elles aussi, pour que je témoigne par écrit : devant la petite église de Saint-Alban-sur-Limagnole, des randonneurs s'activaient auprès de leur voiture. Aux tenues impeccables de ces pèlerins avec la coquille cousue sur le haut de leur sac, j'ai compris leur volonté d'appartenance au pèlerinage. Fatigué par mon étape du jour, mes vêtements défraîchis et mon allure générale (chapeau fleuri, bourdon[1] à la main, peau burinée par le soleil) les ont sans doute effrayés car je n'ai reçu aucune réponse à mon « Bonjour les pèlerins ! ». Seul un des chauffeurs a osé s'approcher de moi. Partis du Puy-en-Velay, ils étaient venus passer quelques jours sur le Chemin. À leur plaque d'immatriculation, j'ai vu qu'ils étaient originaires de la région du Rhône. Cet homme, étonné de m'avoir vu arriver par l'arrière de l'église, m'interpella :

— D'où venez-vous ? me demanda-t-il.

Après lui avoir expliqué mon long chemin de retour, nous échangeâmes nos réflexions et nos impressions. Ses copains, loin de s'intéresser à nos propos, m'envoyaient de loin de petites vannes du genre :

— Pourquoi porter son sac alors qu'avec la voiture d'intendance, c'est tellement plus pratique !

Peu à peu les pèlerins se rapprochèrent et bientôt, tout le groupe m'entoura. Campé sur mes jambes, la tête reposant sur mes mains qui tenaient le haut de mon bourdon, j'étais heureux de leur avoir montré une autre possibilité de vivre le Chemin, de façon plus ouverte aux autres, avec plus de compassion et pourquoi pas, un brin de spiritualité ! Pendant ces instants partagés, il me semble que quelque chose s'est opéré en nous et particulièrement en eux. Je leur offris quelques fleurs et de petits cailloux. L'homme qui était venu en premier me dit :

— Gérard, tu dois absolument écrire ces aventures

1. Le bâton du pèlerin.

que tu as vécues. C'est très important : nous ne pensions pas rencontrer un pèlerin revenant à pied de Saint-Jacques !

Puis il ajouta :

— Excuse-nous si nous t'avons un peu chambré : nous ne nous rendions pas compte de ce que tu vivais sur ton chemin de retour.

Je suis reparti, heureux et sans rancune, pour finir mon étape du jour.

Ces différents événements m'ont permis d'ouvrir mon cœur et ma mémoire. Mais ce n'est que quatre mois après l'été, alors que j'avais passé quatre semaines à Saint-Jean-Pied-de-Port à l'automne pour écrire tranquillement, que je me suis aperçu que toutes les belles histoires que je racontais, je les avais puisées sur le retour, rarement à l'aller. J'ai donc compris ce matin-là que ce n'était pas la simple narration de vieux souvenirs que je devais faire mais bien reprendre mes carnets de route et les ouvrir, tels quels, avec leur authenticité puisqu'ils sont les témoins de ma vie au jour le jour sur le Chemin, de mes réflexions et de mes observations sur des aventures extravagantes, quelquefois de mes coups de gueule : mais c'est ainsi !

À l'aller j'avais découvert le Chemin, ses joies, ses peines. J'ai complété ce récit du retour par quelques détails et des histoires vécues pendant les périodes où je n'écrivais pas : parfois la fatigue et le poids des jours m'en ont empêché, écrire était alors secondaire pour moi. Je m'y consacrais surtout pour laisser à mes proches le témoignage de cet époux, papa ou Papou pèlerin, qui un jour montrerait à tout ce petit monde la vie d'un homme face à son destin.

Sur mon chemin de retour jusqu'à ma maison, j'ai souvent repris ce beau poème de Joachim du Bellay :

Quand reverrai-je, hélas, de mon petit village
Fumer la cheminée et en quelle saison
Reverrai-je le clos de ma belle maison
Qui m'est une province et beaucoup d'avantage !

Comme on le dit lorsqu'on se croise sur le Chemin : « *Buen Camino !* » et c'est ce que je vous souhaite.

Nous allons passer 112 jours ensemble et faire 1 934 kilomètres à pied… à un pas de tortue ! Prenez, vous aussi, tout votre temps !

Bon chemin,
Avec joie !
Ultreïa ! ultreïa !
[illegible] La tortue.

Le puy-en-Velay   Rocamadour

VIVRE AUJOURD'HUI LES CHEMINS DE COMPOSTELLE… EN EUROPE

Un peu d'histoire pour commencer…

En l'an 820, un ermite nommé Pelage découvrit la tombe de saint Jacques, l'un des douze apôtres du Christ. Après que Jacques le Majeur eut évangélisé la Galice, la légende prétend que son corps décapité s'échoua sur les côtes du Finisterre, en Espagne, sur un radeau de pierre. Comme une traînée de poudre, les pèlerins affluèrent de toute l'Europe vers ce *Champ de l'Étoile*, en suivant la Voie lactée d'est en ouest.

Ce pèlerinage fut à l'origine de la construction de villages, de ponts, de routes, d'églises et autres édifices religieux. Les pèlerins étaient soignés et protégés par des ordres illustres tels que ceux des Hospitaliers ou les Templiers.

Les pèlerins en route pendant plusieurs mois devaient affronter le mauvais temps et les animaux sauvages : certains perdaient parfois la vie dans des guets-apens tendus par des brigands appelés les coquillards. Au fil des siècles, des millions de pèlerins, les jacquets ou jacquaires, allèrent à pied ou à cheval jusqu'à Santiago de Compostela, au nord de l'Espagne près de l'océan Atlantique, à plusieurs milliers de kilomètres de chez eux ! Le plus souvent, cette dévotion leur permettait d'être en paix avec eux-mêmes ou de racheter une faute passée. L'espoir de chacun au retour était d'obtenir une place au paradis pour bénéficier de la vie éternelle.

Aujourd'hui le pèlerinage de Saint-Jacques-de-Compostelle prend une toute autre signification. Il est très important au XXIe siècle de pouvoir prendre un peu de temps pour soi-même et d'emprunter ce chemin mystique en pensant aux milliers de pèlerins qui l'ont suivi et y ont laissé des empreintes que l'on ne trouve nulle part ailleurs.

La plupart des personnes qui décident de partir ou d'effectuer une partie du Chemin ne le font pas pour des raisons religieuses. Elles partent en simples randonneurs et souvent reviennent de Saint-Jacques en vrais pèlerins. La métamorphose s'effectue peu à peu : « Le Chemin façonne ! » Et les témoignages de cette transformation parfois radicale sont nombreux.

Sur le Chemin, les rencontres sont toujours fructueuses, le tutoiement est naturel, les pèlerins s'appellent par leur prénom et il n'y a aucune différence sociale. La seule chose qui compte, c'est la volonté d'avancer en essayant de changer ses attitudes, d'oublier pendant quelques jours, et pour certains pendant quelques mois, son confort et ses petites habitudes pour vivre en harmonie avec la nature, partager des repas dans les gîtes et atteindre le tombeau de l'apôtre après des mois de marche et des milliers de kilomètres parcourus à pied, à cheval ou à vélo !

En définitive, c'est en nous laissant porter que la

Providence opère un grand changement au fond de notre cœur.

Souvent, sans trop nous en rendre compte, notre âme de pèlerin s'élève en une véritable démarche intérieure qui nous permet de sentir la présence du Divin que nous avons parfois la sensation de côtoyer avec une si forte résonance pendant les longues journées de pérégrination : alors nous prenons conscience de nos origines et nous entrevoyons notre devenir en sentant que l'engagement envers Dieu pour acquérir le bonheur suprême passe très simplement par l'humilité découverte grâce à la marche à pied et aux rencontres du chemin qui changent le cœur de l'homme nouveau.

N'est-ce pas là l'essentiel ? C'est pourquoi dès aujourd'hui nous pouvons nous mettre en chemin car il est temps de marcher pour ESSAYER D'APPRENDRE À AIMER.

Le retour du pèlerin néophyte sous le *Chemin des étoiles* de Santiago…

Lyon Saint-Exupéry – Santiago de Compostela
Lundi 14 mai : journée d'approche…

Il est 15 heures. Je suis en transit, attablé dans l'un des petits restaurants de l'aéroport de Barcelone où je déguste quelques tapas arrosées d'un soda. La collation servie dans l'avion m'a laissé une petite faim ! Il est important de bien s'alimenter quand on se lance dans une telle aventure : remonter à pied le chemin de Compostelle !

J'ai manqué rester au sol à Lyon car je suis allé raccompagner Nicole et les jumeaux, Béril et Mathis, sans prendre garde à l'heure : les petits pistounets voulaient s'envoler pour Compostelle avec leur Papou !…

Le temps d'échanger quelques mots d'encouragement et d'espoir, il est déjà 12 h 15 : le décollage est prévu à 12 h 25 ! Le mécontentement de l'hôtesse n'a d'égal que sa courtoisie : elle a compris que cet homme, honteux de son retard, est en fait un pèlerin, et de surcroît celui que l'on nomme *La Tortue* !

Me voilà enfin parti : le Folker 50 décolle bruyamment et déjà nous sommes dans les nuages. Je suis confortablement assis, j'ai déposé mes chaussures de marche et enlevé ma chevillère. Les yeux mi-clos, je revois en quelques minutes les derniers jours d'attente…

Incapable de poursuivre mon entraînement à cause des douleurs qui taraudaient ma cheville, j'ai opté pour « le tout pour le tout » : je partirai de Santiago mardi matin. Je marcherai progressivement par étapes modestes de 10 à 15 kilomètres pour voir venir…

J'ai souvent dit que j'aimerais remonter le *Camino de Santiago*[1] comme le faisaient les pèlerins du Moyen Âge : ils devaient bien rentrer chez eux, d'une manière ou d'une autre ! Parfois ils y laissaient leur vie, prenant place dans la « caravane » qui mène au ciel, une destination qu'ils avaient sûrement bien méritée ! Je plaisante, mais heureusement, les temps ont bien changé.

J'ignore pourquoi à cet instant l'envie de réussir ce retour m'habite tout entier. Durant l'hiver, une transformation s'est opérée en moi. J'atteins l'âge du changement et j'ai souhaité ardemment troquer la dure réalité de mes activités professionnelles contre la satisfaction de mener des actions humanitaires : on y pra-

---

1. Nom du chemin de Saint-Jacques-de-Compostelle en espagnol. Depuis le XIXe siècle, une hypothèse voudrait que Compostelle viendrait du latin *campus stellae* : le champ de l'étoile. Dans le langage du VIe siècle, Compostelle aurait pour étymologie *compostum* : cimetière, dérivé du verbe *componere*, dans le sens d'enterrer (lieu de sépulture).

tique les notions de partage et d'ouverture auxquelles je veux m'initier. Mon plus grand privilège pendant ce retour, si le ciel le permet, sera de recevoir l'amitié de ceux que je croiserai sur cette route. Ce plaisir de partager et d'être à l'écoute de l'autre est ancré en moi. Durant l'hiver, j'ai senti que je n'étais pas au clair avec mes propres attitudes et réflexions envers ma famille. Jusqu'à ce que je me rende à l'évidence : plus je m'enthousiasmais à raconter mon précédent pèlerinage jusqu'à Saint-Jacques-de-Compostelle, plus je m'enfermais dans mon ego. Au fil des témoignages, j'étais pris dans une spirale infernale : je vivais renfermé sur moi-même et non pour les autres, malgré l'attitude « bon public » de mon auditoire qui se projetait volontiers sur les traces de mes aventures !

Qu'en était-il de mon humilité ? De mon désir d'écouter les autres, de les comprendre et dans l'idéal, de les aider ? J'eus la confirmation de ce constat lorsque Nicole, mon épouse, me fit remarquer que notre couple souffrait d'un manque de dialogue et d'intimité. Et quand notre fille Marion ajouta : « Papa, en définitive, tu n'as pas changé ! » ce fut un électrochoc : il fallait que je reparte !

Le milieu professionnel dans lequel j'évolue n'est pas propice aux réflexions spirituelles. Il n'est pas favorable non plus aux notions d'authenticité de la vie et de bonheur simple. Nicole me fit cadeau de ses impressions juste avant notre séparation à l'aéroport : je compris que ce chemin serait une sorte de retraite.

À l'instant du départ, j'aurais aimé pouvoir lui dire : « Nicole, tu respectes mes choix et tu comprends enfin que je dois réaliser ce retour. Cela n'est pas facile pour nous deux mais je suis certain que tu peux comprendre ma volonté de renaître ! Voilà ce que je suis venu chercher en terre d'Espagne : ressourcer mon intérieur pour le lire, le nettoyer et le garder propre afin qu'avec l'aide des forces divines je puisse donner de l'amour autour de moi, en commençant par toi, ma chère compagne. Ce désir est profondément souhaité par ton "tordu" de mari, Papou pèlerin pour nos enfants et petits-enfants. Nous n'avons pas de temps à perdre car le compte à rebours a commencé comme me le faisait remarquer Jean-Michel, un pèlerin aguerri, lors d'une discussion sur ce fameux désir de retour sur le Chemin. Alors, essayons plutôt de profiter au maximum du temps qui nous reste pour vivre et aimer. »

Hier au soir, lors d'un dernier entraînement autour de chez nous au Chaffard, j'ai rencontré Bernard, qui marchait difficilement en s'appuyant sur son parapluie. Le souffle court, il articula quelques phrases hachées : « Vous savez Monsieur, j'en suis à ma troisième dépression… Et je n'ai que 67 ans ! Je suis actuellement chez mon frère pour quelques jours avant de rentrer en maison de retraite… »

Je l'ai écouté. Pour la première fois, moi qui suis très bavard, j'ai fait cet effort d'être attentif à ses propos, ce qui m'a fait réaliser à quel point ses conditions de vie étaient difficiles et j'espère que les quelques mots que nous avons échangés lui auront fait un peu de bien.

Il a mis un terme à la conversation en disant qu'il était heureux et bien réconforté et qu'il prierait pour moi lorsque je serai sur le Chemin : je lui ai promis de penser à lui et de prier également pour que sa santé s'améliore.

Écouter Bernard, être sensible à ses problèmes de

santé tout en essayant de lui communiquer un peu de compassion et lui offrir les mots qu'il attendait peut-être, m'a procuré une joie simple mais ô combien motivante pour moi qui ai tant à apprendre !

Au retour de ma balade d'entraînement, mes petits-enfants m'ont découvert en habits de pèlerin, une magnifique rose grenat que l'on venait de m'offrir ornant mon chapeau : j'étais déjà bien original avec ma dégaine mais avec la rose en plus, c'était le bouquet !

Ils sont formidables, ces petits jumeaux d'amour de 2 ans et demi. Béril me dit :

— Tu vas à Compostelle ?

— Eh oui, je vais marcher !...

Mathis reprend :

— Il va à Compostelle acheter des tortues !

— Eh non ! Il va acheter du pain, rétorque Béril.

Sidonie, leur grande sœur, écoute. Elle a 4 ans et, alors que j'explique mon espoir de revenir de Saint-Jacques, elle me dit en haussant les épaules :

— Si tu peux, Papou, si tu peux !

Dans deux heures, je serai à pied d'œuvre et je pourrai à loisir me motiver pour concevoir mon véritable essentiel... sans toutefois brûler les étapes et en préparant soigneusement les itinéraires et lieux où je désire m'arrêter. Il me faut apprendre à lire le topo-guide à l'envers, en commençant par la fin puisque je remonte de Saint-Jacques, ce qui n'est pas naturel dans l'esprit du Chemin au XXIe siècle. N'ai-je pas mélangé toutes les étapes, durant ces trois dernières semaines, en compulsant les 7 000 photos réalisées l'été dernier lors de ma descente vers Saint-Jacques ? Je dois me

discipliner pour « relire » le pèlerinage d'aller et me mettre à l'écoute des pèlerins, surtout le soir au gîte. Dans la journée, j'aurai tout mon temps pour que seul, bien seul, je trouve le courage d'avancer en me souvenant de cette phrase écrite par Raoul Follereau : « Aimer sans agir, cela ne signifie rien ! Comprenez-vous ? »

En sortant de l'aéroport, il pleut, et quand la pluie cesse, le ciel reste chargé. En arrivant à Santiago, de belles trombes d'eau nous accueillent. Je comprends mieux les raisons de l'immense verdure de la Galice. Espérons que cela ne dure pas !

Un charmant Espagnol a accepté de me conduire en voiture jusqu'à la place de la cathédrale : je suis à quatre kilomètres du gîte. Il est 20 heures et la fermeture du service administratif du *camino de Santiago* est prévue à 21 heures. Je me rends immédiatement derrière la cathédrale, au bureau qui délivre la *Compostela*, ce diplôme tant convoité par les pèlerins du monde entier. Il faut présenter sa *credencial*, véritable passeport sur lequel est apposé chaque jour le tampon du gîte, de la mairie ou de l'office du tourisme attestant les passages et l'avancement vers la destination finale : Saint-Jacques-de-Compostelle. Les Galiciens sont très ingénieux et tolérants : afin de recevoir plus de visiteurs, ils acceptent d'offrir cette *Compostela* à tout pèlerin qui a fait au moins 100 kilomètres à pied et obtenu au minimum cinq tampons sur sa *credencial*.

François, un jeune pèlerin aux cheveux courts, le visage tanné par le soleil et des yeux bleus perçants, est en train de recevoir son diplôme. Il est parti de Puente la Reina il y a 18 jours et a parcouru 680 kilomètres ! Originaire de Cluses en Haute-Savoie où il habite, il a fait ses études à Grenoble, tout près de

Challes-les-Eaux. Il a 24 ans et a laissé son amie à Saragosse. Je suis impressionné par sa maîtrise de la langue espagnole.

Que vais-je faire maintenant ? Remonter au gîte de Lavacolla ? Le refuge qui accueille 800 pèlerins ferme à 22 h 30. François attend un ami parisien, Henri, qui doit le rejoindre devant la cathédrale dans la soirée. Nous nous donnons rendez-vous dans quelques minutes au centre de la place, lieu de rencontre et de prédilection des pèlerins.

En attendant, je vais enfin pouvoir entrer dans la cathédrale qui est encore ouverte. Je pénètre dans l'édifice qui, toutes lumières éteintes, n'est pas très accueillant. Je me rends au pied de la statue de saint Jacques qui trône toujours au même endroit, je m'agenouille et me recueille un instant. Dans quelques heures à peine, tout va recommencer : les longues marches sous le soleil ou la pluie, les rencontres avec les pèlerins qui descendent vers Saint-Jacques, de longs moments seul pour méditer et réfléchir ; les aléas du Chemin, les petits problèmes d'intendance et d'orientation également. Le retour n'est prévu ni par les guides, ni par les balisages : c'est ainsi, à moi de m'adapter !

Je retrouve François sur la place avec Peter, un ami suédois qui est parti de Saint-Jean-Pied-de-Port et a souffert de deux tendinites. Il a dû s'arrêter à Astorga et pour ne pas « perdre » son pèlerinage, il s'est rendu à Saint-Jacques en voiture. François et moi décidons de chercher une chambre et de dîner ensemble en attendant Henri, l'ami retardataire. François boite, son tendon d'Achille le fait souffrir : cependant, il dit n'avoir fait « que 40 kilomètres aujourd'hui »… Quelle santé ! Ce petit gars est attachant par sa simplicité, son enthousiasme et son esprit d'à-propos.

Nous partageons un repas convivial près de la cheminée, au bout du comptoir d'un petit bar que nous avons découvert dans une ruelle derrière la place. Peter le Suédois est à la recherche d'un emploi d'ingénieur dans les machines à papier. Incité par quelques amis, il a pris le Chemin et regrette de n'avoir pu le terminer… Mais il reviendra !

Notre chambre d'hôte chez l'habitant est minuscule mais propre. Je suis heureux de pouvoir soulager la douleur de François en lui proposant ma pommade anti-inflammatoire. Nous nous couchons à 23 h 30. Trois minutes après l'extinction des feux, François dort à poings fermés : il peut être fier de lui, mais moi, je ne trouve pas le sommeil…

Santiago – Arca – Santa Irene
Mardi 15 mai : 22 km en 8 heures
pour ce premier jour

Réveillé vers 5 heures, j'écoute le bourdon de la cathédrale qui égrène les demi-heures et je me lève à 5 h 45.

François connaît bien Compostelle, il tient absolument à me « sortir de la ville ». J'insiste pour qu'il reste au chaud mais il a du caractère, cet animal-là ! Il me conseille de lui emprunter sa cape bleue, très confortable sous la pluie.

— Elle se voit de loin ! me dit-il.

Il m'offre en prime une salade et une soupe :

— On ne sait jamais !

Chemin faisant, nous bavardons : ce matin, je suis plus détendu et je me livre un peu plus facilement. Mais ma cheville va-t-elle tenir ? Et moi, comment vais-je me comporter, seul ? Voilà les questions que je me pose. J'explique à mon jeune ami les difficultés que je rencontre avec mon ego, ma famille et mon manque de communication, de tendresse et d'amour envers mes proches, en particulier mon épouse. Il écoute et lorsque nous nous séparons, émus, il me regarde et me dit sans détour :

— N'hésite pas, dis-leur comme tu les aimes !

Un petit sourire éclaire son visage. Nous nous embrassons. Je sens les larmes me monter aux yeux. Je me tourne pour lui cacher mon désarroi.

— Au revoir… et merci François !

— Tu m'appelles quand tu rentres ! me lance-t-il.

Nous nous éloignons en nous saluant deux ou trois fois, la main ouverte en l'air pour exprimer cette amitié naissante.

Dès les premiers kilomètres, je croise quelques pèlerins : Alia de Sienne, Claudia de Turin, Xavier et Francis, deux sympathiques frères originaires d'Orléans qui sont des « pros » de la randonnée. Étienne a 79 ans et vient d'Antibes : c'est son quatrième pèlerinage vers Saint-Jacques. Jean, 81 ans, l'écume aux lèvres, est heureux d'arriver enfin, accompagné par son infirmière.

En me retournant un instant pour retrouver les images de mon arrivée à Saint-Jacques l'année passée, que vois-je ?… Incroyable ! C'est un pèlerin qui remonte lui aussi le Chemin, sa cape bleue sur les épaules : il s'approche et s'arrête devant moi. Je m'assois pour déguster une banane. Jacques me sourit, son grand bâton à la main. Après nous être salués, nous faisons connaissance. Il vit à Genève et est allé au Finisterre, au bout de la Galice, en deux mois et demi, soit plus de 2 000 kilomètres. En mars, il a traversé la France sous la pluie pendant trois semaines, subi des chutes de neige dans les Pyrénées et veut marcher lentement pour les étapes du retour ! Il part maintenant pour Rome et a pris dix mois sabbatiques pour faire ce périple.

Jacques est très sympathique et nous reprenons la route ensemble ; il pense avoir trouvé en moi un « ami de retour » mais il ne sait pas encore que Gérard *La Tortue* s'est transformé en escargot.

Comme cette étape est longue ! L'an dernier, je devais être porté par les forces divines et j'ai oublié que cette portion de route, de Santa Irene à Santiago, fait 20 kilomètres ! Nous cheminons une petite heure côte à côte. C'est plus difficile de remonter le Chemin, comme je le disais tout à l'heure. Jacques m'avertit qu'il s'arrêtera à Arca, à 10 kilomètres de là. Nous nous séparons en nous disant « À ce soir ! » mais j'ai le sentiment que nous ne nous reverrons pas.

Je m'assois alors pour enlever mes chaussures et ma chevillère. Ah ! Que c'est dur mais tellement réconfortant quand même d'être là. Ma pause casse-croûte terminée, Suzanne, une pèlerine venue d'Allemagne qui s'est arrêtée près de moi, me dit que pour Arzúa, il faut encore parcourir 20 kilomètres. « Mais non ! lui dis-je, 10 kilomètres seulement ! » réalisant que je me suis trompé de village puisque je ne vais pas à Arzúa, mais à Arca : ouf ! je ne m'y retrouvais déjà plus ! Encore quelques kilomètres et j'y serai. Ma cheville me fait beaucoup souffrir et je dois m'arrêter toutes les demi-heures pour prendre de l'aspirine : du coup, me voilà perdu ! Une brave dame à qui je demande ma route me signale que j'ai dépassé Arca depuis deux kilomètres et que devant moi, également à deux kilomètres, se trouve Santa Irene : c'est un véritable pèlerinage puisque je dormirai au même endroit que le 24 août de l'an passé.

Je reconnais le gîte. Douche, lessive, petite sieste : il est déjà 17 heures. Je descends à la cuisine où pour toute batterie, je ne trouve qu'une vieille casserole toute noire ! Heureusement que le « bon » François m'a offert une excellente salade que j'ai dégustée sur la route ; j'apprécie également la soupe aux vermicelles, même brûlante. Une nouvelle fois, je constate la différence entre ma vie de pèlerin et mon confort habituel : « Merci Nicole pour les saucissons que tu as mis dans mes bagages : j'en ai mangé ce soir la moitié d'un ! Et les nougats que tu m'as préparés feront le dessert. »

Au gîte, nous sommes une dizaine. Quand je pense qu'au mois d'août, l'an dernier, les jeunes pèlerins dormaient devant la porte d'entrée et dans le couloir, les dortoirs étant surchargés !

Voilà que s'achève ma première journée de retour. Demain, j'essaierai de me modérer pour rallier Ribadiso da Baixo, juste après Arzúa : 18 kilomètres m'attendent, ce qui devrait continuer à me mettre en jambes. Je l'espère et j'y crois fermement car sinon, il y a lieu de s'inquiéter pour cette damnée cheville ! Mais le moral est bon, c'est le principal. Je remercie le ciel et lui demande de l'aide pour tous les jours à venir. Ne parlons pas à demi-mot : mon ange gardien est là et je compte sur lui pour m'aider dans cette nouvelle épreuve.

Consultant mon petit carnet de route, j'observe la photo de couverture où Nicole et moi-même sommes photographiés sur le port d'Ajaccio. « En te regardant, ma chère épouse, je te dis tout mon amour et ma reconnaissance pour les joies et le bonheur que tu m'as donnés pendant ces nombreuses années… Tu vois que le Chemin fait déjà son premier effet ! »

2e jour : Santa Irene – Arzúa – Ribadiso da Baixo
Mercredi 16 mai : 20 km en 8 heures soit 42 km en 16 heures

J'ai passé une excellente nuit au refuge de Santa Irene malgré la présence de quatre jeunes étudiantes espagnoles qui n'ont cessé de glousser et de rire dans la pénombre, et finalement éteint leur radio à 23 h 30 ! À cela rien de surprenant ; ce qui m'étonne par contre, c'est que je n'ai eu aucun ressentiment à leur égard : je n'en suis qu'à mon premier jour, alors pas de panique ! Et puis un pèlerin doit être tolérant, c'est mieux pour aborder le Chemin.

Levé à 7 h 30, je prends le départ une heure plus tard après avoir avalé un thé préparé dans la seule casserole du gîte (toujours la même) et un morceau de pain un peu dur que je garde toujours en réserve dans mon sac. Il faut que je m'organise car le matériel de cuisine est souvent restreint dans les gîtes et j'imagine que la plupart du temps, je prendrai des repas froids.

Ce matin, la pluie fine tombe en bruine sur le *camino Francès*, nom espagnol donné à ce chemin reliant Roncevaux à Saint-Jacques-de-Compostelle. Toute la région est bouchée et à perte de vue, c'est tout gris. Les cimes des eucalyptus qui s'élancent vers le ciel disparaissent dans l'épaisseur du brouillard qu'ils semblent traverser.

Je marche lentement, couvert par la cape de François, attentif à mon corps : quelles seront ses réactions jusqu'à Ribadiso da Baixo, à trois kilomètres d'Arzúa, le but de cette étape étant à 18 kilomètres de là ? Les muscles de mes jambes fonctionnent plutôt mieux que je ne le pensais. Pas de courbatures. Les Elastoplast sont bien ajustés sous l'avant du pied pour éviter les premières ampoules. J'ai le temps d'être « mieux éclairé » ! Ma cheville est moins douloureuse qu'hier, mais je n'ai parcouru que 5 kilomètres. Rapidement, je prends des chemins de traverse qui longent la nationale 547 menant à Arzúa.

Ce soir, j'aurai réalisé mes premiers 40 kilomètres mais il en reste 760 pour arriver à Roncevalles, 1 560 jusqu'au Puy et près de 2 000 avant de rentrer à la maison : « Quand reverrai-je de mon petit village fumer la cheminée ?... »

Je dois donc rester modeste ! Fassent les forces divines, les pèlerins de rencontre et mon ange gardien que je puisse aller le plus loin possible sur ce « chemin de la sagesse » dont parle Nicole dans l'introduction de mon petit livre de voyage.

Je fais une halte aux pieds des deux stèles bâties en mémoire de Marinano Covisa Carro et Guillermo Watt, décédés en 1993, et je dépose ma petite pierre sur le muret, près des chaussures de bronze qui rappellent que l'un de ces deux pèlerins s'est éteint à 25 kilomètres de Santiago : Dieu ait son âme ! C'est triste de voir que l'on peut mourir si près de l'arrivée, mais ainsi va la vie.

Je m'assois sur le socle du monument et me mets à réfléchir : Guillermo Watt est mort à 69 ans, j'en ai actuellement 59. Combien d'années Dieu m'accordera-t-il encore ? Sur ce chemin, à quoi cela sert-il de courir ? Je dois juste me concentrer pour savoir où je veux aller, comment y parvenir et si j'aurai la capacité de donner suffisamment d'amour dans ma dernière tranche de vie. Tiens, c'est drôle, on dirait que le Chemin m'ouvre à la philosophie !

J'ai bien noté ce que disait Raoul Follereau mais je dois en priorité agir chez moi, dans ma famille, avoir une réflexion positive, m'élever au-dessus des problèmes et donner autour de moi et aux miens de l'affection et de l'amour par des gestes tendres et généreux. Voilà une source de réflexion pour la journée !

Dans un petit café, j'ai dégusté une délicieuse *tortilla*[1] et je dois déjà repartir : j'ai encore 13 kilomètres à parcourir, il ne faut pas que je m'endorme car je n'en suis qu'à mon deuxième jour de pèlerinage !

Le chemin entre Santa Irene et Ribadiso est assez vallonné. Je me suis perdu à plusieurs reprises mais la chance m'a finalement souri : deux pèlerins sont arrivés alors que j'allais rebrousser chemin. Je suis bien sur le *Camino*... et vraiment, le fléchage n'est pas prévu pour le retour !

Ma cheville tient le coup. J'entretiens mon rythme en faisant des pauses toutes les demi-heures. Pourtant vers la fin de l'étape, les muscles de mon dos me rappellent que je vais bientôt avoir 60 ans et que je manque d'entraînement : ça, je le savais déjà !

J'arrive au refuge de Ribadiso da Baixo à 22 heures, une véritable maison du Moyen Âge avec sa grande cheminée de pierres qui trône dans l'ancienne salle d'armes, une pièce borgne en pierres du pays, jointées. Des amis Espagnols et Brésiliens discutent à côté dans la cuisine et leurs voix résonnent dans la salle comme s'ils avaient organisé une réunion politique. Ah ! ces Espagnols : incorrigibles !

---

1. Omelette aux pommes de terre.

Je partage un modeste repas avec Jacques, un Breton qui est arrivé du Puy à une cadence effrénée de 40 à 50 kilomètres par jour : une vraie force de la nature ! Ici les ustensiles de cuisine sont carrément inexistants et les plaques chauffantes ne fonctionnent que si l'on réamorce le disjoncteur toutes les deux minutes : ce sont les surprises du Chemin !

Assis près du lit que l'on m'a offert, je fais la connaissance de Marie-Thérèse et Gaël, deux pèlerins pressés d'arriver au terme de leur chemin. Nous en évoquons la magie et cette recherche personnelle qui est celle de chacun tout au long de sa vie, et plus particulièrement ici. Parlant de cet état de « renaissance » que l'on ressent lors de l'arrivée à Santiago, Gaël a une belle image qu'il m'offre pour mon retour chez moi en Savoie : « Tu ne regarderas plus le soleil se coucher mais au contraire, tu le verras se lever ! »

Avec un air un peu mystérieux, Gaël et Marie-Thérèse me confient qu'ils sont des « enfants de cet univers » qui les a fait se rencontrer. Je ne saisis pas bien ce que cela signifie, je les trouve un peu étonnants. Gaël reprend, en s'approchant de mon oreille et baissant la voix comme s'il craignait d'être entendu : « Nous ne pouvons pas parler ici… » Nous nous disons qu'un jour viendra où nous pourrons échanger plus aisément nos pensées. « Mais quand ? » me dis-je. Ils ne feront pas d'autre commentaire, me laissant sur ma faim.

Ce matin, mon premier bouquet de fleurs ornera la stèle de Ramon Pazos Seaje Morcho, décédé le 22 juillet 1996. Je comprends que cet homme était dans les ordres et qu'il a dû perdre la vie sur le *Camino*.

La bruine n'a pas cessé de la journée, mais c'est toujours mieux que la pluie et le soleil viendra bien un de ces jours ! Ce matin, pendant de longs moments de solitude, j'ai réfléchi à l'idée que je me fais du bonheur et à la différence qu'il représente avec les joies ou le plaisir : joli programme dont nous reparlerons dans quelques jours ! Je dois laisser décanter mes idées et mes réflexions pour mieux cerner le sujet principal de ma démarche personnelle qui est de m'accepter tel que je suis et savoir l'exprimer.

3e jour : Ribadiso da Baixo – Melide – Casanova
Jeudi 17 mai : 18 km en 8 heures soit 60 km en 24 heures

Bruine de beau temps. En milieu de matinée, le ciel se découvre et laisse le soleil éblouir le paysage.

Hier au soir, en rentrant me coucher vers 23 heures, j'ai été saisi par le froid de la nuit. Un tremblement que je connais bien me donnait des frissons. C'était une petite fièvre : j'ai dû attraper froid en conversant avec Gaël et Marie-Thérèse, rien de grave. Vite dans le duvet, bien au chaud avec un Doliprane, je me suis dit que « demain, ça ira mieux ! ».

J'ai des courbatures, surtout dans le dos : les efforts des deux premiers jours y sont pour beaucoup. Pourtant, j'essaie au maximum de ménager « ma monture » sachant que cette « vieille guimbarde » n'est plus en très bon état ! J'ai prévu de faire 15 à 20 kilomètres par jour la première semaine pour la mise en jambes et d'augmenter progressivement si je veux voyager loin ! J'espère gagner Saint-Jean-Pied-de-Port en 45 jours, ce qui fait justement une moyenne de 20 kilomètres par jour. À l'aller, il m'avait fallu 31 jours pour couvrir 800 kilomètres. Il faut dire que j'étais sur un petit nuage, porté par mes amis pèlerins espagnols et par les forces invisibles qui je l'espère, m'habiteront encore pendant ce long défi du retour : j'en ai bien besoin !

J'ai toujours autant de difficultés à trouver mon chemin. C'est compliqué lorsque, au détour d'un sentier, on se trouve à la croisée de trois directions différentes : laquelle choisir ? Et c'est comme ça tous les 500 mètres ! Un peu comme dans la vie… Il faut savoir faire des choix et si possible, les bons… ou se remettre à l'ouvrage et ici, en Espagne, « rebrousser chemin », ce qui m'arrive très souvent !

Tant que la route nationale est à proximité, tout va bien ! Mais lorsque je serai en pleine campagne, ce sera plus délicat. D'autant que je ne pourrai même pas me référer aux bornes, puisque le chemin est indiqué sur toute sa longueur par des flèches jaunes et seulement sur les derniers 150 kilomètres par des bornes placées tous les 500 mètres jusqu'à Saint-Jacques. Remontant en sens inverse, plus je vais avancer, plus le fléchage sera difficile à repérer. C'est d'autant plus agaçant que je me déplace en moyenne à 2,5 kilomètres à l'heure (parfois moins) et que j'ai l'impression de ne pas avancer. Mais ça m'apprend la patience et l'acceptation de ma condition, ce qui me sera très utile plus tard là-bas en Savoie.

Cette étape se déroule plutôt bien malgré les difficultés du début, mais il faut souvent relancer la machine !

Et la cheville ? me direz-vous. Je compose et quand je souffre trop, je marche en canard ! Les pèlerins qui me croisent pensent peut-être que je viens de faire l'aller et qu'aussitôt, j'ai entamé le retour. À ceux qui le demandent, j'explique que l'aller, c'était l'an dernier, et que je suis revenu spécialement pour entamer ce long retour.

Parmi eux, je fais l'agréable rencontre de Jean-Marc, un jeune homme à la personnalité attachante. Le style un peu écolo, il descend vers Compostelle en compagnie de deux Américaines, Mélanie et sa fille Nelly, qui vivent en Alaska : on dirait deux sœurs.

Jean-Marc a divorcé deux fois, sa première épouse est décédée il y a deux ans. Ensemble, ils ont eu une fille qui a aujourd'hui 19 ans. Maintenant il vit seul et voit régulièrement ses deux autres petits, âgés de 4 ans et 25 mois.

Son cheminement a un point commun avec beaucoup de pèlerins, y compris moi : il essaie de se mettre en accord avec lui-même et de vivre mieux en acceptant ses défauts et travers. Pas toujours facile d'atteindre cet « état de grâce », j'en sais quelque chose ! Mais le Chemin est là pour nous aider, le ciel aussi ! Rien n'est laissé au hasard, il faut croire en la Providence et se répéter inlassablement : « Aide-toi et le ciel t'aidera ! N'hésite pas à prier, même si tu doutes… Que risques-tu ? » Rien, au contraire ! Je pense qu'il est préférable de passer pour un émerveillé, un candide plutôt que pour un égoïste, un insensible ou un matérialiste : chacun a le droit de trouver sa force dans ses croyances, l'important c'est d'être tolérant et respectueux d'autrui, accepter que l'autre soit différent de soi.

Ce soir, au refuge de Casanova, je suis resté seul jusqu'à l'arrivée de deux Américaines et une Finlandaise. Elles ne parlent pas le français et moi, pauvre savoyard d'adoption, je ne parle que le marseillais ! La communication s'avère impossible et ça me fait comme un grand vide. Encore un apprentissage : la solitude, les petites baisses de moral, l'inquiétude et le doute. Ces états qui nous « forment », il faudrait nous en souvenir et garder présent à l'esprit notre force de caractère dans une profonde humilité !

N'ayant pas encore acheté de carte, je ne peux même pas utiliser la cabine téléphonique pourtant toute proche : je reste donc seul.

Jean-Marc a rédigé pour moi une dizaine de questions essentielles en espagnol. Il serait temps que je m'y intéresse :

— *Me he perdido. ¿Dónde está el Camino para regresar a Francia ?* (Je suis perdu, où est le Chemin pour le retour en France ?)

— *Busco una habitación o un hotel. ¿Conoce usted algo por aquí ?* (Je cherche une chambre ou un hôtel, connaissez-vous quelque chose ici ?)

— *Quisiera el menú del día.* (Je voudrais le menu du jour.)

— *¿Dónde puedo encontrar una tienda de comestibles por favor ?* (Où y a-t-il une épicerie s'il vous plaît ?)

Il faudra que je me débrouille avec ça car le langage des signes, si naturel pour le Marseillais que je suis, ne suffit pas toujours à me faire bien comprendre dans ce pays et chaque jour les Espagnols, très gentiment, veulent me renvoyer à Santiago : il est vrai que les originaux qui remontent le *Camino* sont assez rares ! Mais dans mon fort intérieur la renaissance passe par ce défi physique du retour au bercail. Malgré mes handicaps, c'est une épreuve de volonté que je me suis fixée et je pressens que l'essentiel est ailleurs.

Le 60e kilomètre atteint, c'est la joie ! Mais ça n'est que le quarantième de ce que j'aimerais réussir.

Sur ces bonnes paroles humoristiques, je termine mon repas à base de céréales et vous souhaite le bonsoir.

« Ah oui Nicole ! Il ne faut pas gaspiller, mais qu'est-ce que tu as mis dans mon sac ? C'est vraiment une intendance de régiment et en plus, quel poids ! Grand merci tout de même ! »

4e jour : Casanova – Palas de Rei – Ligonde
Vendredi 18 mai : 19 km en 8 heures soit 79 km en 32 heures

Un petit vent frais s'est levé sur la campagne environnante et si le soleil réchauffe mes membres un peu douloureux, les passages à l'ombre sont rafraîchissants ; le ciel est parsemé de nuages, ce sont des cumulus de beau temps.

Les premiers kilomètres sont toujours un peu pénibles malgré le lait bien chaud et les tablettes énergétiques qui auraient dû « gonfler le moteur » encore un peu poussif !

Pour éviter la nationale 547, le *Camino* s'étire de chaque côté de la route comme une tresse. L'intérêt réside surtout dans le charme des petits villages traversés et dans le contact avec de sympathiques autochtones qui s'affairent à leurs tâches. Une petite dame arc-boutée sur sa fourche pique un gros tas d'herbe pour préparer la litière de ses animaux et les vaches « appellent » le paysan pour qu'il vienne tirer le bon lait de Galice. Certains troupeaux partent déjà au pré.

Je peux observer la construction des fameux *hórreos*, ces greniers à grains qui jouxtent les fermes et contiennent le plus gros des récoltes de l'année. Une gentille paysanne m'a montré cet endroit où ils conservent le grain. Ces petits greniers sont toujours soutenus par trois gros socles dont l'ossature parfois est en pierres lisses et les murs en lattes de bois pour éviter que les petits rongeurs montent dans le grenier. Ils ont fière allure !

Au centre du village, un pylône distribue l'électricité grâce à des câbles tendus en étoile. Quel dommage de défigurer ces belles maisons de pierres qui abritent sous leur soupente le linge pendu au-dessus d'une charrette dont les roues rappellent les chars en bois du Moyen Âge. Les fenêtres sont bordées de pierres sous lesquelles, en allège, il y a un énorme bloc d'où dépasse un petit tuyau en pierre, installation archaïque destinée à l'écoulement vers l'extérieur. Les tonnelles où courent les vignes doivent être si jolies en été et j'imagine que leurs raisins juteux régalent les enfants du village ! Sans doute sont-ils à l'école aujourd'hui, je n'en ai vu aucun.

Dans certains villages trône parfois une petite église avec son cimetière et un clocher à deux cloches, peut-être destinées à des usages différents : l'une pour appeler à la messe, l'autre pour l'incendie ou le secours… à moins que ce ne soit comme le glas à deux tons : grave pour les hommes, aigu pour les femmes, allez savoir !

J'ai rallié Palas de Rei, à cinq ou six kilomètres du départ, en deux heures et demi… ce qui n'est pas exceptionnel mais l'essentiel est d'arriver ce soir à Ligonde pour préparer mon cinquième jour de marche.

21 h 30. Je suis attablé au gîte de Ligonde et je vois par la fenêtre flotter au vent du soir les vêtements lavés par les premiers pèlerins dans l'après-midi. Le soleil est encore haut et je constate avec surprise que la nuit tombe plus tardivement en Galice.

Maria Paz, l'hospitalière, est très accueillante. Quand

je lui demande où je peux acheter un litre de lait pour demain matin, elle s'éloigne et revient un quart d'heure plus tard avec le café, le sucre en poudre et une grande marmite de lait ! Je la remercie et lui demande ce que je lui dois, mais elle refuse l'argent en rougissant et je n'insiste pas. Ce geste est d'autant plus généreux qu'elle voit passer des centaines de pèlerins chaque semaine. Quelle belle leçon de gentillesse ai-je reçu ce soir : à moi de m'en souvenir.

Nous ne sommes que quatre au gîte. Érika est une dynamique grand-mère suisse, originaire de Bâle. Partie 77 jours plus tôt, elle touche au but après avoir traversé toute la France et une partie de l'Espagne. Son cinquième petit-enfant est né hier : elle a hâte de rentrer pour le voir. Je suis impressionné par la détermination de cette pèlerine, grande par la taille et le cœur, qui a perdu son mari il y a cinq ans. Elle me raconte que lorsqu'elle était jeune, voyant passer chez elle les pèlerins qui partaient vers Compostelle, elle s'était dit : « Moi aussi, un jour, j'irai ! »

Elle l'a fait avec beaucoup de simplicité. Elle m'explique qu'au fur et à mesure et après les premières étapes, courtes et modestes, elle peut aisément faire 40 kilomètres par jour. Cette progression au fil des jours paraît normale, sauf pour moi qui suis toujours un peu à la traîne... normal pour une tortue !

Deux Islandais, Maria et Éric, sont venus rejoindre Érika. Nous avons pris notre premier repas en commun chez l'habitant, dans la maison près du gîte. Une fine cuisinière espagnole nous a préparé une soupe et du porc-frites avec une excellente salade composée, le tout arrosé d'un vin du pays. Tout cela nous a comblés : depuis quatre jours, c'est mon premier repas

« normal » et je lui trouve un goût particulier… celui de la maison ! On apprécie souvent davantage ce qui nous manque et les assiettes sont retournées entièrement propres à la cuisine, saucées avec du pain comme si nous n'avions pas mangé depuis huit jours : c'est le *Camino* !

Je suis étonné par la grande diversité de nationalités des gens que je rencontre : Néo-Zélandais, Hollandais, Belges, Suisses, Anglais, Brésiliens, Québécois et Canadiens, Français, Écossais, Islandais, Italiens, et bien sûr des Espagnols ! Quelles richesses dans ces partages, mêmes furtifs : la plupart du temps, nous ne faisons que nous croiser !

Ce matin, Noël et Robert m'ont interpellé : « Toi, tu es de Chambéry ! » Ils me donnent des nouvelles de Jacques, l'ami genevois reparti ce matin vers Portomarín. J'ai déjà presque une étape de retard sur lui et je ne pense pas pouvoir le rattraper. D'autant que je ne veux pas encore me décharger du poids de mon sac et que je tiens à rester raisonnable en faisant de petites étapes de 15 à 18 kilomètres, ce qui est bien suffisant.

À quatre kilomètres de Ligonde, je reconnais un site où je suis passé l'été dernier. Deux pèlerins, Pierre et Colette, font trempette, les pieds dans le lavoir : je les imite pour garder bonne contenance et rafraîchir mes pieds endoloris. Je boitais tellement en arrivant : j'ai presque honte qu'ils m'aient vu marcher en canard alors que je ne suis qu'à 70 kilomètres de mon point de départ ! Il me tarde de fêter mes premiers 100 kilomètres.

Le soleil vient de se coucher et il est temps, comme le font les poules, d'aller dormir : *« A domani ! »* Et fais de beaux rêves, mon vieux Gérard... surtout que sur le prochain parcours, deux ponts se sont effondrés. Mais vis l'instant présent et sois très heureux d'être arrivé jusque-là !

5e jour : Ligonde – Portomarín
Samedi 19 mai : 17 km en 8 heures
soit 96 km en 40 heures

SAN JUAN
PORTOMARIN

Je suis seul sur la terrasse du *Plaga*, un petit bar au cœur d'un des charmants villages que traverse le Chemin. Il est 11 heures et je n'ai parcouru que six kilomètres. La nuit précédente a été agitée, un cauchemar m'a réveillé vers 2 heures. Nicole me parlait d'une information télévisée : un « collègue » marcheur, Bernard Ollivier – brillant pèlerin qui, à sa retraite et après avoir réalisé le chemin de Compostelle, est parti à pied de Venise pour la Chine ! – avait disparu sur la route de la soie. Quelle terrible nouvelle... heureusement, ce n'était qu'un mauvais rêve ! À cela se sont ajoutés les tracas d'une orientation difficile à cause d'un fléchage aléatoire, et donc la crainte de me perdre. Je suis resté éveillé une bonne partie de la nuit avant que les petits comprimés bio de Nicole aient raison de mon insomnie et me renvoient dans les bras de Morphée.

Ce matin, le réveil est un peu difficile.

Érika prépare le petit déjeuner avec les provisions offertes hier soir par Maria. Quel agréable moment et comme c'est bon de le partager avec les autres, chacun déposant sur la table le contenu de son sac : du saucisson, du chorizo, du fromage de chèvre, des portions de *Vache qui rit* et du pain, toujours le bienvenu même s'il est un peu rassis !

J'ai pris conscience que je dois délester quelque peu mon barda si je veux continuer la route. Fouillant dans mon sac à dos, je cherche ce que je vais pouvoir laisser à Maria Paz. Au final, j'en sors une paire de chaussettes, un coupe-vent, une bombe anti-moustiques, un petit sac et quelques friandises pour les enfants. Je me rends à l'étable de l'autre côté de la route où Maria s'active à la traite de ses vaches à la robe blanche tachetée de noir comme celles de Normandie.

Nous nous embrassons et je me dirige vers la cabine téléphonique qui fonctionne avec des pièces. C'est la première fois que je peux appeler Nicole. Elle m'apprend que Béril, un des jumeaux, s'est fait une grosse bosse au supermarché… mais tout va bien ! La famille est quasiment au complet à Challes et Nicole part lundi pour Paris chez nos enfants, Sybille et Jean-Paul, et leurs trois pistounettes : Noémie, Rosanne et le petit ouragan Lucine.

Je suis très heureux aujourd'hui : il fait beau, les oiseaux me souhaitent le bonjour comme chaque jour et leurs chants m'encouragent. C'est aussi à cause de ces bonnes nouvelles de Savoie : la famille n'a pas oublié ce Papou pèlerin. Je m'arrête souvent, même peu de temps, pour bavarder avec les nombreux pèlerins qui descendent à Saint-Jacques. J'aime vivre ce temps présent plein de surprises et d'amitiés. Je croise ainsi des Brésiliens et aujourd'hui beaucoup d'Italiens, des Français, le premier Polonais, Christophe, et Charles, un Allemand très souriant qui vient d'Aix-la-Chapelle. Il me parle évidemment de Charlemagne : « J'ai traversé la ville de Trèves », ajoute-t-il. Lorsque je lui fais remarquer que je m'appelle Gérard Trèves, il est surpris et me dit que son nom est Bund.

Bien que j'aie allégé mon sac de près d'un kilo, une petite douleur passagère à la cheville m'inquiète, d'autant que je n'ai parcouru que les 500 premiers mètres : j'ai pourtant fait des efforts pour marcher dans les meilleures conditions, ce n'est pas juste !

Avançant sur la route goudronnée de cette belle Galice, j'arrive bientôt au sommet d'une colline avec une très jolie maison ancienne. Là s'élève une croix en bois dont les branches se sont rompues au centre sous l'effet des intempéries et des années : le socle est recouvert de petites pierres déposées par les pèlerins. J'y pose la mienne et me recueille en pensant que j'aurais pu faire une belle photo ce matin. Ce cadrage magnifique, je le garderai donc précieusement dans mon cœur puisque je n'ai pas pris mon appareil pour ce voyage de retour. Je me console en me disant que le reportage a été fait l'an passé par un pèlerin lent, mais vivant et avançant parmi d'autres pèlerins... Ces photographies sont pour moi un témoignage important bien qu'assez contraignant parfois : elles m'ont pris du temps, certes, mais je ne le regrette pas ! Aujourd'hui, je suis sur le retour avec bien d'autres motivations.

Il est 11 h 30 et je ne suis plus très loin de ma destination du jour : Portomarín.

L'an dernier, le gîte était complet quand je suis arrivé à 22 heures. Cette fois, j'espère pouvoir visiter ce nouveau village puisque l'ancien, comme celui de Tignes en Haute-Tarentaise, fut englouti sous les eaux d'un barrage.

L'étape du jour s'est déroulée sans encombre et j'ai retrouvé la longue descente vers Portomarín. Je me suis souvenu de la difficulté rencontrée sur cette partie du chemin, en sens inverse et tard le soir, après une nuit plutôt brève puisque je m'étais levé le lendemain matin à 5 h 30. À cette époque, je n'avais pu me loger au gîte qui, bien que comportant 250 places, affichait complet. Hier, nous n'étions qu'une centaine.

Je sympathise avec Yannick, un garçon très gentil : son papa a fait partie de l'équipe de France de parachutisme. Plutôt volubile, il me renvoie un peu mon exubérance ! Il parle couramment l'espagnol et arrive du pays béarnais, de Pau exactement : il a épousé une jeune femme Inca. Il dit avoir le bon sens paysan et s'éloigne souvent du *Camino,* ce qui lui a valu quelques aventures…

Un jour, il est allé jusqu'au gîte de Ruitelan où un ermite lui a donné le cachet des cavaliers, « privilège réservé aux personnalités initiées », me dit-il en secret ! Il parle de rentrer à cheval jeudi à Santiago : sa femme l'attendra sur la place de la cathédrale. Je lui propose un petit marché : « Si tu nous conduis dans un resto abordable et typique, tu choisiras pour nous une des spécialités du pays et je serai heureux de t'inviter ! » Yannick accepte, son dernier repas dans un restaurant remontant à plusieurs jours, ce qui est également mon cas. Marché conclu ! Nous évitons le restaurant pour touristes à côté du gîte et partons dans une petite ruelle où se cache une excellente table : il aurait été dommage de ne pas goûter à la galette aux anguilles de Portomarín.

Cette nuit à 4 heures du matin, j'ai été réveillé par un grand bruit : on aurait dit une explosion ou le passage d'un train. Dans la matinée, j'apprends qu'il y a eu une secousse tellurique près du village : nous avons eu chaud !

La montée de Portomarín vers Saria me rappelle la rencontre que j'ai faite vers 20 heures l'an dernier de Mario, un industriel italien venu en voiture avec son chauffeur et qui disait avoir horreur de la marche !

Il m'avait rappelé que l'arrivée sur Santiago n'était pas une fin en soi comme pour le chemin de la vie, mais une renaissance. Une renaissance de soi-même, avais-je pensé. Voilà ce qui m'a certainement influencé pour entreprendre ce retour !

Au pied de Portomarín, la limousine attendait Mario. Son secrétaire portait sa gourde et Mario me proposa très gentiment de me déposer au gîte. Malgré l'insistance de ce gentil pèlerin et l'heure tardive, je préférai monter à pied comme je l'avais décidé depuis le début.

6*^e^ *jour : Portomarín – Barbadelo
Dimanche 20 mai :
18 km en 8 heures
soit 114 km en 48 heures

Au gîte, le léger séisme de cette nuit est l'objet de toutes les conversations : nous en parlons avec Anne et Ariel de Verbier, en Suisse. Ariel travaille sur des remontées mécaniques et c'est un garçon peu bavard. Anne est un peu comme moi, plutôt volubile et enthousiaste et elle culpabilise souvent pour un rien. Maintenant elle en a assez de se faire du mal et pense que l'on peut réussir, et même changer, sans que le Chemin soit un chemin de croix. Je suis sensible à ses paroles, ajoutant que toutes les rencontres que nous y faisons transforment le chemin de croix en chemin de joie !

Ce matin encore, Gérard de Bordeaux, Jean-Marie, parti de Strasbourg (2 200 kilomètres), et Pierre le Québécois à la grande barbe poivre et sel, m'ont réconforté : je sens que l'énergie qui me motive à avancer sur ce retour provient en grande partie du contact régulier et profond des rencontres, même brèves, au cours desquelles l'essentiel est dit. C'est impressionnant de voir comme ce chemin transforme les gens ! Chacun y est venu avec sa charge d'émotions, de soucis, de désirs, de réflexions et le Chemin balaie tout dès qu'on marche en pleine nature, malgré des conditions parfois très difficiles : neige, pluie, soleil « tannent le cuir » et forgent notre âme de pèlerin. Nous rentrons au gîte fourbus mais heureux de pouvoir échanger nos émotions personnelles : c'est ce qui donne une dimension particulière à ce pèlerinage par rapport à un chemin de randonnée.

Jean-Marie le Strasbourgeois n'était pas un marcheur : même pour aller chercher ses cigarettes, il se déplaçait en voiture ! Aujourd'hui grâce au *Camino*, non seulement il marche mais il ne fume plus : bravo !

Pierre le Québécois, parti de Arthez-de-Béarn, a fêté hier ses 61 ans. Je lui ai offert mon petit bouquet de fleurs et nous nous sommes donnés l'accolade comme de vieux amis.

Tout en réfléchissant à la réflexion d'Anne, je me dis qu'elle a sans doute raison : pourquoi toujours culpabiliser ? Il faut que je fasse ceci ou cela... Il faut, il faut... Il faut encore, pour être un peu mieux avec moi-même. Ne puis-je simplement me dire que je suis comme je suis et que, dans le fond, je ne suis ni un démon ni un bandit ? ! Comme chacun, je vis avec mes (quelques) qualités et mes (nombreux) défauts. C'est ma personnalité et mon caractère, peut-être est-il temps de m'accepter ainsi et d'essayer de faire de mes défauts une force : je dois trouver laquelle et comment vivre en harmonie avec moi-même.

Il est 13 h 30 : il reste huit kilomètres pour rallier Barbadelo. Je vais passer le 100e kilomètre dans une demi-heure ! Je sens qu'une petite sieste derrière l'église serait la bienvenue, elle va retaper la « machine » bien usée et même un peu délabrée. Tiendra-t-elle encore longtemps ? Dieu seul le sait ! Pour le moment, je fais vraiment ce que je peux pour durer...

22 heures. Je suis dans l'authentique ferme-hôtel de Barbadelo où je suis arrivé vers 17 h 30 après un trajet sans problèmes. À deux kilomètres du but, près d'un ruisseau, j'ai rafraîchi mes pieds dans une eau vivifiante et pendant vingt minutes j'ai eu le rare plaisir de marcher sur du sable sous l'eau : que c'était bon !

J'aurais bien aimé l'an dernier faire une photo de ce pèlerin se réconfortant dans un ruisseau : c'est tellement important pour un marcheur et cela procure un bonheur physique d'une telle intensité !

La soirée est agréable, nous sommes rassemblés autour de la table avec des personnes venues d'Orléans et de Moulins, Julio, originaire de Galice, Daniel son compère et ami, Claudie et Daniel, et aussi Jojo, un Italien qui est vite monté se coucher. Nous avons davantage parlé randonnée que pèlerinage et je m'aperçois que certains pèlerins ou randonneurs sont beaucoup plus doués que d'autres pour marcher. De plus, il est important de bien se connaître et de s'entendre lorsque l'on se déplace à plusieurs.

Julio dit que les Français ne font pas trop d'efforts pour parler espagnol. C'est sans doute plus facile pour lui qui est polyglotte : et moi, pauvre Marseillais, heureusement que je parle avec les mains ! Quelle chance également de posséder ce sens précieux qu'est le toucher. Combien de fois m'arrive-t-il de serrer une main ou de prendre une personne par l'épaule ou par le bras, ce qui permet à l'un et à l'autre de ressentir la sympathie mutuelle que nous échangeons.

Ce soir j'ai encore constaté que nous avons les uns et les autres des motivations très différentes. Dans l'ensemble, pour tout ce qui touche à la beauté des paysages ou à la technicité de la marche, on est en phase : mais dès qu'il s'agit d'élever le débat vers d'autres cieux, c'est une autre aventure. Pendant cette soirée j'ai ressenti très fort ce sentiment et il m'a semblé que nous n'étions pas entre pèlerins mais simplement entre randonneurs !

Néanmoins demain j'essaierai la technique de marche conseillée par Daniel, qui consiste à avancer plus vite pour être moins longtemps en appui sur mes pieds avec le poids de mon sac à dos : à voir ! Si je bavarde un peu moins, je peux sans doute gagner aussi une heure de marche : c'est possible, mais gare à la tendinite !

7e jour : Barbadelo – Saria – Samos
Lundi 21 mai : 18 km en 8 heures soit 132 km en 56 heures

Grand beau temps. Après un excellent *desayuno,* petit déjeuner pris à la ferme, je démarre en espérant gagner une heure comme me l'ont conseillé les pèlerins randonneurs hier au soir : les premières personnes croisées vers 9 h 30 n'ont vu passer qu'une « fusée rouge » (la couleur de mon tee-shirt).

Le *Camino* coupe en un lieu la voie ferrée et un train s'annonce à 100 mètres. Voyant qu'il n'y a pas de barrière, je hurle à une colonie de pèlerins venant en sens inverse : « Attention au train ! »

Je continue ma route en m'arrêtant parfois quelques instants pour dire un petit bonjour et recevoir le salut de ceux qui me croisent. Alors que je l'ai déjà dépassée, une femme blonde qui semble un peu pressée répond en français au « bon chemin ! » que je lui ai adressé. Je lui souris et je poursuis ma marche.

En haut de la côte, je fais la connaissance de Jean-François, un Marseillais de 52 ans qui a été mis à la retraite par son employeur. Il habite en face de la prison des Beaumettes : je plaisante en lui rappelant qu'au bar tout près de cet établissement pénitentiaire il est écrit « ici mieux qu'en face ! ». Nous rions et entamons une discussion animée en échangeant nos motivations respectives concernant notre présence ici. Pour lui, le désir de fouler le Chemin est important : durant sa vie professionnelle, il courait chaque jour pour évacuer le stress et il s'était promis de partir sur le *Camino* dès qu'il serait à la retraite. Il a mis 48 jours pour venir du Puy : c'est exceptionnel ! Il ne lui reste que deux jours pour finir son parcours. À moi, il a fallu 84 jours pour parcourir la même distance : la tortue a rencontré le lièvre !

Je lui expose les raisons de mon départ. Il me félicite d'oser les avouer. C'est un homme plutôt pudique et il trouve courageux d'évoquer ses défauts, même si ce n'est jamais très facile : il pense que c'est une preuve d'humilité. Ses paroles sont réconfortantes et il m'encourage, comme François, mon jeune ami savoyard rencontré à Saint-Jacques, qui me disait avec une grande clairvoyance : « Il faut savoir aimer et le dire, tout simplement ! »

Jean-François m'apprend que la jeune femme blonde que j'ai croisée tout à l'heure et que j'ai trouvée un peu distante s'appelle Christine, et qu'elle travaille à la mairie de Chambéry. C'est un comble pour un bavard comme moi de l'avoir laissée filer sans discuter ! Mais elle avait sûrement d'autres choses à faire que la causette avec un Marseillais-Savoyard et je me promets d'aller la voir à mon retour en Savoie.

Sur la route de Saria et Samos je suis étonné de

ne pas retrouver les sites où je suis passé l'an dernier. Cette fois, à deux kilomètres à l'heure, je peux apprécier les paysages superbes de ces grandes collines recouvertes de prés et de bois. De longues haies de genêts bousculent l'horizon. Les champs labourés depuis peu attendent la prochaine semence. Les paysans s'activent. Tout à l'heure, j'ai assisté à la fin du passage d'un casse-motte : le tracteur tirait une herse dont le lest était assuré par une dame plutôt dodue qui, assise sur l'outil, s'y maintenait comme elle pouvait. Le champ était grand et la terre venait parfois recouvrir ses mains qu'elle tenait fermement accrochées à la herse.

Arrivé à Saria, je suis séduit par une maisonnette avec de jolis rideaux rouges, perdue entre deux grands immeubles. Dans le petit jardin de devant, une dame âgée s'active avec sa binette. Elle m'adresse un grand « *¡hola !* » Elle est belle, toute habillée de noir avec un fichu sur la tête. Elle semble vivre dans un autre monde, faisant fi des voitures, de la circulation et de la ville qui cherchent à l'étouffer.

Un peu plus loin, un pèlerin me voyant boiter me demande pourquoi j'ai pris la route dans ces conditions :

— Maso, tu es maso ! me dit-il.

— Peut-être un peu, mais je suis en compétition avec moi-même et je ne pense pas que cela puisse gêner grand monde. Il faut être tolérant !

Il tourne les talons et disparaît en deux secondes. Je crois pourtant qu'il a raison : je dois être un original un peu « timbré » pour m'être lancé dans une telle aventure. Mais c'est si exaltant et la victoire de chaque portion de chemin accomplie est gratifiante pour moi. J'aimerais tant réussir !

Plus tard sur la nationale, je suis assis à un arrêt de bus le temps d'une pause et je vois arriver une jeune fille d'une vingtaine d'années, Catherine, une Norvégienne qui est partie de León et revient de Compostelle. Elle me dépasse en trois minutes et je ne la reverrai qu'à Samos, où elle m'a pris 10 kilomètres et une heure d'avance !

Pendant ce retour, je suis souvent le photographe attitré du Chemin : lorsque je les croise, les pèlerins me demandent de les photographier avec leur propre appareil. Je dois même attendre qu'une jeune Toulousaine qui ne peut se passer de son portable, ait terminé sa communication avec sa fille pour prendre la photo destinée à sa famille : apparemment, il lui est encore difficile de couper le cordon ombilical !

Assis sur un banc, je suis face à l'imposant monastère de Samos où il ne reste plus qu'une douzaine de moines pour le faire vivre. Nous l'avons visité cet après-midi et ça m'a rappelé les photos de l'été dernier, prises de nuit dans les couloirs lugubres du monastère : j'avais « emprunté » quelques souvenirs interdits.

Il fait chaud, j'ai mis mes vêtements à sécher derrière moi. Je viens de me régaler d'un petit repas savoyard : jambon, tomate, fromage, yaourt, olives, pain et chocolat. Que demander de mieux ? Allongé dans l'herbe, je regarde le ciel et j'aperçois une myriade d'hirondelles qui planent au-dessus du couvent. Elles viennent sans doute faire leurs prières… ou tout simplement nicher dans les murs de ce monument historique qui a brûlé et a été reconstruit grâce à l'aide de la Communauté européenne.

Les pèlerins qui descendent sur Santiago sont tous entre amis et ne se mélangent pas avec les originaux de mon espèce qui remontent le Chemin ! Ce qui ne m'a pas empêché d'en soigner deux : Jean-Pierre l'Orléanais et Étienne. J'ai percé et désinfecté les ampoules de leurs pieds et j'ai eu la sensation que leurs inquiétudes s'étaient dissipées quand ils ont compris la joie qu'ils me donnaient. Demain, ragaillardis, ils pourront courir de nouveau sur le *Camino* !

8ᵉ jour : Samos – Triacastela – Alto del Poyo
Mardi 22 mai : 20 km en 9 heures
soit 152 km en 65 heures

La messe a été célébrée ce matin par les Bénédictins dans l'oratoire du monastère de Samos, une pièce spacieuse avec un petit autel peint en bleu, rouge et or. Les chandeliers et le tabernacle sont les seuls ornements et l'odeur de l'encens me ramène à mon enfance. Six moines et deux nones vêtus de blanc sont assis de chaque côté dans les stalles : leurs chasubles les différencient des novices, en noir.

Nous ne sommes que trois pèlerins : Catherine la Norvégienne, Antonio, un très sympathique médecin brésilien féru d'histoire, et moi. Antonio, ce bon garçon jovial, est plein d'allant. Lorsqu'il est arrivé hier soir, il est resté en arrêt devant le monastère. Au coucher du soleil, il nous a interprété une petite samba brésilienne : tous les pèlerins présents ont apprécié le folklore de son pays.

L'espace d'un instant, je me retrouve des années en arrière lors d'une autre messe chantée en grégorien à l'église des réformés de Marseille : combien il est doux de sentir résonner ces merveilleux souvenirs qui remontent dans ma mémoire !

Aujourd'hui nous sommes là, unis et heureux dans cette consécration importante pour tous les pèlerins. Je pense à ceux que j'aime et qui me sont chers. Saurai-je un jour agir pour leur apporter ma part d'amour ? C'est bien cela que je suis aussi venu chercher sur ce chemin du retour : je ne l'oublie pas !

Les rencontres sur la route goudronnée sont peu nombreuses. Micheline et Paul-André, deux Québécois de Gaspésie, sont partis de Saint-Jean-Pied-de-Port sur les conseils de leurs amis ; il y a aussi les deux jeunes tourtereaux de Nantes, Dorothée et Jean-Christophe, qui veulent « s'essayer » à la vie de couple ! Je trouve l'idée excellente : quand on fait le *Camino*, on voit les choses différemment.

Patrice et Marie-France de Poitiers ont cinq filles et dix petits-enfants. Patrice voudrait laisser à la Croix de Fer une pierre de la collection de son père qui est décédé. L'an passé, ils ont entamé le Chemin mais Patrice a dû s'arrêter à cause d'un calcul biliaire et il n'a pu réaliser cette promesse. C'est donc Jacques, notre ami genevois de retour vers la Suisse *via* Rome, qui déposera cette pierre pour eux.

Me voyant arriver de loin avec mon déhanchement naturel, Jane, une belle Hollandaise douce comme une caresse, me crie : « Tu es trop chargé, Gérard ! Vide ton sac et allège ton âme. Tu n'as pas besoin de beaucoup ! » Belle remarque… qui me culpabilise encore davantage !

Il reste 12 kilomètres avant Alto del Poyo. Comment vais-je y arriver et dans quel état ?

22 heures. Je suis attablé au bar du gîte plus que modeste d'Alto del Poyo, à 1 370 mètres d'altitude. Ce gîte a été construit dans un ancien garage. Une dizaine de lits jumeaux sont disposés derrière un vieux rideau. Au fond de la pièce, il y a la douche et un W-C : les portes ne ferment pas, mais qu'importe ! L'eau est chaude et c'est une grande joie pour moi d'être là ce soir, à plus de 20 kilomètres de Samos.

Dès ce matin j'ai mis la barre assez haut, espérant l'aide de ma bonne étoile : pourtant ça s'est un peu gâté dès le troisième kilomètre. Après une heure et demie de marche, une douleur à la cheville – toujours la même – m'a rappelé les efforts des jours précédents. Comment vais-je m'en sortir cette fois-ci ?

J'ai remarqué qu'en marchant sur le côté de l'asphalte, à gauche, mon pied droit peut rester sur la route, dix centimètres plus haut que le gauche qui lui se trouve alors sur le bas côté. Avec le déséquilibre de ma hanche, mes jambes ont un écart de trois centimètres dû à ma polio. Ça me repose de marcher ainsi, position certainement inconfortable pour une personne « normale » : pour moi, c'est super !

Les camions et voitures que je croise me saluent d'un coup de klaxon ou par un appel de phare, ou encore par un geste de la main que je rends avec joie.

C'est ainsi que je me retrouve à Triacastela après avoir dégusté une *tortilla* française. Je quitte la ville et l'épreuve est là : 12,5 kilomètres de montée sur des chemins caillouteux m'attendent encore !

Apercevant sur mon chemin une petite église de village édifiée en 1750, je fais le détour et me recueille un instant après m'être aspergé d'eau bénite : deviendrais-je soudain une grenouille de bénitier ?

J'écris un petit mot sur le livre à l'entrée de l'église avec le souhait d'être aidé par la main divine : je suis vraiment inquiet pour ma cheville. Va-t-elle finir par se bloquer ? Ce serait dramatique pour moi et pour le but que je me suis fixé : rentrer à la maison à pied !

Je croise de charmantes randonneuses qui me voient claudiquer et me disent : « Si tu comptes monter ici... de la façon dont tu marches, nous te souhaitons bien du plaisir ! »

Merci les amies, mais je monterai coûte que coûte !

Une heure s'est écoulée, puis deux, entrecoupées de fréquents arrêts pour laisser reposer mon corps endolori. Le temps est orageux, le soleil lourd, je suis en nage et le chemin ne cesse de grimper. Pourtant les paysages sont magnifiques et me charment tout autant que ceux de ma Savoie : des champs séparés par des haies faites de grosses pierres plates avec des vaches qui paissent tranquillement dans leur enclos.

Plus je m'élève, plus le village de Triacastela semble minuscule au fond de la vallée. Cinq kilomètres déjà !

Les montagnes au sud offrent une variété de teintes différentes, des pastels aux camaïeux de gris. Le panorama est magnifique : je compte huit sommets. Que c'est beau ! Je suis si heureux.

Les villages de cette région sont plutôt rustiques, composés de quatre à cinq maisons avec une église parfois et une fontaine.

J'ai été attaqué par un gros dindon irascible et n'ai dû mon salut qu'à ma fuite au pas de course et au morceau de bois que je lui ai jeté, sur lequel il s'est rué !

Le temps passe et je monte toujours. Ma cheville

tient bon, mieux que ces jours derniers. Miracle ! Même la douleur a disparu. Je remercie le ciel en espérant que cela puisse continuer : je ne voudrais surtout pas revivre l'expérience de l'aller, quand ma cheville avait anormalement enflé au bout de quelques jours.

J'atteins enfin le col à 1 370 mètres, et le gîte à 18 h 30, après neuf heures d'efforts pour couvrir neuf kilomètres ! Mais l'essentiel est que j'aie remporté ce défi. Je suis vraiment très content, le ciel était bien avec moi ! Ma cheville s'est complètement débloquée : je peux maintenant la plier sans marcher en canard. *Miracolo ! Miracolo !*

Je reconnais le café où nous étions passés l'an dernier avec mes amis espagnols Jesús María Peña, Guadalupe, Lola, Jorge et Yolanda, sans oublier leur chien Clow, un magnifique berger allemand. Il pleuvait énormément et la charmante serveuse du café se souvient que je lui avais offert un bouquet de fleurs, magie de la nature !

Cet après-midi pendant mon repos en pleine montée de Tricastela, affalé sur mon sac au bord du *Camino*, mes chaussures et chaussettes retirées et les pieds à l'air, j'ai entendu soudain un bel accent du Midi : « Tiens peuchère, regarde ce pauvre pèlerin, il a l'air bien mal en point ! »

C'est Renée, une Marseillaise, parlant à son mari qui la suit à quelques mètres. Robert s'arrête et me demande si j'ai besoin d'aide. Il est vrai que mes pieds ressemblent à des poupées de chiffon avec tous ces Elastoplast autour ! Les premières ampoules sont apparues il y a trois jours mais j'essaie de ne pas dramatiser, ce qui ne serait pas digne d'un pèlerin qui a déjà fait l'aller !

Robert habite La Plaine à Marseille, à 200 mètres de la rue du Loisir où j'ai passé ma jeunesse. Nous blaguons ensemble comme deux vieux copains qui se retrouvent.

Ils ont décidé de fêter leurs 40 ans de mariage à Santiago. Naturellement nous évoquons les rapports de couple, la vie actuelle. Pas de problèmes pour eux qui s'entendent bien : ils sont heureux et comblés. Ils cherchent surtout la simplicité du Chemin, le petit repas convivial en campagne… La vie des gîtes ne les gêne pas à partir du moment où ils y trouvent un minimum de commodités.

Je ne peux m'empêcher de penser à mon propre couple. Quel bel exemple ils sont pour moi. Ils se parlent avec intérêt et tendresse. Cela me frappe et je me revois cet hiver, ce qui n'est pas très flatteur pour moi : mes attitudes parfois désobligeantes envers mes proches ou mon épouse me sautent aux yeux ! Mon stress professionnel et mes énervements n'excusent pas tout.

Comment ne m'en suis-je pas rendu compte ? C'est triste d'en arriver là. Les problèmes ou blessures personnelles ne peuvent expliquer de telles attitudes ou réactions négatives. Pourquoi ne pas parler, explorer les soucis, réfléchir ensemble et essayer de trouver une solution positive ? Voilà sur quoi je devrai méditer dans les jours prochains : là est le secret ! Et l'espoir fait vivre, dit-on : alors sois optimiste, mon bon Gérard !

Il est très tard, la nuit est tombée. Demain je serai à O Cebreiro, haut lieu de la Galice et frontière avec la province de León. C'était autrefois un passage important pour les pèlerins. Souvent la neige posait de gros problèmes à ceux qui suivaient le *Camino* en hiver ou même au printemps.

Les petites maisons aux toits circulaires couverts de chaume en font un endroit très typique et prisé par les touristes.

Ensuite, je descendrai vers Villafranca del Bierzo et je pense faire halte à 20 kilomètres de là, à Ruitelan. Yannick le Béarnais dit qu'on y trouve la perle des gîtes et je lui fais confiance !

9e jour : Alto del Poyo – O Cebreiro – Ruitelan
Mercredi 23 mai :
20 km en 9 heures
soit 172 km en 74 heures

Nous nous sommes levés les yeux encore emplis de sommeil : nos amis espagnols et brésiliens n'ont cessé de ronfler ! Mais le comble est venu hier au soir d'un ami allemand qui nous a fait faire silence dans le bar pendant cinq minutes sous prétexte qu'il était en duplex avec la radio nationale allemande ! En voyant gesticuler cette grande gigue chauve, les braves paysans qui tapaient le carton ne comprenaient pas ce qui se passait ! Cette nuit, il nous a offert un joli concert de ronflements : du grand Wagner ! Wagner est précisément le nom du Brésilien qui lui a donné la réplique et prend tranquillement un pot sur la terrasse. Nous sommes devant l'église de O Cebreiro, village mythique des pèlerins du Moyen Âge. Cette étape est pour moi l'un des points importants sur mon itinéraire de retour : c'est la limite extrême de la Galice et aujourd'hui j'entre en Castille.

J'ai dépassé les 150 kilomètres : en cette matinée ensoleillée, mon moral est excellent. La route, les cols, tout est très beau et me rappelle sans cesse notre Savoie avec ses grandes vallées où nichent de petits villages. Ici, ils sont reliés entre eux par des pistes en terre dont la poussière se lève à chaque souffle d'air ! Nous croisons régulièrement des troupeaux de vaches qui vont aux champs...

Ce matin à 7 h 30, Dominique m'a conseillé d'aller admirer le paysage. Ça valait le coup : une mer de nuages à perte de vue nous entourait. De notre gîte au sommet du col d'Alto del Poyo, nous avons pu assister à un superbe lever de soleil. Les pèlerins ont pris de belles photos : pour moi, le déclic s'est fait dans mon cœur. Je suis parfois nostalgique d'un beau cliché que je ne ferai pas mais c'est mon choix : l'initiation au détachement commence par de petits sacrifices !

Le fait de marcher vers l'est chaque matin fait apparaître les silhouettes des maisons en ombres chinoises : comme la nature tout entière, elles sont à contre-jour et les beaux calvaires ou les superbes toitures se découpent sur l'azur du lever du jour.

Les pèlerins sont très nombreux ce matin : à croire que le pèlerinage commence à O Cebreiro. Sans doute parce qu'à partir d'ici on peut, avec les tampons sur sa *credencial,* recevoir la *Compostela*, le diplôme magique des pèlerins du chemin de Saint-Jacques, celui-là même que reçoivent les marcheurs venus de l'extrémité de l'Europe : c'est la règle appliquée par l'organisation du Chemin en Galice.

Descendant une portion de route goudronnée, je croise un pèlerin : pour la première fois il n'a pas répondu à mon bonjour. Peut-être m'a-t-il trouvé un peu trop « européanisé » malgré mon chapeau saharien orné d'un petit bouquet de fleurs des champs, mes deux sacs et mon bourdon, qui auraient dû lui montrer que je suis aussi un pèlerin. Ce voyageur grommelle dans sa barbe blanche ; son jean marron, sa veste bleue et son chapeau sont couverts de poussière, un sac de jute est accroché à son épaule. Ne serait-ce pas ce pèlerin qui va de Rome à Santiago sans un sou en poche, vivant de ce qu'il peut trouver et de la charité des gens ? Un ermite sur le Chemin ? Nous aurions pu nous entendre. Dommage qu'il ne m'ait pas répondu, j'en suis presque vexé !

À force de croiser des pèlerins qui posent souvent les mêmes questions sur mon déhanchement et mes difficultés à marcher, je me dis que je devrais mettre un petit panneau sur mon sac où il serait écrit : « Ne vous inquiétez pas pour moi, je vis comme cela depuis mon plus jeune âge. Merci de votre attention et de votre compassion ! »

Il faut que je vous raconte une histoire rigolote qui m'est arrivée à l'entrée de O Cebreiro. Ayant une « envie pressante », je me décide à choisir un lieu de commodités en pleine nature dans une clairière parsemée de pins d'où je pourrais surveiller le *Camino* sans être vu (la pudeur habite aussi le pèlerin !) : je suis tranquille sans âme qui vive. Quelques instants après m'être bien installé, j'entends des voix qui viennent de la forêt : deux Anglaises sont là, derrière la haie, dans mon dos, très choquées de voir la lune en plein jour ! À quatre pattes, je fais le tour de l'arbre qui m'abrite, un peu honteux, mais en riant tout de même de cette situation cocasse. Comment ont-elles pu me surprendre ? Je comprends par la suite : à dix mètres du chemin principal, le *Camino* fait un angle à 90 degrés. Moi qui me croyais à l'abri des regards... J'imagine ces pauvres Anglaises terminant leur étape en récitant leur chapelet pour se faire pardonner leurs regards indiscrets sur ce pèlerin en détresse !

Descendant tranquillement de O Cebreiro, j'apprécie une fois encore le panorama sur la Galice avant d'aborder la Castille. Si les pèlerins peinent sur les sentiers qui les font monter de 300 à 1 350 mètres, moi je souffre de la descente car mes jambes sont peu entraînées à ce genre d'exercice ! Les pierres roulent sous mes pieds et les chocs se répercutent dans tout mon corps.

La visite de la chapelle du Fato m'a permis d'éviter de me perdre : un ouvrier est venu gentiment me prévenir que je m'étais sérieusement écarté du *Camino.* Heureusement, j'ai fini par prendre l'habitude de revenir sur mes pas, tranquillement et sans me stresser : n'ai-je pas tout mon temps ?

Flânant d'un village à un autre, j'apprends par Manuel qu'à la grande époque du pèlerinage vers Saint-Jacques, il y avait dans son village de Las Herrerias un hôpital anglais installé dans la maison mitoyenne de la sienne. Lorsque les pèlerins qui arrivaient là en mauvais état venaient à mourir, on les enterrait simplement dans le terrain en face du bâtiment. Il est arrivé que lors de constructions récentes les ouvriers mettent à jour les ossements de ces pauvres pèlerins.

Un peu plus loin, des paysans me saluent de la main. Entrant dans le sous-bois, je passe devant une arche superbe et découvre une scène que je pensais appartenir au siècle dernier : un couple de vaches attelées sous un énorme joug avec des protections pour la tête tirent laborieusement une charrue. À chaque passage, le soc éventre la terre. Les femmes en tabliers et fichus à carreaux sur la tête cassent les mottes pendant qu'un homme, jeune, gorge le sillon de fumier. Puis tous alignent les boutures de khôl. Les bêtes laborieuses bavent à travers leurs muselières, suivant le patron qui les harangue avec son bâton. Parfois elles piétinent les plants qu'il faut repiquer derrière elles.

Je reste ainsi une bonne demi-heure à les observer, captivé par ce spectacle d'un autre âge. Et pourtant ça se passe là, sur le Chemin, en plein XXIe siècle !

Ayant repris ma route, je fais halte à 200 mètres du gîte : j'ai retrouvé l'endroit où l'année passée nous nous étions reposés avec Werner, Hélène et Michel avant de gravir le O Cebreiro. Werner avait pris un bain, tout nu dans la rivière, sous les yeux ébahis des pèlerins qui passaient sur le pont. Certains nous saluaient, d'autres détournaient pudiquement le regard. Au temps de l'Inquisition, Werner aurait fini sur le bûcher !

Il est 23 heures et je suis dans la salle à manger du gîte de Ruitelan. Tout ici me rappelle ma jeunesse : une maison simple avec une cuisine rustique et un poêle à charbon où mijote le repas du soir. L'odeur monte jusqu'à ma chambre. L'accueil de Luis et

Carlos est digne des pèlerins d'autrefois. Angel, un bénévole, vient donner de son temps. La radio diffuse le *Messie de Haendel* et je laisse aller mes pensées pendant que mon corps reprend des forces sous les mains magiques de Luis, qui m'a gentiment proposé un massage relaxant.

Ce soir je suis le seul pèlerin accueilli ici. Comme il doit être difficile de rentabiliser cette maison familiale ! Il paraît que les hôtes sont bouddhistes, ce qui n'est pas pour me déplaire. De l'autre côté de la route, le poulailler regorge de volailles. Yannick, le Béarnais que j'avais rencontré à Portomarín, avait raison : ce gîte est sûrement l'un des plus accueillants et authentiques du *Camino*. Mais je n'ai pas reçu le sceau secret des cavaliers : existe-t-il vraiment ?...

10e jour : Ruitelan – Trabadelo – Villafranca del Bierzo
Jeudi 24 mai : 24 km en 9 heures
soit 196 km en 83 heures

Aujourd'hui, je marche sur la route vers Villafranca del Bierzo. Une variante du *Camino* peut être réalisée en empruntant un chemin escarpé d'une dizaine de kilomètres, mais l'étape aurait été trop longue pour moi et j'ai préféré suivre le sentier qui longe la nationale... mal m'en a pris ! J'ai une indigestion de camions, bien que les sympathiques chauffeurs répondent toujours à mon salut par un signe amical. Cette journée ensoleillée, mais néanmoins fatigante, a été marquée par un épisode qui aurait pu mal tourner pour moi. Dans les minuscules villages que je traverse, je serre des mains et parle à chaque personne rencontrée afin de maintenir le contact : on dirait un pèlerin en campagne électorale. Jusqu'à ce qu'une petite dame vêtue de noir et pas plus haute que trois pommes s'écrie : « *¡No, no !...* » Manifestement je lui ai fait peur : je suis un peu surpris mais l'incident est vite oublié.

À la mi-journée, je n'ai couvert qu'une dizaine de kilomètres : il m'en reste autant à parcourir et je trouve la route un peu monotone. Espérant gagner du temps, je décide de passer par le chantier de l'autoroute Madrid/Coruña, pourtant interdit aux piétons : les ouvriers l'ont déserté pour aller déjeuner, laissant dans cet endroit leurs grosses machines immobiles et le béton fraîchement coulé. Je suis très impressionné par cette entreprise pharaonique : ponts et aqueducs se succèdent et de ma position, je vois la route minuscule qui serpente 50 mètres plus bas entre les piliers de béton. J'aperçois aussi la rivière qui borde tranquillement l'enrobé : je l'ai déjà traversée une ou deux fois, elle passe sous les arches de l'ouvrage. Je me retrouve bien malin et espère écourter mon étape du jour !

Le soleil brûlant me chauffe le crâne comme pour me prévenir de ce qui m'attend dans les prochains jours. Ma gourde se vide peu à peu. Après trois ou quatre kilomètres, je me demande si l'autoroute enjambe la rivière et me permettra de retrouver ma destination. La sueur qui coule sur mon visage est-elle due à la chaleur ou à la crainte de devoir rebrousser chemin ? Je regarde au loin, tentant d'imaginer la suite. Un double tunnel s'enfonce à travers la montagne. Je pense à l'histoire de mon ami Yves, le sous-marinier, dont j'ai fait la connaissance l'année dernière à Cajarc : sur la route de Rome, il s'était engagé dans un souterrain, frappant le mur avec son bourdon pour se guider, et en était ressorti six kilomètres plus loin ! « Ne pas s'aventurer dans les tunnels », avait-t-il ajouté à titre de conseil ! Heureusement, l'entrée de l'édifice devant moi est fermée par de solides barrières.

Un sentier se profile sur la droite, il descend vers la rivière : « Sauvé ! » me dis-je. Mais comment traverser le flot ininterrompu de cette eau qui a l'air si froide ? J'avance jusqu'au bord pour examiner le courant, jaugeant mes chances de passer sans être emporté par les flots. Je suis là, totalement seul, à 20 mètres de la route en contre-haut. Sur l'autre rive, une grosse haie d'épineux recouvre la totalité de la berge. Même si j'arrive à traverser cette rivière large de six à sept mètres, pourrai-je remonter le talus ? Le mieux est sans doute d'essayer ! Le courant paraît lent mais constant. Je pense en moi-même : « Tu dois d'abord te reposer et manger pour reprendre des forces… mais gare à l'hydrocution ! »

Il est maintenant 14 heures, le soleil est au plus haut. Je m'arrête un instant à l'ombre de l'immense pont pour évaluer la situation. Si je suis surpris par le courant, je risque de perdre mon sac dans l'eau boueuse ou d'être emporté moi-même ! Isolé dans ce coin perdu, je pense à ma famille : s'il m'arrivait quelque chose, en comprendraient-ils jamais la raison ? La seule personne aperçue il y a une demi-heure sur la route de l'autre côté du fleuve vendait des fruits, elle m'a dit ne pas connaître l'endroit : pas de chance !

C'est donc à la sagesse du pèlerin et à mon ange gardien – espérant qu'il veille soigneusement sur moi – que je dois m'en remettre et à leurs petites voix qui me conseillent de ne pas tenter le défi : l'essentiel est de regagner la maison en bonne santé !

En remontant le sentier, après avoir passé le talus, je vois maintenant parfaitement les tronçons de l'autoroute que je viens de parcourir sur toute leur longueur pendant plus de deux longues heures ! Dans ce sens, les kilomètres comptent double et ma gourde sonne creux. Je dois me rationner à raison d'une cuiller à soupe tous les 300 mètres comme si j'étais dans le Sahara ! Inquiet, je me demande si je vais trouver de l'eau et je guette les premiers signes de tendinite : je n'en suis pourtant qu'au dixième jour de pèlerinage et j'ai encore à peu près 1 800 kilomètres à faire avant le but final. Il me faut donc être attentif à ma petite personne !

L'air surchauffé est difficilement respirable, mes pieds me font mal et j'essaie malgré tout d'accélérer la cadence. Je veux à tout prix sortir de ce faux raccourci par l'autoroute et je m'interroge : « Que suis-je venu faire dans cette galère ? »...

Des ouvriers qui passent en voitures de chantier s'arrêtent à ma hauteur : « *Buenas tardes... ¡Estoy perdito ! Doy media vuelta...* (Bonsoir... Je suis perdu ! Je fais demi-tour...) », et je file sans demander mon reste !

Enfin, j'aperçois le chemin qui m'avait permis d'accéder au chantier : il y a plus de trois heures que je me suis engagé sur le chantier de l'autoroute ! Que faire maintenant ? Je n'ai plus d'eau et je ne peux repartir sur la route nationale. J'ai encore 10 kilomètres à parcourir en plein cagnard. Je vais essayer de retrouver le dernier village que j'ai traversé. Je demande à la « main invisible » d'aider ce pèlerin égaré ! Ma prière à peine terminée, j'aperçois un minibus qui s'arrête à 100 mètres de moi, sur le chemin poussiéreux, à l'ombre des grands arbres. Quatre religieuses vêtues de noir et de cornettes blanches en descendent, d'autres s'agitent à l'arrière du véhicule. Je me présente et j'essaie, avec le langage des mains, d'expliquer mes soucis, retournant ma gourde pour montrer qu'elle est vide… Elles m'écoutent et je vois qu'elles me jaugent : cet énergumène est-il un véritable pèlerin ou un « touriste-pèlerin » ? Ou pire encore : un manant ?

Le chauffeur s'active dans sa cabine : il ne m'a même pas regardé.

La responsable, sœur Anne, a donné son accord pour « sauver » ce pauvre garçon égaré ! Du coup, toutes les sœurs veulent faire leur bonne action : certaines me tendent des bouteilles d'eau minérale et d'autres cherchent à m'aider d'une façon ou d'une autre. Ma gourde est pleine maintenant et je me retrouve avec une bouteille d'eau supplémentaire dans chaque main !

Les jumelles, Bénédicte et Maria, deux religieuses d'un âge certain, m'invitent à la *comida*[1]. Elles m'offrent deux gros sandwichs largement beurrés, avec du jambon et du fromage. Je refuse par politesse, mais elles les ont déjà posés près de mon sac et au fond, je suis bien content qu'elles aient insisté ! Je me déleste de mon sac et mets mes pieds à l'air : un vrai bonheur !

Puis cherchant dans la poche de mon sac mes pin's de Santiago, j'en accroche un sur chacune de leurs chasubles, ce qui les amuse beaucoup : ce petit geste les touche ! La plus jeune, qui se nomme Nieves, est très jolie. Sa cornette blanche qui enserre son petit visage fait ressortir ses yeux rieurs et ses jolies dents écartées : des dents du bonheur qui damneraient un saint ! Elle s'est approchée de moi, son crucifix accroché à

1. Repas.

une chaînette frôlant le sol, et m'offre le dépliant de leur confrérie : la congrégation de Santiago !

Cette sympathique halte touchant à sa fin, je me prépare à reprendre la route quand mes « hospitalières » m'offrent un énorme sac rempli de sandwichs et de fruits. Je les remercie vivement et ne peux m'empêcher de leur donner l'accolade en leur faisant une grosse bise !

Je me souviendrai longtemps des bonnes joues des deux religieuses jumelles qui m'embrassent avec douceur et compassion. Nous remercions ensemble la Vierge Marie et le Bon Dieu de cette rencontre providentielle.

Le bus disparaît dans un nuage de poussière et je vois leurs mains s'agiter par les vitres ouvertes en signe d'adieu. Deux grosses larmes coulent sur mes joues, larmes de peine et de joie mêlées. De nouveau seul sur la route, je suis maintenant pleinement rassuré et je reprends mon chemin par la nationale, gai et certain d'atteindre enfin mon but d'ici ce soir : Villafranca del Bierzo.

Je ne suis pourtant pas au bout de mes surprises : quatre kilomètres plus loin, j'atteins le tunnel de l'autoroute... À l'entrée du souterrain, la route traverse encore une fois la rivière, et un petit sentier piétonnier la rejoint. Je réalise alors que si j'étais venu jusque-là tout à l'heure, j'aurais pu éviter de rebrousser chemin ! Mais au fond, ce manque de discernement n'était-il pas destiné à me faire prendre une nouvelle fois conscience de la force de cette présence de Dieu ? Pour moi, ces événements en sont la preuve, comme le déblocage de ma cheville et la douleur qui a disparu lors de la montée de Tricastela, ou encore mon passage auparavant dans l'église où je Lui ai demandé de l'aide.

Dommage que dans notre vie de tous les jours, nous soyons si peu sensibles à tous ces petits signes du ciel : pourtant, ils sont bien là !

Attablé au gîte, je raconte mes aventures extraordinaires quand un pèlerin sceptique me dit : « Ce n'est pas la Providence qui t'a aidé mais le hasard ! » Son ami assis à côté de lui, et qui revient du sud de l'Espagne par le chemin de la Plata, nous fait remarquer qu'il a souvent manqué d'eau sur son périple mais n'a jamais rencontré des religieuses en bus pour le secourir !... Il se tourne vers moi et ajoute : « Je crois que j'aurais dû prier un peu plus pour que le ciel me vienne en aide ! » C'est lui qui le dit... et je pense qu'il a raison !

Nous sommes dans une immense salle qui sert de restaurant au refuge de la famille de Jatto, près de l'église romane de Villafranca del Bierzo : c'est le seul gîte qui offre des chambres indépendantes privées aux couples de pèlerins, leur donnant ainsi un peu d'intimité !

J'ai peu de souvenirs de cette petite ville castillane. Le gîte était évidemment complet au mois d'août l'an dernier et nous avions dormi sous une tente avec nos amis espagnols, dans un camp organisé par les scouts en dehors de la ville.

Une cinquantaine de pèlerins prennent leur repas dans un brouhaha continu. Toutes les nationalités sont représentées ici, mais ce sont les Espagnols qui dominent.

Pendant que nous parlons, Jatto, le propriétaire du gîte, vient de faire son entrée : il craque une allumette et la jette dans une gamelle pleine d'alcool qui s'enflamme, un joli spectacle ! La lumière est éteinte et dans le halo de la flamme, il fait de savants mélanges :

il les verse ensuite dans de petits pots qu'il nous offre pour trinquer au *Camino*. La joie est communicative, tous les pèlerins présents se congratulent : ils sont si près du but ! En ce qui me concerne, 1 800 kilomètres me séparent encore de ma maison, là-bas, à Challes-les-Eaux.

11e jour : Villafranca del Bierzo – Ponferrada
Vendredi 25 mai :
20 km en 9 heures
soit 233 km en 101 heures

Ce chemin de retour, j'ai décidé de le faire dans un esprit de détachement : je n'ai donc pris ni portable, ni accessoires qui auraient pu faciliter mon déplacement et laissé à la maison mon appareil photo – Dieu seul sait quel sacrifice c'est pour moi ! –, convaincu que le pèlerinage ne peut réussir sans une ferme volonté d'abandon. C'est cela le retour, en vue d'une renaissance ! J'attends de grands changements dans ma vie.

Depuis mon départ ce matin, une idée a traversé mon esprit et ne cesse de me harceler. Sur l'aller à Saint-Jacques, j'avais une épaisse chevelure bouclée : pour être conforme à ma logique, je dois maintenant me faire raser le crâne et devenir ainsi cet évadé de la société de consommation ! Décision peut-être un peu extrémiste, mais j'en suis là de mes réflexions matinales…

Je traverse la petite ville de Cacabelos à la recherche d'un coiffeur. J'entre, pose mes affaires dans l'entrée et m'installe en demandant à la coiffeuse de s'exécuter. Elle ne comprend pas et je mime alors le rasage de ma tignasse comme s'il s'agissait de me faire scalper ! Tout cela sous l'œil amusé des clientes qui se demandent qui est ce drôle de type tout droit sorti de son Moyen Âge ! Quelques minutes plus tard, le sol est jonché de longues mèches de cheveux : il ne m'en reste plus qu'un centimètre sur la tête. La coiffeuse semble satisfaite de son travail... mais j'insiste encore (toujours ce souci de l'extrême !) et lui demande de me passer le rasoir. Je vois qu'elle est un peu déçue mais elle a compris mon attente et poursuit le rasage. L'image que me renvoie la glace me fait sourire... enfin, à moitié ! Que vont penser les pèlerins que je vais croiser, lorsque j'enlèverai mon chapeau et qu'ils verront mon crâne nu ? Mais le mal est fait : je dois assumer. Et puis, les cheveux, ça repousse, ce n'est pas « la mort de l'homme » !

12e jour : Ponferrada – Acebo
Samedi 26 mai : 17 km en 9 heures
soit 225 km en 88 heures

Voilà une belle citation relevée dans le livre d'or du gîte de Ponferrada : « Merci à Garry et Christine pour avoir revêtu la tunique de service et nous avoir surveillés comme si nous étions les envoyés du roi. Que l'esprit du Père demeure dans cette maison pour que la joie de chaque pèlerin soit parfaite. En toute fraternité, Philippe Angers. »

Ma journée de la veille de Villafranca à Ponferrada s'est déroulée à la vitesse de deux kilomètres/heure avec des arrêts fréquents dus à une tendinite dans les doigts de pied ; mais je sais comment la maîtriser. Elle m'avait accompagné l'an dernier le long du *Camino*, se manifestant toutes les quinze minutes environ !

Chaque rencontre avec des pèlerins est donc une occasion pour me reposer. J'ai vu « mes » premiers Mexicains, des gens arrivant de la Nouvelle Écosse, d'Amérique centrale, de Java…

Le moment fort de ma journée a lieu au gîte de Ponferrada. Nous y sommes accueillis par Garry et Christine, un jeune couple d'Américains venus de l'Oregon : ils sont tout à fait charmants, simples et rayonnants, offrant verres d'eau et accolades, et pour Garry, de porter mon sac jusqu'à mon lit… Cela, je ne l'ai jamais vu faire ailleurs, sauf une fois l'an dernier à Rabanal del Camino.

La chambre est petite, avec deux lits superposés. Je préfère dormir en bas et je remercie le pèlerin présent qui accepte volontiers de prendre la place du haut. Rodolphe s'installe en même temps que moi et nous nous présentons l'un à l'autre : je suis immédiatement sous le charme de cet homme de mon âge, doux, charmant et très souriant. La petite croix de bois qu'il porte à son cou affiche sa foi. Je trouve pourtant que ses yeux rieurs sont un peu tristes. J'en comprendrai la raison un peu plus tard en apprenant son histoire : il y a quelques années, il a perdu son épouse qui souffrait d'un cancer. Il a trois fils : deux vivent à Bordeaux et le troisième à Melun avec ses trois enfants. Rodolphe habite aux environs d'Angers. Depuis qu'il est à la retraite, il s'occupe d'associations en charge du label *Max Havelaar*, une certification de qualité et de respect des règles du travail dans les pays en voie de développement. En tant qu'agronome, il est responsable de l'emploi et du développement rural. Mais ce qui est fantastique, c'est qu'il fait le chemin de Saint-Jacques après avoir réalisé avec deux amis le pèlerinage d'abandon jusqu'à Jérusalem, à pied, sans argent ni assistance, soit 12 000 kilomètres !

Je l'écoute avec une attention soutenue, impatient de comprendre ses aspirations, ses désirs, ses motivations. Nous sommes là, debout entre deux lits, à discuter une bonne demi-heure durant et nous nous promettons de nous revoir au petit déjeuner le lendemain matin. Avec lui, je peux parler librement de spiritualité. Je lui raconte aussi mes aventures de ces derniers jours : ma demande d'aide à la « main invisible » lors de la montée difficile à Tricastela, le déblocage de ma cheville et ma mésaventure sur le chantier de l'autoroute, où là encore cette force divine est intervenue ; et aussi comment les sœurs de Santiago se sont arrêtées pour me secourir avec tellement de générosité à Villafranca del Berzio.

Pensif, Rodolphe prend sa bible et me lit un passage de saint Jean : « En vérité, Je vous le dis, ce que vous demanderez au Père, Il vous le donnera en mon nom. Jusqu'à présent, vous n'avez rien demandé en Mon nom, demandez et vous recevrez pour que votre joie soit complète. » – Jean XVI, 23-24.

Quelle belle citation du Christ !

Le lendemain matin, lorsque nous nous retrouverons, mon nouvel ami me donnera les références de ce passage de l'Évangile : chose étonnante, cette citation de saint Jean que Rodolphe m'a lue sera la pensée du jour. Curieuse coïncidence…

Avant de m'endormir, je réfléchis au drame qui a frappé Rodolphe, à sa peine et à son désarroi quand son épouse est décédée. Il m'a confié qu'elle est partie avec une grande paix intérieure et aussi que, bien que converti à 20 ans, il a trouvé la foi avec Charles de Foucauld dont il a sorti la photo de son portefeuille. J'en possède également une : j'ai ouvert mon carnet de route et nous avons constaté que c'était bien la même ! Cela nous a encore rapproché et nous nous sommes embrassés fraternellement. Nos chemins vont se séparer et nous partirons chacun dans une direction différente mais je suis convaincu que nous nous reverrons un jour.

Rodolphe et sa femme avaient fait une *session Cana*[1] avec la communauté du Chemin Neuf à Hautecombe, au bord du lac du Bourget en Savoie : peut-être Nicole et moi y étions-nous cette année-là ? Avant de nous séparer, je lui glisse dans la main un petit mot écrit avec mon cœur pour le remercier, lui et la Providence qui nous a fait nous rencontrer. Je lui dis aussi combien son drame me touche, moi qui n'arrive pas toujours à réaliser le bonheur d'avoir mon épouse à mes côtés. Comment ne puis-je accepter une chose aussi essentielle ? Arriver à comprendre que dans le mot « agir » comme dans le mot « amour » il y a les ingrédients nécessaires pour créer cette harmonie recherchée, ce que mon épouse m'a rappelé en prologue de mon carnet de route : « L'envie de voir l'autre se refléter dans ses yeux. Aurons-nous besoin d'une vie pour devenir enfin des êtres de sagesse ? Si celle-ci est acquise lors de notre départ auprès du Très-Haut, dis-toi alors que notre passage sur Terre aura servi à

1. La communauté du Chemin neuf vit le renouveau charismatique de l'Église. Elle est ouverte à tous et organise des sessions d'une semaine destinées aux couples qui rencontrent des difficultés ou qui veulent conforter leur foi.

nos enfants (qui nous aurons regardé vivre) et à nos petits-enfants que nous aurons guidés vers la lumière. » Elle a signé « Nicolette, Maman et Mounette ».

J'ai encore largement de quoi méditer pendant ce retour qui doit être vraiment pour nous une nouvelle naissance. Demandons-le ensemble à cette puissance divine qui est là, à notre écoute, et qu'il faut savoir solliciter.

Comme s'il fallait une illustration à cet amour familial reçu en cadeau de Rodolphe hier soir à Ponferrada, je rencontre deux couples de marcheurs : Roger et sa femme, et aussi Maryse et Raymond, 60 ans, qui ont quatre enfants et cinq petits-enfants, dont l'aîné a 20 ans. L'harmonie qui règne entre eux m'interpelle et renforce la portée du message de Rodolphe. Au cours de la halte suivante, je lie connaissance avec Jean-Pierre et Geneviève ainsi que leurs deux petits-enfants de 30 et 32 ans : lui est un ancien officier para, il a 17 ans de service. Nous évoquons pêle-mêle les enfants, la société, le pèlerinage… En un mot, nous refaisons le monde !

Il y a Emmanuel, boulanger à Lipsheim en Alsace, qui cherche également sa voie sur ce chemin et pense entretenir le sanctuaire de Notre-Dame de Peyragude. Un curé s'en occupe pour le moment et Emmanuel s'interroge sur son engagement pour cette nouvelle mission. Je lui conseille de réfléchir sur la route de Santiago à la citation du jour, celle de saint Jean concernant la demande faite au Père par l'intermédiaire du Christ : « Emmanuel, tu trouveras toi aussi ta voie et ton bonheur. Je sais que tu me donneras de tes nouvelles très bientôt. J'ai pris la précaution de noter ton adresse, je suis sensible à ta recherche personnelle et j'essaierai d'être auprès de toi lorsque tu en auras besoin. Voilà à quoi je m'engage. »

Il est 22 heures. Nous sommes au gîte d'Acebo, dans la rue principale de ce charmant petit village authentique. Face à face, des petites maisons en pierre délimitent la chaussée étroite. Je suis à table en compagnie de Tony, jeune compagnon charpentier autrichien arrivé de son pays en cheminant et travaillant ici ou là. Son parcours de deux années l'a amené jusqu'ici. Il n'a pas d'argent et s'apprête à dormir dehors... mais le gîte et un bon repas chaud lui seront offerts. Il est surpris par mon geste, le partage passe aussi par là. Dans sa tenue noire, avec son imposante veste en velours de compagnon ornée de gros boutons blancs, il me fait penser à un personnage folklorique de son pays. Mais peu à peu, je prends conscience de mon manque de compassion et de tolérance : j'ai encore beaucoup à apprendre pour changer ma vision des choses et voir le cœur de l'homme plutôt que son apparence extérieure !

22 h 30. Je m'excuse de vous avoir quittés un instant, mais le coucher de soleil sur Acebo, petit village typique de Castille accroché à la montagne, est très beau. Une croix se détache dans le lointain avec des personnages en ombres chinoises au pied du calvaire. Au loin, les monts se découpent dans des tons qui vont du rouge au mauve, en passant par toute une palette de gris. Encore un cliché qui s'imprime dans mon cœur et que j'aurais volontiers fait partager à ma famille mais c'est avec Tony que je contemple la beauté du Créateur. Un léger vent chaud souffle sur nos visages. Nous sommes là, assis et simplement heureux !

Ce soir, avant de m'endormir, je relis la merveilleuse prière de Charles de Foucauld que je partage volontiers avec vous : « Mon Père, je m'abandonne à Vous, faites de moi ce qu'il Vous plaira. Quoi que Vous fassiez de moi, je Vous remercie. Je suis prêt à tout, j'accepte tout. Pourvu que Votre volonté se fasse en moi, en toutes Vos créatures. Je ne désire rien d'autre, Mon Dieu. Je remets mon âme entre Vos mains, je Vous la donne, Mon Dieu, avec tout l'amour de mon cœur, puisque je Vous aime et que ce n'est qu'un besoin d'amour, de me donner, de me remettre entre Vos mains, sans mesure, avec une intime confiance, car Vous êtes Mon Père. »

Que cette prière est belle ! Quelle humilité, quel détachement et quelle spiritualité ! Quand on pense que cet homme, ancien athée qui vivait dans la débauche, reçut un jour la grâce divine de la foi dans l'église Saint-Augustin à Paris… C'est tout de même étonnant !

Charles de Foucauld dit aussi : « Je me mis à aller à l'église sans y croire, ne me trouvant bien que là et y restant de longues heures à répéter cette étrange prière : Mon Dieu, si vous existez, faites que je vous connaisse… »

Combien de fois n'ai-je fait moi-même cette prière…

« Après avoir vidé mon âme de ses ordures et l'avoir confiée à vos anges, vous avez songé à y entrer, Mon Dieu. » – Le converti, le pèlerin (tiens !), le trappiste – 1886-1897 – Charles de Foucauld

… à laquelle j'ajoute, bien humblement, la mienne :

« J'aimerais moi aussi vider mon âme de ses ordures, et mon but est que Vous y entriez afin de m'apporter la paix et l'humilité dans la profondeur de Votre amour, Amen. »

J'ai plaisir à vous offrir ces citations.

13ᵉ jour : Acebo –
Rabanal del Camino
Dimanche 27 mai : 19 km en 8 heures
soit 252 km en 109 heures

À midi, le soleil est au plus haut, éblouissant, très chaud et réconfortant… mais accablant aussi, surtout avec quinze kilos sur le dos. Il faut pourtant le supporter, le pèlerinage a ses passages obligés : le soleil et ses rayons brûlants en font partie !

Il est 15 h 30, je suis allongé sur mon sac, sous le seul arbre que j'ai pu trouver, parmi les taillis fleuris de blanc et de jaune. La vue s'étend au loin sur la plaine de Castille. Là-bas au fond de la vallée, sortant de la brume, il y a Rabanal del Camino. Je suis presque arrivé au terme de mon étape du jour. Ce midi, je me suis arrêté à la Croix de Fer (*Cruz de Hierro*), point culminant de tout le *Camino francès.* Cette croix que l'on voit de loin sur le Chemin est perchée au sommet d'une poutre de 7 à 8 mètres de haut. Son pied est recouvert d'un monticule de pierres déposées par les pèlerins au fil des siècles, représentation symbolique de leurs péchés. Il est bon, avant de descendre vers Santiago, de décharger son âme.

Connaissant le site pour l'avoir vu au lever du soleil à 6 heures du matin l'an dernier, je m'approche de la croix, une brassée de fleurs multicolores à la main… et je découvre avec stupeur deux cars de touristes qui tournent autour du tas de pierres comme des mouches à proximité d'une motte de beurre. Certains prennent des pierres qu'ils jettent par-dessus leur épaule. Nous l'avions déjà constaté l'été dernier : c'est le « cérémonial habituel » comme aurait dit Jesús María Peña, notre ami prêtre missionnaire de Logroño ! Dans un souci d'humilité, on tourne le dos à la croix.

Je dépose mon bouquet entre deux pierres, espérant que ces « énergumènes » rembarquent vite dans leur forteresse d'acier. Aucun salut de leur part : sans doute que mon crâne rasé n'inspire pas la compassion mais plutôt la peur ; je n'ai que ce que je mérite, me dis-je, mais eux aussi ils exagèrent !

Je me repose un moment près de la petite chapelle. Deux cyclotouristes norvégiens me rejoignent : Kaliouska et Tom. Les voyant prendre des photos, je leur propose de les « immortaliser » ensemble devant cette Croix de Fer, emblème incontournable du *Camino*.

Un pèlerin australien se joint à nous. C'est son premier jour de pèlerinage : à midi, il a déjà parcouru 20 kilomètres depuis Astorga. Il veut en abattre 40, voire 50 aujourd'hui : bon courage ! Pour moi, 16 ou 17 suffiront.

Louis, un Hollandais, vient s'asseoir à côté de moi alors qu'une autre équipe d'Espagnols, plutôt sympas, envahit le site. Ils font une sortie pour la journée et sont venus à pied de Rabanal del Camino à six kilomètres. Les téléphones portables « crépitent » maintenant que les marcheurs ont atteint le point culminant du Chemin. Moi qui pensais rester là au calme un moment, je reprends mon sac après un bref échange de banalités et change de chaussures avant de reprendre ma route : je crois bien que j'ai pris goût à la solitude !

J'entre dans le village de Foncebadon, deux

kilomètres plus loin : quelle désolation ! La plupart des maisons de la rue principale sont en ruine. Certaines n'ont plus de toit, d'autres sont recouvertes de débris de tôles et autres objets en tout genre pour boucher les trous. La charpente de la dernière maison s'est écroulée et les ardoises arrondies luisent au soleil en suivant la pente du toit vers le cœur de la maison, comme un rideau plissé. Je m'installe confortablement au pied d'un gros arbre à la sortie de Foncebadon et je me dis qu'il est temps pour moi de vous raconter deux rencontres exceptionnelles faites ce matin, au-dessus d'Acebo.

Levé de bonne heure, j'ai partagé le petit déjeuner au gîte avec Tony, le compagnon du devoir, et repris ma route vers le haut du village.

Je m'arrête tous les 100 mètres, le temps que mes muscles s'échauffent, ce qui me permet d'apprécier l'architecture et les détails de ce typique village de montagne. Il ressemble finalement à ceux de chez nous en Savoie, sa rue centrale mène à une place avec une petite chapelle. À peine une demi-heure après mon départ, j'aborde une côte qui monte de 300 ou 400 mètres, ce qui me permet, lorsque je regarde en arrière, d'admirer un large panorama sur la vallée et les chaînes de montagnes environnantes qui séparent cette région de l'océan.

Au fond là-bas, c'est Ponferrada. Et juste en dessous, Acebo avec ses toits d'ardoises et de tôles, où les habitants sont apparemment réfractaires à la préservation du patrimoine !

Alors que je traverse un petit plateau en plein vent,

j'entends de façon plus aiguë le chant d'un oiseau : je me retourne sur la droite et j'aperçois au sommet d'un pieu un petit oiseau qui piaille à tue-tête, battant des ailes et les frottant sur son corps pour en sortir un son parfait. Sa robe est marron clair, presque ocre, sa tête bleu nuit, il a une petite tache blanche sur sa queue. À ma grande stupéfaction, je l'entends me dire :

— Alors Gérard *La Tortue*, comment vas-tu ce matin ?

Je regarde autour de moi : qui me parle ? Je ne vois aucun *pelegrino* à l'horizon : seul le vent balaie les plants de bruyères. Mes yeux reviennent vers le petit oiseau qui est toujours là… C'est incroyable : un oiseau qui parle ! Je dois me pincer pour m'assurer que je ne rêve pas.

— Approche-toi, je n'ai pas peur de toi, me dit-il, je te connais et t'observe depuis plusieurs jours !

Je me déplace doucement vers le bosquet, craignant de le voir partir. C'est si étonnant pour moi que je m'entends lui répondre :

— Bonjour petit oiseau ! Comme tu es beau… comment t'appelles-tu ?

— Appelle-moi *Petit oiseau* tout simplement !

Et la conversation s'engage. Est-ce un rêve ? Pourtant je suis là, en pleine nature. Étonné et séduit, je reprends :

— Alors tu me connais, puisque tu m'as appelé par mon prénom, et tu sais que sur le chemin, on m'a surnommé *La Tortue* ?

— Oui, je te connais bien. Nous autres, petits voyageurs du Chemin, nous survolons le *Camino* pour guider les pèlerins. Mais, très souvent, ils ne sont pas attentifs et ne nous entendent pas. Toi, Gérard, je t'ai souvent vu te retourner, scruter le ciel, regarder la nature ou recevoir à ta table un compagnon de passage… et hier dans la soirée, après avoir soigné une jeune Autrichienne, tu es parti avec Tony voir le coucher de soleil, au bout du village…

— Mais enfin, comment sais-tu tout cela ?

— C'est mon secret ! répond-il.

Il change de buisson et je m'assois dans l'herbe, près du sentier.

— Tu vois, petite tortue, autour de toi, c'est notre jardin. Ici les fleurs poussent en harmonie sans se gêner !

En effet, j'admire ce beau parterre multicolore : des genêts jaunes, des bruyères blanches et violettes, des fleurs bleues qui ressemblent à des *véroniques petit-chêne*.

— Ne trouves-tu pas cela agréable et harmonieux ? dit l'oiseau.

Une pensée de Charles de Foucauld me vient à l'esprit, je la dis à haute voix : « Je veux habituer tous les habitants de la terre, chrétiens, musulmans, juifs et idolâtres à me regarder comme leur frère universel… »

— C'est très joli, me dit le petit oiseau, vous, les hommes, vous avez toujours de bonnes intentions : pourtant regarde ce que vous avez fait à la nature !

De son bec, il m'indique la montagne en face :

— Tu vois là-bas ces blessures dans la montagne (il me montre les pare-feu) et plus loin, regarde encore à l'horizon…

Deux énormes cheminées crachent une épaisse fumée grise, deux autres ressemblent à des statues de sel !

— Voilà ce que les hommes ont fait de cette belle région, c'est tellement dommage !… Regarde là-haut tous ces poteaux électriques : de loin, on dirait des allumettes plantées çà et là. Et pour couronner le tout, au fond de la vallée, les hommes ont bâti une ville : tu la vois là-bas, couverte de brume ?

Je ne sais quoi répondre, j'essaie pourtant de me justifier :

— C'est le progrès, il faut bien que les hommes construisent leurs maisons, des routes pour communiquer, des pare-feu pour prévenir les incendies et des centrales pour fabriquer l'électricité nécessaire à leur confort !

On dirait que l'oiseau réfléchit, puis d'un trait il me répond :

— Nous, tu sais, nous ne voulons pas donner de leçons mais nous suivons les saisons, nous n'hésitons pas, selon les époques de l'année, à partir à l'autre bout du monde. Nous ne polluons pas, nous respectons notre cadre de vie et ce beau jardin que Dieu a fait pour nous, nous savons l'apprécier. Nous glanons ici et là des petites graines pour manger. Nos nids sont faits de branches et notre famille est très unie. Nous vivons le présent, tranquilles et heureux : pas d'inquiétude pour l'avenir. D'un coup d'aile, nous pouvons monter vers le ciel ! Nos chants, au lever du soleil et tout au long de la journée, prouvent notre joie ; Paolo Coelho, le célèbre écrivain brésilien dirait : ce sont des oiseaux extraordinaires dans un monde ordinaire !

Le petit oiseau se met alors à tourner autour de moi, comme s'il voulait me dire :

— Voilà ton chemin, il faut maintenant te lever et partir, ta route est longue.

Avec mon bourdon, je me redresse pendant que

l'oiseau reprend son chant comme au début. Quel enchantement ! me dis-je…

— Mais tu ne me parles plus, *Petit oiseau* ? Qu'as-tu ? Ai-je dit quelque chose qui t'aie offensé ?

Il fait une ou deux pirouettes entre les genêts et s'envole vers l'est. Le soleil est au zénith. Je rajuste mon chapeau et comprends que je dois reprendre mon chemin : l'étape d'aujourd'hui m'amènera à la Croix de Fer et ensuite à Rabanal del Camino.

Ai-je rêvé un instant ? Me suis-je assoupi, fatigué par les étapes successives ? Je ne le crois pas ! Il me semble que j'ai vraiment entendu ce petit oiseau me parler. Deux kilomètres plus loin en montant, je me repose, un peu essoufflé.

Près de mon arbre, un oiseau vient de se poser sur le genêt, il ressemble comme deux gouttes d'eau à mon nouvel ami. Je lui parle doucement :

— Alors *Petit oiseau*, tu es revenu me voir ?

Aucune réponse ! Il me regarde et change de buisson. Je lui tends quelques amandes que je casse avec mes doigts.

— Tiens, tu dois avoir faim !

Il ne bouge pas et je comprends que les morceaux sont trop gros.

— Qu'à cela ne tienne, je les casserai avec mes dents ! Je vais te préparer une bonne bouillie.

Ce que je fais. Au moment de repartir, je me cache derrière l'arbre et je vois une nuée de moineaux qui plongent sur cet excellent repas. Mon petit oiseau s'est retourné et j'ai reconnu sur sa queue la petite tache blanche : il m'a regardé puis d'un coup, il s'est envolé. Pourquoi ne m'a-t-il pas reparlé ? Quelle aventure incroyable !

Je continue à monter sur la route en lacets. Je croise quelques pèlerins dont les questions sont invariablement identiques. Un jeune me demande si je n'ai pas oublié quelque chose, il s'imagine que je repars vers la précédente auberge. Je pourrais leur répondre à tous que j'ai oublié mes allumettes au gîte et que je retourne les chercher !

Je me désaltère chez Thomas *Le Mandarin*, qui me reçoit avec beaucoup de gentillesse – sachant que je reviens de Saint-Jacques –, puis je récupère la route goudronnée au détour du chemin et vois avancer vers moi un homme, la cinquantaine, traînant les pieds comme s'il était paralysé. Ses petits pas répétés, son énorme sac rouge sur le dos, il s'arrête là, face à moi. Je regarde ses yeux : ses paupières sont rouges, un peu retournées, ses pupilles dilatées et ses membres tremblent nerveusement. En se dandinant d'un pied sur l'autre, il me dit :

— Je me suis vraiment « chargé » à la Croix de Fer…

Je ne comprends pas ce que cela signifie : a-t-il bu ? Ce qui serait regrettable pour un pèlerin : faire la fête soit !… mais de là à se soûler, c'est un peu exagéré ! Comme s'il craignait que je n'aie pas compris, il me répète la même phrase en ajoutant :

— Ce matin, je n'ai pas pris mes remèdes…

— À quoi te servent-ils ? lui demandé-je, inquiet de son comportement.

— J'ai la maladie de Parkinson. Je pensais qu'à cette étape de la Croix de Fer, je pourrais arrêter mes remèdes. Des forces magnétiques très influentes passent à cet endroit !

Comme je m'approche de lui, il se remet à trembler

et à pleurer ! Je passe mon bras par-dessus son sac rouge et lui demande son prénom.

Il répond dans un sanglot :

— A… Al…

— Alain ? je complète.

Il acquiesce et très vite reprend :

— Excuse-moi mais aujourd'hui, c'est difficile pour moi !

Nous parlons de nos handicaps réciproques, de nos motivations, de cette volonté de réagir face aux épreuves de la vie et au courage qu'il faut pour les affronter.

Alain est originaire d'Avignon. Bien qu'affaibli par sa maladie, il a décidé de partir sur le chemin de Compostelle. Il vient à pied de très loin, de Toulouse, et maintenant il descend vers Acebo et Molinaceca. Que de moments difficiles il a dû traverser !

Il a 58 ans : son physique de cadre dynamique et sa prestance, malgré ses difficultés pour s'exprimer, me font penser que cet homme doit être un intellectuel ou un chef d'entreprise. Peu importe ! Il m'explique que sa maladie lui apporte une énergie magnétique qu'il met à la disposition des pèlerins. Hier encore, il a soigné deux jeunes femmes qui souffraient de tendinites. Ayant pris connaissance de mes petits soucis physiques, il veut absolument m'imposer les mains : j'en suis très touché.

Nous nous installons dans un champ en bordure du chemin : les pèlerins, un peu badauds, s'arrêtent parfois pour assister à cette séance de magnétisme.

Alain et moi, nous nous comprenons, partageant cette volonté du dépassement de soi, de la recherche exacerbée sur ce chemin mystique, accompagnés de la présence divine. Il dit en riant qu'il est convaincu de réussir :

— À Santiago, j'échangerai « la Parkinson » contre un *Kyrie*[1] !

Il m'apprend que la chapelle d'Eunate, près de Pampelune, lieu saint et monument exceptionnel de l'art roman, dégage un fort magnétisme. Cette évocation le fait pleurer, ce dont il s'excuse :

— Nous devons faire silence un moment, me dit-il, je sens que quelque chose se passe dans ta cheville.

J'essaie de détendre l'atmosphère avec quelques anecdotes que j'ai vécues sur le Chemin.

Trente minutes se sont écoulées, nous rions ensemble. Qu'il est bon de voir son visage s'illuminer ; ses propos montrent un homme simple, plein d'honnêteté, charitable et bon, j'en suis convaincu. Il me cite Rimbaud, qu'il a appris par cœur :

— « Je laisserai ma tête nue, baignée par le vent, je ne parlerai pas, je ne penserai rien, mais l'amour infini me montera dans l'âme. »

— Que c'est beau ! lui dis-je.

— Parfois, je le récite au présent car Rimbaud voyait cela dans le futur !

Il veut aussi soigner la tendinite qui se manifeste si souvent dans mon pied droit. Je le remercie et lui propose d'écourter notre séance car ses amis sont déjà loin ! Il rit et me dit que c'est lui qui a le repas dans son gros sac :

— Ils attendront, ne t'inquiète pas !

Nous croquons un bout de chocolat que j'ai sorti de mon sac et buvons un coup ! Je fais promettre à Alain de prendre ses remèdes. Son essentiel c'est avant

1. Musique composée sur cette invocation liturgique.

tout d'arriver à Saint-Jacques ! Il veut me donner son adresse mais ne peut écrire car ses mains tremblent à nouveau. Nous nous congratulons et nous embrassons franchement comme de vieux amis qui se quittent. Les larmes coulent sur nos joues.

— Sois fort, Alain ! Je penserai souvent à toi et je prierai pour ta guérison !

Je le suis des yeux : il a repris sa course à petits pas, traînant ses pieds sur le macadam. J'ai le sentiment que les pèlerins qui me dépassent comprennent qu'il s'est passé quelque chose. Je le vois, là-haut, si petit, son sac rouge cachant tout le haut de son corps. Il se retourne une dernière fois, je le salue de loin d'un « ciao l'ami ! » et je m'apprête à repartir moi aussi : la route est encore longue. En descendant vers Rabanal del Camino, je revois le visage d'Alain en pleurs et je sens les larmes couler sous mes lunettes de soleil en pensant : « Si tu as tant de peine dans ton corps, je porterai longtemps, Alain, cette peine dans mon cœur. Sache que je ne suis pas près de t'oublier ! »

14ᵉ jour : Rabanal del Camino – Astorga
Lundi 28 mai : 20 km en 9 heures
soit 272 km en 118 heures

Les jours se suivent et se ressemblent. Inlassablement, les pèlerins de toutes nationalités descendent vers Santiago. C'est toujours impressionnant de voir de loin ces petits points qui se déplacent sur la terre aride du chemin en pierres ou en graviers qui serpente au milieu de la campagne. Lorsqu'ils s'approchent à pas lourds avec leur chapeau et leur bâton, les pèlerins ressemblent à des samouraïs des temps modernes ou à des Touareg rencontrés en plein désert, portant sur le dos leur nécessaire de survie. Dans les sites lointains et désertiques de l'Afrique, les jeunes s'initient à la vie en faisant un long raid en pleine nature.

En nous croisant, nous nous saluons. Chacun lève les bras et pour moi une main est ouverte avec un *buenos días* suivi d'un bonjour en français. Il n'est pas toujours facile de se comprendre mais si mon salut reçoit un écho, nous nous arrêtons quelques instants pour faire un brin de conversation : « Quel est ton prénom ? De quel pays viens-tu ? Quelle était ta dernière étape ? Comment vas-tu ? Pourquoi es-tu sur le *Camino* ? » Ce n'est jamais indiscret, c'est juste pour bavarder une ou deux minutes, parfois un peu plus selon ce que nous avons à partager.

Ce qui est exceptionnel ici provient simplement de l'accès direct aux autres. Le fait que les pèlerins se déplacent à pied a son importance : par leurs réflexions et leurs attitudes ils sont très différents de ceux qui viennent en voiture ou à vélo. Le tutoiement permet également de faire tomber les barrières. Il n'y a ni conflit d'intérêt, ni rapport de force. Je crois que c'est la clé de cette communication simple et véritable : nous vivons tous hors du temps et de la société, « débranchés » de la vie courante et de nos activités professionnelles. Le Chemin est pour chacun de nous, il n'appartient pas au pèlerin ; il permet au fil des jours d'y voir plus clair, de modifier nos attitudes, de penser différemment et d'être parfois même interpellé bien au-delà de ce à quoi on s'attendait. Il est important de se laisser porter… le Chemin fera le reste !

Depuis que j'ai commencé à marcher sur le Chemin, même les randonneurs pèlerins ne m'ont jamais déçu par leurs motivations pour être là et pas ailleurs. Pas plus que ceux qui disent venir pour l'art religieux ou la beauté des paysages : tous reconnaissent que l'on n'est pas ici par hasard. Même pour ceux qui ne sont pas croyants, « l'appel » peut venir sous des formes très diverses. Quoi qu'il en soit le résultat me semble toujours intéressant car pour ceux qui ont fait ce pèlerinage, leur conception de la vie, du temps, de la tolérance, de la patience, du rapport aux autres a forcément changé. Quelque chose de très profond s'est inscrit en eux ; voilà la magie de ce Chemin, chacun évolue à son rythme : c'est là l'essentiel ! Très souvent, on part randonneur et on arrive pèlerin.

Aujourd'hui, parmi les 40 ou 50 personnes que j'ai croisées, certains m'ont particulièrement marqué : Philippe de Saint-Étienne, agnostique, tellement bien dans son corps et dans sa tête, qui est venu réaliser cette expérience et s'étonne de ce qu'il vit avec les autres pèlerins. Olivier, ce jeune Lyonnais qui fait un break et « son chemin d'initiation », dit-il. Gisèle et Jean d'Anglet...

Nous sommes inconfortablement assis sur un bout de trottoir, en face d'une chapelle : Jean rouspète, rien ne va plus car ses pieds le font beaucoup souffrir. Il a découpé le dessus de sa chaussure et son moral n'est pas terrible ! Gisèle, très douce, sait y faire pour aider son époux à conserver sa motivation intacte. C'est vrai qu'ici, les paysages sont différents et le Chemin jouxte parfois la nationale : cette femme accepte simplement que comme dans la vie, dans nos vies, les paysages ne soient pas toujours selon nos désirs !

Jean le Breton, retraité et marcheur né, en est à son cinquième Compostelle : il dit qu'il aime le fouler ce chemin. Grand bien lui fasse ! Je ne crois pas que l'on m'y reverra, pensé-je. J'ai trop souffert ! Mais prudence : ne dit-on pas « fontaine… » ?

Toutefois, le témoignage le plus chaleureux c'est Lucio le Brésilien qui me l'a donné sous un soleil de feu. Dieu qu'il fait chaud ! Il est midi, il n'y a pas un souffle d'air : la canicule nous ensuque et nous asphyxie dans ce vallon, c'est une véritable fournaise ! Aucun pèlerin à l'horizon.

Lucio a tout compris. Sa démarche me fait penser à la mienne : rechercher à aimer en agissant. Au Brésil, il est bénévole dans plusieurs associations et il partage avec moi ces paroles de l'hospitalier de Castrojeriz, à savoir que l'on peut être très actif autour de soi… sans partir obligatoirement à l'autre bout du monde !

Il reprend ensuite tranquillement son chemin d'un pas lent et décidé. Lucio signifie « lumière ». Pour se protéger du soleil, il a mis sur son sac une couverture de survie en toile d'aluminium. Au loin son éclat brille un moment puis il disparaît et je reste là, pensif. Quelle belle étoile que cette âme-là ! Sur la terre battue du chemin, je découvre vingt pierres de couleur bronze que je dispose en forme de cœur, ce cœur que j'offre à ceux qui passeront là tout à l'heure : ce petit clin d'œil me ravit, il me rappelle les gestes enfantins de ma jeunesse.

15e jour : Astorga – Hospital de Órbigo
Mardi 29 mai : 17 km en 8 heures
soit 289 km en 126 heures

Je suis là à vous raconter mes rencontres quotidiennes avec les pèlerins et ce petit oiseau avec lequel j'ai « bavardé » un moment après avoir quitté le village d'Acebo. Je vous laisse imaginer combien cette histoire rocambolesque m'a impressionné : franchement, un oiseau peut-il parler à un humain et un humain est-il capable de comprendre le langage des oiseaux ? Dois-je conserver cette histoire pour moi ou en parler ?

Je choisis de tester la réaction de mon épouse. Je lui téléphone et Nicole m'écoute : à la fin de l'histoire, il y a un blanc, suivi d'un petit rire pudique. « Tu ne crois pas ce que je te raconte, c'est ça ? Et pourtant, je t'assure que c'est vrai ! » Je suis face à l'incrédulité polie de ma compagne qui doit me prendre pour un illuminé : dans le fond, peut-être ai-je simplement rêvé ou pris un coup de soleil sur la tête ! Pourtant, au fil des siècles, certaines personnes ont eu des visions, voire des apparitions. Il suffit de voir l'engouement pour le mystérieux, l'étrange, l'irréel… les enfants, eux, me croiront sûrement ! Que se passe-t-il actuellement pour moi sur ce chemin de Saint-Jacques ? Suis-je fatigué ou ébloui par ce que je vis depuis 15 jours ? C'est probable mais ce petit oiseau je l'ai vraiment entendu me parler, j'en suis convaincu, même si je n'y mettrai peut-être pas ma main à couper ! J'espère en tout cas vous avoir acquis à ma bonne foi de Marseillais !

Laissons donc l'oiseau qui s'est envolé et « vivez » plutôt cette histoire, tout aussi extraordinaire, qui m'est arrivée hier après-midi. Ne vous ai-je pas prévenu que ce chemin réserve de grandes surprises ? Asseyez-vous confortablement, éteignez le téléviseur, oubliez les enfants qui jouent à côté, caressez votre chien qui est à vos pieds et laissez-vous simplement emporter pour ce nouveau récit. Ouvrez votre cœur, ne fermez pas encore les yeux : ce sera pour plus tard.

Je vous invite maintenant à retrouver votre âme d'enfant…

Lors de l'étape précédente Rabanal del Camino/ Astorga, je me suis arrêté dans un village qui porte le nom de Murias del Rechivaldo et me suis retrouvé devant une *tortilla* avec une salade mixte et la boisson idéale quand je voyage : un Coca-Cola. Ce breuvage, symbole de la société de consommation – où je ne me reconnais pas toujours –, est pour moi, je le confesse, « un facilitateur » de digestion et une prévention naturelle contre la *tourista* !

Les clients se sont installés à la table d'à côté pour « taper le carton » avec le patron, un bon gros qui pousse la canzonette derrière son bar. Sa femme lui envoie un regard appuyé afin qu'il n'oublie pas qu'il y a un client, un *peregrino* d'un genre un peu particulier *« quien viene de regreso*[1] *»,* ce qui n'est pas commun ! Dehors la chaleur est torride et je profite de rester là un moment pour faire sécher les affaires de mon sac de poitrine qui a pris l'eau. Le bouchon de ma gourde n'étant pas bien fermé, tout est trempé : les cartes postales et le guide, l'argent, les noisettes, et surtout le petit livre de vie et la *credencial* ! Ces deux-là m'inquiètent davantage mais finalement les dégâts sont peu importants. Ne sachant que faire, et n'ayant aucun intéret ni pour la télévision qui diffuse les sempiternelles émissions populaires de variété, ni pour les joueurs qui s'animent autour de la table, je choisis d'aller visiter l'église avec son haut clocher,

1. qui fait le retour.

son toit en tuiles romaines et ses murs de pierres sèches qu'on rencontre dans la région. Malheureusement, je trouve porte close, dommage…

Levant la tête, j'aperçois trois nids de cigognes plantés sur le clocher, un de chaque côté et le dernier au sommet, juste au-dessus des cloches. Ces nids énormes qui dépassent sur le vide se composent de milliers de branches. En y regardant de plus près, deux des trois nids sont occupés par un couple de cigognes adultes avec leur progéniture. Les petits sont tout blancs, le corps recouvert de duvet. Passionné par ce spectacle, je trouve un petit coin ombragé derrière le clocher et je m'allonge dans l'herbe pour observer ces échassiers. Il n'y a pas un souffle de vent et la chaleur m'envahit : je sens mes paupières s'alourdir et avec mon chapeau, je protège mes yeux de la forte lumière, ignorant encore que je vais vivre un événement très étrange et pour le moins insolite…

En effet, comme l'autre matin à Acebo, j'entends une petite voix qui m'appelle : « *La Tortuga*… Gérard *La Tortuga* ! » Ça y est, il me semble reconnaître ce chant mélodieux ! Je cherche d'où vient l'appel. La rue est vide : pas étonnant, sous ce soleil de plomb ! Je regarde dans l'axe du soleil et j'aperçois sous le nid principal des cigognes, au sommet du clocher, un petit oiseau qui sort la tête entre les branches :

— Tiens, te revoilà enfin, *Petit oiseau* ! Je suis content de te revoir…

— Je ne suis pas *Petit oiseau* mais son frère : on me nomme *Gazoui* parce que je parle trop !

D'un coup d'aile, le voici qui descend jusqu'à moi et se pose sur l'avancée du toit de l'église.

— Comment vas-tu aujourd'hui ?

Et nous voilà partis dans des palabres de *peregrinos* ! Une question me brûle les lèvres :

— *Gazoui*, pourquoi ton grand frère ne m'a-t-il plus parlé depuis notre conversation d'Acebo ? J'ai cru qu'il était fâché !

— Ne t'inquiète pas ! Il avait du travail dans le nid de sa compagne, qui attend un heureux événement ; ça le rend un peu susceptible mais ne te fais pas de soucis, tu le reverras !

Ce jeune compagnon ressemble comme deux gouttes d'eau à son frère, sauf qu'il n'a pas de tache blanche sur la queue : en revanche, il a des taches noires sur son petit bec. Curieux, je l'interroge :

— Que faites-vous ici ? Comment vivez-vous ? Quelles sont vos activités ?

Le petit *Gazoui*, tout fier de pouvoir répondre à mes questions, me confie en quelques minutes tous les détails de la vie de son clan.

— Le Très-Haut nous a confié la responsabilité des pèlerins du *Camino* de Santiago de Compostela, depuis Roncevaux jusqu'à Saint-Jacques. Nous devons les encourager par nos chants et les guider sur le Chemin. Nous avons été créés par les forces divines, nous sommes un peuple de tendresse et de compassion. Chez nous, tout doit être accueil, gentillesse, compréhension et solidarité. Nous recevons l'éducation de nos parents jusqu'à notre maturité. Les anciens réunis en assemblée donnent leur avis sur nos missions et conseillent nos parents. Nous devons être courtois avec tous les êtres de la Terre et lier amitié avec tous ceux qui, comme nous, parcourent le ciel. Tu comprends mieux pourquoi mon grand frère n'est pas très content de ce que les hommes font subir à la nature et à notre environnement. Nous vivons simplement et sommes solidaires et très heureux ; nous avons beaucoup de travail pour organiser les abords du chemin. Nous sommes aidés par les petits moineaux que tu as dû voir nettoyer les routes.

— Et que font les cigognes et les hirondelles ?

— Les cigognes sont des contemplatives : elles vivent tranquillement et restent jusqu'à l'époque des grands froids, où elles partent contempler les beautés de la nature sous des cieux plus sereins. Les hirondelles sont des joueuses, elles vivent de louanges au Créateur. Tu les as entendues ?

— Et les merles que j'ai vus sur le bord du chemin ?

— Ils nous préviennent de votre arrivée et des dangers pour tous nos amis du ciel. Tu vois, nous sommes bien organisés et nous avons même, depuis quelque temps, organisé une réunion avec toutes les espèces de volatiles qui se côtoient dans le ciel. Les pies, comme tu le sais, sont des bavardes : elles sont missionnées pour les relations publiques. C'est important de mieux nous connaître pour savoir apprécier nos différences. Nos parents sont les représentants de notre famille lors des grandes assemblées organisées afin de conserver l'excellente harmonie que nous a donnée le Créateur !

Tout cela semble simple et harmonieux…

— Et les corbeaux, que font-ils ?

— Là, tu touches un point sensible ! Cette espèce est faite de pessimistes, jamais contents, se plaignant de tout, disant que rien ne va : ils vivent entre eux, ne s'intéressant pas vraiment à la vie du *Camino*. Nous essayons malgré tout de les motiver car ils démoraliseraient un régiment de pèlerins enthousiastes !

Je me rappelle que lors de mon départ du Puy en juin dernier, j'ai parfois cru entendre des corbeaux me crier que je n'arriverai jamais à Compostelle !

Heureusement chaque matin le gazouillis de mes petits amis dans les arbres me redonnait du courage : « Tu iras à Compostelle, aie confiance ! »

Aujourd'hui, je comprends mieux grâce aux explications de *Gazoui* : par contre, j'ignore toujours pourquoi *Vole plus haut* (c'est le nom de son frère) s'est présenté comme *Petit oiseau*. C'est une question que j'aimerais élucider… et je pressens que *Gazoui*, plutôt bavard, est prêt à m'en dire davantage :

— Gérard, tu me promets de ne pas lui en parler ! Car *Vole plus haut* est très humble et assez susceptible ! Il ne veut jamais se mettre en avant : mais mon frère est un héros mondial !

Je rajuste mon chapeau et mes lunettes pour me protéger du soleil et m'appuie sur mon bourdon pendant que *Gazoui* raconte :

— Lors de notre dernière grande fête de l'air, un championnat du monde, nous devions désigner la famille d'oiseau qui protégerait le *Camino* pour les années à venir. Depuis toujours, ce sont les aigles qui s'en chargeaient. Ils montaient toujours plus haut que les autres et personne ne pensait que cela changerait un jour ! Et pourtant… La compétition a eu lieu l'an dernier chez nous, en Galice ! Nous nous étions tous beaucoup entraînés, la concurrence était rude ! Plusieurs milliers de candidats venus des quatre coins du monde attendaient ce moment. Comme pour vos Jeux olympiques ou la Coupe du monde ! Tu as bien compris que le but de ce concours est simple : il faut voler le plus haut possible ! Le coup d'envoi fut donné par le président des oiseaux du monde et des milliers d'ailes se mirent à battre en même temps. Le spectacle était d'une rare beauté. Au bout de quelques minutes, et comme à l'accoutumée, seuls les vautours et les aigles restaient en compétition. Quelques hérons cendrés avaient tenté de se maintenir dans le peloton de tête mais l'épreuve s'avéra trop dure pour eux. L'histoire semblait une fois encore écrite ! Au dernier moment, l'aigle le plus haut dans le ciel savourait sa victoire mais n'en pouvant plus, il se mit à planer, les ailes grandes ouvertes. À cet instant, un tout petit oiseau qui s'était caché entre ses plumes bondit et vola quelques dizaines de mètres plus haut. La stupéfaction des participants de la famille des aigles et celle du jury était totale : un petit oiseau de notre famille gagnait cette épreuve pour la première fois ! Tu as deviné qu'il s'agissait de mon grand frère, à qui on a donné le nom de *Vole plus haut*. Et c'est comme ça que contre vents et marées nous avons gagné l'honneur d'être nommés « les hospitaliers du chemin de Saint-Jacques », distinction suprême en Galice : nous avons désormais la responsabilité de tout le *Camino francès* !

Je suis très impressionné par ce que je viens d'entendre. Quelle joie pour moi de rencontrer de tels êtres, si charmants et si chaleureux : mes petits-enfants ne croiront jamais ce que je suis en train de vivre ! Mon tee-shirt est trempé mais je suis tellement bien en compagnie de ce bavard de *Gazoui*…

Malheureusement, le temps passe et il serait bien que je « prenne du souci » et me remette en marche vers Astorga ! *Vole plus haut* vient d'arriver : il me salue et converse un instant avec son frère *Gazoui*, qui a l'air très surpris.

La réverbération du soleil sur les façades blanches attise la fournaise. De grosses gouttes de sueur coulent sur mes tempes et le long de mon dos. Je m'apprête à prendre congé de *Gazoui* et *Vole plus haut*, tout en souhaitant ardemment les revoir, quand le second me fait une proposition étonnante :

— *Tortuga* mon ami, la cigogne là-haut veut te faire une petite surprise. Va vers la porte du clocher, le cadenas n'est pas fermé, et monte tout là-haut. Je sais que tu n'as pas le vertige, je t'y attends !

En deux coups d'ailes, *Gazoui* est sur le rebord du nid où l'attend *Vole plus haut* et il entame une grande discussion avec le papa cigogne. Je n'hésite pas plus longtemps : le cadenas est ouvert et je fonce vers l'escalier du clocher… pour me retrouver, un peu essoufflé, au niveau des nids de cigognes. Les présentations sont vite faites. Que les petits sont beaux ! La maman n'a d'yeux que pour eux. Le papa tord son cou et caquette de la joie de nous rencontrer. *Vole plus haut* me dit :

— Je sais que chez vous, les humains, les bébés naissent dans les choux et que nos amies les cigognes les apportent dans vos maisons quand c'est le moment. Eh bien aujourd'hui, papa cigogne veut te faire apprécier la région vue du ciel, c'est une grande première ! Il attend que nous nous installions sur son aile pour décoller. Tu n'as pas peur, dis ? Je sais que tu as été parachutiste, alors tu peux bien accepter sa proposition !

Je n'en reviens pas : après avoir parlé le langage des oiseaux, voilà que je vais voler dans le ciel sur le dos d'une cigogne avec *Gazoui* et *Vole plus haut* ! Refuser cette proposition ? Allons donc : c'est trop génial ! Et me voilà installé entre les deux ailes majestueuses de papa cigogne. Je regrette de ne pas avoir l'un de mes petits-enfants avec moi !

— Tiens-toi bien à mon cou, dit-il. Tu ne risques rien !

— Oui, enfin quand même… je n'ai pas d'ailes, moi, pour voler !

Et la cigogne de pouffer :

— Dis-moi, lorsque tu fais une chute libre, n'essaies-tu pas de voler ? C'est vrai, tu as un parachute sur le dos : mais je suis fort et tu n'as qu'à bien te tenir !

Mon pilote bat de ses larges ailes pour amorcer le départ : et hop ! nous nous élevons lentement au-dessus du village. *Gazoui* est là, près de moi, accroché par un bout de mon tee-shirt. *Vole plus haut* s'est posé sur mon épaule ! Ils ont l'air heureux et fiers de ce qu'ils sont en train de me faire découvrir. En quelques minutes, nous avons atteint une altitude d'environ 300 mètres et les maisons semblent bien petites.

Je vois maintenant tout le *Camino* jusqu'à l'horizon, avec ses arbres plantés régulièrement qui permettent de bien se situer.

— Attention ! crie le papa cigogne. Nous allons aborder une perturbation due à la chaleur !

Je connais bien ce mouvement circulaire d'air chaud qui s'élève très rapidement et avance, poussé par le vent. Nous sommes maintenant dans le thermique. L'oiseau a déployé ses ailes entièrement et sans bouger, il créé une dissymétrie de ses ailes pour réaliser des cercles. Nous montons à la vitesse incroyable de 6 à 8 mètres par seconde. Je m'agrippe encore plus fort au cou de mon hôte, certes toujours confiant mais très impressionné !

— Regarde qui est là à côté de nous…

Une énorme buse s'est mise elle aussi dans le courant d'air ascendant.

— C'est une artiste qui passe son temps à dessiner des arabesques dans le ciel.

Le déplacement de la masse d'air nous entraîne plus à l'ouest, sur le village d'O Cebreiro et je vois les petits toits ronds en chaume... Mais mon hôte se fatigue et il faut maintenant rentrer : papa cigogne commence à planer pour engager la descente. Le vent chaud qui s'est levé l'oblige à voler à contre-courant, l'oiseau s'essouffle et le poids de mon corps n'arrange rien ! *Vole plus haut* perçoit mon inquiétude et tente de me rassurer :

— N'aie pas peur, nous avons compris ce qui se passe, nous allons chercher de l'aide !

Au moment où nous commençons à perdre de l'altitude, je vois arriver quatre grandes cigognes accompagnées de *Gazoui* et *Vole plus haut* : elles s'approchent de nous et encadrent la cigogne en soutenant de leurs ailes mon ami à bout de forces. Il était temps ! Rasséréné, je me laisse porter jusqu'au point de départ par le cortège d'oiseaux comme Aladin par son tapis magique.

— Eh ! les pèlerins, levez la tête !

Mais ils sont trop absorbés par le *Camino* et je ne suis pas certain qu'ils remarquent cet étrange attelage dont ils auraient sans doute pensé que c'était un mirage dû à la chaleur !

Nous nous approchons du nid : je crains un peu l'atterrissage, la cible est si petite ! Dans un sursaut d'énergie, papa cigogne bat des ailes, juste au-dessus du nid. Ses deux pattes se posent sur le rebord et les quatre autres cigognes félicitent leur ami de sa précision.

— Il n'y a pas que toi, Gérard, qui soit un as de l'atterrissage !

Je me demande comment il peut savoir que dans ma

jeunesse j'étais champion de cette spécialité aérienne : la précision d'atterrissage en parachute.

Nous sommes rentrés sains et saufs ! Encore sous le coup de ce que je viens de vivre, je remercie chaleureusement cette « charmante famille » et spécialement le père cigogne, qui avoue que c'est la première fois qu'il transporte un homme sur son dos, ce qui l'a lui-même un peu surpris :

— Heureusement que nous avons un tempérament optimiste : il suffisait de faire confiance au Créateur !

Je prends enfin congé en les remerciant tous une fois encore, sans oublier de saluer *Gazoui* et *Vole plus haut* :

— À bientôt ! lancent-ils du bout de leurs ailes.

Je me demande ce qu'ils vont encore inventer ces deux merveilleux compères ? ! Nous reverrons-nous un jour ?

Je les regarde s'envoler vers Astorga, où je dois me rendre dans la soirée. Quelle drôle d'aventure : à croire que sur le Chemin, tout peut arriver !

Un peu plus tard, je confierai à mes petits carnets de route ces histoires bien romanesques : je crois que mes petits-enfants m'en auraient voulu de leur cacher que leur Papou pèlerin pouvait vivre des moments aussi extravagants et magiques ! Je suis sûr que ça leur donnera envie de partir avec moi sur le *Camino* un jour ou l'autre afin de rencontrer *Gazoui* et *Vole plus haut*…

Et vous, confortablement installé dans votre fauteuil, pouvez-vous imaginer vivre vous aussi ces aventures extraordinaires ? Alors, préparez-vous à partir !

Je peux une fois encore constater que, sans stress et avec bonne humeur, le pèlerin vit tellement heureux qu'une petite sieste à l'ombre du clocher de Murias del Rechivaldo lui permet de retrouver son âme d'enfant. Le merveilleux existe sur le Chemin, il suffit de se laisser entraîner, même dans des aventures un peu folles !

16e jour : Hospital de Órbigo – Villadangos del Páramo
Mercredi 30 mai : 10 km en 6 heures soit 299 km en 132 heures

Avant tout, voici en quelques lignes des nouvelles de l'étape d'hier entre Astorga et Hospital de Órbigo. Le fléchage m'a joué des tours une fois encore et je me suis retrouvé au sommet d'une petite colline face à Astorga, assis sur un banc en train de contempler le paysage chauffé par le soleil.

Un gros arbre étend ses branches feuillues qui dispensent une ombre généreuse et salutaire. Philippe de Paris et sa femme Anna viennent se reposer un moment avec moi. Anna a une prothèse au genou mais elle veut rejoindre Santiago pour tester ses limites. Philippe, lui aussi, cherche à mettre un peu de renouveau dans sa vie personnelle. Décidément, nous sommes très nombreux à prendre enfin conscience de la nécessité de changer !

Je laisse mes amis et reprends ma marche. Le *Camino* longe la route et je me rappelle qu'avec Jesús María, Guadalupe et Lola, nous étions arrivés là par un chemin de terre plus à l'est. Je le retrouve et m'y engage : je verrai bien où il me mènera !

Je n'ai croisé qu'une Allemande effondrée qui vient de revoir sur le Chemin ce bel Espagnol qui lui avait conté fleurette l'an dernier… et qui est revenu cette année accompagné de son épouse : quelle déception pour elle ! Je compatis et j'essaie de lui remonter le moral mais ce sont des risques qui existent aussi sur le Chemin.

En plus, cette pèlerine malheureuse n'a plus d'eau : heureusement la ville est proche. Je lui offre un peu du contenu de ma gourde et lui indique une fontaine que je connais en bas de la côte. Puis arrivent Claude et les deux Jacqueline de Pau. Nous blaguons un moment en admirant la superbe nature qui nous environne. Je me hasarde à leur raconter mon aventure d'Acebo. Les dames sont stupéfaites mais Claude, qui a beaucoup d'humour, n'est pas vraiment surpris : hier, lui aussi a eu l'occasion d'écouter pendant quelques minutes le discours d'un petit oiseau ! Peut-être était-ce le même que le mien ? « Tu as eu plus de chance que moi, dit-il en souriant, car je n'ai pas compris ce qu'il me racontait ! Mais je te promets désormais d'être plus attentif aux petits oiseaux du Chemin. » Voilà qui me réconforte un peu : enfin trois pèlerins compréhensifs, ça me fait bien plaisir !

Sur ma route, le paysage est beau et le souvenir de cette étape l'été dernier me revient en mémoire : une grande étendue de verdure, peu d'arbres, un petit torrent qui coule lentement en bas du vallon, et pas une construction à l'horizon. Je décide de faire halte ici où je m'installe tranquillement au milieu des arbres qui bordent le chemin et je m'endors après avoir dégusté mon petit repas savoyard : tomates, jambon, fromage et kiwis.

Je suis réveillé brusquement par trois énormes chiens de bergers qui tournent autour de moi, reniflant et bavant sur mon duvet. Un bruit sourd monte derrière les arbres : on dirait un tremblement de terre ! Je me précipite sur mes affaires que j'engouffre dans le sac, j'enfile mes chaussures sans même les lacer et attrape mon bourdon pour me protéger d'un éventuel danger. Je ne suis pas très rassuré ! Par chance, les trois molosses ne sont pas aussi agressifs qu'ils en ont l'air : ils se montrent même un peu trop affectueux à mon goût, uniquement intéressés par la nourriture qui est dans mon sac !

Puis tout à coup, un bruit infernal qui ressemble au galop d'un régiment de cavalerie déferle sur moi : en quelques secondes, je suis cerné par un troupeau de brebis, tondues comme moi, qui piétinent tout sur leur passage ! Inquiet pour mon matériel, je range en catastrophe mon duvet. Mais les bêtes se sont arrêtées à quelques mètres et elles m'observent : une centaine de moutons fait cercle autour de moi, comment vais-je m'en sortir ? Heureusement le berger Antonio, mon « sauveur », vient d'apparaître ! Je lui tends la main qu'il serre avec force. J'ai devant moi le type même du berger castillan, avec son grand chapeau et son bâton à la main. Un ordre claque : les chiens se dressent immédiatement et entourent les brebis, les remettant sur le chemin. Peut-être, ont-elles également le désir d'aller à Compostelle ? Je demande à l'homme qu'il m'indique où je peux trouver de l'eau : « À cinq kilomètres, au prochain village ! »

La chaleur m'a obligé à faire une petite sieste.

Il est 15 h 30 quand je me décide à reprendre le chemin, toujours aussi superbe mais peu fréquenté à cette heure. Je dois économiser les dernières gorgées d'eau qu'il me reste.

À l'entrée du village, un chien plutôt agressif court

vers moi : décidément, c'est la journée ! Fort heureusement, alors qu'il montre ses crocs menaçants, une voix féminine le rappelle : me voilà sauvé !

Une jolie demoiselle en petite tenue estivale est sur le perron de sa maison. Je l'interpelle à propos de mon itinéraire et lui demande un peu d'eau qu'elle va chercher au puits. Dès qu'elle a rempli ma gourde et tourné les talons, j'avale d'un coup plus de la moitié du bidon : je sais bien qu'il faut toujours conserver une réserve mais j'ai vraiment trop soif !

Enfin rassasié, j'aperçois Hospital de Órbigo : un coup d'œil rapide sur la boussole et je coupe à travers champs pour rejoindre cette belle cité castillane. Mes pieds sont un peu douloureux.

À 18 heures, je pousse la porte de l'auberge paroissiale, accueilli par Hubert, qui est là depuis sept ans. Pendant un mois et demi, il est seul pour recevoir 50 à 80 pèlerins par jour.

Je vais me reposer un moment et retrouve mes premiers pèlerins de l'après-midi : Thérèse et Guy, des retraités originaires de Chambéry. Ils ont trois enfants et six petits-enfants. Guy « croque » tout sur son passage : ancien architecte, il a un véritable don pour le dessin à la plume. Il me montre son carnet de croquis : c'est splendide ! Nous bavardons quelques instants avant qu'ils rejoignent le restaurant. Personnellement, j'opte pour une visite de la ville et du pont romain. Je retrouve cet ouvrage magnifique que Werner, mon ami autrichien, peignait à l'aquarelle l'été dernier et dont j'ai essayé de faire une belle photo. C'est un pont très long avec de belles arches, mais le lit de la rivière est actuellement à sec.

La nuit a été courte, bercée par les ronflements alternés des pèlerins épuisés et les attaques, pour la première fois, des moustiques venus en escadrilles. Ces jours derniers, nous avons aussi été assaillis par les puces : avec la chaleur, l'humidité ambiante et l'orage qui menace, un tas de bestioles se ruent sur nos veines, appréciant le nectar de notre sang oxygéné. Certaines grimpent dans nos affaires et nous suivent même jusqu'à l'étape suivante mais ces petits désagréments ne nous font pas perdre notre bonne humeur !

Ce matin, les premiers kilomètres sont difficiles. La « voiture humaine » a des ratés, elle ne fonctionne pas à plein régime ! Comble de malchance, en voulant prendre le Chemin en pleine nature, je n'ai pas vu les flèches et me suis retrouvé en bordure de la nationale qui mène à León : tant pis pour moi ! Le paysage sera moins agréable, mais comme je le disais à un pèlerin déçu lui aussi par cette portion du *Camino* : « C'est comme dans la vie : tout n'est pas rose ! Il faut accepter cette contrainte et la prendre avec philosophie pour mieux réussir son chemin intérieur ! »

J'ai enfin retrouvé ma route. Un groupe de pèlerins est arrêté, Henriette et Jean-Pierre viennent de Lyon et d'Annecy, René et Paule de Flumet, Brigitte et Jean-Michel de Toulouse ; il y a même un jeune Chambérien en fin d'études, Jean-Patrick, avec un look d'étudiant intello, le front dégagé, très à l'aise et surpris de rencontrer un « pays ». Michèle et Yves sont partis de Cabriès, près de Marseille. Ils ont trois enfants et un petit-fils. Michèle me montre le contenu de son sac : « On vit avec si peu, Gérard ! Yves et moi sommes simplement heureux de faire ce chemin ensemble ! » C'est un bel exemple de détachement matériel : je me dis que nos enfants et petits-enfants pourraient s'inspirer de ces paroles, eux qui ont tout et en veulent toujours davantage, incités par notre société de consommation !

L'accumulation de fatigue des jours précédents, ainsi que des douleurs lancinantes dans les membres inférieurs, m'incitent à être raisonnable. Je prends mon guide et décide d'écourter le trajet : je m'arrêterai au gîte de Villadangos, à trois kilomètres. Je n'en ai parcouru que quatre en trois heures !

Malgré les difficultés, je garde le moral.

Dans un renfoncement de la forêt, sous les arbres, j'aperçois une source qui se déverse dans un bassin de pierre. Il y a un banc à côté. Yves le sous-marinier, qui veut faire les quatre voies de Compostelle, m'a dit : « Chaque fois que tu vois une fontaine, n'hésite pas : enlève tes chaussures et tes chaussettes, et accorde-toi un bon bain de pieds. N'oublie pas de bien t'essuyer, passe ta pommade et remets tes chaussures. Tu verras, c'est super et très relaxant ! » Sitôt dit, sitôt fait : je m'assois sur la partie haute de la source, les deux pieds dans le bassin. Que c'est bon ! J'ai la sensation que l'eau monte jusqu'à mon cerveau…

Le *Camino* offre parfois ce simple contentement et le bonheur d'un bain de pieds providentiel dans une eau fraîche bénie des dieux !

Un quart d'heure plus tard, une dame espagnole arrive à vélo pour chercher cette eau si précieuse : il paraît en effet que cette source a des vertus particulières. Craignant de lui paraître sans-gêne, je m'empresse de sortir du bassin. Je me penche au robinet et bois aussitôt un bon demi-litre de cette eau délicieuse en me disant que ce serait formidable qu'elle allège mon âme ! Je suis maintenant tout proche de ma destination du jour. Le soleil est très haut dans le ciel et malgré l'ombre, il fait très chaud. Un petit vent s'est levé : les fleurs se détachent des arbres et volent comme des flocons blancs, on dirait du coton. En plein printemps, il semble neiger sur le Chemin. Un banc m'invite à une brève halte.

Au bout de six heures, j'ai à peine parcouru sept kilomètres. J'espère être en meilleure forme demain... mais aujourd'hui, la sagesse me conseille de prendre un après-midi de repos. C'est mon 16e jour de pèlerinage. Je m'installe donc confortablement, mon gros sac en guise d'oreiller et tout en somnolant, je revois les rencontres extraordinaires que j'ai vécues ces derniers jours...

Se perdre vaut parfois la peine, si ce n'est que pour vivre de nouvelles aventures, notamment ce moment particulièrement fort et merveilleux dont je me souviens comme si ça s'était passé hier.

Ce matin-là, dans un coin du fin fond de l'Espagne, je remonte le *Camino* : après une mauvaise nuit, je ressens la fatigue qui s'est accumulée chaque jour. Pour gagner un peu de temps sur l'heure du lever, plus tardive que l'année précédente, je prépare mes affaires la veille au soir, tentant de ne rien oublier. Quand c'est possible, je prends un petit déjeuner – même léger – avant de partir, l'essentiel étant de quitter le gîte avec quelque chose de chaud dans le corps. Ce qui se réduit parfois à un peu d'eau chaude du robinet, une dosette de café et de lait lyophilisé dans mon quart en métal où je trempe un petit morceau de pain ou un biscuit rescapé de la veille.

Curieusement, aux premières minutes du réveil,

le corps semble prendre la température extérieure et les muscles se réveillent les uns après les autres. J'ai pour habitude de me couvrir le haut du corps avec une polaire pour amorcer la sudation, ce qui conditionne souvent les premières heures de marche. Avant d'être opérationnel, le corps « couine » et rechigne, les épaules et le dos ressentent la fatigue de la veille et il faut un certain temps pour que les muscles des jambes prennent leur rythme de croisière.

Le temps est un peu couvert aujourd'hui et j'ai beau avoir passé ma tête sous le robinet d'eau froide, je peine à me réveiller. Ce qui explique peut-être qu'étant seul au départ du gîte, je me sois perdu une nouvelle fois. C'est toujours un peu émouvant pour moi de voir partir des dizaines de pèlerins dans la direction opposée. Après être sorti dans la rue « sans honneurs ni trompettes », je leur dis au revoir. Ils ne me connaissent pas et me regardent en pensant sûrement que j'ai oublié quelque chose à l'étape précédente ! Il m'est arrivé parfois de me retourner, me demandant si l'un des pèlerins avait enfin compris que je suis sur le chemin du retour ! Si c'était le cas, ce pèlerin « éclairé » me faisait un petit signe marquant son admiration.

J'ai donc rapidement perdu mes repères sur le *Camino*. Pourtant, les flèches jaunes sont assez visibles. J'ai la sensation d'avancer comme un automate et en plus, j'ai terriblement mal aux pieds : cette journée n'est pas très favorable, heureusement qu'il y en a de meilleures ! J'essaie de me convaincre que cela finira par s'améliorer. Je veux rester positif et au fond, je n'éprouve pas de stress particulier. Je suis sur le chemin de retour, ce qui est ma volonté : donc, tout ira bien dans un moment. Ce qui n'empêche que j'ai beau regarder à droite et à gauche, je ne sais toujours pas où passer ! Une fine brume enveloppe le paysage, elle aussi va sûrement se lever bientôt, me dis-je et faire place au soleil. Au loin, entre les maisons, j'aperçois enfin la route nationale. Au pire, si je ne retrouve pas le *Camino*, je pourrai toujours suivre la piste en macadam jusqu'au prochain croisement, ce qui m'est déjà arrivé plusieurs fois !

Je traverse un village et « atterris » sur une petite place au milieu de laquelle trône un banc qui est le bienvenu : j'ai tellement mal aux pieds qu'à peine mon sac posé à terre, j'ôte chaussures et chaussettes pour les aérer. J'ai cessé de réfléchir, mes gestes sont mécaniques. Je sors de mon sac ventral une pomme initialement prévue pour le casse-croûte de 10 heures : j'en suis pourtant encore loin, venant à peine de partir !

Un peu perdu dans mes rêveries, je perçois une présence derrière moi. Je me lève d'un bond : une femme de petite taille, vêtue de noir avec un châle en dentelle sur la tête, me tend en souriant un gobelet de plastique fumant et un petit paquet de biscuits. Elle s'exprime en espagnol mais je devine qu'elle veut dire : « Ce bon café est pour toi ! » Je la regarde avec une infinie reconnaissance, touché par cette merveilleuse attention. Elle est arrivée presque furtivement et doit habiter la maison derrière la place. Son visage rayonne de plaisir à me voir si content. Je prends le gobelet et les biscuits que je pose sur le banc près de moi. Je lui demande son prénom : « Rosario », me dit-elle dans sa langue natale. Je lui offre le mien « Gérard » et je cherche dans mon sac une des petites médailles de Compostelle : ça y est, j'en ai une ! Je la lui donne en l'embrassant et en la remerciant vivement pour cette sollicitude que l'on vit si rarement dans notre vie quotidienne. Soudain gênée, son visage exprime quelque chose que je traduis comme : « Ce café n'est qu'un petit geste d'amour offert comme tu l'aurais sûrement fait toi-même ! »

Encore une belle image épinglée sur mon cœur de pèlerin ! Le temps de m'asseoir sur le banc, Rosario a disparu tout aussi discrètement qu'elle était venue ! Je sais que je n'ai pas rêvé car le petit gobelet blanc est là, toujours fumant. Je suis heureux et je ne vous mens pas en vous disant que ce petit déjeuner est sûrement l'un des plus touchants que j'ai pu vivre dans ma vie, même si je l'ai savouré tout seul. Ces biscuits offerts avec amour et ce délicieux vrai café sont un régal. Rosario est comme tous ces formidables hospitaliers qui se dépensent sans compter, bénévolement, pour que le Chemin reste un lieu de fraternité, d'espérance et d'amour. Je remercie également la Providence qui n'est sûrement pas étrangère à cette apparition.

À cet instant, je sens que ma journée a changé de cap : je n'ai plus mal dans mon corps car mon âme est remplie de joie !

Quelques minutes plus tard, je prends mes affaires et je me lève pour partir, vérifiant que je n'ai rien oublié sur le banc. Instinctivement, je me retourne et mon regard se porte vers la maison au bout de la place où je crois voir le rideau se baisser, comme un signe d'adieu. Mon cœur se serre : c'est cela aussi le Chemin…

Je prends mon bourdon et pars en chantant la chanson des pèlerins :

Tous les matins nous prenons le chemin
tous les matins nous allons plus loin,
jour après jour la route nous appelle,

c'est la voix de Compostelle !
Ultreïa ! Ultreïa ! E sus eia !
Deus adjuva nos !
(Aller plus loin, passer outre. Dieu aide-nous !)

Je consulte mon guide : je n'irai pas jusqu'à León ce soir mais à un kilomètre d'ici, le gîte de Villadangos del Páramo m'accueillera.

Il est 17 h 30. Je viens de me réveiller. J'avais du sommeil en retard et j'ai dormi depuis mon arrivée au gîte de Villadangos vers 14 heures.

L'hospitalière, très accueillante, nous a permis de nous installer, contrairement à l'habitude qui veut que les gîtes soient généralement fermés jusqu'à 16 heures, ce qui entraîne la formation de longues colonnes de pèlerins assis sur leur sac ou allongés sur le trottoir, attendant patiemment l'ouverture des portes.

Je me suis installé au sommet d'un triplex, ce qui est assez rare. Mon attention est attirée par une altercation qui vient de la grande salle : le ton des voix annonce la couleur !

Je pénètre dans cette partie du gîte qui sert de dortoir quand il est complet, ce qui est le cas aujourd'hui. Les disputes et accrochages sont plutôt rares sur le Chemin et la scène à laquelle j'assiste me paraît incroyable : trois personnes dans la force de l'âge se sont installées dans un angle au fond de la grande salle, ils ont bien rangé leurs affaires sur leurs matelas pneumatiques mais ciel ! ils sont entièrement dévêtus, nus comme des vers ! Deux autres pèlerins les invectivent et leurs demandent de couvrir leurs parties intimes.

Je m'approche du groupe. La vingtaine de personnes présentes sont assises sur leurs affaires sans prendre position : sont-elles trop fatiguées par leur étape pour réagir ? D'autant que dans une heure, la salle sera comble ! J'engage la conversation avec une de ces personnes, les autres ne parlent pas français. Je lui explique les principes du Chemin et le désir de chacun de le réaliser avec un minimum de discrétion et de pudeur. Je n'avais pas encore rencontré ce genre de problème de nudisme sur le Chemin. Finalement, nous sommes plusieurs à demander à ces gens de se rhabiller :

— Est-ce que vous imaginez ce que vont penser les jeunes qui vous verront dans cette tenue ? Les jeunes filles et les femmes sont en majorité dans ce gîte.

Deux couples viennent de nous rejoindre. Ils insistent :

— Rhabillez-vous ! C'est une honte ! Comment peut-on accepter cela ?

Les trois nudistes enfilent enfin un maillot de bain : celui qui a fait la traduction met une chemise et s'en va.

Le calme est revenu. Sandra, l'hospitalière, qui s'était absentée, est revenue : elle apprend avec stupeur ce qui s'est passé. Elle nous invite à prendre une tasse de thé et nous nous retrouvons une dizaine autour de la table à entonner les chants de colonies de vacances de notre enfance. Sandra est imbattable ! Elle a vécu en France dans sa jeunesse, c'est une femme heureuse et généreuse. Et quelle voix ! Nous sommes tous sous le charme de cette belle personne.

Nous faisons ensuite une gigantesque salade avec ce que chacun a prévu pour le repas du soir : nous avons retrouvé la bonne ambiance du Chemin.

En discutant avec des couples présents ce soir-là, je me rends compte que Nicole et moi sommes des privilégiés : quatre enfants mariés, onze petits-enfants, pas de divorce… quelle chance ! Que Dieu nous protège !

Chaque pèlerin assis à table raconte un peu sa vie : nous sommes tous à peu près du même âge. Nos histoires se ressemblent, avec leur lot de conflits, de séparations plus ou moins définitives. Heureusement, il nous reste la joie de voir nos petits-enfants, me disent-ils. Je reçois ce soir de ces attachants pèlerins beaucoup de tristesse, j'ai de l'empathie et une grande compassion pour eux. Parfois je m'interroge : qu'adviendra-t-il de nous ? Dieu seul le sait !

Il est 22 heures et beaucoup veulent partir aux aurores le lendemain. Nous échangeons nos adresses et nous souhaitons une bonne nuit.

Avant de monter me coucher, tel un vieux renard, je vais jeter un coup d'œil à nos trois « énergumènes » qui dorment comme des bienheureux. En fermant délicatement la porte, je me demande comment on peut être aussi peu pudique. Heureusement que cet incident exceptionnel a eu lieu dans le gîte de Villadangos : si cela s'était produit à León, où le monastère peut recevoir plus de 250 personnes, les religieuses auraient peut-être été un peu surprises de cette désinvolture !

17e jour : Villadangos del Páramo – León
Jeudi 31 mai : 20 km en 8 heures soit 319 km en 140 heures

Je me suis perdu à l'entrée de León, la traversée de la ville me prendra une bonne heure… Voyant la cathédrale en haut d'une rue, j'utilise ma boussole : cap à 60 degrés ! J'avance et avec l'aide des Espagnols, c'est encore plus facile : il suffit de communiquer ! Je retrouve l'hôtel de ville *San Marcos*, où j'étais arrivé vers 6 heures du matin l'an dernier. La cathédrale est là, toujours aussi belle et imposante : je m'assois sur un banc pour me reposer un peu avant de me rendre au gîte, chez les Sœurs, dans le bas de la vieille ville.

Il est 14 h 30. Je suis content de moi : j'ai bien marché ! J'arrive au monastère des religieuses de León, étape de ma journée. Sybille, l'hospitalière, est d'origine allemande mais elle parle bien le français. Elle nous fait les recommandations d'usage : le gîte ouvre à 6 h 30 le matin et ce soir, la bénédiction des pèlerins aura lieu à 21 h 45. Pour l'instant, les pèlerins se reposent, éparpillés sur la soixantaine de lits superposés disposés dans une grande pièce d'environ 120 m^2 : la file d'attente au secrétariat s'allonge mais j'aurai un lit (en hauteur) !

Je salue Joseph, qui se repose allongé sur son lit à l'entrée du dortoir : il a 71 ans et arrive de Vienne, en Isère. C'est un homme très affable, avec une bonne tête. Ses cheveux sont coupés ras comme les miens.

Nous sympathisons et il m'explique qu'il va manger avec les Sœurs. « Tu as de la chance ! » lui dis-je. Mais la raison de cette invitation est moins réjouissante qu'il n'y paraît : lorsque Joseph a débarqué à León, un grand gaillard, sous le prétexte de l'amener au monastère, l'a pris par l'épaule et lui a volé son portefeuille avec ses papiers et son argent. Le pauvre homme est catastrophé : il ne sait pas s'il pourra continuer son pèlerinage ! Son histoire interpelle les pèlerins, qui font cercle autour de lui.

Puis, chacun vaque à ses occupations habituelles : douche, lessive, séchage, achats pour le repas du soir. En passant devant le lit de « Jo », je le vois allongé sur le dos, les yeux fixés vers les étoiles. Et si la Providence des pèlerins lui faisait une petite surprise ? Je vais voir Sybille pour lui demander une boîte en carton afin d'organiser une petite collecte. Elle me répond qu'elle n'en a pas et pense qu'un tel geste – pour moi si naturel – n'est pas approprié. Je suis surpris mais décidé malgré tout à passer outre ! Et je demande à Bernard, qui maîtrise l'anglais, s'il veut bien m'aider.

Je pars en ville pour me recueillir à la cathédrale dans la chapelle de la descente de la croix. En rentrant, j'achète un petit sac qui convient tout à fait pour mettre des documents de voyage. Nous commençons la quête. Une bonne dizaine de nationalités sont représentées parmi les pèlerins. Nous avons écrit une petite carte d'amitié à l'attention de Jo en lui rappelant que la Providence existe : la preuve ! tous les pèlerins, même les jeunes, veulent participer. Notre joie est grande. Un Hollandais qui maîtrise bien l'anglais sert lui aussi de traducteur pour les pèlerins étrangers.

La sacoche se remplit rapidement de pièces et de billets. Bientôt, c'est l'heure de la bénédiction : une cérémonie en espagnol, dommage ! Enfin, voilà le *Salve Regina* en latin : je suis heureux de chanter debout ce merveilleux cantique à la gloire de Marie, mère de Jésus, que j'ai appris au patronage dans mon jeune temps et dont les paroles me reviennent comme si c'était hier. Petit miracle de la Providence… et j'attends avec impatience de voir la tête de Joseph lorsqu'il trouvera la surprise !

La cérémonie achevée, nous rentrons au dortoir. Nous avons mis le petit sac et la lettre sur le lit de Jo. Il n'en croit pas ses yeux :

— Mais vous êtes fous !

Tous les pèlerins se sont réunis autour de son lit. Franz, notre ami Hollandais, explique :

— Tous ici nous sommes tes amis !

L'assemblée applaudit, aux anges. Je suis très heureux que malgré la réticence de l'hospitalière, Bernard et l'ensemble des pèlerins se soient rangés à mon avis pour aider notre malheureux compagnon. Je me remémore un petit texte relevé à Ponferrada et que je trouve fort à propos : « Que le Seigneur vous bénisse et vous garde. Qu'il fasse par vous rayonner Son visage. Que le Seigneur vous découvre Sa face, vous prenne en grâce et vous donne la paix. » Une belle citation de saint François d'Assise.

Après s'être isolé dans la cuisine pour compter son argent, Joseph nous rejoint. Tout joyeux, il claironne que c'est une véritable « multiplication des pains » : il vient en effet de s'apercevoir qu'il y a beaucoup plus d'argent que la somme dérobée. Il se dirige vers moi pour me remercier. Je lui fais remarquer que tous les pèlerins présents, sans aucune exception, ont participé à la collecte et je lui réponds :

— Eh bien Joseph, il ne te reste plus qu'à décider

comment toi aussi tu pourras, le long de ton chemin, aider les autres qui sont dans le besoin…

Nous échangeons nos adresses et il me fait promettre de l'appeler lorsque je passerai près de chez lui, à Vienne.

— Sinon, ajoute-t-il, je serai très vexé !

— Mais je le ferai, mon brave ami ! Le temps sera long d'ici à mon retour en Savoie et en Isère : alors, un jour, si Dieu le veut, nous nous reverrons !

Bernard est seul pour dîner, il me propose de partager son repas et je constate, amusé, que nous avons acheté les mêmes choses : un morceau de tarte à la viande, des tomates, du fromage et des fruits.

C'est un garçon discret, néanmoins nous engageons la conversation. Il est séparé de ses enfants et vit à Chartres. Je lui dis que, personnellement, j'aurais du mal à vivre seul. Il interprète cela comme un conseil et m'arrête gentiment en me demandant pourquoi j'ai tant besoin de parler ! Un ange passe… Nous changeons de sujet mais j'ai reçu la leçon donnée par ce psychologue qui fait de la formation. Un peu plus tard dans la soirée, je tiens à lui présenter mes excuses. Il répond gentiment que nous nous verrons demain au petit déjeuner : une entorse l'oblige à rester à León. Je décide de modifier quelque peu mon organisation et ne partirai qu'après avoir parlé avec lui. Tant que j'y suis, pourquoi ne pas recueillir son avis de professionnel ?

18e jour : León –
Mansilla de las Mulas
Vendredi 1er juin : 19 km en 8 heures
soit 338 km en 148 heures

Ce matin, la discussion avec Bernard s'avère différente de ce que j'avais imaginé : nous bavardons à propos de nos vies et de nos problèmes personnels et cet entretien nous révèle que chacun vit et porte en lui ses blessures ; nous constatons que c'est la Providence qui nous a mis en chemin !

À 9 h 30, nous nous disons au revoir comme deux vieux copains et quittons l'auberge ensemble : « Merci Bernard, je vais réfléchir aux événements de ma jeunesse qui ont pu avoir une incidence sur mes comportements actuels, comme tu me l'as expliqué. C'est une recherche que je n'ai jamais faite : qui sait ce que je vais trouver ? »

La sortie de León n'est pas des plus faciles et à cause de l'absence de fléchage, je me perds. Je ne veux surtout pas prendre la nationale et je vais donc une nouvelle fois interroger ma boussole pour m'orienter à travers champs : ça au moins, ce n'est pas trop compliqué !

J'aperçois la route au loin sur la droite et de l'autre côté, un village : le site est très aride. Au détour d'un chemin, je rencontre Antoninio qui pousse une brouette remplie d'instruments de pulvérisation. Spontanément, il me propose de le suivre jusqu'au village pour prendre de l'eau : il m'indiquera ensuite comment récupérer le *Camino*. Nous passons devant un élevage d'autruches, il m'explique que l'on récupère les œufs et la viande.

Me voici arrivé à Mansilla de las Mulas. Le gîte

est déjà complet, je m'adresse à une charmante Espagnole, Laura, qui en est responsable. Elle regarde ma *credencial* et voit que je suis sur le retour. Elle se rappelle tout à fait mon précédent passage avec Jesús María Peña, mon ami prêtre, qui l'a également beaucoup impressionnée. Laura me fait asseoir dans le canapé de son bureau et tamponne la *credencial* : c'est bon signe. Le gîte est complet mais exceptionnellement, Laura va me trouver un lit !

Lors de notre venue ici au mois d'août, nous avions vu brusquement la cour se remplir de cyclistes, dont de jeunes Italiens sympathiques qui se rendaient à Santiago avec leur traductrice, Stéphanie. Qu'ils étaient beaux tous ces jeunes, couchés à même le sol dans la cour du gîte, sous les étendages, grattant leurs guitares et chantant des hymnes de louanges !

Laura prend mon sac et m'emmène dans le dortoir à l'étage pour me montrer le seul lit encore disponible : le premier en haut à droite. Comme par hasard, c'est celui que j'occupais l'an dernier : il est en principe réservé pour un grand retardataire handicapé !

La soirée se déroule comme d'habitude : les tables se remplissent et Laura soigne les pèlerins. Je prends mon tour. Hier à León, j'ai eu une nouvelle fois le plaisir de pouvoir offrir les produits de ma trousse de secours à deux Allemandes, Sabine et Mainel, qui ont apprécié mes soins. Béatrice, une Chilienne, a deux petites ampoules mais pas de pansements ! Une heure après, je la retrouve : elle a tout enlevé et il faut recommencer l'opération pour que les plaies ne s'infectent pas !

Laura me demande de m'asseoir face à elle : j'ai une grosse ampoule sous l'orteil gauche. Elle me prévient que ça va me piquer : tu penses ! J'ai envie de lui dire que j'en ai vu d'autres, mais je serre les dents en tentant d'afficher un gracieux sourire à l'attention des autres pèlerins. Une Hollandaise qui assiste son mari pour ses soins me propose un massage des chevilles et du tendon d'Achille : ce n'est pas de refus !

Pour remercier Laura, qui est très dévouée, je lui offre le blouson que je viens d'acheter à Astorga. Elle me raconte qu'elle a offert le sien à un Brésilien transi de froid. Heureuse de mon présent, elle le porte toute la soirée et je suis fier de ce petit geste d'amour envers une grande demoiselle du Chemin, une hospitalière dévouée et passionnée.

« Merci Laura. Tu restes là, présente dans mon cœur ! »

19e jour : Mansilla de las Mulas – El Burgo Ranero
Samedi 2 juin : 18 km en 7 heures soit 356 km en 155 heures

Cette journée est étouffante, sans vent et sans vie. Le chemin rectiligne coupe une plaine immense de garrigue et de champs. Depuis des heures, je n'ai rencontré ni pèlerin, ni agriculteur. Enfin, voilà le village, que j'aperçois dans la chaleur du soir : il fait au moins 50 degrés.

Je traverse le hameau et reconnais la petite chapelle de El Burgo Ranero. Je me souviens que le gîte est dans une rue derrière, près des premières maisons jouxtant les immenses étendues agricoles. Je suis en nage, ma gourde est vide et je ne sens plus mes épaules meurtries par le poids de mon sac. Ce n'est pas grave : j'arrive !

Des pèlerins se reposent devant le gîte, ils sont gais. L'étape du jour a été bien éprouvante pour moi : heureusement que j'ai appris à doser mes efforts ! Je sens leurs regards étonnés : d'où peut venir ce pèlerin qui arrive du cœur de la ville, en sens inverse ? Mon bouquet de fleurs à la main, je les salue et j'entre dans l'établissement. L'hospitalière, très souriante, me remercie chaleureusement de mon cadeau : elle paraît pourtant un peu gênée. Dans le brouhaha, je comprends que le gîte est complet : j'aurais dû y penser !

L'an dernier, à mon arrivée vers 20 heures et bien que n'ayant pu réserver ma place à l'avance, j'avais eu la chance que Jesús María, Guadalupe et Lola plaident ma cause auprès des hospitaliers. Un bon lit m'attendait : merci mes amis ! Mais ce soir, il n'y a pas de place et la solitude de la journée renforce ma lassitude : la chaleur et la fatigue accumulées ces jours derniers y contribuent.

Un peu sonné, je regarde tous ces jeunes qui se prélassent sur les canapés du salon en attendant le dîner. Je me tourne alors vers Elisabeth, qui voit ma détresse dans mon regard. Elle me tend un verre d'eau et m'offre un siège : je lui rappelle mon passage l'an passé et mon désir de revenir de Saint-Jacques jusqu'en Savoie. Elle est surprise : rares sont les pèlerins qui remontent le Chemin. Je suis bien ennuyé car il se fait tard. Elisabeth me demande quelques minutes de patience : elle s'absente et je m'interroge sur la solution qu'elle va pouvoir trouver, puisque le gîte est archi-complet !

Moins de cinq minutes plus tard, elle réapparaît : « Viens avec moi, Gérard… » Je me rééquipe rapidement et sors, suivant Elisabeth qui m'explique que, dans les cas extrêmes, elle peut faire appel à la générosité de ses voisins.

Nous arrivons devant la porte d'entrée d'une très jolie maison. Carmen, une charmante grand-mère, nous reçoit : Élisabeth fait les présentations et je regrette de ne pas parler espagnol, pas plus qu'elle le français. Carmen me montre ma chambre et la salle de bains : quelle gentillesse et avec quelle douceur la Providence s'offre à moi ! Elisabeth me laisse entre de bonnes mains et je la remercie du fond du cœur. Carmen m'invite dans son salon, où elle a mis le couvert pour moi. Je suis comblé, moi qui quelques minutes auparavant me demandais où j'allais dormir ! Mon hôtesse est une femme très discrète et généreuse : elle refuse que je participe aux frais de son hospitalité, mais j'insiste. Le lendemain à l'aube, je dépose ma participation accompagnée d'une petite carte de remerciements et d'un insigne de Saint-Jacques.

Carmen et moi avons très peu parlé mais à travers nos regards et nos sourires, le grand chemin de Saint-Jacques a vécu dans nos cœurs. Je repars avec entrain en entonnant le chant des pèlerins…

20ᵉ jour : El Burgo Ranero – Sahagún
Dimanche 3 juin : 20 km en 8 heures soit 376 km en 163 heures

Les journées se suivent et se ressemblent. Je traverse de vastes champs de blé ou d'avoine dont certains, déjà labourés, sont parsemés de villages aux maisons typiques du pays de Castille, faites de briques en terre très anciennes, souvent fabriquées à la main. Toutes les petites rues convergent vers le point central du village : la place de l'église et la fontaine.

Pendant ce retour, j'essaie d'organiser des parcours modestes, entre 17 et 18 kilomètres par jour. Le départ au matin est toujours assez difficile. En plus de cette sacrée cheville gauche, mes tendons d'Achille sont un peu irrités et la tendinite sous mon pied droit se réveille trop souvent. Je démarre avec les grosses chaussures de marche et quand je suis suffisamment échauffé, je change pour les sandales de « trappiste », plus confortables.

Je rencontre toujours autant de pèlerins de nationalités différentes : « mes » premiers Uruguayens, des Vénézuéliens et des Sud-Africains ; des jeunes et une grande majorité de personnes à la retraite. Plus on avance vers Saint-Jacques, plus les motivations des pèlerins se rejoignent dans la magie de ce chemin mystique, même pour ceux qui ont un but purement sportif. Les pèlerins religieux sont peu nombreux, certains ont fait des vœux, d'autres voulaient voir ! Je pense que rien n'est dû au hasard. L'important, me semble-t-il, c'est que les gens soient sur le Chemin. Lui seul saura les façonner, leur faire vivre l'épreuve, leur permettre de trouver le courage et enfin le but caché de leur pérégrination. Il leur donnera aussi la joie de partager et de lever les yeux le soir vers les étoiles pour se laisser porter par les forces divines qui gèrent le monde.

Comme le disait Madeleine Delbrel : « Si tu vas au bout du Chemin, tu trouveras la trace de Dieu. Si tu vas au fond de toi-même, tu trouveras Dieu lui-même. »

Nous sommes heureux sur le Chemin car nous vivons hors du temps ! Pourtant, les rencontres sont souvent poignantes et parfois dramatiques. L'une des plus difficiles, je l'ai faite ce matin sur cette longue ligne droite à la sortie d'El Burgo Ranero : Louis vient vers moi, délaissant une charmante jeune fille, les yeux pleins de curiosité :

— Où vas-tu ? me demande-t-il.

Je lui réponds que « j'ai oublié mes allumettes » ! Il sourit et nous engageons la conversation.

Louis a la trentaine et une allure de jeune premier : il voyage depuis trois ans. Je le complimente de pouvoir se promener ainsi à travers le monde. Il prend soudain un air sérieux et s'approchant de moi, me révèle son secret d'une voix presque inaudible :

— Je suis ici car j'ai perdu mon épouse Emmanuelle et mes enfants, Delphine et Charles…

Je reste bouche bée, son beau sourire s'est éteint. Il m'explique qu'il a souvent pensé à rejoindre les siens ; heureusement, ses amis, ses parents et sa sœur, chez qui il vit aujourd'hui, l'ont beaucoup entouré. Sa pratique de la philosophie bouddhiste a fait le reste.

Nous allons nous asseoir sur un banc à quelques mètres. Deux jeunes filles américaines se reposent à proximité.

Je parle avec Louis et je demande à Dieu de m'aider dans ce dramatique partage. Louis a vendu sa maison et je crois comprendre que c'est un accident de voiture qui est à l'origine du drame. Il vit au gré des rencontres. En ce moment, il chemine avec une jeune Australienne :

— Je ne sais pas ce qu'elle décidera quand nous serons arrivés à Saint-Jacques : resterons-nous ensemble ? Où irais-je ensuite, je l'ignore ? me dit-il.

Je lui parle du Chemin. Mon témoignage et mes soucis familiaux me paraissent tout à coup bien futiles comparés à sa tragédie, j'ai presque honte. Il ajoute :

— Je me suis rendu compte que mes amis avaient changé d'attitude avec leur famille et qu'ils en sont maintenant plus proches.

Comme je le comprends ! Je voudrais lui faire un cadeau : je cherche dans mes affaires et trouve une petite croix en bois, souvenir de Santiago, qu'il noue autour de son cou. Je suis très heureux et j'aimerais que ce geste soit pour lui un premier pas vers Dieu !

Il ouvre son cahier, se tourne vers moi et me dit :

— Gérard, je t'offre un cadeau à mon tour !

C'est une photo de Delphine, elle doit avoir 5 ans et porte une jolie robe rose. À côté d'elle, son frère Charles (3 ans) est habillé d'un petit costume noir. Louis est très ému, l'atmosphère est pesante. Ces mots qu'il vient de prononcer expriment son immense peine et sa difficulté à survivre. Nous échangeons nos adresses et nous nous embrassons.

Les deux Américaines nous regardent, ne comprenant pas vraiment comment deux pèlerins qui viennent de se rencontrer peuvent être devenus soudain si familiers ! Nous nous équipons et après nous être retournés une dernière fois, nous partons chacun vers notre destinée.

Pendant l'entretien avec Louis, j'ai craint de l'importuner et que mes propos l'aient mis mal à l'aise. Je me suis rendu compte également que la jeune femme qui l'accompagnait, une charmante asiatique, l'attendait 300 mètres plus loin. Quand je lui en ai fait la remarque, il m'a répondu :

— Nous cheminons ensemble depuis quelques jours mais je ne sais où nous irons : je vis au jour le jour !

Par cet arrêt prolongé, il m'a fait comprendre qu'il a été sensible à notre entretien et que nous pouvions continuer notre conversation : il rejoindrait son amie un peu plus tard.

Pendant plusieurs jours, j'ai prié pour Louis afin que Dieu le délivre et le touche dans sa grâce. Quinze jours plus tard, j'ai pu transmettre son témoignage tout en conservant son désir d'anonymat.

Combien de pèlerins sur le Chemin ont compati à la douleur de cet homme ? Je sais que les larmes qui ont coulé de leurs yeux étaient sincères mais je crois que comme moi, nombreux sont ceux qui ont eu honte de leurs petits problèmes quotidiens !

Y a-t-il pire misère que la maladie ou la perte d'un être cher ? Louis porte sa lourde croix. Que nos prières le guident aujourd'hui sur le chemin de sa vie.

21ᵉ jour : Sahagún – Calzadilla de la Cueza
Lundi 4 juin : 24 km en 10 heures
soit 400 km en 173 heures

Nous avons vécu hier au soir une agréable soirée au grand gîte de Sahagún : du dortoir perché en haut du gîte, ce fut un plaisir d'assister à un concert de musique classique interprété par plus de 40 musiciens venus de León.

La salle était malheureusement vide, seuls quelques spectateurs occupaient les premiers rangs. Nous étions installés dans la mezzanine, partie haute du gîte aménagé dans une ancienne église dont le bas sert de salle de concert. Dommage que mes petits amis des cieux n'aient pas été là : ils auraient apprécié et fait la claque.

Je n'avais pas envie de dîner seul ensuite et j'ai préparé une grande casserole de spaghettis que j'ai partagés avec de jeunes Allemands. Nicole, mon épouse, n'en reviendrait pas : je suis devenu un véritable cordon bleu, même si j'ai la main encore un peu lourde pour les quantités !

Les rencontres sont toujours aussi sympathiques. Rezo, un jeune Italien, fait son deuxième Compostelle pour le plaisir. Carlos en est au troisième : cet Espagnol adore marcher. René de Sainte-Foy a fait un vœu qu'il est en passe de réaliser : il vient d'atteindre son 1 700ᵉ kilomètre. Jean-Michel, un Français, a perdu son épouse l'an dernier et il a pris le Chemin le jour anniversaire du décès de sa femme. Voici deux charmantes Norvégiennes qui, depuis plusieurs années, avaient le désir de pérégriner ensemble. Anne-Marie, une très jolie et douce Hollandaise, est venue chercher sa voie. Le grand sourire de Paul de Fribourg, en Suisse, et son visage radieux m'enchantent : un beau rayon de soleil au petit jour ! Il espère que le pèlerinage l'aidera à mieux accepter sa retraite.

À la halte de 10 heures dans un petit café, j'aperçois une femme très élégante au milieu des pèlerins : Nicole, avec qui nous partageons le petit déjeuner, est une photographe professionnelle très tentée par l'aventure du Chemin à pied et je l'y engage. Elle pratique actuellement en voiture son beau métier et réalise une série de reportages sur les archives du Chemin pour des revues allemandes.

Une équipe de Lyonnais se restaure : malgré un grave accident, Jean vient quand même fouler le Chemin ; Jean-Paul, grand randonneur, souffre d'une tendinite ; Louis, ancien cafetier, est pendu à son téléphone portable pour rester malgré tout « connecté » avec ses clients ; Michel est le sage de l'équipe. Il y a aussi deux autres Norvégiennes, Gretta et Mariane : après avoir réalisé un pèlerinage dans leur pays pour s'entraîner, elles partent vers Compostelle. Claude et Philippe, un couple de Parisiens, se sont lancés un défi sportif : malheureusement Claude souffre d'une tendinite.

La plupart de ces pèlerins sont partis de Saint-Jean-Pied-de-Port et ils ont donc déjà réalisé environ 400 kilomètres à pied, soit la moitié du parcours jusqu'au tombeau de Saint-Jacques.

Il est important que je vous informe du fait que le 4 juin 1942 naissait à Marseille, au sein d'une famille modeste et unie, un petit garçon, le quatrième d'une fratrie de six enfants. Le voici aujourd'hui sur le *Camino de Santiago* pour fêter dignement – il l'espère – ses 59 ans. J'ai une pensée pour mon épouse, qui est née le 5 juin : un jour par an, j'ai deux ans de plus que ma femme et nous avons l'habitude de fêter cela ensemble.

J'aimerais que cette journée d'anniversaire soit marquée par un signe d'amitié : nous sommes en pleine nature, sur une portion pratiquement rectiligne qui traverse un vaste paysage de jachères et de champs cultivés aux multiples teintes de verts. Le chemin serpente à travers ces immenses étendues et pénètre dans les petits villages qu'il traverse de part en part.

J'ai donc décidé d'offrir à chaque pèlerin que je rencontre un bouquet de fleurs fait avec amour. Les premières marcheuses rencontrées, Odile et Maggy de Bordeaux, me confient qu'elles sont un peu déçues par ces pèlerins qui, pour elles, se comportent souvent comme de vulgaires touristes. Mais il faut accepter les différences, même si je partage leur avis : on voit de tout sur le *Camino*... et aussi des gens très sympathiques comme Michel, le Marseillais de Montpellier, qui est interpellé par le côté mystique du Chemin et apprécie la vie à l'air libre ; Esther et Mercedes, des Espagnoles, qui me font deux grosses bises en remerciement de mes fleurs et m'offrent leurs visages radieux ; Jacques et Maria qui arrivent du fin fond de l'Italie.

Jacqueline et Francis s'arrêtent pour bavarder avec moi. Lorsque je leur explique que mon sport de prédilection était plutôt orienté vers « les cieux »,

Francis me raconte qu'il a fait sa carrière militaire à l'ETAP[1] à Pau comme moniteur de parachutisme entre 1961 et 1963. Apprenant que malgré ma polio, j'ai été appelé sous les drapeaux puis moniteur et membre de l'équipe de France militaire en 1963, il réalise que nous avons de vieux amis communs : Pierre Arrassus, Madelrieu, Manu Cassamatta et le commandant Cann que j'ai bien connu. Il me dit que ce dernier est devenu général ! Il est vrai que quarante ans ont passé ! Nous discutons ainsi une bonne demi-heure. Francis me promet de passer le bonjour à tous les amis paras à la fête de la Saint-Michel. Je lève mon chapeau et lui montre mon crâne rasé. En riant, il me demande :

— Tu sors de taule ?

— Oui, je suis un évadé… de la société de consommation !

— Je vais dès demain m'arrêter chez le coiffeur moi aussi ! dit-il en riant.

Jacqueline sourit, heureuse. Elle prend mon bouquet de fleurs qu'elle serre sur son cœur et m'embrasse en me souhaitant un bon anniversaire et : *« ¡buen camino ! »*

Joëlle et Frank me chantent en basque : *« Zoroniak zuri* Gérard, c'est le joyeux anniversaire !… »

Je reçois des vœux dans toutes les langues et j'offre en retour, et dans la joie du partage, une vingtaine de bouquets : l'an dernier, j'en ai confectionné plus de 500 le long du Chemin ! Aujourd'hui, la peau du petit doigt de ma main gauche est entaillée car je n'avais pas de ciseaux pour couper les fleurs.

Robert et Françoise me conseillent d'aller jusqu'à

1. École des troupes aéroportées parachutistes.

Calzadilla de la Cueza pour rejoindre ensuite Carrión de los Condes : ça fait 16 kilomètres et demi à parcourir sans possibilité de ravitaillement en eau, au lieu de 24 kilomètres si je décide de m'arrêter à Ledigos. Conseil judicieux de cet officier d'Aéronavale passionné de vol libre et de planeurs. Robert et sa femme forment un très beau couple !

Une dizaine d'Américains me font une haie d'honneur et je regrette de ne pouvoir les remercier dans leur langue. Tous ces pèlerins étrangers rencontrés chaque jour resteront pour moi anonymes mais ô combien sympathiques et attachants.

Je m'apprête maintenant à repartir, espérant arriver à l'étape pour me reposer un peu !

J'entre par l'ouest dans le village de Calzadilla de la Cueza, obligé de suivre les flèches à l'envers pour trouver l'auberge. Enfin la voilà, calée entre les maisons. La propriétaire me reçoit mais je comprends aussitôt qu'en fait de gîte, il s'agit d'un hôtel. Gentiment elle me montre l'endroit que je cherche, à 200 mètres de là !

J'y suis reçu par le responsable, un homme d'une soixantaine d'années, qui me fait entrer dans le gîte sans un mot : quelle désolation ! Dans une pièce unique, 40 lits spartex (sur deux niveaux) espacés chacun de 40 centimètres, sont disposés de part et d'autre de l'allée centrale d'environ un mètre. Un seul lit est disponible, près de la porte d'entrée : je ne discute pas et m'y installe, espérant être mieux en bas qu'à « l'étage ». Une Mexicaine d'un âge certain se pomponne, assise sur le lit à côté de moi. En guise de bienvenue, elle me dit en riant : « On se croirait dans une boîte de sardines ! »

Je fais la connaissance de deux couples très sympathiques : Bernard et Aurore, de Pau, ainsi que Francine et Pierre qui viennent de l'Aveyron. Ces derniers ont quitté Paris et habitent désormais une maison près d'Espalion, sur le Chemin, ce qui les a incités à vouloir en savoir davantage sur le *Camino*.

Gilles masse son épouse : ce gaillard au torse nu avec des tatouages sur le bras a un beau visage souriant et une grande barbe. Nous décidons de souper tous ensemble à l'hôtel. J'apporte deux bouteilles de vin pour fêter dignement mes 59 ans. Pierre s'éclipse un instant et revient avec une vielle à manivelle : il joue de cet instrument depuis trois ans. La fête commence… et se terminera fort tard ! Les clients du bar se sont rapprochés pour écouter ces mélodies du Moyen Âge. Avant de nous quitter, Francine me propose de m'arrêter chez eux si je passe par Espalion, mais je m'abstiens de toute promesse car le chemin est encore long jusque là.

Demain, l'étape sera particulièrement longue : je vais essayer de me reposer un peu. Il est 23 h 30, l'hospitalier éteint la machine à Coca-Cola qui est dehors, devant la porte d'entrée où je me suis installé pour écrire sans déranger ceux qui dorment déjà : je me retrouve dans le noir, éclairé seulement par la pleine lune. Cette fois j'abdique et je vais me coucher !

22e jour : Calzadilla de la Cueza – Carrión de los Condes
Mardi 5 juin : 16,5 km en 6 heures soit 416 km en 179 heures

L'étape Calzadilla de la Cueza/Carrión de los Condes couvre 17 kilomètres sans possibilité de se ravitailler en eau. Le chemin est tout droit sur un terrain quasiment plat et sans aucun point de repère à l'horizon, ce qui donne cette sensation de rotondité de la Terre, comme lorsqu'on fait du surplace à 360 degrés. J'ai connu cela dans le désert du Ténéré, au Niger.

Les champs de blé, d'avoine ou de fourrage continuent de dessiner de grands puzzles avec leurs sillons concentriques aux dessins géométriques surprenants : sous les rayons du soleil rasant le matin, c'est magnifique car la lumière met en valeur toute l'harmonie des formes et du relief. Dommage que je n'aie pas mon appareil photo.

Ce matin, je suis parti vers 4 h 30 dans la nuit noire, le ciel est couvert d'étoiles. J'écoute la moindre de mes sensations pour savoir comment vont mes muscles, mes pieds, ma cheville : tout semble en ordre mais j'avance lentement pour éviter le claquage. Je remercie le ciel pour cette belle journée qui commence et, comme tous les matins, je chante les cantiques grégoriens de mon enfance. L'influence du patronage et de l'éducation chrétienne que j'ai reçue m'apportent aujourd'hui un grand réconfort : pourquoi ne pas le reconnaître et en être fier, surtout pour l'adolescent difficile que j'ai été ? ! Ce retour aux sources m'aide énormément. J'entends en écho à ma voix des chants qui répondent aux miens. Je suis très surpris sachant que devant moi, il n'y a pas de maison à des kilomètres à la ronde. Et pourtant, j'aperçois des points lumineux : ce sont des pèlerins qui marchent de nuit, fuyant la trop forte chaleur de la journée. Incroyable, mais vrai !

Nous conversons un moment. Ils me demandent si le gîte est encore loin : « Vous en avez pour une demi-heure… » Je leur recommande de ne pas réveiller toute la maisonnée !

En marchant lentement, éclairé par ma lampe à piles, je repense à la courte nuit que je viens de passer au gîte de Calzadilla de la Cueza, et ça me fait rire. D'un coup, malgré la pénombre, les images sont plus nettes et je suis maintenant secoué par un réel fou rire en revoyant la scène : nous étions si entassés les uns sur les autres ! J'ai pourtant l'habitude des ronfleurs : mais quand on a un pèlerin à quarante centimètres de son visage dont chaque respiration vous donne l'impression qu'il vient de tirer la chasse d'eau des toilettes, et qu'un deuxième vous fait penser qu'une canalisation d'égouts passe juste au-dessus de votre tête, je vous laisse imaginer le tableau… pas franchement agréable !

Ma fatigue de la journée et l'énervement dû à la soirée quelque peu arrosée n'ont rien arrangé ! J'ai pourtant fini par m'endormir… pour être à nouveau réveillé à 2 heures du matin par ma voisine, la vieille Mexicaine qui, me voyant écarquiller les yeux, me dit :

— Ça sent trop mauvais ici ! Il faut ouvrir la porte ou nous allons mourir asphyxiés !

Ce qu'elle fait en la coinçant avec son sac, faisant brusquement entrer un vent froid qui me frappe le visage. Voyant cela, elle se penche à dix centimètres de moi en ajoutant :

— C'est très bon pour vous !

Tu penses ! Je me suis réfugié au fond de mon duvet, me couvrant la tête avec un polaire. Une demi-heure plus tard, transi de froid dans le courant d'air, j'ai conscience que si je reste dans cette position inconfortable, je vais tout bonnement attraper la crève ou un bon torticolis. Ma voisine s'est rendormie et délibérément, j'ai refermé la porte. Tant pis pour l'odeur !

C'est le souvenir de ces circonstances de la vie en communauté dans les gîtes qui a provoqué mon hilarité : vous comprenez pourquoi j'ai repris le chemin si tôt ce matin !

Mon esprit vagabonde alors que le jour se lève : que c'est beau ! Je suis si loin du confort de ma vie habituelle : évidemment, j'aurais pu m'offrir l'hôtel mais je pense qu'un pèlerin doit vivre son chemin dans l'humilité. Quand on prétend vouloir revenir à une simplicité de vie, il faut être conscient que cet état de grâce se mérite et n'est pas bien difficile à atteindre.

Chaque pèlerin a programmé un certain nombre de jours, de mois peut-être, pour marcher et réaliser son pèlerinage mais il sait qu'il retournera à sa vie « ordinaire » ensuite. S'il désire un changement radical de son existence et une évolution positive, il devra prendre conscience, jour après jour, du superflu dans lequel il a vécu jusque-là. Dans le fond, la vie sur le Chemin n'est pas si compliquée. La bonne humeur y règne souvent, surtout quand le temps est beau. On oublie assez vite le stress et l'on se sent heureux et très privilégié. Dans ces longs moments de silence à deux kilomètres à l'heure (quatre ou cinq pour les pèlerins « normaux »), Dieu sait qu'on a le temps de méditer ses pensées, la tête basse parfois ; puis on se reprend, on lève les yeux, on s'arrête, on se tourne, on regarde une fleur, un oiseau, un paysan dans son champ ou on discute avec le berger, très naturellement. On imagine nos parents et amis restés là-bas, chez nous et qui vivent dans le tourbillon de la vie : soudain, on se rend compte qu'on ne les envie pas parce qu'on vit dans un autre monde, en marge de la société de consommation. N'est-ce pas une chance inestimable ?

Cette sorte de « grandes vacances thérapeutiques » mélange allègrement joies, rencontres et souffrances. Le but que l'on s'est fixé nous motive et nous anime. Chacun vient chercher quelque chose sur ce chemin, nous sommes tous en quête, même inconsciemment, d'une réflexion spirituelle.

Justement, à force d'interroger les gens sur leurs motivations, je me rends compte que les pèlerins et leurs attentes peuvent se classifier en plusieurs catégories.

Il y a ceux qui sont là pour l'effort physique et la contemplation, vivant le pèlerinage comme une grande randonnée ; ceux qui ont perdu leur emploi ou sont à la retraite (la majorité des pèlerins que j'ai rencontrés) et aussi les nombreux étudiants qui profitent de l'été pour fouler le Chemin. Certains ont simplement du temps devant eux, ils viennent de toutes les régions de France ou d'Europe et ont déjà parcouru entre 1 000 et 2 000 kilomètres. Leur démarche, leur tenue, le temps qu'ils prennent à converser, leurs beaux visages halés et surtout leurs sourires baignant dans la joie, tout chez eux dégage un charisme qui ne trompe pas. Le Chemin les a vraiment façonnés.

Lors de notre rencontre, je leur explique que ces petits entretiens et partages me permettent de me reposer et quand je m'excuse de les avoir retardés, ils me répondent presque systématiquement qu'ils ne sont pas pressés et qu'ils sont heureux de rencontrer un pèlerin sur le retour de Saint-Jacques.

Plusieurs d'entre eux se sont mis en chemin après un vœu fait à eux-mêmes, pour un membre de leur famille ou un ami… D'autres viennent à la rencontre des pèlerins pour ne pas rester seuls. Le chemin est long et permet, grâce aux contacts spontanés, de poursuivre sa route avec un groupe ou un compagnon. Ces rencontres peuvent être brèves, comme celle que j'ai faite avec cette Allemande à la sortie d'Astorga, déboussolée par l'aventure qu'elle avait vécue avec son beau Cyrano volage ! Ou Marc et Véronique, ce couple rencontré hier qui rayonne de bonheur. Lui a la quarantaine, il est divorcé avec deux enfants ; elle est veuve, bien que très jeune. Ils se sont connus l'an dernier sur le Chemin et sont revenus pour continuer ensemble leur pèlerinage, ils vont se marier cette année. J'ai beaucoup aimé leurs visages, leurs yeux expressifs et leurs paroles pleines de reconnaissance et d'amour. Ce fut un merveilleux partage de quelques minutes. Les vibrations qui sont passées dans notre étreinte lorsque nous nous sommes dit au revoir et le bisou de Véronique étaient empreints d'une réelle authenticité fraternelle.

Enfin il y a ceux qui, malheureusement, ne savent pas profiter de ces instants rares avec un pèlerin que l'on croise ou qui, par pudeur peut-être, ne veulent pas s'exprimer. Ils sont timides ou ne désirent pas perdre leur cadence. Je vous assure que j'en ai rencontrés : ils sont passés près de moi comme une fusée !

Je pose toujours cette question simple à ceux que je croise :

— Et toi, qu'est-ce qui t'a mis en chemin ? En précisant évidemment : mais tu n'es pas obligé de me répondre !

À ce jour, j'ai toujours obtenu des réponses, même à demi-mots. Est-ce parce que moi aussi j'accepte de me livrer en expliquant à ces pèlerins les raisons de mon retour ?

— Ce n'est pas parce que le pèlerin du Moyen Âge revenait à pied que je suis reparti, mais bien parce que je voulais mettre en pratique la phrase de Raoul Follereau : « Aimer sans agir, cela ne signifie rien, comprenez-vous ? »

Comme je l'ai fait au début de ce récit, je raconte ce qui m'a poussé l'hiver précédent à vouloir changer d'attitude, et mon espoir de vivre pleinement, à mon retour, l'amour « agissant » auprès de mes proches et de ceux qui ont besoin de moi. C'est vrai que je suis un peu égoïste d'être parti tout seul, mais ce choix, je l'ai fait en connaissance de cause !

Les témoignages qui s'échangent apportent de nombreux sujets de méditation ; c'est pour moi un chemin d'analyse et de thérapie qui implique de se laisser porter, d'accepter de s'ouvrir aux autres sans retenue. Il peut être plus facile de se confier, si on en sent le besoin, à un pèlerin sur le chemin du retour car demain nos routes seront diamétralement opposées : à chacun son but !

Le pèlerin marche vers Compostelle, à l'ouest, pour s'alléger des blessures de son passé et renaître, tandis que celui qui est sur le retour va vers l'est en souhaitant aborder une nouvelle vie après une véritable prise de conscience du but de son pèlerinage : c'est là toute la différence. Je crois aujourd'hui que la descente vers Saint-Jacques est le chemin de l'initiation, de la découverte, alors que le retour vers la maison me semble destiné à la connaissance de soi et à la reconstruction intérieure, ainsi qu'à l'ouverture aux autres. Une philosophie peut-être ?…

Je citerai encore quelques-unes des nombreuses rencontres de ce jour : Laurent, ce jeune instituteur de Clermont qui a de la fièvre et que je réconforte avec mes comprimés d'analgésique. Il est inquiet car les magasins et la pharmacie sont fermés. Toko, la minuscule Japonaise qui disparaît sous son gros sac, mais quel sourire ! Simone, qui a entrepris son deuxième *Camino*. Franz, l'Allemand, qui en est à son quatrième.

À l'entrée de Carrión de los Condes, je croise Jeanne et Jacques avec Andrée et Bernard, deux couples qui circulent en camping-car. Ils me proposent de monter pour me rapprocher du village, mais je les remercie, précisant que pour moi le Chemin se fait à pied et que tout va bien malgré ma démarche claudicante !

Jeanne et Jacques ont perdu un fils de 47 ans et nous parlons de ce drame, mais aussi des petits-enfants et de la chance qu'ils ont d'avoir des grands-parents « gâteaux ». Les miens me manquent, ils le sentent bien. Ensuite, il est question des gîtes qu'ils vont pouvoir trouver et je leur donne bien volontiers quelques conseils avant de les quitter pour reprendre ma route.

Au gîte de Carrión, c'est le Pérou ! Au monastère San Zoilo, on nous offre draps et couvre-lits. C'est un refuge privé très bien réhabilité, véritable gîte trois-étoiles : il est bon de le signaler au passage !

L'an dernier, je m'étais refusé le séjour à 1 000 pesetas la nuit, préférant retrouver mes amis espagnols au refuge municipal. Cette année, je suis seul et je m'autorise exceptionnellement ce luxe, une petite entorse à mon « règlement intérieur » !

Je fais la connaissance de Maïté et Jean-Claude, des Nantais qui font des diaporamas avec les photos de leurs voyages. Professeurs d'histoire à la retraite, c'est leur passion, ce qui oblige Jean-Claude à porter quotidiennement cinq kilos de matériel ! Son épouse, une femme très douce, souffre d'une tendinite : j'essaie de la soulager du mieux que je peux. De son côté, elle compatit à ma solitude.

Le repas dans ce gîte est très convivial : Maïté m'offre une grande assiette de riz avec du fromage et des olives. La cuisine un peu exiguë est très bruyante. Les tables et les bancs sont disposés tout autour de la pièce. Je trouve que les groupes s'expriment un peu fort : ils prennent toute la place ! Mais cela fait partie de la vie en collectivité.

Je partage ma chambre avec Josette et Émile de Bordeaux. Afin de leur laisser un peu d'intimité, je reste seul un moment dans la cuisine pour écrire et monte me coucher sur la pointe des pieds vers 23 heures. Je comptais sur une bonne nuit de repos, mais Émile s'est mis à ronfler comme un bataillon défilant sur les pavés : autre « plaisir » du *Camino* et il faut bien faire avec ! C'est d'autant plus dommage que ce soir nous avions de jolis draps blancs. Bonne nuit quand même les amis !

23e jour : Carrión de los Condes – Frómista – Saint-Nicolas
Mercredi 6 juin : 35 km en 13 heures soit 451 km en 192 heures

Je souhaite atteindre aujourd'hui le gîte de Saint-Nicolas, mais il est encore très loin. L'an dernier, Heidi et Bill, mes deux amis de Moissac, m'avaient parlé de cette petite chapelle transformée en gîte par des Italiens. Selon eux, il y règne une ambiance fantastique. Certains jours, on lave même les pieds des pèlerins comme le Christ l'a fait avec ses disciples avant sa crucifixion.

Ce matin, surpris de ressentir une présence derrière moi, je fais la connaissance d'Arnaud, qui remonte le Chemin lui aussi. Au bout de quelques minutes, sans doute étonné de mon déplacement « tortuesque », il me dit qu'il se rend à Saint-Nicolas, à une trentaine de kilomètres de là : nous n'en avons parcouru que cinq ! Nous nous disons au revoir et je le laisse partir devant.

Pendant la journée, je me motive pour revoir Arnaud et aller jusqu'à ce gîte mythique.

À 20 h 30, après treize heures de marche (35 kilomètres : un record !) et peu de rencontres, je pousse la porte de l'ancienne église de Saint-Nicolas, un gros bouquet de fleurs à la main. Le gîte s'avère minuscule : à droite les lits et à gauche, près de l'autel, une grande table où soupent une dizaine de pèlerins. Lino, l'hospitalier, me dit très gentiment :

— On ne t'attendait plus ! Viens t'asseoir et mange avec nous…

Arnaud est là aussi. Devant ma joie et surtout mon débit de paroles, Lino me dit avec le plus grand sérieux :

— À partir de 21 heures, la tradition ici est de ne plus parler et de se croiser en regardant les murs… sans bruit !

Je me dis que ce n'est pas gagné et que j'ai bien du souci ! Mais il éclate de rire, comme tous les convives : il m'a bien eu, c'était une farce !

Nous passons une excellente soirée avec pour plat de résistance une montagne de spaghettis. En face de moi, un bel Italien me sourit : c'est Stefano. Nous chantons et certains dansent même devant le gîte au coucher du soleil.

Le lendemain matin, après un petit déjeuner copieux, je vais remercier Lino pour sa générosité naturelle : il m'explique qu'il passe deux mois au gîte chaque année. Il ferme alors sa boutique d'antiquités à Turin et vient s'occuper des pèlerins : il fait ça depuis sept ans ! Il est là, simplement, et l'argent n'est pas son but, évidemment.

Je salue une dernière fois Stefano, qui part vers Saint-Jacques, et me retourne vers Lino pour lui exprimer à nouveau ma gratitude. C'est à ce moment-là qu'il me confie : « Puisque tu vas vers la France, je peux te confier un secret. Tu vois Gérard, Stefano, qui était en face de toi ce soir, est sur le Chemin car il a perdu ses enfants. »

Mes yeux s'emplissent de larmes et toute la journée, je pense à Stefano, j'entends son rire franc et communicatif, je revois Lino et Arnaud : comme tant d'autres, cette agréable et si joyeuse soirée a permis d'oublier un peu nos tristesses et nos peines, qui se sont mêlées à nos joies du partage. C'est la magie que l'on découvre sur le Chemin.

24e jour : Saint-Nicolas – Castrojeriz – Hontanas
Jeudi 7 juin : 22 km en 9 heures 30
soit 473 km en 201 heures 30

La soirée me permet de découvrir le village typique de Hontanas, son imposante église et ses petites ruelles au charme authentique, malgré un grand nombre de maisons abandonnées. Le gîte est parfait, le repas de même. Les discussions simples et passionnées sur le Chemin sont autant de témoignages touchants. Ce soir, les pèlerins venus de l'étranger sont en grand nombre.

Pendant le repas, je fais la connaissance de Laurence, une jeune femme réservée et peu loquace qui est infirmière à Amiens. À tout hasard, je lui parle d'un de nos amis, Jean-Philippe, qui est cancérologue à l'hôpital de sa ville : elle le connaît ! La glace est rompue et nous sympathisons. Lorsqu'elle apprend que je remonte le Chemin, Laurence s'ouvre à moi : ne voulant pas rester seule pendant ses déplacements, elle a accepté la compagnie d'un pèlerin qui l'a prise sous son aile au fil des jours et des kilomètres. Et cela lui pèse ! Son ami pèlerin devenant un peu trop envahissant, voire jaloux, elle aimerait pouvoir se libérer de ses empressements et me demande quelques conseils. Que lui dire ? Nous cheminons dans le village et apprécions le magnifique coucher de soleil. Je me remémore mon aller l'an dernier et me souviens que j'ai eu quelques soucis similaires, bien que légèrement différents : je n'ai pas le joli minois de Laurence ! Je lui raconte que lorsque j'avais envie d'être seul sans parler (fait exceptionnel pour moi !), je disais à mon compagnon de pèlerinage du moment que je souhaitais me reposer ou faire quelques photos, ajoutant : « Continue, on se retrouvera plus tard... »

Je lui conseille également soit de marcher plus rapidement pour mettre une certaine distance, soit à l'inverse de s'arrêter une journée.

Pourquoi vous avoir raconté cette histoire ? Parce que je me suis aperçu que ce genre de situation n'est pas rare sur le Chemin. Et qu'il faut un minimum d'élégance et de compassion pour se sortir d'un tel mauvais pas : ces petits désagréments ne doivent surtout pas gâcher la joie d'être sur le *Camino*, ce serait dommage !

25e jour : Hontanas – Hornillos del Camino – Tardajos
Vendredi 8 juin :
22 km en 9 heures 30
soit 495 km en 211 heures

Je grimpe sur les hauteurs de Hontanas pour reprendre mon chemin de retour, seul une nouvelle fois au cœur de la Meseta, véritable phobie des pèlerins qui ont surnommé cet endroit « la fournaise » ou « l'enfer » !

Le lever de soleil est somptueux à travers les nuages moutonneux qui changent à chaque minute et virent du rose au jaune puis au blanc-gris. Je pense aux pèlerins qui descendent vers Saint-Jacques et tout spécialement

ce matin-là à la poignée d'originaux qui sont comme moi sur le retour, face à l'est. Je m'arrête évidemment pour converser avec ceux qui sortent des refuges par groupes et partent tous en même temps. Je prends aussi le temps d'une pause lorsque le paysage se prête à la méditation, offrant un joli point de vue et les premiers rayons du soleil levant. Je marche vers ma renaissance et je me dis que j'ai une grande chance de vivre de si belles et palpitantes aventures !

Il est midi, le soleil est au plus haut et la chaleur de la Meseta m'étreint. Je suis en nage lorsque j'entre dans le petit village d'Hornillos del Camino. Ici je me trouve exactement à 1 000 kilomètres du Puy-en-Velay. Ce lieu m'avait marqué l'an dernier : nous avions fait une grande fête au gîte car les pèlerins présents avaient tenu à me féliciter pour avoir atteint ce fameux millième kilomètre.

Je m'arrête un moment devant l'église pour me recueillir et je revois les beaux visages de mes amis Heidi et Bill, Lola, Guadalupe et Jesús María Peña, Sandrine et Laurent : j'ai une pensée profonde pour eux et je me demande à cet instant ce qu'ils sont devenus… tout en reprenant ma route car j'ai encore beaucoup d'heures de marche encore avant de trouver un lit !

Me voici enfin rendu à Tardajos. Ces trois derniers jours ont été bien plus agréables ! À force de chercher le meilleur moyen d'avancer sans trop de douleurs, j'ai compris qu'il est préférable de quitter le gîte au petit matin avec mes chaussures de randonnée : dès les premières douleurs, en fonction de l'état de la piste, je les range au fond de mon sac et les remplace par mes sandales de trappiste, une technique que je vous conseille d'utiliser ! Elles ne sont pas très jolies, ces sandales, un peu grandes, mais l'essentiel est qu'elles soient aérées et confortables : j'ai même réussi à coller ma talonnette dans la chaussure droite avec de la bande adhésive pour garantir mon équilibre. Je place ensuite la chevillère qui maintient mon articulation défaillante et me voilà reparti, faisant tout de même quelques arrêts réguliers pour casser une petite croûte !

On a souvent des fringales sur le Chemin. Le pèlerin croque alors tout ce qu'il trouve dans son sac : amandes, chocolat ou un vieux morceaux de pain. Ses mâchoires sont de véritables broyeuses. Tout est bon, arrosé d'une grande gorgée d'eau javellisée ou, avec un peu de chance, d'une bonne eau de la source qui coule aux fontaines des villages : les extrêmes !

Il faut absolument que je vous relate mon séjour à la *posada*[1] de Tardajos…

Lorsque je pénètre dans l'enceinte du gîte, j'y vois une jeune fille bien studieuse. L'accueil de Victoria est super ! Tout sourire, l'hospitalière est occupée à lire la Bible en attendant les pèlerins. Les 20 places du gîte sont presque toutes occupées.

Cherchant la cabine téléphonique du village, je suis surpris de reconnaître l'hôtel où j'ai passé la nuit l'an dernier : le gîte étant complet, il ne restait pour dormir

1. gîte.

que le sol sans matelas et j'avais eu quelques mots avec l'hospitalière du gîte... Victoria elle-même ! Je me souviens qu'elle était très énervée : elle m'avait dit que je n'étais pas un bon pèlerin – ce qui était très vexant – en ajoutant qu'elle n'avait pas d'argent pour acheter des matelas supplémentaires ! Par chance, j'avais trouvé une petite chambre à l'hôtel. Je voulais avoir la conscience tranquille et le matin avant de partir, j'étais repassé au gîte pour laisser un peu d'argent destiné à l'achat de ces matelas.

Après avoir téléphoné à mon épouse et à ma fille, Sybille, je rentre tranquillement au gîte : mes petits-enfants veulent savoir le nom de l'endroit où je me suis arrêté car le soir, en famille, tout le monde cherche à me situer sur la carte routière des chemins de Saint-Jacques qu'ils se sont procurée.

Je me restaure d'un petit repas savoyard en solo, les autres pèlerins préférant le restaurant. Puis dans le souci d'alléger ma conscience, je rappelle à Victoria notre petite altercation de l'an dernier. Elle me répond que, me voyant arriver tout à l'heure, elle s'est dit que mon visage ne lui était pas inconnu. Le rappel de notre différend la fait rire et elle me demande alors de la suivre. Nous rentrons dans le gîte puis elle me conduit dans la pièce qui sert de remise où je découvre une dizaine de matelas tout neufs empilés là en prévision des périodes d'affluence. Je suis assez fier d'avoir contribué à cet achat fort utile pour les pèlerins qui, comme moi, souffrent du dos. En échange de son sourire, j'avoue à Victoria qu'il m'arrive parfois d'être un peu trop susceptible et je suis heureux de constater le sérieux des hospitaliers qui ont pris note de nos petites doléances !

26e jour : Tardajos – Burgos
Samedi 9 juin : 20 km en 9 heures
soit 515 km en 220 heures

Quelques jours après mon départ, mon épouse m'a demandé si je n'avais pas retrouvé sur mon chemin un pèlerin rencontré lors de ma descente sur Saint-Jacques : j'attends ce moment de retrouvailles avec impatience mais il n'est pas encore arrivé et j'ai tout mon temps pour cela !

Je me suis perdu à la sortie du gîte de Tardajos. Au milieu des champs, je cherche mon chemin et j'essaie de remonter le moral à un petit gars du Béarn qui a connu l'amour passion et qui pleure car sa pèlerine est partie la veille ! Il ne sait plus s'il doit continuer son pèlerinage ou rentrer chez lui. Nous échangeons quelques paroles de réconfort, il m'apprend qu'il est marié et qu'il a des enfants mais rien ne va plus dans sa vie de couple. Je lui offre naturellement le témoignage du mien, lui montrant que tout peut s'arranger et qu'il faut savoir s'en remettre à Dieu afin d'obtenir une renaissance : saura-t-il la désirer ? C'est son choix.

Il s'est arrêté de pleurer et nous nous sommes quittés. J'espère avoir eu, en cet instant, les bons mots pour lui permettre de continuer son pèlerinage. Je me suis quand même senti un peu dur dans cet échange, mais il faut bien assumer un minimum ses actes, me suis-je dit !

À 300 mètres, j'aperçois au milieu des herbes hautes

six pèlerins : grâce à eux, je viens de retrouver le *Camino*. Je coupe à travers champs et me revoilà enfin dans la bonne direction. Quelques marcheurs s'approchent de moi : parmi eux, je reconnais mon ami Yves (le sous-marinier). Après Rome, il réalise son deuxième pèlerinage vers Saint-Jacques. Il est très surpris de me voir ici. Son épouse l'a prévenu que je lui ai écrit mais il était loin d'imaginer que je foule le *Camino* « à l'envers » parce que j'ai eu l'appel du retour :

— Ça alors, Gérard, quelle surprise !

Et se retournant vers les jeunes pèlerins qui l'accompagnent :

— Hier au soir, je vous parlais de Gérard *La Tortue*, vous vous souvenez ? Eh bien c'est lui !

Nous nous asseyons dans l'herbe et papotons une bonne demi-heure, partageant du chocolat et des biscuits. Yves est très étonné de ma démarche, lui qui a le désir de descendre les quatre grandes voies européennes des chemins de Compostelle. Je lui explique que pour moi les sensations du retour n'ont rien à voir avec l'aller.

Puis vient le moment de nous séparer mais nous savons que nous resterons en union de prières sous le *Chemin des étoiles*, comme le dit si bien Yves…

Quel merveilleux personnage que ce pèlerin et quelle humilité ! Moi qui le croyais sous-officier de marine, je sais maintenant qu'il a commandé un sous-marin de 92 hommes !

Je suis content de cette rencontre avec mon ami et j'avance rapidement vers Burgos. Le temps est invariablement chaud et l'insolation guette les pèlerins imprudents !

Le chemin est rectiligne le long de la nationale. Un arbre sur deux est mort : ils ont été plantés tous les neuf mètres, ce qui équivaut à douze pas pour un pèlerin de mon gabarit. Quand on a mal aux pieds, on les compte un par un en écoutant le bruit des chaussures qui crissent sur les pierres du Chemin. L'eau de ma gourde bat la mesure : c'est un autre rythme dans la vie du pèlerin.

En attendant de trouver le gîte à l'entrée de la ville près du rio Arlanzón, je m'assois un moment sur un banc pour souffler et enlever mes chaussures. Un homme de mon âge s'avance vers moi : à sa tenue, je devine qu'il descend vers Saint-Jacques. Je viens de sortir quelques fruits et je lui propose de partager un kiwi. Edmond s'installe près de moi : il vient de Toulouse. À tout hasard, je lui dis que l'an dernier j'ai rencontré Philippe, un charmant pèlerin qui habite Muret et que j'ai surnommé « le tendre » au vu de sa générosité pour les autres. Edmond connaît la famille de Philippe : c'est incroyable mais le monde est si petit, on n'en doutera plus !

Un jeune homme à qui je ne donne pas plus d'une trentaine d'année s'est arrêté à notre hauteur : il a de beaux cheveux blonds ondulés et de grands yeux bleus. Il a le teint blafard d'une personne hépatique ou de quelqu'un qui aurait pris une bonne cuite. Pour tout bagage, il a un petit sac de sport marin qu'il tient au bout de son bâton. Edmond dit l'avoir aperçu à plusieurs reprises ces jours derniers. Nous invitons Albert (c'est son prénom) à se joindre à nous : il s'assoit par terre et nous sommes surpris d'apprendre qu'il n'a dans son sac qu'une petite couverture et une veste ! En riant, il nous dit qu'il n'a pas de trousse de toilette car il veut être le plus léger possible… Je sors un morceau de fromage que nous partageons en trois.

Albert a quitté son Beaujolais natal et galère sur les routes d'Espagne. Récemment, il est tombé sur une bande de copains qui lui ont fait dépenser toutes ses économies en soirées de beuverie.

Nous lui demandons quelles sont ses intentions maintenant : Albert s'est arrêté de parler, il tape avec son bâton sur le sol, le regard baissé et nous dit : « J'avais un cœur de pierre, je suis en train de l'attendrir… » Edmond et moi sentons sa fragilité et nous compatissons à sa solitude. Ce garçon semble un peu perdu. Edmond nous rappelle une très belle phrase d'Ézéchiel : « Dieu a dit : Il faut que l'homme change son cœur de pierre pour le remplacer par un cœur de chair. » Albert applaudit.

Nous essayons avec beaucoup de délicatesse d'inciter Albert à fréquenter les gîtes des pèlerins mais il n'a pas de *credencial* et connaît mal l'esprit du Chemin. Je lui explique le principe de ce passeport du pèlerin sur lequel il doit faire apposer des tampons pour accéder aux gîtes : une simple feuille de papier vierge devrait lui permettre de démarrer ici à Burgos en attendant de trouver une *credencial* officielle. Il semble enfin conquis, mais prendra-t-il le chemin ? Dieu seul le sait !

Avant de nous quitter, il nous promet de donner des nouvelles à sa maman, qui vit en France, et nous confie qu'il lui a écrit une carte postale qu'il n'a jamais envoyée ! Je lui propose, s'il veut m'offrir sa confiance, de poster son courrier ce soir même : il fouille dans ses affaires et me tend une carte un peu écornée.

Une fois au gîte, je relève l'adresse de cette mère : j'imagine son inquiétude et lui envoie quelques nouvelles de son fils pour la rassurer. Albert est certes dans une mauvaise passe mais Edmond et moi avons senti sa volonté de reprendre le dessus ! Nous prierons pour lui en lui faisant confiance.

Le lendemain matin, en triant mes affaires, je retrouve au fond de mon sac une *credencial* que je n'ai pas utilisée l'an dernier : pensant immédiatement à Albert, j'arrête un pèlerin compatissant à qui je raconte l'histoire d'Albert et lui fais une description précise du jeune homme pour qu'il puisse le reconnaître. Toujours confiant en la Providence, je lui remets ma *credencial*, espérant qu'il le rattrapera et que nous aurons peut-être contribué à améliorer le chemin de vie de cet attachant jeune Bourguignon. « Mon Dieu, aidez Albert pour qu'il puisse trouver sa voie ! »

27e jour : Burgos – Atapuerca
Dimanche 10 juin :
18 km en 7 heures
soit 533 km en 227 heures

Pour sortir de Burgos, j'ai eu l'idée de descendre face au gîte, sur les berges de la rivière Arlanzón qui laisse en été, de part et d'autre de son lit, un tapis herbeux de 5 à 6 mètres : ce nouveau parcours est rectiligne et c'est très impressionnant d'entendre les bruits de la ville et d'apercevoir ses monuments par dessous. Je ressors quelques kilomètres plus loin, en pleine campagne : le chemin ne doit plus être très loin. Je sais qu'il me faut grimper la petite montagne en face et que si je croise des pèlerins à cheval ou avec des ânes, je leur ferai part de ma découverte pour traverser Burgos sans aucune difficulté.

Avant d'arriver au gîte d'Atapuerca, je rencontre en pleine nature un « phénomène » : Jean, grand randonneur devant l'Éternel, qui vit à Toulon et marche avec un sac de 30 kilos sur le dos malgré ses 73 ans ! Il cherche où planter sa tente. L'hiver, il fait du ski en Savoie à Flumet, au Mont Joly ; l'été, il sillonne les Alpes, les Pyrénées ou la Corse, qu'il a parcourues des dizaines de fois. En 1946, il était dans les SAS, les premiers régiments parachutistes : il a fait ensuite l'Indochine et une longue carrière militaire. Il prétend qu'il a du mal à tutoyer les pèlerins et pourtant… « pour toi qui as épousé une Devouassoud de Chamonix et fait partie de l'équipe de France de parachutisme, je vais te tutoyer et tu feras de même ! » me dit-il. J'en suis très flatté ! Quel moral et quel charisme chez ce petit homme : je le trouve génial ! Il me demande de l'appeler au téléphone quand je serai rentré à la maison, en précisant qu'il faut que je laisse sonner un moment ! Je finis quand même par lui faire avouer qu'il n'est pas simplement venu visiter l'Espagne mais que lui aussi est empreint de cette recherche spirituelle qui habite la plupart des pèlerins. Je sens qu'une grande pudeur protège encore son jardin secret et c'est bien ainsi. Mais je commence à avoir froid : « Alors salut Jean… et *buen camino !* »

Quel beau gîte que celui d'Atapuerca : il vient d'être inauguré, c'est une réalisation très fonctionnelle pour les pèlerins. Nous passons une excellente soirée en compagnie de Nicole, Étienne, Gauthier, Roger, Gérard, Robi, le premier Israélien rencontré à *La Hutte*, ce gîte privé de 20 places, simple, convivial et décoré avec beaucoup de goût, que Jacques et Fernando de Burgos ont ouvert il y a trois mois. Le poêle réchauffe nos membres et mes chaussettes que j'ai fait sécher dessus ont brûlé ! Mais la magie du Chemin m'en offre aussitôt deux paires. Étienne de Bruxelles, arrivé de Vézelay, va chercher dans ses affaires des chaussettes de tennis neuves qu'il m'offre en disant : « Tu comprends, elles ont un filet bleu blanc rouge et comme je suis Belge, je ne peux décidément pas les mettre ! »

L'hospitalière me donne également des socquettes oubliées par un pèlerin. Plus tard, ce sera mon tour d'en laisser une paire dans un gîte en remontant. Nous apprenons à nous connaître pendant le repas : Gérard, Toulonnais, est parti d'Arles. Il a eu un cancer il y a trois ans et a fait un vœu. Quel tempérament à près de 60 ans !

Nicolas, logisticien, a donné sa démission et il prêche le Christ auprès des pèlerins. Plein d'enthousiasme et de gentillesse chez ce Parisien ! Après avoir passé sa vie aux États-Unis, Étienne, aussi bavard que moi et ô combien serviable, est venu pour se remettre en question, tout comme Roger.

Gauthier, 25 ans, porte toujours son chapeau de berger sur la tête. Il est très nerveux et ronge ses ongles. Arrivant de Belgique, il nous conte ses déboires et ses rencontres exceptionnelles sur la route. Étienne lui donne la réplique. Ils nous expliquent qu'ils n'ont pas rencontré beaucoup de pèlerins en France, surtout dans la première partie, du Puy à Moissac.

Un jour, Gauthier a reçu deux bouteilles de vin et

il s'est promis d'en boire une avec le premier pèlerin qu'il rencontrerait : mais le poids l'a contraint à les offrir toutes les deux. Bravo, il aurait pu se contenter de les boire seul !

28e jour : Atapuerca – Villafranca Montes de Oca
Lundi 11 juin : 20 km en 9 heures soit 553 km en 236 heures

Le temps a changé, peut-être à cause de l'altitude. Je suis assis confortablement derrière un gros arbre touffu. Le vent froid souffle fort et malgré le soleil qui monte dans le ciel, je supporte bien mes deux polaires. Le point de vue est magnifique. Je me suis installé à l'endroit où j'avais réalisé une photo de cette simple croix de bois qui se découpe dans le ciel au loin, entre les champs et les bosquets. Puis j'ai traversé trois villages, dont Atapuerca que j'ai quitté il y a un peu plus de deux heures : mon podomètre[1] affiche seulement quatre kilomètres !

Plus tard, le ciel s'est enfin éclairci et le beau soleil est revenu. Je suis on ne peut plus heureux et beaucoup de pèlerins viennent sur le Chemin, face à moi : Francis et Nelly de Toulouse, Gaby et Michèle, deux jeunes tourtereaux, Guy et son cheval *Bijou*, qui arrivent de Châteauroux. Je lui explique comment il peut traverser Burgos en descendant sur la berge gauche dans le lit

---

1. Un podomètre se porte sur soi, à la hanche. Il est calibré au pas du pèlerin et lui donne son taux horaire et la longueur de ses étapes. Pour moi : 74 cm au pas, ce qui représente pour l'aller et le retour à Saint-Jacques environ 5 405 405 pas !

du rio Arlanzón, ce qui l'amènera à 200 mètres du gîte de Burgos. Il a fait du parachutisme civil à La Ferté Gaucher en 1953 : pour moi, c'est un « ancien ». Je suis heureux de savoir qu'il a bien connu mon frère Claude, moniteur para dans ce centre de sauts et mon initiateur à ce sport exceptionnel qui m'a tant apporté.

Je lui apprends que Claude s'est tué en 1985 lors d'un vol en parachute ascensionnel sur la plage des Salins, à côté d'Arles. Guy garde un excellent souvenir de mon intrépide et charismatique frère.

Contemplant le merveilleux spectacle que m'offre la nature, assis sac sur le dos pour écrire, je lève mes yeux vers cette croix et je fais une prière en regardant passer des pèlerins italiens qui cherchent leur chemin : « Mon Dieu, merci de cette belle journée qui s'annonce. Merci pour la joie que Tu me donnes. Merci pour tous ces témoignages que je reçois en cadeau et qui renforceront ma volonté de changer, d'être plus à Ton image, fait de tendresse, de compassion, d'amour et de simplicité. Merci aussi pour tous ces pèlerins qui sont sur le Chemin. Je Te les confie. Mon Dieu, donne-leur la force d'avancer, de réussir et surtout de trouver en eux ce qu'ils souhaitent. Ouvre-leur la porte de leur avenir. Merci aussi de protéger ma famille, ma chère épouse que je n'ai pas su aimer suffisamment, mes enfants que je ne comprends pas toujours et qui ont besoin de mon amour actif, mes petits-enfants que je chéris et toutes nos familles qui ont aussi besoin de se mettre en chemin dans leur vie. Merci enfin de nous donner la possibilité de nous tourner vers Toi, Seigneur, et de Te demander régulièrement Ton aide que Tu sais nous accorder. Donne-moi aussi la capacité de mettre mon tempérament de Marseillais enthousiaste au service des autres. Que tous ces signes d'amour dans mes rencontres du Chemin puissent se prolonger dans ma vie grâce à Toi. Amen. »

Le nombre de pèlerins va croissant, ce qui multiplie les rencontres : Lilianne et Joëlle de Paris, Francis et Nelly de Toulouse, Gaby et Michèle, un couple magnifique : lui est américain, elle normande. Ils se sont mis en disponibilité pour faire le Chemin. Lysbeth, anglaise et Antonio, espagnol : les idylles secrètes du *Camino* ! Yves (71 ans), un grand randonneur qui marche malgré sa cécité. Il réalise son troisième Chemin. Cet homme dynamique vit habituellement à Saint-Tropez. Angel, Santiago et Cusso, trois Espagnols, Pacheco des Bermudes, une Portugaise, Diane, qui est Sud-Africaine et me semble un peu perdue, et Guy, un anglais. Michèle et Joffrey, qui vient de terminer son service militaire : ces Américains, tout jeunes mariés, sont heureux de faire ensemble le pèlerinage qui est, pour eux, essentiel ! Keny un écossais, Guillaume un catalan, Eugénie, joli prénom pour cette jeune femme d'Aix-les-Bains, Noëlle et Louise la Québécoise.

Je me sens tout à coup l'âme d'un guide touristique et leur donne à tous mes conseils concernant les gîtes qu'ils ne doivent pas rater.

L'église du monastère de San Juan de Ortega est très belle et tellement sonore qu'avec Dolorès, une petite dame espagnole, nous entonnons un chant dont le son résonne jusqu'aux coupoles : c'est un régal ! Le retable de gauche représente des scènes bibliques où tous les personnages ont les mains très ouvertes, doigts tendus. J'y vois comme un clin d'œil pour moi qui suis si heureux quand je fais ce geste de bienvenue, la main ouverte et le bras replié. À mon avis, chaque doigt a son sens : le pouce représente la patience que l'on a acquise sur le Chemin ; l'index, c'est la tolérance que l'on doit apprendre au fil des jours ; le majeur, le respect de soi-même et des autres ; l'annulaire, la simplicité, l'humilité que l'on recherche ; enfin, l'auriculaire, c'est la tendresse et la compassion.

La main ouverte invite au partage : je te dis bonjour, je te salue, je t'invite à un échange fraternel avec un *buenos días* suivi d'un bonjour toujours accompagnés d'un franc sourire, mon regard dans le tien. Ce salut m'est très souvent rendu par un geste identique. Ce qui me touche profondément ensuite, c'est la poignée de main (de la main droite, car la gauche – celle du cœur – tient le bourdon). La main droite, c'est l'action de partager, amicalement, fraternellement et pour moi sur mon chemin de retour, c'est l'action d'aimer ! Les deux mains représentent la complémentarité du contact entre pèlerins. Je te salue, je t'écoute avec joie et intérêt, dans un climat de tendresse et de compassion. Je suis ouvert à toi et je te respecte. J'essaie de te comprendre et d'échanger avec toi. C'est vraiment cela ma volonté du partage sur ce chemin du retour, avec l'aide du Très-Haut !

À Villafranca Montes de Oca, la soirée très conviviale a lieu dans l'école-salle des fêtes transformée en gîte l'été, où nous sommes en compagnie de Louis et Arlette de l'Hérault, et aussi Maurice et Raymond de Normandie. Raphaël nous a rejoints plus tard. Par chance, nous ne sommes que six alors que la veille, vingt-sept personnes ont dormi là : la salle d'eau ne comporte qu'une seule douche et un W-C ! Nous avons fait les courses et préparé un grand plat de pâtes, des sucres lents indispensables pour tenir le rythme. Le riz, la semoule et les pâtes sont les plats préférés des pèlerins.

Compte tenu de son arrivée tardive, Raphaël est notre invité. Mes amis du soir et moi-même sommes très contents de nous retrouver en petit groupe, ce qui diminue potentiellement le nombre de ronfleurs ! C'est un réel souci car tous témoignent qu'ils ont très mal dormi la nuit précédente à Santo Domingo de la Calzada, où un joueur de « corne de brume » a fait trembler les murs ! Les conversations vont bon train mais personne n'a pu découvrir le fautif…

À 22 h 30, tout le monde est couché sauf votre serviteur, qui s'est réfugié dans la salle des fêtes pour écrire. Les dix lits superposés sont installés dans la classe à côté. Quelques minutes se sont à peine écoulées quand je perçois un ronflement montant crescendo comme les accélérations répétées d'un moteur de camion qui démarre ! Je vais voir ce qui se passe et découvre le « phénomène » Raphaël qui dort sur le ventre alors que tous les autres sont bien réveillés !

Louis se met à siffler, Maurice aussi, mais rien n'y fait. Dix minutes plus tard, je vois sortir le premier avec son matelas, et juste derrière, Arlette, son épouse, qui, elle non plus, n'arrive pas à dormir. Puis c'est le tour de Maurice : seul Raymond reste dans « l'enfer de la nuit » ! Avec un peu d'expérience et prévoyant ce genre de désagrément, j'ai préféré m'installer dans la salle des fêtes... Le bâtiment tremble à chaque respiration de Raphaël, foi de Marseillais !

29e jour : Villafranca
Montes de Oca – Belorado
Mardi 12 juin : 13 km en 7 heures
soit 566 km en 243 heures

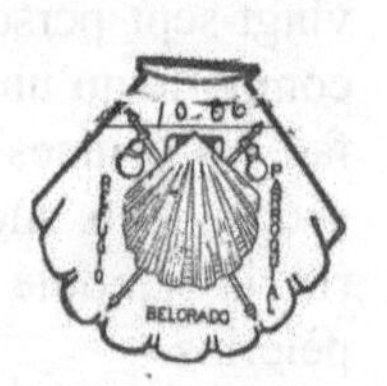

Au petit matin, notre ami Raphaël semble pressé de partir. Il refuse de prendre son petit déjeuner avec nous qui rions, malgré tout, de cette nuit agitée ! Raphaël nous explique qu'il possède un appareil qui l'empêche de ronfler : malheureusement pour nous, il l'a oublié chez lui. Nous lui faisons remarquer qu'il nous a donné un superbe concert, jouant à lui tout seul chacun des instruments : un véritable orchestre ! En tout cas, maintenant, nous avons découvert qui est « le ronfleur de Santo Domingo de la Calzada » et nous lui demandons comment cela se passe quand il dort dans des gîtes de 80 ou 100 personnes ? ! Raphaël, un peu vexé mais pas rancunier, raconte qu'un de ses amis pèlerins lui a dit qu'il est le plus grand ronfleur de la planète ; j'y ajoute le titre de « roi des ronfleurs de l'univers » ! Nous nous séparons, joyeux, après un bon petit déjeuner copieux que Raphaël a fini par accepter de partager avec nous !

Comme j'ai du temps pour moi, je reste seul un moment pour ranger le gîte. Les pèlerins, eux, sont de plus en plus pressés d'arriver rapidement à Saint-Jacques : c'est une sensation que j'ai connue moi aussi l'an dernier, je m'en rends vraiment compte en faisant ce retour.

Bien que n'ayant pas de contraintes apparentes, j'ai

toujours un peu de mal à trouver un moment suffisant pour faire sur mon petit carnet la description des sites visités, noter mes observations et réflexions personnelles, rapporter les témoignages reçus, les rencontres. Cette activité d'écriture est souvent rognée par les arrêts trop fréquents du pèlerin bavard que je suis ! Pourtant, ces moments si agréables passés à échanger me permettent de souffler. Le soir, au gîte, c'est un peu la même chose : pour les pèlerins, je ne suis pas une tête connue, et pour cause !

Demain, nous ne nous reverrons plus. Lorsqu'ils apprennent que je suis sur le retour, les pèlerins sont souvent interpellés : comme je les comprends ! Je me souviens avoir eu la même attitude l'an dernier envers les pèlerins que je croisais et je réalise que ma curiosité a dû parfois être un peu envahissante ! Sans compter que je les trouvais si originaux que je voulais, à chaque rencontre, leur parler et les mettre dans la « boîte à image » pour la postérité. Cette année, je n'en ai connu que deux depuis un mois que j'ai entamé ce retour.

30e jour : Belorado – Grañon
Mercredi 13 juin :
16 km en 8 heures
soit 582 km en 251 heures

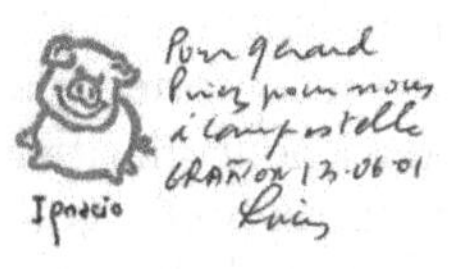

Ce matin, une pèlerine m'a fait passer un message un peu mystérieux : je suis, dit-elle, attendu au gîte de Grañon… Pourtant, personne ne sait que j'ai l'intention de m'y arrêter ! Je prends donc la décision d'aller à Grañon, ce qui me donne du temps, et je décide de m'arrêter un moment afin de réaliser ma page d'écriture de ce jour : pour une fois, je serai en avance.

J'ai trouvé une aire de jeu et de repos au centre du village de Castildelgado pour une pause casse-croûte et j'ai pendu à un figuier mes affaires mouillées : chaussettes, pantalon, tricot, polaire… J'ai à peine le temps de sortir mon stylo et mon carnet de route que des groupes de pèlerins s'approchent de moi.

Certains arrivent de Grañon, d'autres de Santo Domingo de la Calzada. Lorsque je dis que je vais de Belorado à Grañon, ils réfléchissent et il y a un temps de silence, puis tout à coup, l'un d'eux comprend : « Mais alors, tu vas de l'autre côté ! Tu retournes ? ! » Et c'est reparti : il faut me présenter, dire d'où je viens, où je vais et pourquoi ! De bonne grâce, je referme mon carnet et réponds patiemment aux questions. Pourtant, je voudrais bien continuer ma route, moi aussi !

Gérard vient de Lille, il accompagne deux dames handicapées : il a laissé sa voiture au gîte de Belorado et remonte, à pied, à la rencontre de ces personnes.

Julie, Christelle et Damien sont Québécois, des pèlerins très motivés et charmants. Julie dit qu'elle vient à la rencontre de Dieu, elle veut le remercier pour ce qu'Il lui a apporté dans sa vie : bravo Julie ! Ce témoignage direct, simple et chaleureux me touche et me réconforte : j'aimerais tant voir nos enfants partir ainsi pour glorifier les forces divines et l'Éternel qui nous apporte tant de choses chaque jour. Nous y sommes hélas moins sensibles dans la vie trépidante que nous vivons. Le stress aidant, ça devient parfois intenable et nous oublions le plus important. Après quoi courons-nous ? N'est-ce pas la question essentielle à se poser ? J'en ai parlé précédemment et c'est, je crois, probablement une des raisons primordiales qui attirent tant de personnes sur le Chemin. Pourtant, certaines sont si conditionnées qu'elles n'ont pas pu s'empêcher d'emporter leur portable : adieu la solitude et la méditation !

Christelle est musicienne, elle joue du violon et vient ici chercher son inspiration, me dit-elle. Bastien, son ami, voyage depuis plus d'un an en Europe : il a fait le pèlerinage de Rome, de Suisse vers l'Italie, sur un très vieux vélo à une seule vitesse ! Le plus souvent, il devait pousser sa « monture » qui peinait dans les côtes ! Ils sont beaux, ces deux-là, et ils éclatent de rire quand je leur dis que vivre deux mois ensemble sur le *Camino* est le meilleur test pour leur couple. Ma remarque ne les surprend même pas ! De plus, je le pense vraiment : combien de couples seraient encore ensemble s'ils avaient fait cet essai quelques semaines !

Ils sont chargés comme des bourriques. Christelle, ce petit bout de femme avec deux grands yeux bleus à se mirer dedans, me montre son sac : « J'ai mon violon avec moi. Dommage, si tu avais été à Grañon hier au soir, tu aurais pu l'entendre ! » Je le regrette vraiment, mais je sais que je n'aurais pas pu réaliser les 30 kilomètres d'une seule traite sans une sérieuse motivation, comme pour Saint-Nicolas.

Les paysages traversés ces jours derniers sont toujours aussi vallonnés et couverts d'un patchwork de champs aux couleurs dignes d'un tableau de Van Gogh. Au loin, je vois un homme qui s'approche de moi en criant :

— *La Tortuga,* voilà *La Tortuga* !…

— Ça alors Ernesto, mais que fais-tu là ?

— Le *Camino* ! Le *Camino* ! Je vais vers Saint-Jacques…

Et nous tombons dans les bras l'un de l'autre !

À cet instant, je me revois quinze jours plus tôt dans le grand gîte d'Astorga : Ernesto, l'hospitalier, m'avait reçu avec beaucoup de convivialité, m'offrant une pomme, deux biscuits et un verre d'eau. Le soir venu, l'heure tardive me permettait de manger et d'écrire en toute tranquillité, assis dans le grand réfectoire. Ernesto s'était approché de moi : « Tu ne vas pas rester là tout seul… Viens manger avec les hospitaliers ! » Je l'avais remercié pour sa gentillesse naturelle, mais j'étais fatigué et je voulais finir mes écrits. J'étais très heureux que dans ce gîte où il passait jusqu'à 250 personnes chaque jour, l'hospitalier ait eu ce petit geste d'amour pour le pèlerin qu'il savait seul sur son retour !

Malgré une importante charge de travail, Ernesto m'avait ce jour-là donné une belle leçon de générosité : je n'étais pas prêt de l'oublier et le retrouver là, sur le Chemin, descendant vers Saint-Jacques, c'était magique !

Tout en me rapprochant de Grañon, je me souviens que l'an dernier dans cette même région, nous avions essuyé un énorme orage d'été : je venais de retrouver avec beaucoup de plaisir Heidi et Bill que j'avais connus à Moissac dans l'Aveyron. Ils avançaient comme moi à la vitesse d'une tortue ! Nous avions à peine eu le temps de faire quelques pas ensemble que d'énormes nuages noirs déversèrent sur nous une pluie subite et abondante. Nous ne dûmes notre salut qu'à un tout petit bûcher ouvert entre deux granges. Il n'y avait rien d'autre à faire que de laisser passer l'orage : nous étions déjà bien mouillés. Le temps de nous déséquiper, les gouttes d'eau venaient s'écraser avec une violence incroyable sur la fine tôle de notre modeste refuge ! Nous n'étions pas vraiment inquiets, juste un peu abasourdis ! Installés tous les trois sur de grosses bûches, nous avions décidé de faire contre mauvaise fortune bon cœur et voyant la fin d'après-midi arriver, Bill sortit de son sac un bout de saucisson, et je savais qu'il restait au fond de mon sac un vieux morceau de pain ! Je revois Bill tailler avec son couteau de scout de fines tranches de saucisson qu'il nous offrait avec générosité. Heidi, ravie, ne cessait de louer la Providence pour ce moment exceptionnel de nos retrouvailles et ce petit encas apprécié à sa juste valeur.

Je trouve étonnant qu'une si petite anecdote remue en moi tant de souvenirs : n'est-ce pas là encore la magie du Chemin ? C'est dans ces moments forts et vécus dans la simplicité que l'on scelle les plus profondes amitiés !

Je force maintenant l'allure pour retrouver Grañon et l'accueil extraordinaire de l'hospitalier que je ne veux pas rater. Sachant qu'on me surnomme *La Tortue*, Cristina, charmante Espagnole et célèbre écrivain dans son pays, m'a confirmé pour la deuxième fois qu'une personne a laissé un message pour moi au gîte.

J'accélère encore pour ne pas arriver trop tard. Luis Janin, l'hospitalier, est là avec son beau sourire. Ce bel homme de 78 ans avec sa longue chevelure argentée et ses yeux bleus si expressifs « vous porte à l'âme » ! Quel accueil ! À 17 heures déjà, il offre une salade à celui qui arrive. Nous sommes très nombreux ce soir là : 24 personnes de 15 nationalités différentes.

Luis arrive d'Annecy : c'est un « pays » qui vient ici chaque année et parle couramment l'Espagnol, d'où la modification de son prénom d'origine : Louis. Il n'a aucun message pour moi, mais il me rassure : « Nous irons voir le père Ignacio, responsable des hospitaliers, peut-être qu'il saura quelque chose… »

Quel merveilleux gîte accolé à l'église au centre de ce village qui a été créé sur un promontoire, dans une vallée entourée de champs de céréales dont les épis sont gonflés par le soleil ! Je suis si heureux d'être là et de retrouver cette ambiance chaleureuse et familière du Chemin.

Le Père Ignacio a fait son séminaire avec mon ami Jesús María Peña. Il m'apprend que ce dernier, pressentant que je passerais par Grañon, voulait savoir quel jour je serais dans la région de Logroño – sa ville – pour nous retrouver avec Guadalupe et sa tante Lola. Je me réjouis à cette idée !

Dans l'église de Grañon, j'assiste à la messe célébrée par un pèlerin. Les villageois sont là, vêtus de noir. Les femmes sont assises devant, leur châle sur la tête et les hommes au fond de l'église : c'est la tradition ici. La particularité de Grañon réside dans la foi des pèlerins ! Chaque soir, au gîte, les prénoms de tous les pèlerins en chemin sont énoncés et on prie pour eux jusqu'à la date de leur arrivée à Saint-Jacques.

À l'entrée du gîte, un petit panier recueille les dons et une affichette informe les pèlerins : « Si tu as de l'argent, donne-le ! Si tu n'en as pas, prends-le ! » Fantastique, non ? Les mauvaises langues disent que les enfants du village viennent souvent puiser dans cette corbeille !

Je demande à Luis comment il réagit quand se présente un globe-trotteur : « Ici je reçois tout le monde car derrière chacun, il y a la présence de Dieu ! »

La nuit a été courte. Nous avons dormi sur des nattes à même le sol et l'un de nos amis nous a offert un véritable concert de ronflements en différentes octaves, réveillant ainsi tout le dortoir.

Je reste un peu avec Luis pour l'aider à faire la vaisselle et ranger la cuisine. Je lui demande comment il fait pour tenir le coup :

— Je suis heureux d'être là tu sais, j'ai arpenté le Chemin plus de vingt fois dans ma vie et je suis ici pour quinze jours, alors je m'active…

Levé à 5 heures et couché à minuit : à 78 ans, c'est exceptionnel !

Il me confie :

— J'ai toujours près de moi un petit ange pour m'aider !

Je suis si fier ce matin, marchant vers mon destin, d'être auprès de Luis, celui que Dieu a envoyé.

31e jour : Grañon – Azofra
Jeudi 14 juin :
22 km en 9 heures
soit 504 km en 260 heures

C'est le milieu de l'après-midi et je marche depuis plusieurs heures sous un soleil de plomb ; la route serpente à travers les collines couvertes de vignes. J'arrive à l'entrée de La Rioja, grande région viticole de Navarre. Une douleur sourde me fait souffrir depuis un bon moment : c'est mon pied droit qui me rappelle à l'ordre ! Je m'arrête et me déchausse : une belle ampoule s'est formée sur le côté de mon talon, probablement due au frottement des bords de ma chaussure avec la talonnette qui sert à équilibrer ma jambe droite. Ce n'est pas bien grave mais j'aurais préféré éviter cette blessure, surtout avec le long chemin que j'ai à parcourir. Ces réflexions stériles me contrarient. Je sors ma trousse à pharmacie et traite rapidement le problème en posant un Elastoplast pour protéger ma peau : je soignerai l'ampoule plus tard.

Je consulte à nouveau mon guide : si je coupe directement par les champs de vigne, je peux éviter les virages et arriver au gîte d'Azofra, but de ma journée. Une terre rouge colle à mes chaussettes et en descendant vers le fond du vallon, mes pieds roulent sur les petits cailloux. Il fait très chaud et parfois un petit thermique se déplace, relevant la poussière, ce qui permet de voir l'effet de ce phénomène dû à la canicule. Dans un champ de vigne se dresse une colonne de pierres, monument laissé par les premiers pèlerins peut-être ? J'oublie ces questions : le village est là, tout près, et il règne une belle effervescence à l'entrée du gîte. L'église fait corps avec le lieu qui reçoit les pèlerins, c'est de bon augure. Mais il est difficile de pénétrer dans la salle manger tant il y a du monde ! Je suis un peu déçu mais pas vraiment surpris : mon déplacement à 1,7 kilomètre/heure me fait souvent arriver le dernier et les places dans les gîtes espagnols sont chères. C'est une évidence, le premier arrivé a le meilleur lit : qu'importe, c'est la vie !

L'hospitalière m'indique où se trouvent les sanitaires, étonnée d'apprendre que j'arrive de Saint-Jacques.

Elle possède heureusement quelques matelas supplémentaires pour les périodes d'affluence. Après la douche et le lavage de mes affaires qui sèchent au soleil couchant, je vais me recueillir dans l'église. Il y fait frais, le calme et la lumière des vitraux imprègnent le lieu d'une atmosphère douce et pénétrante de spiritualité. La belle voix de ténor d'un pèlerin italien résonne et fait vibrer tout mon être en écho. Quelle beauté et quel organe ! Je l'aperçois derrière un pilier du chœur. Nous sommes seuls tous les deux et je remercie le Bon Dieu de m'avoir permis d'être là ce soir, en pleine campagne : même si je n'ai pas de lit, je suis heureux et sensible à ces moments privilégiés.

Un peu plus tard, la charmante hospitalière vient fermer l'église pour éviter les vols ou les dégradations. Nous bavardons un instant devant la superbe porte de cet imposant édifice, très disproportionné par rapport aux anciennes maisons du village. Jadis, la foi des autochtones était si grande qu'ils étaient capables de construire, pendant plusieurs années, ces beaux monuments dédiés à la gloire de Dieu. Soudain, sans l'avoir prémédité, je m'entends demander à cette charmante personne :

— Me permettrais-tu exceptionnellement de dormir dans l'église plutôt que sur le sol de la cuisine ? Je serais très touché si tu me faisais cette confiance…

Elle réfléchit avant de prendre cette responsabilité et de me donner son autorisation, mais je suis persuadé que le retour de Saint-Jacques est un argument en ma faveur ! Avec un beau sourire, elle me dit :

— C'est la première fois que j'autorise cela, mais je suis sensible à ta demande : pense à me rapporter la clé demain matin !

Je suis content et Pietro, mon beau ténor italien,

qui a assisté à la scène, fait la même demande, tout heureux de l'aubaine ! Après un repas léger, nous pénétrons avec nos lampes de poche dans l'enceinte de cet ensemble en pierres où le moindre bruit résonne en s'amplifiant. Dans une allée, nous installons matelas et duvets, utilisant nos sacs en guise d'oreillers. Je ne peux m'empêcher d'entonner un chant grégorien appris dans ma jeunesse lorsque j'appartenais à la maîtrise du patronage de Timon David, à Marseille, ainsi qu'à la chorale de l'école Saint-Jean-Baptiste-de-la-Salle. Chacun à notre tour, nous chantons des odes au Seigneur, puis cherchons un cantique commun : le *Salve Regina* à la Vierge s'élève sous les voûtes. Magnifique !

À peine avons-nous terminé notre chant que la porte s'ouvre sur des pèlerins attirés par nos voix… et qui ne sont pas franchement décidés à rentrer se coucher. Le concert est lancé ! Notre ami Pietro a un vaste répertoire, c'est très émouvant. Les pèlerins désireux de conserver, eux aussi, un beau souvenir d'Azofra vont chercher leurs matelas et s'installent avec nous : l'église se remplit rapidement. Les discussions vont bon train, mais il faut un minimum de discipline et de retenue : je me sens responsable de cet endroit que l'on m'a confié et je demande aux pèlerins éparpillés dans les recoins de l'église d'avoir la gentillesse de se taire. Le silence se fait peu à peu, les rayons de lumière des lampes torches traversent l'espace, quelques chuchotements encore : on se croirait dans une grotte préhistorique !

Toutefois, le sommeil tarde à venir : impressionné par le lieu, je me demande si ce n'est pas un sacrilège de dormir là, à même le sol de cette église. Quelle idée saugrenue de ma part ! Je culpabilise un peu mais la seule solution est de m'en remettre au Très-Haut. Je récite en silence une prière de réconciliation et finis par m'endormir profondément.

32e jour : Azofra – Navarrete
Vendredi 15 juin :
25 km en 11 heures
soit 529 km en 271 heures

C'est la lumière du jour qui nous réveille au matin. Il faut partir de bonne heure pour éviter de marcher sous une trop forte chaleur : nous déjeunerons plus tard, l'essentiel étant de reprendre la route. Je laisse tous ces amis d'un soir et après avoir rendu la clé à la gentille hospitalière, je me retrouve seul encore une fois, au milieu des vignes.

La journée passe vite malgré les 25 kilomètres qui séparent Azofra de Navarrete et que j'avale littéralement tellement je suis heureux : quelle grande joie pour moi de revoir à Navarrete mes amis espagnols qui m'attendent depuis plusieurs jours. Sachant que je suis parti le 15 mai de Santiago, je ne pouvais prévoir la date exacte de mon passage dans la région : Logroño est à 600 kilomètres de Saint-Jacques ! Mais Jesús María, à qui je dois cette descente sur Compostelle l'été dernier, est au rendez-vous à 19 heures comme convenu, accompagné de Lola avec son mari, et Guadalupe, leur nièce.

Nous avons pérégriné l'année précédente de Hornillos del Camino à Saint-Jacques et Jesús María m'a soutenu dans les moments difficiles : c'est grâce à lui, à Guadalupe et à Lola, que je me suis ouvert à la spiritualité et que j'ai pris conscience de la présence divine en nous.

Nous sortons du gîte pour souper en ville et j'explique à mes amis que je n'ai plus de *credencial,* elle vient de recevoir le dernier tampon. Jesús María me dit :

— Ne t'inquiète pas ! Je vais t'en trouver une…

Dix minutes plus tard, il revient avec le précieux document dont il me donne deux exemplaires !

— On ne sait jamais, si tu rencontres un pèlerin qui en a besoin…

Nous passons ensemble une superbe soirée. Tant que je serai dans leur belle région, mes chers amis veulent venir me retrouver chaque soir : quelle belle preuve d'amitié ! Rendez-vous est pris pour demain à Viana.

33e jour : Navarrete – Logroño – Viana
Samedi 16 juin : 20 km en 10 heures
soit 649 km en 281 heures

Jesús María, Guadalupe, Lola et son mari me rejoignent après leur travail pour que je ne sois pas trop seul et nous avons plaisir à évoquer nos belles aventures de l'an passé en terre espagnole.

Ce soir, nous sommes dans le village fortifié de Viana, avec ses ruelles étroites et ses parties défensives qui devaient permettre, lors des conflits armés d'antan, de repousser les envahisseurs.

Je raconte à mes amis ma rencontre de ce matin avec Larissa à l'entrée de Logroño. L'an dernier, elle était sur le Chemin avec sa fille Michelle, épuisée par de lourds traitements de chimiothérapie au point qu'elle a dû être rapatriée par les services sanitaires. Dans son lit, elle ne cessait d'espérer une amélioration de son état et parlait sans cesse de son retour sur le Chemin. Malheureusement, ses espoirs furent vains et elle « passa sur l'autre rive » quelques jours plus tard. Fidèle à la mémoire de sa fille, Larissa est repartie sur le Chemin !

Nous sommes assis à même la terre au milieu d'un bois très dense et malgré la souffrance de Larissa, que je partage, je lui dis mon émerveillement. Je sens sa profonde satisfaction de pouvoir réaliser le vœu de sa fille qui n'avait pas 40 ans. Dans ma vie, j'ai rarement rencontré une personne avec une telle force spirituelle ! Ses propos emprunts d'une grande sérénité sont pour moi une source d'espérance et d'amour.

Je vois que mes amis espagnols sont très touchés par ce témoignage. Nous partons vers la vieille ville pour la soirée. Jesús María raconte comment il s'occupe de ses 230 missionnaires de Logroño qui sillonnent le monde. Il doit repartir le mois prochain en Afrique : il a vécu plus de vingt ans au Rwanda et au Burundi. Guadalupe continue ses études et Lola s'occupe de son mari. Voilà un beau programme !

Ce soir aux terrasses des cafés de Viana, la musique bat son plein et l'ambiance festive amorce une nuit mouvementée. La tequila et les boissons alcoolisées qui coulent à flot excitent les estivants et je réalise que le fait de vivre chaque jour en pleine nature, à l'abri des animations de la ville, préserve notre sérénité de pèlerins !

À 23 heures, nous quittons la fête pour rejoindre le gîte devant lequel nous nous séparons pour aller dormir. Sans faire de bruit, je me glisse dans mon duvet sur le lit superposé du haut : tout un art pour accéder à ma couche sans déranger le voisin !

Vers une heure du matin, une forte douleur à un petit doigt de pied me réveille : tâtant mon orteil, je sens une petite boule toute dure sur le dessus, la peau est très tendue à cet endroit-là et la douleur me porte au cœur. Dans mon demi-sommeil, j'imagine déjà une blessure importante qui pourrait me contraindre à l'arrêt comme l'an passé, pendant quatre jours, à l'abbaye de Vaylats près de Cahors. J'ai donné rendez-vous à mes amis espagnols à Los Arcos le lendemain : devrai-je consulter un médecin, voire aller à l'hôpital ? La nuit, tout prend des proportions inquiétantes, je suis très angoissé. Par intermittence, j'entends les bruits de la fête et je devine un feu d'artifice.

Incapable de retrouver le sommeil à cause de la douleur lancinante, je décide de me soigner moi-même : ne suis-je pas secouriste ? Il serait temps de le prouver ! Je quitte mon lit le plus silencieusement possible, prends mes vêtements et ma trousse à pharmacie, et sors de la chambre en prenant soin de ne pas réveiller les autres « locataires », apparemment peu troublés par les ronflements de certains.

En descendant l'escalier qui mène à la cuisine, je vois que la porte extérieure du gîte est grande ouverte. Les vélos des pèlerins sont rangés dans le hall d'entrée au milieu d'un tas d'affaires éparses. J'entends soudain des cris et des éclats de voix près du gîte. Instinctivement, je referme la porte et j'éteins la lumière. Quelqu'un donne des coups dans la porte : j'ai dû être repéré. Pas vraiment rassuré, je retourne m'asseoir dans la cuisine, dont les grandes fenêtres donnent sur la rue. Déjà les voix s'estompent : dehors, les lumières blafardes des candélabres teintent les façades anciennes d'une couleur jaunâtre.

Je dépose sur la table les instruments dont j'ai besoin pour soigner cette douloureuse ampoule qui éclate lorsque je la perce, stoppant d'un coup la douleur. J'applique une pommade antibiotique pour éviter les éventuelles infections. Ce soin m'a pris une bonne demi-heure et, mon pansement en place, je peux enfin retourner me recoucher en pensant que la Providence, à travers mes petits soucis de santé, m'a sans doute permis d'éviter la dégradation ou le vol des vélos de mes amis cyclistes, qui auraient dû continuer leur chemin à pied... ce qui aurait été dommage pour la continuité de leur pèlerinage.

34e jour : Viana –
Torres del Rio – Los Arcos
Dimanche 17 juin :
23 km en 11 heures
soit 672 km en 292 heures

J'ai cru ne pas revoir mes amis à Los Arcos : l'hospitalier du gîte leur a dit que je n'étais pas là... alors que je me reposais, tranquillement allongé sur mon lit ! À 20 heures, à tout hasard, je suis parti en ville : j'ai fait tous les restaurants jusqu'à ce que je les retrouve installés à une terrasse de café. La Providence nous a réunis une dernière fois et ils sont encore là pour montrer à la petite tortue éprouvée leur attachement : quelle joie et quelle belle preuve d'amitié partagée !

C'est avec beaucoup de nostalgie que je reprendrai, seul, mon bourdon, ma besace et ma calebasse afin de poursuivre ma route en quête d'espérance. La présence quotidienne de mes amis pèlerins ces trois derniers soirs m'a littéralement dynamisé !

35e jour : Los Arcos – Villamayor – Estella
Lundi 18 juin : 23 km en 10 heures soit 695 km en 302 heures

Depuis que j'ai quitté Saint-Jacques, j'attends de retrouver certains lieux et des personnes rencontrées à l'aller. Je sais qu'il me faut être patient, cheminer, et qu'au moment opportun, je les reverrai.

Il y a un endroit qui me tient particulièrement à cœur : le gîte dont Carlos est responsable à Estella. Il m'avait accueilli à 19 h 30, l'an dernier, et remonté le moral devant un groupe de pèlerins, disant que « les pur-sang partent de Roncevaux et s'arrêtent à Burgos (150 kilomètres)… mais que les tortues partent de Roncevaux et vont à Compostelle (800 kilomètres) ! ».

Le grand moment pour moi, c'est lorsque je me présente en fin d'après-midi à l'accueil du gîte d'Estella :

— Je suis Gérard, le pèlerin *La Tortue*, et j'aurais grand plaisir à retrouver Carlos.

Le garçon à l'accueil me regarde d'un air étrange et me dit :

— Il t'attend !

Il m'emmène au fond d'une cour où Carlos est en train de soigner un pèlerin avec une lance d'eau froide. Il est là, avec sa grosse moustache et son sourire. Je retrouve l'image que j'ai dans le cœur et nous tombons dans les bras l'un de l'autre ! Carlos a lu et relu les lettres que j'avais eu des difficultés à lui faire parvenir (j'avais envoyé les premières par erreur à Puente la Reina). Il tient à m'installer dans un grand dortoir et revient quelques minutes plus tard pour voir si je n'ai besoin de rien. Il se met alors à pleurer de joie, et moi aussi !

M'adressant aux pèlerins émus, je leur dis :

— Vous voyez la qualité de ceux qui nous reçoivent : ils ont un grand amour pour leur prochain et si parfois on rouspète à cause des files d'attente devant les gîtes, il faut se souvenir du charisme de ceux qui sont nos hospitaliers !

Nous soupons dans la grande cuisine du gîte et Carlos me demande si le correspondant local de presse peut venir s'entretenir avec moi pour que je lui relate mes aventures : je décline délicatement l'invitation. Carlos tient à s'occuper personnellement de mes petits ennuis de santé concernant mes pauvres pieds. Pendant plus d'une demi-heure, il s'active, me masse et soigne mes ampoules.

Quelle générosité de cœur ! Carlos fait partie des personnes les plus affables que j'ai connues sur le Chemin, et Dieu sait si elles sont nombreuses : qu'elles soient ici toutes remerciées ! Je suis certain que vous les rencontrerez vous aussi lorsque vous foulerez à nouveau – ou pour la première fois – le *Camino de Santiago*.

36e jour : Estella –
Puente la Reina
Mardi 19 juin :
22 km en 10 heures
soit 717 km en 312 heures

37e jour : Puente la Reina –
Cizur Menor
Mercredi 20 juin :
20 km en 12 heures
soit 737 km en 324 heures

Ce matin, je démarre aux aurores de Puente la Reina : je veux arriver en fin d'après-midi à Cizur Menor, où mon fils Gauthier, son épouse Ève et Noa, leur « bourgeon d'amour » qui n'a que quelques mois, viennent me rejoindre sur le *Camino*.

Ça fait 36 jours que j'ai quitté la maison. Mon pas est alerte ce matin mais je sais que la montée de la sierra del Perdón me réservera quelques surprises : le sol caillouteux est un brasier et j'ai la sensation de marcher sur des cendres rougies au feu ! Ma respiration devient plus difficile à chaque pas et j'ai la gorge desséchée malgré l'eau que je bois tous les quarts d'heure. Je transpire abondamment, de grosses gouttes tombent sur mon nez comme un robinet mal fermé ! J'essaie pourtant de rester concentré pour arriver au bout de cette montée, normale pour un bon marcheur mais tellement difficile pour un pèlerin handicapé ! Par moments, j'arrive à ne plus trop y penser et j'avance sans me plaindre.

Il est près de 14 heures quand j'entends des voix qui m'interpellent avec un fort accent du Midi : trois pèlerins, deux hommes et une femme, marchent sur le chemin, très alertes ! Je m'arrête pour les saluer comme il se doit, main levée et grand sourire aux lèvres : Geneviève est agréablement surprise par ce salut singulier. Avec son mari, José, ils descendent le *Camino* pour faire découvrir à leur ami anglais ce chemin si particulier ! Ils sont de Carpentras, mon pays à 100 kilomètres de Marseille. Nous sympathisons rapidement : il fait très chaud, tout le monde est en nage et les petits bosquets de chaque côté du chemin ne sont pas suffisamment hauts pour nous protéger du soleil. C'est ainsi ! José m'explique qu'ils ont fait le chemin à vélo l'année dernière : nous promettons de nous revoir un jour à Carpentras ! Je reprends ma route, les jambes lourdes mais le cœur léger…

Voilà enfin le col ! Les grandes fresques en métal sont toujours au même endroit : les pèlerins et leurs ânes figés pour l'éternité n'ont pas beaucoup progressé depuis l'an dernier !

Au village de Zariquiegui, sous les grandes éoliennes, j'aperçois une fontaine qui est la bienvenue : je déguste cette eau et me rafraîchis tout le corps. Derrière l'église, je trouve un joli petit espace vert qui m'invite au repos à l'ombre des hauts murs de l'édifice religieux. Malgré les incessantes piqûres de moustiques, je m'endors un long moment et les pèlerins passent à côté de moi sans me voir !

J'ouvre les yeux vers 16 heures : il est temps de rejoindre Cizur Menor. J'augmente mon allure : je veux faire un beau bouquet de fleurs pour Ève, ma belle-fille, et un autre pour Isabel Roncal, la responsable du gîte privé qui s'est montrée si accueillante l'an passé ! Pressé d'arriver, je ne marche plus : je cours ! En bas du chemin, j'aperçois un couple avec une poussette : je sais que c'est Gauthier avec Ève et Noa ! Mes fleurs à la main, je les embrasse chaleureusement. Gauthier est un peu surpris par mon look de pénitencier : crâne rasé, peau burinée par le soleil, les habits certes propres mais défraîchis et trempés. C'est le *Camino* ! Nous sommes vraiment heureux de nous retrouver. Ils sont venus passer quelques jours en Espagne, pays d'origine de ma belle-fille.

Nous arrivons au gîte : Isabel est toujours aussi aimable. Je propose à mes enfants de dormir ici mais Gauthier trouve les lieux un peu spartiates pour son fils et son épouse : il préfère rentrer en France après le repas, quitte à dormir en route. Je regrette cette décision mais je les comprends : je suis simplement heureux de leur visite, tout va bien… jusqu'à ce que je réalise que, dans ma précipitation de la journée, j'ai perdu mon « compagnon » (mon bourdon, ce précieux bâton) ! Je suis très contrarié car je l'avais depuis Auvillar, près de Moissac : Marc le postier me l'avait taillé l'an dernier, en pleine nuit, pour que je puisse suivre mon chemin.

Je pars en voiture avec Gauthier jusqu'à Puente la Reina pour voir si le bourdon ne serait pas resté au gîte : il n'y est pas. Mon fils me propose de retourner à Zariquiegui, là où je me suis arrêté pour faire la sieste. Nous retrouvons la route et près de la fontaine un bâton a été jeté par un pèlerin qui a dû l'échanger avec mon fidèle « compagnon ». Je suis un peu déçu mais je fais contre fortune bon cœur et prends ce nouveau bourdon aussi tordu que moi : nous sommes faits pour nous entendre ! Demain, à Pampelune, j'irai chez un cordonnier pour qu'il mette une dragonne à mon nouveau « compagnon », qui reprendra ainsi l'allure d'un vrai bourdon de pèlerin !

Ève et Noa nous ont attendus chez Isabel Roncal : nous visitons le petit village et dînons ensemble. J'insiste pour qu'ils restent dormir : il est près de 23 heures ! Mais Gauthier veut absolument partir. Mon cœur se serre : j'ai encore deux mois de marche avant de rentrer à la maison. Nous nous embrassons et je vois partir mes enfants dans la nuit : je ne peux retenir un sanglot de tristesse.

Le lendemain, j'apprends qu'ils n'ont pas trouvé d'hôtel pour dormir et ont rallié d'une seule traite Cizur Menor à Challes-les-Eaux, en Savoie, soit plus de douze heures de voiture pour faire 1 200 kilomètres ! Une folie qui me fait encore frémir…

« Merci Mon Dieu de les avoir protégés ! »

38e jour : Cizur Menor – Pampelune – Arre
Jeudi 21 juin : 12 km en 6 heures
soit 749 km en 330 heures

39e jour : Arre – Zubiri
Vendredi 22 juin : 20 km en 10 heures
soit 769 km en 340 heures

40^e jour : Zubiri – Roncevaux
Samedi 23 juin : 23 km en 12 heures
soit 792 km en 352 heures

41^e jour : Roncevaux – Honto
Dimanche 24 juin : 23 km en 10 heures
soit 815 km en 362 heures

Je suis à Roncevaux, au monastère qui depuis des siècles a vu passer des millions de pèlerins. Une longue file d'attente s'est formée derrière moi, les marcheurs viennent de partout : on dit qu'il en passe 300 à 400 par jour ! Je sais qu'en cette période estivale, les places sont chères mais toujours confiant, j'ai finalement trouvé un lit. Les hospitaliers montrent une attention toute particulière aux pèlerins qui remontent le Chemin.

Bien que le bâtiment soit plutôt vétuste, l'eau des douches était bien chaude. Le repas du soir pris à la petite auberge m'a redonné quelques forces après la journée de marche et la rude montée en fin d'étape. En réalité, j'avais davantage besoin de repos que de nourriture.

Ce matin, je me suis un peu forcé à bavarder avec l'aubergiste pendant le petit déjeuner, ce qui n'est pas dans mes habitudes. Mais il pleut sans discontinuer et cela me tracasse. Cette journée qui me conduira à Saint-Jean-Pied-de-Port ne sera guère plus facile que celle d'hier : néanmoins, je me sens en bonne condition et bien décidé à rallier cette étape, il le faut !

Hier au soir, certains pèlerins étaient totalement exténués par leur longue marche : nombre d'entre eux démarrent leur chemin à Saint-Jean-Pied-de-Port et pour ceux-là, c'était leur premier jour de pèlerinage, l'étape la plus difficile du *Camino francès*, à ce qu'il paraît !

Dire que je n'ai jamais douté d'arriver au bout de mon chemin serait inexact. En ce début de matinée, je quitte Roncevaux sous la pluie et j'entame la montée à travers la forêt vers le col d'Ibañeta en prenant appui sur mon « compagnon ». Malheureusement, mon pied gauche glisse sur les feuilles mouillées et je me retrouve à terre avec une violente douleur dans le talon comme si on y avait enfoncé une aiguille : je pousse un cri de douleur. Mon sang ne fait qu'un tour : je connais trop mes points faibles pour ignorer à cet instant que cette chute est grave ! Je me dis que j'ai été bien imprudent en démarrant un peu vite et sans échauffement suffisant. Mon tendon d'Achille s'est peut-être rompu : quel choc au moral ! Immédiatement, j'imagine que je vais devoir abandonner. Assis au milieu du chemin, ma chaussure délacée près de moi, je crie en me reprochant mon imprudence : que vais-je devenir ? Le chemin est-il terminé pour moi ? Je reste de longues minutes allongé sur le sol trempé.

Enfin la douleur s'atténue. Je palpe mon tendon :

bien que sensible, il est en place, ouf ! Je m'appuie sur mon sac et j'attends encore une dizaine de minutes en frictionnant ma cheville avec un baume anti-inflammatoire. La chaleur pénètre peu à peu ma cheville douloureuse et je m'aperçois que la pluie s'est arrêtée de tomber. La brume se lève doucement, montant de la vallée. La forêt est dense sur ce versant, les arbres donnent l'impression d'atteindre le ciel, on ne voit pas leurs cimes. Le silence est impressionnant. Seules quelques dernières gouttes de pluie qui tombent des arbres éclatent sur mon sac et mes affaires éparpillées autour de moi. Je suis trempé. Je lève la tête, attiré par un rayon de soleil qui perce à travers les branches d'un chêne-liège et illumine la petite clairière où je me suis arrêté. Je suis impressionné par le sous-bois très sombre : on dirait que la nature me fait un signe que je ne peux m'empêcher d'interpréter comme un clin d'œil de Dieu qui me dirait : « Alors tu vois, je suis là ! Fais-moi confiance… mais reste prudent ! »

Mon moral reprend de la vigueur : « Merci Mon Dieu ! L'alerte a été sérieuse et désormais, je serai plus attentif. »

Je rassemble mes affaires et reprends tranquillement mon ascension. Quelle belle frayeur j'ai eue ! Toutefois, je ne veux conserver de cette aventure que cette forte impression de plénitude et de sérénité avec l'Être suprême car ce matin-là j'ai vraiment senti sa présence ! Qu'Il soit loué. Alléluia !

Pourquoi n'ai-je rien écrit ces jours derniers ? Simplement parce que les étapes sont très longues pour moi : seulement 20 kilomètres, me direz-vous ? Ce qui fait tout de même onze à douze heures de marche chaque jour ! Lever 5 h 15, départ vers 6 heures. Avec des arrêts fréquents pour me reposer car je croise encore de nombreux pèlerins venant de Saint-Jean-Pied-de-Port et je tiens à répondre aux questions que l'on pose – surtout le soir dans les gîtes – à ce pèlerin pas très « normal », cet original qui fait machine arrière, comme ils disent ! Peu importe, ils sont nombreux à vouloir que je les renseigne sur les meilleurs gîtes, ce que je fais de bonne grâce et au détriment de mes écrits personnels.

Mais il est important pour moi de reprendre le récit de mon pèlerinage de retour. Beaucoup de joies intenses, de partages vécus au fil des jours avec les pèlerins vous seront relatés çà et là par des anecdotes. Je vais vous en conter l'essentiel qui reste dans mon cœur et dans ma mémoire, notamment les trois dernières journées où j'ai franchi le col de Roncevaux et « vaincu » une nouvelle fois les Pyrénées, par le col d'Ibañeta...

Combien je suis impatient de me recueillir devant la Vierge d'Orisson, cette petite statue ramenée de Lourdes par les bergers basques : lors de mon passage l'an dernier, elle avait pris la foudre quelques minutes avant mon arrivée sous une pluie battante et des coups de tonnerre assourdissants. En nous approchant de la statue, j'avais interrogé Michel le berger, qui venait d'avoir la peur de sa vie : de sa voiture où il s'était réfugié, il avait vu la foudre frapper la statue, l'éclair étant passé à travers la couronne de la Vierge ! Elle n'avait pourtant pas bougé d'un centimètre, mais son socle avait explosé et le rocher sous la statue s'était écarté de dix centimètres. La foudre s'était ensuite répandue en étoile, striant l'herbe sous le roc et le lézardant comme si elle avait voulu y tracer des sillons !

Cette année, elle trône, repeinte à neuf et son socle reluit au soleil. Les bergers ont bien travaillé pour la Vierge : ils ne pouvaient la laisser dans cet état et l'ont restaurée ce printemps. Agenouillé à ses pieds dans un moment de grâce, j'entends de grands battements d'ailes : que se passe-t-il soudain dans le ciel ? Des milliers d'oiseaux de toutes sortes viennent virevolter autour de moi : des hérons cendrés, des moineaux, des hirondelles, des pies. Les grands rapaces et les cigognes sont là aussi. Quelle féerie ! Sur la couronne de la Vierge d'Orisson viennent de se poser deux petits oiseaux. Je n'ai pas de peine à reconnaître *Vole plus haut* et *Gazoui* avec leurs petites tâches sur le bec et la queue : quelle joie de les revoir !

— Bonjour charmants amis protecteurs du Chemin ! leur dis-je.

Et je les entends me répondre en chœur :

— Nous voulions tous te remercier et te dire au revoir ! Tu as le bonjour d'Emmanuel, ton ami druide, qui s'est bien remis de son accident. Il te remercie et t'envoie ses meilleurs vœux de réussite pour la fin de ton chemin. Sache, Gérard, que nous penserons à toi et que nous ne t'oublierons jamais ! Nous aurions aimé te raccompagner jusqu'à ta maison, malheureusement, nous avons trop de travail en ce moment. Bon chemin, Gérard !

À ce moment-là, tous les oiseaux du ciel font une grande haie d'honneur de chaque côté de ma route et leurs ailes battant la cadence, ils m'accompagnent de leurs beaux chants d'adieu. Je suis si ému que j'enfonce mon chapeau sur ma tête et remontant mon sac sur mon dos, le bourdon à la main, je leur offre de ma main droite mon au revoir en dévalant le chemin, le cœur rempli de cet immense geste d'amitié et de joie partagée ! Personne ne m'attend et je m'arrêterai ce soir à Honto, près de Saint-Jean-Pied-de-Port.

Encore impressionné par ce qui m'est arrivé à la Vierge d'Orisson, voilà qu'en descendant le col de Roncevaux, je m'éloigne du chemin balisé. Je ne pensais pas que mes petits amis du Chemin m'offriraient une telle marque d'amitié… d'autant plus que je ne crois pas mériter une manifestation aussi élogieuse ! Toujours est-il que je me suis perdu, ce qui n'est pas vraiment digne d'un pèlerin aguerri ! Je descends à travers champs, le paysage alentour est féerique : des milliers de moutons paissent, disséminés dans d'immenses parcs de verdure. Des hordes de chevaux filent vers l'horizon et dans le ciel, des centaines de vautours occupent l'espace comme s'ils voulaient me faire savoir qu'ils règnent en maîtres ici ! Les villages sont nichés dans le décor majestueux des montagnes qui m'entourent, de petits nuages jouent avec les gros cumulus de beau temps qui s'élèvent là-bas en enclume : cela présage déjà un orage pour ce soir, foi de parachutiste ! Le vent s'est levé, les rafales dessinent dans les herbes des mouvements symétriques en ondulations répétées. J'arrive à l'arrière d'une ferme où il me semble entendre grogner des cochons : je m'approche et découvre un petit cabanon avec des animaux manifestement excités par ma présence. Je suis surpris par cette odeur nauséabonde, la bâtisse paraît déserte. Mystère !

Je passe mon chemin, désireux d'arriver. Le sentier rejoint enfin la petite route goudronnée : je reconnais cet endroit où j'étais l'an dernier avec Édith et Bill, elle suissesse et lui américain (je vous en ai parlé précédemment), rencontrés à Moissac et que j'ai retrouvés un mois plus tard à Honto, chez Jeanne Oufiague. Nous étions montés à 5 h 30 du matin dans la nuit noire, il pleuvait très fort. Soudain emportés dans un élan de profonde humanité, nous nous étions enveloppés tous les trois dans nos ponchos ruisselants et, main dans la main, nous avions entonné l'*Hymne à la joie* de Beethoven : « Fleur de grâce et de lumière… rayonnante charité… » Nos voix s'élevaient dans le ciel chargé de gros nuages noirs et d'éclairs : on se serait cru à la création du monde… ou à sa fin ! Qui aurait pu imaginer trois pèlerins enivrés par la fraternité du Chemin, faisant une ronde là-haut sous la pluie et le tonnerre ! Cette réminiscence me comble de joie.

Certes, aujourd'hui la météo est plus clémente mais quelques gouttes se mettent à tomber : je me presse pour gagner un peu de temps et je repars droit dans la pente ! De toute manière, il faut descendre encore…

Je sais que je m'approche de Honto et comme chaque soir avant d'arriver au gîte, je prépare un énorme bouquet de fleurs des champs. Je n'ai pas téléphoné : je préfère réserver la surprise – je l'avoue – de ce pèlerin retardataire qui s'apparente à une tortue et débarque, les bras chargés de fleurs, joyeux et plein de vie, marquant ainsi son passage !

Jeanne me reconnaît tout de suite, elle ne s'attendait pas à me revoir… encore moins sur la route du retour de Saint-Jacques ! Elle m'installe dans le nouveau gîte, où je retrouve deux chambériens, Claude et Simone, partis de Saint-Jean-Pied-de-Port cette année avec des amis : nous sommes heureux de pouvoir parler du pays. Ils démarrent très tôt demain matin pour passer le col à la fraîche. Je leur offre mes bandes d'Elastoplast car ils n'en trouveront pas en Espagne.

À 20 heures, nous sommes une vingtaine à partager un repas typiquement basque et très convivial ! Mon gros bouquet de fleurs orne la table : j'en suis fier et heureux. Jeanne et son frère, qui est prêtre, animent la soirée. Quelle ambiance fraternelle et chaleureuse : nous aimerions la prolonger mais la plupart des pèlerins n'en sont qu'à leur première journée sur le Chemin.

Nous restons quelques-uns pour la veillée : j'aime ces moments où chacun commente sa vie et raconte les anecdotes qui ponctuent son pèlerinage.

42e jour : Honto – Saint-Jean-Pied-de-Port Lundi 25 juin : 6 km en 3 heures soit 821 km en 365 heures

Tout au long de ces journées, je rencontre de nombreux pèlerins eux aussi affectés par des maux divers : tendinites, ampoules, douleurs, entorses, etc. Et pourtant ils avancent, « aspirés » par Saint-Jacques ! Les nouveaux venus sur le *Camino* partent très souvent de Saint-Jean-Pied-de-Port ou de Roncevaux sans grand entraînement et surtout très chargés : ils n'ont pas beaucoup d'expérience et le temps de s'informer auprès des autres pèlerins plus expérimentés, c'est déjà trop tard ! Je pense que plus de 30 % des pèlerins s'arrêtent dans les premiers jours : pour preuve cette jeune Autrichienne rencontrée dans la montée vers Roncevaux et qui n'avait qu'une petite gourde d'un demi-litre d'eau… vide ! J'ai partagé la mienne avec elle mais quelle insouciance !

Ou encore ce groupe d'adolescents espagnols à qui les accompagnateurs imposaient une progression à un rythme infernal dans les villages après le col. J'ai modestement essayé de leur faire prendre conscience de leur erreur, sans les vexer bien entendu : de bonne foi, ils pensaient qu'il fallait donner la cadence !

On voit de tout ici : certains sont sans chapeau sous le chaud soleil de montagne, d'autres portent des sacs de plus de 20 kilos : « Eh oui ! me disent-ils, nous avons nos affaires pour toute la durée de notre séjour en Europe ! » Il y a encore ceux qui se prennent pour des marathoniens, réalisant des étapes de plus de 40 kilomètres par jour !

Comment ne pas être surpris par les motivations des uns et des autres ? Pourtant c'est le désir de chacun, même avec leur inconscience, et nous ne pouvons malheureusement que le regretter et rester tolérants car cela n'engage qu'eux en cas d'échec ! Le Chemin se chargera de les rappeler à l'ordre… parfois assez durement !

L'autre matin, j'ai vu passer sur la route un pèlerin en vélo : il tirait une petite carriole bâchée. À travers le plastique, j'ai aperçu la mignonne petite tête d'un enfant : je me demande à quoi pensent de tels parents inconscients des risques encourus par leur progéniture !

Je suis attablé, seul, dans la grande salle à manger du gîte de Honto et j'apprécie la vue imprenable sur la vallée.

Il ne me reste que six kilomètres à parcourir pour atteindre Saint-Jean-Pied-de-Port, où je séjournerai pour me reposer : je suis à la moitié de mon parcours. J'en ai profité pour dormir un peu plus tard. Claude et Simone, partis comme prévu de très bonne heure ce matin, m'ont préparé un excellent petit déjeuner que je prendrai en solitaire une fois de plus, mais j'en ai l'habitude puisque c'est la particularité du pèlerin qui remonte le Chemin !

Un jour, mes petits-enfants en vacances chez nous en Savoie ont trouvé dans un coffret rangé dans le tiroir de ma table de nuit, une pièce très ancienne que j'avais rapportée d'Espagne. Harcelé de questions, je me devais de leur raconter l'histoire de cette très belle pièce en bronze, datant du début de l'ère chrétienne, à l'effigie de l'épouse d'un empereur romain, Julia Mamaea… Comme j'ai du temps, je vais vous raconter à vous aussi l'aventure extraordinaire que j'ai vécue avec Emmanuel, le druide et ermite de la forêt, entre le 31e et le 40e jour de pèlerinage…

Je marche ce jour-là depuis plusieurs heures dans une grande forêt, conscient de mes longues pérégrinations sur le *Camino francès*. Afin d'être un peu tranquille, je décide de poursuivre cette étape à la boussole ! Idée saugrenue me direz-vous : peut-être, mais j'ai souvent utilisé ce moyen d'orientation à l'armée et les résultats se sont toujours avérés très corrects. C'est pourquoi cette méthode me semble plus fiable que celle qui consiste à rechercher les signes aléatoires du GR[1] rouge et blanc : en Espagne, de grosses flèches jaunes matérialisent le *Camino*. Afin de ne pas me laisser surprendre par la chaleur, je me suis équipé d'une réserve d'eau potable, comme à mon habitude.

Plus j'avance dans la forêt, plus les sentiers deviennent aléatoires. Les journées précédentes m'ont conforté dans ma vie de pèlerin aventurier, pour ne pas dire un peu baroudeur ! Certains pèlerins m'ont prévenu de la présence d'animaux sauvages, des sangliers sans doute : il paraît même qu'il y aurait quelques loups dans cette immense forêt ! Je devrais sans doute me tenir sur mes gardes mais je ne veux pas paniquer ! Depuis plusieurs heures, je progresse sous les arbres. Je monte sur des éboulis de pierres et arrive dans une clairière : voilà une petite halte possible et à travers la cime des arbres, je peux voir un coin de ciel bleu. Je m'assois pour me désaltérer et je m'assoupis un moment à l'ombre d'un grand chêne, harassé de fatigue car je suis en route depuis 5 heures du matin !

Soudain, je suis réveillé par un appel à l'aide : je tends l'oreille, un lourd silence m'entoure… Puis les cris à nouveau :

— Au secours ! Au secours !

Je me lève d'un bond, j'ajuste mon équipement pour ne rien perdre et je me dirige vers l'appel en criant moi aussi :

— Je veux vous aider ! Parlez-moi… appelez, je vous en prie !

L'appel est devenu plus faible. Je cherche, je fouille

---

1. Chemin de Grande Randonnée balisé avec des signes apposés par la FFRP (Fédération Française de la Randonnée Pédestre) – Voir la liste des guides à la fin de l'ouvrage.

les taillis, sous les branches d'arbres... et je découvre entre deux petits monticules de terre et de rochers un vieil homme qui gémit, le pied enserré dans un piège à loup. Sa longue barbe et ses cheveux blancs recouvrent son visage. Une longue robe de bure cache tout son corps et une dragonne enserre sa taille. Je m'approche en le réconfortant et lui dis qu'il est sauvé, que je suis là. Heureusement que j'ai eu la bonne idée de partir un peu à l'aventure ! Nous ne devons pas être nombreux dans le secteur... Emmanuel (c'est son nom) est un ermite sans âge : il vient tout droit d'une autre époque ! Je dégage assez facilement le pauvre homme de son piège : une branche s'est mise en travers de la pince, ce qui lui a peut-être sauvé la vie ! Je lui donne à boire à petites gorgées car il arrive à peine à déglutir.

— Depuis combien de temps êtes-vous là ?

— Je ne sais pas, je crois avoir vu deux fois le jour et la nuit.

Cette réponse me confirme la solitude qui règne dans la vie d'Emmanuel ! Je sors ma trousse à pharmacie. Je le sens apeuré mais il me laisse faire. Je suis surpris qu'il ait à ses pieds des sandalettes de druide. En même temps que je soigne sa cheville, je lui offre quelques victuailles sorties de mon sac : il mange sans rien dire, me regardant parfois avec une petite lueur au fond de ses pupilles dilatées comme pour me dire merci !

Le temps passe. Emmanuel s'est assis. Lorsque j'essaie de savoir ce qu'il fait là, perdu dans cette forêt, il me regarde et me dit :

— Je suis très vieux tu sais ! Quel âge me donnes-tu ?

— Cent ans ? !

— Tu es très loin du compte : je suis né en 1860 ! Ma famille est originaire de Navarre, mais j'ai été élevé en France... Cette année-là, la France fut rattachée à la Savoie, un grand pays depuis l'an 1003 : les Savoyards aiment cette formulation qui n'enlève rien à la qualité des Français, mais de là à parler d'annexion !

C'est incroyable : Emmanuel a 141 ans ! Je suis devant l'homme le plus âgé de notre planète ! Je reste admiratif face au doyen de notre humanité que je viens de sauver d'une mort lente, douloureuse et certaine.

— Depuis très longtemps, je n'ai pas vu d'êtres humains : je les fuis. Ils ont fait tant de mal à toute ma famille là-bas, en France ! Les invasions, les exactions... mais tout cela, c'est du passé ! Je vis tout seul ici...

Puis il se lève et commande :

— Viens avec moi !

Je n'ose le laisser seul : je me dois de l'accompagner chez lui... J'ai du temps devant moi et je reprendrai mon retour un peu plus tard. Je le soutiens et nous marchons un moment... Il n'y a pas de chemin et pourtant ce vieillard affaibli arrive à s'orienter sans difficulté : il m'en impose ! C'est vrai que je ne suis qu'une pauvre tortue !

Nous allons vers le nord et montons entre les chênes. Après deux heures de marche entrecoupée de haltes, nous arrivons au sommet d'une motte médiévale. Il reste quelques murs de pierre débattis qui donnent l'impression d'un gros édifice : peut-être existait-il un château fort à cet emplacement ? Emmanuel m'entraîne un peu plus loin. Il pousse les branches d'un arbre et, entre deux rochers, fait apparaître l'entrée d'un souterrain. Surpris, je me revois adolescent avec mon ami d'enfance, Jean-Pierre, lorsque nous n'hésitions pas à faire l'école buissonnière pour visiter les souterrains entourant la propriété de ses parents... Je sors ma lampe frontale. Emmanuel s'engouffre dans le boyau sans lumière. Il doit être habitué, me dis-je. Nous marchons encore quelques minutes : j'ai l'impression de tourner en rond ! De temps en temps, de petits puits de lumière laissent filtrer une lueur blafarde.

— Fais attention, dit-il, nous allons passer sur les oubliettes...

Il met une corde autour de ma taille et ajoute :

— Il faut bien me suivre et te tenir à la corde !

Effectivement, si je n'avais pas été prévenu par mon guide, je me serais retrouvé 20 mètres plus bas, au fond d'une fosse où doivent s'entasser quelques squelettes d'envahisseurs, qui sait ? Nous montons un escalier et arrivons dans une pièce haute d'où partent en étoile quatre souterrains. Dans un renfoncement de la pièce, il y a un trou : Emmanuel en sort une échelle d'au moins cinq mètres. Nous l'élevons contre la paroi et il me dit :

— Suis moi ! Nous allons monter à l'étage !

Puis tirant sa vieille échelle en bois :

— Maintenant, tu es chez moi, dans mon gîte : c'est tout ce qui reste du château fort de ma famille.

Je ne comprends pas tout mais dès qu'il ouvre un soupirail, je découvre un lieu de vie monacal et une vieille cheminée avec un parement qui représente une scène de bataille à cheval : on dirait la croisade menée par Charlemagne en Espagne pour délivrer le tombeau de l'apôtre et le pays envahi par les Sarrasins. J'aperçois l'effigie de saint Jacques le Majeur en conquistador : ça alors ! Emmanuel appuie sur la tête du cheval et le cœur de la cheminée s'ouvre... Je vais d'étonnement en étonnement !

Nous empruntons un petit escalier qui descend et je compte 77 marches. Nous sommes au centre de la Terre ! Nous entrons dans une grotte où s'empilent des coffres rangés le long de la roche et des vases remplis de bijoux. Emmanuel ouvre un coffre qui contient des milliers de pièces en or, des bagues et des objets précieux : je suis émerveillé par ce spectacle incroyable ! Emmanuel se tourne vers moi :

— Gérard, tu es la première personne au monde à voir de tes yeux le trésor des Templiers. Tu sais, ajoute-t-il, dans toute l'Europe, depuis le Moyen Âge, des chercheurs de trésors se demandent où est ce fameux butin : le voilà ! Depuis cette époque, mes aïeux sont les gardiens de ces richesses. Je suis le seul et le dernier représentant de la famille : si tu le veux, ce trésor est à toi. Prends tout ce dont tu as besoin ! Je te le donne, car tu m'as sauvé la vie. Afin de préserver ces joyaux si convoités, dès que tu auras fait ton choix, nous irons boire une potion qui te fera oublier pendant quelques jours le lieu où nous sommes, puis je te ramènerai sur ton chemin.

Je réfléchis un instant et je m'entends lui dire :

— Emmanuel, je vis sur ce chemin de Saint-Jacques des moments extraordinaires, avec pour tout bagage ma besace (ma compagne) et mon bourdon (mon compagnon). Chez moi là-bas, en Savoie, notre famille vit dans une saine harmonie. Pourquoi voudrais-tu que cela change ? Je suis heureux ainsi et je te laisse ce trésor que tu m'offres sans compter. L'or et l'argent sont pour moi des moyens et non un but : je considère aujourd'hui leur utilisation à outrance comme les futilités du monde moderne… Le Créateur n'a-t-il pas dit que le vrai trésor est au fond de nous, dans notre cœur, par l'amour que l'on offre autour de soi ? Merci,

Emmanuel, pour ton extraordinaire générosité mais je repartirai avec le souvenir de notre exceptionnelle rencontre : c'est pour moi un grand honneur de t'avoir connu !

Nous passons ensemble une soirée formidable, échangeant des confidences : il me dit être apparenté à François 1er et je lui rappelle que sa mère était Louise de Savoie !

Mais le temps passe et il faut que je sois sérieux, Emmanuel le sait… Nous levons une dernière fois nos verres. Sur la table, j'aperçois une belle pièce romaine que je prends dans ma main en interrogeant Emmanuel sur son effigie :

— C'est Julia Mamaea, l'épouse de l'empereur Gussieus Marcianus, qui fut impératrice en 204 après Jésus-Christ.

Je serre la pièce dans ma main et je bois, je bois encore… puis je sens que je m'endors.

Quelques heures ont passé… Il fait très frais et je me réveille, transi. Un tapis de feuilles me recouvre. Le jour vient de se lever ! Je suis toujours adossé au grand chêne où je m'étais reposé dans l'après-midi. Depuis combien de temps ? Ai-je rêvé ? Je ne sais pas ! Ouvrant ma main, je laisse tomber un petit objet en bronze : une pièce romaine avec un beau visage de femme gravé sur une des faces et sur l'autre un nom : Julia Mamaea. Je ne comprends pas et ne me souviens de rien !… sauf que je dois vite reprendre mon chemin : avec ma boussole, je marche à nouveau vers la prochaine étape. Je me désaltère, je grignote, tournant et retournant la pièce dans ma main, ignorant toujours ce qui m'est arrivé. Impossible de me souvenir !

Ce n'est que quelques jours plus tard que toute

cette aventure étonnante m'est revenue à l'esprit ! Je suis resté perplexe jusqu'au col d'Ibañeta, après Roncevaux… C'est seulement lorsque j'ai revu, à la Vierge d'Orisson, *Gazoui* et *Vole plus haut* qui me donnaient le bonjour d'Emmanuel que j'ai compris que cette belle aventure, je l'avais vraiment vécue, foi de Marseillais-Savoyard ! La meilleure preuve se trouve dans ma poche, où j'ai caché la pièce romaine au creux de mon mouchoir pour la montrer, à mon retour, à mes petits- enfants.

Cette belle histoire fera la joie de notre cercle familial pendant les longues veillées d'hiver au Chaffard.

43e jour : Saint-Jean-Pied-de-Port – Ostabat
Mardi 26 juin :
23 km en 10 heures
soit 844 km en 375 heures

En pleine forme ce matin, je foule le sol de cet attachant Pays basque.

Ce retour par le même itinéraire que celui de l'aller fait de moi un « double » pèlerin. J'emprunte chaque jour ce merveilleux chemin de Saint-Jacques et c'est un deuxième pèlerinage sur les lieux qui m'ont tant marqué l'an dernier, à la rencontre d'atmosphères, de paysages et de gens si touchants.

Dans leur ferme Gaineko Etyea, Lucie et Benat Eyhart font partie de ces hospitaliers basques amoureux de leur passé et conscients du service dû aux pèlerins qui descendent de plus en plus nombreux vers Saint-Jean-Pied-de-Port (45 000 en 2001 et plus de 105 000 en 2007).

J'arrive très tard au gîte, où Lucie me reçoit, très surprise d'apprendre que je suis sur le chemin du retour : « Benat va être content de te revoir ! » Nous avions rapidement sympathisé l'an dernier : une grande partie de ma famille travaille dans l'hôtellerie et Maïder (Marie-Belle), une de leurs filles, qui a 17 ans, fait l'École hôtelière. Ce sont des gens courageux : Lucie veut absolument me montrer les plans d'aménagements prévus dans leur établissement de plus en plus réputé sur le Chemin. Actuellement, ce gîte est leur propre maison familiale qu'ils ont ouverte aux pèlerins.

Après avoir signé et tamponné ma *credencial*, Lucie prend dans la bibliothèque mise à la disposition des pèlerins un classeur où je découvre, bien rangés dans des pochettes plastifiées, les derniers écrits que je leur avais transmis cet hiver. Je suis surpris qu'elle m'en réclame d'autres : elle m'explique que certains feuillets ont été emportés par des pèlerins intéressés et peu partageurs… cela arrive malheureusement !

Le gîte est complet mais Lucie tient à m'installer dans la chambre de Maïder, qui est partie faire un stage à l'hôtel Ramuntcho à Saint-Jean-Pied-de-Port : un vrai luxe pour moi et un beau signe d'amitié ! Mais je n'ai que le temps de prendre une douche car le souper nous attend.

Nous sommes très nombreux autour de la table ce soir. Benat vient gentiment nous rejoindre et entonne, à notre demande, de superbes chants basques. Combien cela est émouvant et me rappelle mes amis de l'époque : Sylviane et Alain *Les Félins*, Michèle et Jean ! Nous nous suivions depuis Moissac, plus précisément Auvillar. Il y avait aussi Marie-Jo, gentille pèlerine qui avait autant de difficultés que moi pour marcher : elle avait quitté ses quatre enfants pour venir cette année-là jusqu'aux pieds des Pyrénées. Ils m'ont tous bien aidé et encouragé pour que je continue seul vers l'Espagne alors que j'étais parti pour un mois seulement.

Je suis en famille chez les Eyhart : je connais au moins les hospitaliers et je suis heureux de les avoir retrouvés. Je leur raconte mes aventures de l'après-midi qui m'ont mis en retard : j'ai tenu compagnie à François, qui était inquiet pour son âne malade et attendait le vétérinaire, le moral dans les chaussettes !

Pendant la soirée, je montre ma joie par beaucoup d'enthousiasme : avez-vous déjà rencontré un Marseillais qui a sa langue dans sa poche ? !

44e jour : Ostabat – Aroue
Mercredi 27 juin : 25 km en 12 heures
soit 869 km en 425 heures

En pénétrant dans la ferme de Daniel et Marie-Renée Barneix, deux figures typiques de ce Pays basque qui tient tant à ses traditions, j'ignore que ce soir je vais revivre des souvenirs de jeunesse chers à mon cœur.

Daniel nous accueille dans sa cour avec un large sourire :

— Bienvenue en Pays basque !

Il ne se doute pas que je le traverse déjà depuis plusieurs jours et encore moins que je vais à contre-courant du flot des pèlerins. Daniel me propose une bière que j'accepte volontiers…

— … d'un ancien para qui a fait de nombreuses campagnes !

Il me regarde d'un air surpris : il a manifestement oublié que je suis passé ici l'an dernier !

— Et Totor, comment va-t-il ?

Daniel ne comprend toujours pas, d'autant que son beau cochon de 350 kilos a été saigné à l'automne. Je finis par lui expliquer mon périple mais apparemment, il ne se souvient pas de notre première rencontre : qu'importe ! En revanche, Marie-Renée, qui descend les marches de la ferme, me reconnaît immédiatement avec mon éternel bouquet de fleurs. Elle me dit :

— Bonjour *La Tortue* ! Tu connais la maison, monte t'installer là-haut dans la petite chambre individuelle, tu pourras te reposer... As-tu du linge à laver ?

L'année dernière déjà, elle avait eu la gentillesse de faire tourner une machine pour moi : il faut dire que j'avais dû laver mes affaires à la main pendant 38 jours !

Marie-Renée et Daniel ont six enfants mais combien sommes-nous à être redevables envers cette « sainte » femme dévouée et généreuse qui est certainement l'une des grandes figures du Chemin ? !

Ce soir encore, c'est elle qui prépare le repas pour l'ensemble des pèlerins : demain matin, après le petit déjeuner, elle offrira à qui le souhaite un petit encas avec des fruits et des sandwichs pour la route.

Nous bavardons tardivement avec quelques pèlerins. Marie-Renée est fière de leur montrer la dédicace que j'ai eu le plaisir d'écrire dans la marge sur son livre d'or, près de celle de deux grands champions de parachutisme qui étaient passés en 1999. Pendant que Marie-Renée allait chercher son précieux document, j'avais parié aux pèlerins présents une tournée générale que je connaissais ces deux grands sportifs et j'ai relevé ce petit défi !

En découvrant le joli texte de remerciements envers nos hospitaliers, et surtout la signature : « Marie-

Madeleine et Aldo Dallazuana », mon sang n'avait fait qu'un tour !

— Alors, Gérard, tu les connais ? m'avaient demandé en chœur mes amis pèlerins, espérant surtout que j'allais « payer mon coup » !

Je m'étais tourné vers Marie-Renée :

— Sais-tu que Marie-Madeleine que tu as reçue ici a été sauvée par notre moniteur, Édouard Beaussant, lors de son 500e saut en chute libre à Avignon ?

Cette histoire a fait le tour du monde. Son parachute principal et son ventral étaient en torche : Édouard avait ouvert le sien 150 mètres plus bas et lorsqu'il a vu son élève vouée à une mort certaine, il s'est rapproché comme il a pu, tirant sur ses élévateurs. Il a reçu un choc dans sa voile et grâce à Dieu, a pu attraper la toile de Marie-Madeleine. Ils se sont posés ensemble quelques secondes plus tard. Quand Marie-Madeleine a poussé un grand cri, Édouard a cru qu'elle s'était fracturé la colonne vertébrale mais ce n'était que sa jambe : quel fantastique miracle ! Sur son plâtre, il a écrit *Deo gratias !* J'avais alors 16 ans et Édouard, que l'on surnommait « Igor 1er », m'avait pris sous son aile.

Quatre ans plus tard, j'ai retrouvé Marie-Madeleine dans une compétition mondiale en Amérique où nous étions ensemble dans l'équipe de France de parachutisme ! Nous nous sommes perdus de vue depuis et je suis vraiment heureux qu'avec son mari, alors à la retraite, ils nous aient précédés l'an dernier sur ce chemin : le monde est petit, c'est bien connu !

Fier d'avoir gagné mon pari, j'ai quand même tenu à payer ma tournée ! Nous sommes tous assis à la table de Marie-Renée qui nous a offert un repas convivial et si fraternel. Sachant que je remonte le Chemin, elle m'indique le GR 65 pour rejoindre Navarrenx :

celui-ci est caché derrière une maison, son entrée est difficile à trouver dans ce sens, me dit-elle.

Nous nous embrassons chaleureusement : j'ai pour elle et sa famille un immense sentiment de fraternité, c'est vraiment « l'ange de la maison et des pèlerins ». Daniel est déjà parti avec un de ses enfants : je regrette de n'avoir pu le saluer pour le remercier de son accueil. Je reprends mon bâton et mon sac, le cœur chargé de souvenirs.

45e jour : Aroue – Navarrenx
Jeudi 28 juin : 26 km en 12 heures
soit 895 km en 399 heures

Je vous parle souvent d'amour, de celui qui est véritable et profond : je vais le vivre aujourd'hui à Navarrenx, authentique bastion de Navarre et relais important du pèlerinage. Yves, mon ami sous-marinier que j'avais retrouvé à Tardajos sur le *Camino* (vous vous souvenez, là-bas, près de Burgos) m'avait demandé d'aller transmettre son bonjour au curé de cette charmante commune, le père Sébastien Ihidoy, très connu sur le Chemin et apprécié des pèlerins.

Arrivant au gîte, on me conseille de réserver une place et si je cherche le père, d'aller voir à la cure. « Mais, ajoute la dame, je pense que c'est complet : le père ne peut recevoir que quatre à cinq personnes ! »

Je m'y rends et sonne à la porte. Le père Ihidoy est dans son bureau, il est occupé. Il me regarde dans les yeux et dit : « Toi, je te connais ! » Je retrouve son beau visage rayonnant, le même que j'avais aperçu quelques secondes l'an dernier dans la sacristie de l'église de Saint-Jean-Pied-de-Port.

Il m'avait alors demandé :

— Êtes-vous allé à Navarrenx ?

— Oui, mais vous n'y étiez pas !

Il m'avait expliqué qu'il venait de subir une opération et qu'il était en convalescence. Je suis étonné de la mémoire de ce père qui, chaque soir au pot d'accueil qu'il organise, voit des centaines de pèlerins !

— Prends tes affaires et installe-toi au premier étage.

Il tient à m'accompagner et ajoute :

— ... nous souperons ensemble avec les pèlerins qui sont ici !

Deux dames occupent la chambre en face de celle que je partagerai avec un pèlerin allemand. Je m'enquiers de ce que je peux apporter pour le repas : le père réfléchit et me dit qu'il manquera peut-être un peu de potage !... Yves m'avait prévenu qu'il n'acceptait pas d'argent... mais qu'il appréciait le bon vin ! Je pars faire quelques courses et reviens avec trois sacs pleins de victuailles et deux bonnes bouteilles de Bordeaux.

À l'église, j'ai la surprise de retrouver deux pèlerines de l'an dernier : Jacqueline et Marie-Claude. Il ne manque que Gisèle. Je les appelais les « profs », trois sœurs très sympathiques qui m'avaient offert un escargot, trouvant que ce gastéropode était plus représentatif de moi que la tortue ! Nous nous étions rencontrés à Vaylats lors d'une soirée avec monseigneur Gaidon, évêque de Cahors, et la congrégation du monastère. Jacqueline et Marie-Claude m'avaient vu partir à l'hôpital de Cahors avec une escarre au pied et elles ne pensaient pas qu'une fois remis, je repartirais avec enthousiasme vers Santiago quelques jours plus tard ! Cette fois, elles ont repris le chemin à Moissac et se sont arrêtées ce soir à Navarrenx. Marie-Claude connaît bien le père Ihidoy : elle était sur le Chemin quand son mari est décédé et c'est le père qui s'est occupé de toutes les formalités.

Sous les voûtes de l'église, dont les murs sont ornés de tableaux, un ami retraité de l'armée nous a retracé une partie de l'histoire de France et narré un conte de Navarrenx : à 18 h 30, nous rejoignons le père Ihidoy. Lors de ce pot d'accueil quotidien, les pèlerins peuvent rencontrer les habitants de Navarrenx comme au temps où cette ville fortifiée avec ses remparts impressionnants était une étape incontournable sur le chemin de Saint-Jacques. Ici, on aime Henri IV qui, par sa conversion, a redonné à toute la région la possibilité de revenir au christianisme, faisant ainsi cesser les guerres de religions.

Nous passons la soirée à la cure. Fred, qui vient d'arriver, sera mon « co-locataire » : avec Wolfgang, un pèlerin allemand, ils s'activent à la cuisine et mettent le couvert. Pour ma part je serai de corvée de vaisselle mais ça ne me fait pas peur ! Après un bref mais authentique bénédicité, le père Ihidoy nous invite à nous asseoir autour de la table, dans la petite cuisine du presbytère. Il ne mangera pas de pâtes mais sort de son réfrigérateur une assiette de poisson et nous dit : « Il serait temps de le finir, il va bientôt être abîmé ! » Il est clair que pour lui, il n'est pas question de gaspiller la nourriture !

Nous parlons évidemment du Chemin, de l'évolution du nombre de pèlerins, des motivations des uns et des autres… Le père pense qu'il serait important que des laïcs qui aident dans les paroisses s'organisent pour accueillir les pèlerins. Les instances dirigeantes de l'Église se rendent-elles compte du fantastique potentiel d'apostolat et d'évangélisation que l'on pourrait partager sur ce chemin de Saint-Jacques ? Par son dynamisme et l'aura dont le père bénéficie auprès des pèlerins, il a su donner une image forte de l'écoute, du partage et de l'amour « agissant » du *Camino* dans une réelle fraternité chrétienne. Il nous écoute chacun à notre tour raconter ce qui nous a conduits à suivre le Chemin. Lorsque je cite Raoul Follereau et sa phrase sur l'amour actif « Aimer sans agir, cela ne signifie rien ! », il commente :

— Mais bien sûr, sans amour réel, sans attention, sans actions, la foi n'existe pas !

Je pense à Matthieux qui m'avait rappelé que dans l'épître de saint Jacques il est écrit : « La foi sans les actes est une foi morte. » Tout cela concorde si bien !

Après le repas, nous nous sommes installés dans la salle à manger, heureux de vivre un tel moment de grâce. Le père doit encore travailler et s'esquive :

— Bonsoir, à tout à l'heure !

Je pars faire un petit tour sur les remparts. On m'a conseillé d'aller voir le point de vue mais la nuit tombe vite : il est 22 h 30 et je ne suis pas du côté éclairé de l'édifice. Demain matin, en partant à 6 heures, j'espère pouvoir admirer les murs d'enceinte de Navarrenx !

De retour au presbytère, je trouve la porte de la cure entrouverte. Le père m'entend et me prie d'entrer. Il me dit qu'il s'inquiétait pour moi car il ne savait pas à quelle heure j'avais l'intention de revenir. Il compulse ses dossiers et me montre les piles d'homélies qu'il a faites pendant ces vingt années passées à Navarrenx : jamais deux fois la même, c'est sa règle ! Appelé par son évêque, il part pour Mauléon en septembre alors qu'il pensait finir sa carrière pastorale à Navarrenx. Mais il a obéi. Je le trouve très élégant avec son blazer bleu et sa petite croix à la boutonnière. Rien dans son attitude ne laisse deviner sa fatigue. Marie-Claude m'a dit que sa santé est très fragile. Quel saint homme assis là en face de moi ! Je m'assieds moi aussi un instant jusqu'à ce qu'il trouve la citation qu'il cherchait pour le mariage qu'il célébrera samedi.

— Vous voyez, me dit-il, Comte-Sponville, le grand philosophe… vous le connaissez ? (je lui montre par une petite moue mon ignorance) Il a résumé la vie par cette phrase : « Sans l'amour, la vie n'a aucun intérêt ! » Notre vie doit être faite d'amour !

Nous y revenons encore : ça au moins, c'est du concret !

Je désire prendre congé pour que le père puisse se reposer et lorsque nous nous embrassons, je lui fais spontanément cette requête :

— Père, j'aimerais que vous me bénissiez !

Son visage s'illumine et je m'incline en l'entendant me dire :

— Je te bénis, Gérard, au nom du Père, du Fils et du Saint-Esprit afin que tu apportes à ta femme, à tes enfants et petits-enfants, l'amour dont ils ont besoin. Que ta foi soit forte et que tu termines ton pèlerinage dans la joie !

Sa voix chaude et convaincante me frappe au cœur et je le remercie chaleureusement. Je repenserai souvent au père Ihidoy de Navarrenx.

Avant de fermer la porte de son appartement, il me dit :

— Puisque tu connais certains membres éminents du clergé, il faut que je te missionne pour parler des pèlerinages.

Je lui promets de le faire lorsque je verrai notre évêque à Chambéry, et à Pâques quand mon épouse recevra monseigneur Etchegaray (nonce apostolique et cardinal de Jean-Paul II) et notre curé de Saint-Bon en Savoie, le père Henri Debernard : nous aurons beaucoup de choses à nous dire !

46e jour : Navarrenx – Maslacq
Vendredi 29 juin : 26 km en 12 heures
soit 912 km en 459 heures

Me voici ce matin assis dans la cour d'une petite école en ruines, dans un village du Béarn : Ourtiague, près de Navarrenx. Le préau sert aujourd'hui à ranger le bois sur lequel je me suis appuyé pour écrire ces quelques lignes. Le ciel est très bleu et le vent qui s'est levé soulève les feuilles d'un figuier qui s'est installé dans le mur de l'enceinte. Un gros platane étêté, avec un tronc énorme, fait bouger ses jeunes branches sur sa tête comme un géant échevelé. Au fond de la cour, une vieille fontaine à bras dort pour l'éternité. Dans l'ensemble, ma santé s'est améliorée, je n'ai presque plus d'ampoules, ce qui est appréciable. Il ne me reste plus qu'à apprendre à vivre avec la tendinite du pied droit, la fatigue constante de la cheville gauche et les douleurs aux tendons d'Achille ! Tout cela n'entame en rien ma bonne humeur et chaque jour je remercie le ciel d'être en sursis sur le Chemin.

Fermant les yeux un instant, je reprends mon chemin, là-bas au fin fond de l'Espagne… en vous offrant une journée type vécue par le pèlerin *La Tortue* sur son retour. C'est finalement assez simple : après m'être levé aux aurores – même si je m'accorde de partir un peu plus tard que l'an passé – je m'éclipse du dortoir sans faire de bruit pour me préparer et après un frugal petit déjeuner à l'eau chaude du robinet, je démarre doucement afin de chauffer mes muscles et tout mon corps endolori.

Le jour se lève et bientôt le soleil apparaît. C'est un moment magique car nous sommes peu nombreux sur le Chemin à le voir de face. Les premières minutes de ce spectacle sont fabuleuses, comme si la vie arrivait sur la Terre ! Le ciel s'ennoblit de couleurs chatoyantes qui vont de l'orange au jaune, puis l'astre s'impose : il est temps de sortir mon chapeau et de chausser mes lunettes de soleil.

Pendant de longs kilomètres et parfois plusieurs heures, je marche seul, contemplant cette nature à contre-jour et appréciant les imposants monuments qui se découpent sur l'horizon. Parfois, je reconnais un site, pas toujours ! L'an dernier je devais être si fatigué : poussé par mes amis espagnols, attiré par Saint-Jacques, j'avançais mécaniquement sans relever la tête ; à ce nouveau rythme, j'ai le plaisir de redécouvrir les magnifiques paysages de l'Espagne du nord et ceux du sud-ouest de la France !

L'an dernier, j'ai traversé l'Espagne en 31 jours : cette année, je prends mon temps et ferai le même périple en 45 jours. Mais n'est-ce pas là encore un des secrets du retour sur le *Camino* ? Prendre le temps… au pas normal d'une pauvre tortue ! Quand j'aperçois au loin les silhouettes de quelques pèlerins, c'est le signe que j'approche d'une ville ou d'un village où il y a un gîte. En Espagne, on trouve fréquemment des gîtes tous les 10 kilomètres ! Je serre la main des pèlerins moins pressés et je salue les autres de loin ;

s'il le faut, je m'arrête un instant, nous échangeons nos prénoms et les lieux d'où nous arrivons. On me demande si j'ai rencontré telle ou telle personne ou des informations sur la suite du Chemin, les bonnes adresses… et pour ceux qui sont fatigués, si le gîte est encore loin ? ! Parfois, notre temps de partage est plus long et nous déchargeons nos sacs pour une agréable halte. Un petit casse-croûte agrémente nos échanges dont les plus intéressants sont sans doute ceux qui se font avec des pèlerins originaires de l'autre bout de l'Europe : ceux-là, peut-être à l'affût d'un événement insolite ou tout simplement plus à l'écoute, s'arrêtent toujours le temps nécessaire. Ils sont belges, allemands, suisses ou luxembourgeois et semblent avoir acquis la sagesse du Chemin. Ils manifestent leur joie de rencontrer un pèlerin revenant de Saint-Jacques et plus on s'éloigne de Santiago, plus notre curiosité réciproque est grande ! C'est la magie de ce chemin rempli de mystères, d'aventures, d'amitiés et de compassion.

Les heures s'écoulent, j'avale les kilomètres sur les longues plaines plates de la province de León, de Castille, de Navarre, en Espagne puis en France, traversant le Pays basque, le Béarn… Les petits arbres plantés tous les dix mètres donnent un semblant d'ombre et signalent le *Camino* à perte de vue. Lorsque la faim tiraille mon estomac, vers 14 heures, je recherche un endroit sympathique pour apprécier mon repas de la mi-journée (souvent le même) avec tomates, jambon, pâté, fromage et fruits. C'est un rituel banal mais ô combien réconfortant. Comme tout pèlerin prévoyant de petites fringales, je conserve toujours dans mon sac ou dans mes poches un vieux morceau de pain et du saucisson ou de petits encas à grignoter : barres de céréales, biscuits, chocolat, fruits secs ou simplement des bonbons ! C'est fou ce que l'on peut ingurgiter et boire pendant une journée ! En été, le plus ennuyeux est évidemment le manque d'eau : ce risque de déshydratation entraîne à mon avis une tendinite pour un pèlerin sur trois, ce qui l'arrête net ! Boire peu mais souvent, voilà le bon conseil que j'ai suivi à la lettre. On peut toujours se ravitailler à l'eau des fontaines, du gîte ou chez l'habitant : encore faut-il prévoir suffisamment bien sa consommation et parfois aussi partager avec ceux ou celles qui n'ont pas été prudents !

La journée se passe ainsi, ma moyenne horaire étant à la hauteur de mes prétentions : 1,7 à 2 kilomètres/heure, d'où mon surnom bien mérité de pèlerin *la Tortue* ! Vers 19 heures, je me mets en quête d'un gîte : celui où j'avais prévu de m'arrêter – ou un autre – car il faut savoir ménager sa monture. Une fois dans la place, je cherche un lit et je m'installe. Puis c'est le rituel quotidien : prendre une douche et me raser, me changer, laver mes affaires, les étendre sachant qu'elles n'auront pas le temps de sécher complètement… ne pas oublier de les récupérer le soir et les mettre dans un sac en plastique pour finir le séchage le lendemain à midi pendant la pose. Après quoi, je vais faire quelques courses à l'épicerie du coin pour préparer une modeste collation.

De temps en temps, un groupe de pèlerins me voyant seul m'invite à partager leur repas. Lorsque je rencontre des jeunes, c'est moi qui les invite : je suis d'autant plus heureux si la Providence nous offre l'opportunité de déguster un plat chaud. Notre nourriture de pèlerins se compose essentiellement de *tortillas*, de sandwichs, de pâtes, de salade et de fruits frais.

Aux alentours de 22 h 30, harassé de fatigue, je

pense enfin à me reposer après avoir soigné mes pieds ou ceux d'un autre marcheur. Avant de me coucher, il me reste à préparer mes vêtements et mon sac pour ne pas réveiller toute la chambrée lors de mon départ le lendemain matin. Allongé sur mon duvet, je ferme les yeux et n'oublie pas, dans une courte prière, de remercier le Très-Haut de cette belle journée en lui demandant de guider mes pas pour demain. Alléluia ! Je prie aussi pour tous ceux que j'aime et qui me manquent, et pour mes amis malades que je porte avec moi. *Ultreïa !*

Voilà comment j'ai vécu la plupart de mes journées de pèlerinage depuis mon départ de Santiago. En définitive, le Chemin permet de prendre conscience de l'essentiel pour réussir à atteindre le but que l'on s'est fixé : apprendre avec humilité la patience et la simplicité, et essayer de doser ses efforts en harmonie avec son programme de marche. Surtout pour celui qui veut aller loin !

Dans le fond, ces longues journées de pérégrination sont réussies si l'on respecte trois conditions obligatoires et essentielles :

1) ne pas être trop chargé (10 à 15 % de son poids)

2) ne pas faire des étapes trop longues (15 à 20 kilomètres par jour pendant cinq à six heures)

3) boire tous les quarts d'heure sans attendre la soif (deux à trois litres d'eau selon la saison).

Il est capital, lors d'une telle aventure – qu'elle dure deux à trois semaines ou plusieurs mois – de « s'acheter une conduite » et de s'y tenir ! Faute de quoi, comme beaucoup de pèlerins téméraires et parfois inconscients, c'est une fois rentrés chez eux en urgence, et sans avoir pu terminer le pèlerinage, qu'ils comprendront leurs erreurs et pourront ainsi prendre de nouvelles décisions pour repartir du bon pied la fois suivante ! C'est ce qu'on appelle l'expérience et elle s'acquiert jour après jour. Ceux qui ont parcouru le Chemin partiellement ou en totalité peuvent en attester et confirmer mes propos.

Ces quelques conseils sont surtout destinés à modérer l'enthousiasme des néophytes et à leur éviter certaines déconvenues afin qu'ils puissent trouver joie, plaisir et bonheur sur ce merveilleux parcours.

En ouvrant les yeux, je m'aperçois qu'il est déjà midi : il me reste 13 kilomètres à faire pour arriver à Maslacq et je dois « prendre du souci » car je n'ai pas réservé de gîte. Au train qui est le mien, j'en ai encore pour sept à huit heures !

Je reprends la route avec une variante. Moi qui me plaignais du fléchage en Espagne, le GR 65 sur mon retour n'est pas fait pour moi. Je croyais avoir un bon jugement et le sens de l'orientation : il n'en est rien et je suis de plus en plus distrait ! Est-ce la méditation qui me trouble ? Je n'en sais rien mais je me perds quatre à cinq fois par jour. Ce qui me vaut cette fois de faire cinq kilomètres supplémentaires ! Il faut encore trouver un brave agriculteur qui me remettra dans la bonne direction… à condition que, sous prétexte de vouloir m'aider en me faisant prendre des raccourcis, il ne m'entraîne un peu plus loin dans mes erreurs, ce qui m'est arrivé plusieurs fois ! Il faut alors que je reprenne ma boussole…

Le chemin est comme une sorte de grand jeu de piste : l'attention doit être soutenue, les yeux rivés sur chaque côté de la route, les arbres, les ponts ou les poteaux des clôtures porteurs des signes rouges et blancs du GR 65.

Lors d'une halte à 14 heures, je rencontre Thierry, un comédien qui est parti le 5 mai de la tour Saint-Jacques à Paris. Ayant un peu trop forcé sur les longues distances, il souffre d'une tendinite. De sympathiques Hollandais, Rolf et Anna, ont parcouru 1 500 kilomètres. Ils ont l'air très en forme et leurs sourires sur leurs visages tannés par le soleil font plaisir à voir. Ils rayonnent et leurs mollets sont impressionnants comparés à mes « allumettes » !

Un petit incident se produit avec deux autres personnes que j'ai prises à tort pour des pèlerins : mais ici, on ne ferait pas moins ! La dame n'a d'abord pas répondu à mon bonjour puis m'a dit d'un ton sec :

— Nous ne sommes pas des pèlerins : nous sommes des randonneurs !

— Ah bon… Excusez-moi !

Le mari ne dit rien. Elle, un peu nerveuse, reprend :

— Nous en avons assez qu'on nous prenne pour des pèlerins !

Je lui réponds avec un petit sourire un rien moqueur :

— Mais Madame, des milliers de personnes passent ici chaque année en pèlerinage et au Moyen Âge, ils étaient déjà aussi nombreux à fouler le Chemin, la foi au cœur et au corps… Il me semble que si cela vous dérange, vous devriez arpenter un GR plus calme !

En guise de commentaire, elle m'adresse un haussement d'épaules et poursuit sa route sans se retourner.

Dans le fond, n'ai-je pas été un peu méchant ? Mais cette femme me fait penser à quelqu'un qui se mettrait sur un pont d'autoroute pour être au calme !

Je reprends mon chemin tranquillement, le temps passe… Je me perds encore une fois à Bignan, puis ensuite le balisage disparaît et derrière une ferme, il n'y a même plus de sentier ! Un agriculteur me félicite de ma « performance » mais son chien en veut à mes mollets : et mes mollets, j'en ai vraiment besoin ! « Ne vous inquiétez pas, tout le monde se perd ici. Ils ont changé l'itinéraire !… » me crie le brave homme.

Et me voilà reparti ! Une nouvelle montée, une descente, une autre montée… Tout autour, ce sont de grandes collines couvertes de cultures avec des haies, des champs de maïs et des bois, des villages au loin et des bêtes qui paissent : la campagne à perte de vue ! Il fait très chaud. Je demande un peu d'eau et ma direction à une jolie agricultrice apparemment pas plus douée que moi, qui me dit en hésitant : « En bas de la côte, prenez à droite ! » À mon grand regret, je ne lui fais pas confiance et peu sûr de moi, je prends la direction inverse… deux, trois kilomètres de plus, jusqu'à ce qu'un automobiliste me conseille de revenir sur mes pas :

— Pas question !

— Alors, prenez le vallon et suivez-le jusqu'au marquage : vous avez encore sept kilomètres à faire.

Le compteur de mon podomètre marque déjà 18 kilomètres : la distance totale de l'étape que j'ai décidé de faire aujourd'hui ! Le sol de la route chauffé par le soleil me brûle la plante des pieds, ma tendinite me fait souffrir, surtout dans les descentes.

J'arrive à 17 heures à l'abbaye de Sauvelade et j'ai bien envie de faire une petite sieste derrière l'église, à l'emplacement de l'ancien cimetière dont les croix sont alignées le long du mur. Ensuite, j'ai droit à 30 minutes de chants d'église dans cette enceinte cistercienne : quel plaisir ! La fraîcheur m'envahit. J'ai mis mes pauvres pieds nus à l'air : au fil des jours, ils ressemblent à des « battoirs ». La rugosité des dalles les soulage. Ce qui ne m'empêche pas d'être joyeux !

Je rencontre Claude et ses enfants, qui viennent d'entrer dans l'église pour le baptême du quatrième garçon. Claude a perdu son fils Jean-Paul à l'âge de sept ans, décédé d'une leucémie. Nous parlons un moment et faisons ensemble une prière pour son fils et pour tous ces petits enfants touchés par la maladie. Avec les petits, je m'approche de la statue de saint Jacques et comme je l'ai fait à l'aller, je décroche les fleurs de mon chapeau pour les glisser dans sa main qui tient le bourdon : il a fière allure avec son grand chapeau et sa canne couleur ocre. C'est pour lui que tant de pèlerins cheminent depuis des siècles !

Il est temps de repartir si je veux atteindre ma prochaine étape. Je quitte à regret cette famille si attachante. Dehors, la chaleur est étouffante mais ça ne me rebute pas, j'en ai l'habitude !

En arrivant à Maslacq, la gentille épouse du maçon m'offre de quoi me rafraîchir et me propose de m'emmener au centre-ville en voiture.

— Mille mercis mais j'irai à pied !

Et je lui explique ma promesse de ne pas me déplacer autrement. Elle téléphone à la mairie mais le gîte est complet. Il faut dire qu'il n'y a que quatre places. En insistant un peu, Marcelle, la responsable, prend l'affaire en main. Je la remercie de sa gentillesse.

— À 20 h 30, on ne laisse pas un pèlerin dehors, surtout quand il revient de Saint-Jacques !

Brave femme ! Elle est connue et très appréciée ici : je lui offre un bouquet de fleurs cueillies à l'entrée de Maslacq. Dans les villes, les fleurs des champs sont rares et j'ai laissé mon précédent bouquet à l'épouse du maçon et à sa fille.

Au gîte, les pèlerins sont déjà à table. Marcelle me présente et demande qu'on me fasse un peu de place. Pourtant, personne ne bouge : bizarre ! Apprenant par la secrétaire de mairie que je reviens de Saint-Jacques, une pèlerine s'exclame : « Mais quelle idée ! »

Je commence à lui expliquer qu'au Moyen Âge, les pèlerins ne revenaient ni en bus ni en voiture... et puis, lassé, je décroche !

Leurs affaires envahissent la cuisine : il y a des ustensiles partout, ils ont fait cuire une grosse gamelle de pâtes. Je trouve un coin de table et sors les œufs frais que m'a donné la boulangère, avec une tablette de chocolat et deux Coca-Cola qui feront mon affaire. Je n'ai pas envie de discuter. Le pèlerin est aussi un homme... fatigué ! Marcelle, qui a vu la scène, a tout compris. Elle vient signer ma *credencial*, ajoutant :

— Si vous voulez un matelas, il y en a là-bas : ce sont des tapis de judo. Et si vous préférez être seul, je vous confie ma clé du gymnase.

— Merci chère Marcelle !

Enfin je vais pouvoir écrire un peu ! Je l'embrasse et la remercie encore chaleureusement pour son amour

« en action ». Elle me sourit et me propose de prévoir ma réservation du gîte pour demain : quelle attention pour ce pauvre pèlerin fourbu !

Ce soir, à la cabine téléphonique, j'ai bavardé longuement avec Gauthier, mon fils cadet. Il vient de m'apprendre une terrible nouvelle : Anna, l'épouse de René avec qui nous travaillons tout au long de l'année en Savoie, a perdu la vie dans un accident d'avion qu'elle pilotait et où avaient pris place un ami, son fils de 20 ans et son copain… Panne au décollage, volonté de retour sur la piste ? Décrochage et explosion : quel drame !

Gauthier me raconte qu'Anna venait de réussir son expédition sur l'Everest, qu'elle avait conquis en deux mois par la face nord. Sa carte postale victorieuse m'attend sur mon bureau ! Malgré la fatigue, je viens d'écrire à son mari, mon ami, mon « grand frère » René comme je l'appelle. Je lui ai proposé, avec l'accord de Nicole, de nous confier Tatiana sa petite fille de 10 ans pour quelques jours lorsque nos petites-filles viendront cheminer avec le Papou pèlerin sur le *Camino*. Noémie a l'âge de Tatiana, Rosanna a 7 ans et demi et Sidonie 5 ans. Nous ne savons pas ce que décidera René mais c'est du fond du cœur que je lui fais cette proposition en pensant à cette petite fille si frêle et si douce qui vient de perdre son intrépide et dynamique maman.

Aujourd'hui ma peine est grande et là encore je suis interpellé par ce drame. Je me dis : « Tu vois, Gérard, pense à ce qui te reste à faire, la vie peut être très courte ! Gauthier ou toi-même auriez pu être avec Anna dans l'avion ! »

47e jour : Maslacq – Arthez-de-Béarn – Pomps
Samedi 30 juin :
20 km en 12 heures
soit 941 km en 423 heures

Quelle nuit agitée au gîte de Maslacq ! Je m'étais isolé dans une pièce en annexe. Les tapis de judo étaient très durs et ma pauvre colonne vertébrale, déjà bien endommagée par mes prouesses de jeunesse en parachute et mon déhanchement naturel dû à ma polio, était en vrac ! J'ai aussi été « à la fête » toute la nuit, dévoré par je ne sais quelle sorte d'insectes : des moustiques, des puces ou des poux, tout le corps me démangeait ! Couché à 23 h 30, réveillé à 3 heures et levé à 5 h 15, mais il faut accepter ces aléas de la vie du pèlerin sur le Chemin, ce que je fais sans me plaindre !

La cuisine du gîte est déjà en effervescence : Claude qui arrive du Midi, Magali de Hyères et Maria préparent le petit déjeuner. Didier, jeune marginal qui est depuis sept ans sur la route, n'a pas dormi au gîte mais personne n'est venu me prévenir : j'aurais pourtant volontiers récupéré son lit ! J'en fais gentiment l'observation à ces trois pèlerins mais dans le fond, n'est-ce pas moi le fautif ? Si je m'étais installé dans la petite chambre au lieu de m'isoler sur mon tapis de judo, j'aurais pu bénéficier du lit de Didier… Tant pis pour moi ! Je m'excuse auprès de mes amis pour n'avoir pas été très communicatif hier au soir mais j'étais vraiment fatigué.

Il est temps de partir chacun vers notre destinée maintenant que nous sommes fins prêts. Les collines se succèdent et le GR serpente ce matin entre les collines : le balisage est maintenant impeccable.

Dans une descente, je rencontre Lydie et Francine qui ont respectivement 80 et 71 ans : ces deux sœurs viennent de Condom. L'an dernier, elles avaient réalisé quelques étapes et pris plusieurs fois le bus, d'où leur désir de recommencer et d'aller jusqu'à Saint-Jacques totalement à pied cette fois : beau programme ! Lydie vit à Chamonix, elle a beaucoup d'humour. Je lui apprends que Nicole, mon épouse, est une « Devouassoud des Bois » à Chamonix : Lydie connaît bien sa famille et l'oncle Joseph, doyen des guides de Chamonix à 97 ans. Puis, je m'approche pour lui demander de prendre soin d'elle. Touchée, elle me glisse au creux de l'oreille : « Ne t'inquiète pas, Gérard, je n'y vois presque plus, je n'entends plus et j'ai un genou malade : mais qu'importe, je préfère mourir sur le Chemin ! » Et elle reprend ses deux bâtons de ski, prête à repartir. Quelle femme extraordinaire ! Nous nous faisons la bise et je regarde avec une grande tendresse les deux sœurs qui s'éloignent, Lydie s'appuyant à une cadence régulière sur ses deux bâtons de ski.

En arrivant à Arthez-de-Béarn, je passe devant un coiffeur et je décide de reprendre ma tenue de « prisonnier » : « Tête à ras, Mademoiselle Valérie ! » Celle-ci me conseille de garder tout de même quelques cheveux.

Les clientes s'intéressent à ce pèlerin bien original qui offre des bouquets de fleurs. À ce qu'il paraît, cette nouvelle coupe me va très bien : « Merci mes chéries ! »

Je reprends mon sac, ma besace et mon bourdon, et je pars en ville téléphoner pour réserver les gîtes des quatre ou cinq jours à venir. Mais avant cela, il me faut appeler René, mon ami, mon grand frère. Après quelques recherches, je trouve son numéro de téléphone à Megève. Gauthier, mon fils, m'a dit hier au soir qu'une absoute serait célébrée en l'église de cette localité aujourd'hui même. J'attends un long moment… René s'excuse, il était à l'extérieur. Notre conversation fraternelle est empreinte de tendresse et d'amitié. Je suis dans une cabine téléphonique en plein soleil mais je ne sens pas les gouttes de sueur couler sur mon corps. Mes yeux sont remplis de larmes. Je sais que René a un fort caractère, la vie lui a beaucoup appris et tant apporté. Comme nous le constatons ensemble, Anna aurait pu laisser sa vie sur le toit du monde : c'est l'une des rares femmes à avoir conquis ce sommet si convoité ! Et c'est dans ce stupide accident d'avion qu'elle est morte : malheureusement, c'était sa destinée…

Nous parlons maintenant de notre amitié et je suis heureux de témoigner à René ce que je lui ai écrit hier au soir. Il a tout donné à sa femme : une belle petite Tatiana et la joie de combler ses désirs sportifs les plus fous, nous en sommes les témoins.

Je propose à René de réfléchir à notre proposition de nous confier sa fille pendant huit jours. Ce ne serait ainsi plus trois mais quatre petits anges qui viendraient sur le *Chemin des étoiles* parsemé de cadeaux. Avec l'aide de Nicolette, je me sens fort pour organiser – aussi joyeusement que possible – cette « petite portion d'éternité » et pouvoir assister mon ami dans cette tragédie. René se dit touché par notre attention : je lui réponds que pour moi, elle est toute naturelle et que j'espère que Tatiana voudra bien venir avec nous. Je lui demande ensuite à quelle heure est prévue la prière pour Anna : il me répond qu'elle a lieu cet après-midi à 16 heures.

— René, sache qu'à ce moment-là sur mon chemin de Compostelle, je prierai pour Anna, pour Tatiana et pour toi, et dans mon cœur je rajouterai tous ceux qui ont perdu un être cher.

Mon ami me surprend car il est habituellement très pudique sur les questions religieuses :

— Je te le demande, Gérard, sois en sûr ! Je t'embrasse et suis près de toi.

Gauthier représentera la famille : René aime bien notre fils, il est content d'apprendre qu'il sera présent en cette journée de deuil et de recueillement.

J'arrive à 20 h 30 au gîte de Pomps après une journée de marche sans problème ni anecdocte particulière. Je me fais discret auprès du couple qui gère le gîte sachant que le responsable rentre tard à cause de ses tournées d'épicier à travers la région. Il a déjà fait deux fois Compostelle : cela se voit car le gîte est bien organisé. La cuisine occupe un angle du gymnase. Dehors sont installés deux Hollandais, Gertrude et Hanz, Philippe un jeune Suisse qui a le torse nu et de longs cheveux, et Yungmin un Belge de 20 ans d'origine asiatique, très rigolo. Il me propose un verre de Bordeaux. Cela me change de l'accueil à Maslacq : les gîtes se succèdent, les pèlerins aussi et les ambiances sont parfois très différentes.

Dans la soirée le vent s'est levé et nous assistons à un joli coucher de soleil. Les conversations vont bon train et nous échangeons nos motivations à propos du Chemin. Gertrude a suivi son mari l'an dernier : parti de Hollande, il est allé à Santiago d'une seule traite. Cette fois-ci, ils ont décidé d'y aller tranquillement. Philippe est kinésithérapeute et il vient « voir », il veut prendre son temps. Yungmin est en fin d'études : décidé à partir sur le champ, il a acheté un vélo et le voici avec nous ce soir. Il me dit en souriant à la fin de notre repas : « Tu n'es pas fatigué ? Tu as toujours la pêche comme ça ?... Si tu souhaites davantage de communion et d'amour avec tes enfants, écoute-les ! »

J'ai déjà entendu ces mêmes paroles : c'est François, le premier soir à Saint-Jacques, qui les avait prononcées en ajoutant : « Dis-leur que tu les aimes ! » C'est très surprenant d'entendre ce commentaire de la part d'un jeune de 20 ans, avec ce petit sourire sur son visage rond éclairé par ses deux petits yeux noirs, la tête rasée comme la mienne. Il n'a pas fallu longtemps à Yungmin pour analyser la situation que nous avons exposée les uns et les autres autour de la table et pour me donner ce conseil sans retenue, ce dont il s'excuse, rapport à mon âge « avancé » ! J'y repenserai souvent dans les prochains jours.

Demain, il faut partir tôt. Nous étalons nos affaires dans le gymnase pour les faire sécher et allons nous coucher. Notre « chambre » est sûrement la plus vaste du Chemin ! Nous nous installons chacun sur notre tapis en mousse à l'extrémité de la salle de sport.

48e jour : Pomps – Arzacq-Arraziguet
Dimanche 1er juillet :
19 km en 10 heures
soit 960 km en 433 heures

De bon matin, je quitte mes nouveaux amis, le temps est très beau et l'étape s'annonce chaude. Je m'apprête à parcourir les 18 kilomètres qui séparent Pomps d'Arzacq-Arraziguet. Comme souvent, je me suis levé à 5 h 15, le temps de préparer mes affaires, de soigner mes pieds, de faire un peu de gymnastique et d'avaler un petit déjeuner copieux… Une heure plus tard, je démarre et je cherche le GR comme tous les jours. Mes premiers kilomètres sont toujours aussi difficiles, le temps que mon corps accepte de se mettre en marche malgré mes petits handicaps : je connais la « procédure » et ne suis pas surpris… c'est ainsi chaque matin !

En m'approchant de maisons isolées, les chiens aboient méchamment et j'ai toujours la trouille d'en rencontrer un de visu ! Je sursaute à chaque fois qu'ils se jettent sur la grille, faute de pouvoir se défouler sur ce pauvre pèlerin *La Tortue*. Parfois je sors de mon sac ventral la bombe lacrymogène offerte par Yves le Breton à Figeac l'an dernier, mais je n'ai encore jamais eu à l'utiliser : tant mieux ! Nous avons tous nos appréhensions : réaliser des sports extrêmes m'enivre et excite mon tempérament aventureux… mais les chiens me paralysent : allez savoir pourquoi ? !

Dans les villages traversés, les maisons sont très belles : bien que simples, les jardins sont fleuris avec goût et les façades souvent en galets du Gave ou en enduit rustique. Les portes majestueuses et les grilles ouvragées laissent imaginer le travail de ferronnerie nécessaire pour réaliser de si jolis motifs en volutes symétriques.

J'avance lentement car j'ai tout mon temps. Vers 9 heures j'aperçois une cabine téléphonique au cœur du village d'Ozan. Je fais une petite halte pour dégager mes pieds meurtris et les aérer. Mes chaussettes sont déjà toutes mouillées malgré la crème spéciale que j'utilise pour éviter les échauffements. Assis devant le monument aux morts, je suis interpellé par un bonjour sonore suivi d'une vigoureuse poignée de main de Marie-Christine, madame le maire du village. Elle me souhaite la bienvenue dans sa commune et me propose de prendre un café à la salle des fêtes en compagnie des pompiers bénévoles, qui doivent faire des manœuvres sur le bâtiment près de la cabine téléphonique.

Prenant mon sac, elle me conseille de me déplacer jusqu'au banc un peu plus loin pour éviter d'être mouillé par les lances anti-incendie : une gentille attention que j'apprécie ! Nous échangeons des propos chaleureux sur sa fonction et son travail : elle tient le secrétariat de mairie de quatre communes aux alentours. Elle a deux filles dont une qui est hôtesse de l'air : on sent que Marie-Christine aime l'action. Je trouve que nous avons un certain nombre de points communs, notamment l'enthousiasme qui brille dans ses yeux ! Tout cela est très intéressant mais tout en prenant beaucoup de plaisir, j'ai aussi un peu abusé de son temps… Ceci dit, je trouve que ça commence bien, ce matin !

Je reprends ma route après avoir remercié chaleureusement Marie-Christine. Ce n'est pas difficile de voir que cette femme aime les gens et particulièrement les pèlerins de passage, sa gentillesse est si naturelle !

Je retrouve un agréable paysage de collines parsemé de champs clôturés sans aucun arbre à l'horizon. Les vaches sont déjà au pré. Je suis seul et je marche au milieu de la route qui serpente vers Larreule, qui signifie « la règle » en béarnais, une ancienne étape importante pour les pèlerins au Moyen Âge. À l'entrée du village, une jeune femme, Hélène, m'indique l'église : la messe dominicale est à 11 heures, dans une demi-heure ; c'est aussi la fête à Larreule.

Je rencontre quatre premiers pèlerins : Isabelle de Paris, Maryvonne et Gabriel de Bordeaux ainsi que Thibaud, mais j'essaie d'écourter mes entretiens pour assister à l'office. C'est dimanche et ne suis-je pas pèlerin ? Tout cela est nouveau pour moi : prendre le temps pour la réflexion et le partage spirituel. Ne dit-on pas que la foi doit être nourrie ?

Je raconte à mes compagnons ma rencontre de ce matin : Gilbert, un homme de 30 ans originaire d'Annecy, fait la route depuis sept ans. Peu bavard, il m'a simplement dit qu'il veut « changer » et que c'est la raison pour laquelle il est ici. Mais il en a un peu assez de bourlinguer. Il a un regard froid et direct, une belle stature et porte dans la main gauche un sac rempli de victuailles. Il va de paroisse en paroisse voir les curés mais je remarque que ses chaussures sont éventrées et les petits tennis pendus sur son gros sac ne feront pas l'affaire si son intention est de pérégriner.

Après que nous nous soyons séparés, je m'en veux de ne pas lui avoir proposé de l'aider pour acheter des chaussures au prochain village. J'ai souvent un temps de retard et cela me contrarie. Je revois le visage de cet homme qui m'a fait un petit sourire lorsque je lui ai dit que j'étais lent comme une tortue ! Il portait un pantalon recouvert de lettres chinoises et sa chemise largement ouverte lui donnaient un air de karatéka. Je demande à Isabelle, qui le suit à quelques kilomètres, si elle veut bien m'aider en apportant à Gilbert la joie de la Providence. Elle accepte ma modeste contribution : sachant que Gilbert doit s'arrêter à Arthez-de-Béarn, je lui remets l'argent pour l'achat des chaussures.

— Mais si je ne le trouve pas ! me dit-elle légèrement inquiète.

— Je suis sûr que tu vas le rattraper et sinon tu remettras l'argent au père Ihidoy à Navarrenx ou tu aideras un autre pèlerin à ta convenance !

Voilà la chaîne d'amour du *Camino*.

L'église de Larreule est très belle dans sa simplicité. Les amis de la localité regroupés en association lui ont redonné tout le charme qu'elle devait avoir par le passé. Le père Pierre Maysonnave me rejoint dans la sacristie où l'on m'a conseillé de l'attendre. Il est heureux de saluer un pèlerin sur le retour, me faisant remarquer qu'il est assez rare que les pèlerins viennent lui parler… mais l'office n'attend pas. Je me propose, s'il le désire, de témoigner en fin de messe de mon expérience vivante sur ce chemin. Ce que je ferai avec beaucoup de plaisir. J'espère ne pas avoir été trop long, mais les Béarnais sont comme les Marseillais : un sacré bagou ! Les fidèles ont dû être un peu surpris de voir un homme en short et le crâne rasé qui venait leur rappeler que le chemin d'amour dont le père a parlé au début de la messe, le chemin des Évangiles et le chemin de Compostelle n'étaient en fait qu'un seul et même chemin de la vie. Et c'est cet amour partagé, cet amour « action » qu'il faut donner tous les jours aussi bien à ses amis qu'à sa femme et à sa famille. C'est la mission la plus importante de notre vie : en chacun de nous vit la présence du Divin qui nous réconforte dans nos gestes d'amour ! Une fois encore, la Providence nous a réunis.

Je termine mon témoignage en les remerciant de m'avoir écouté. Je leur dis qu'ils sont ce matin le plus beau bouquet de fleurs que j'ai pu cueillir sur mon chemin et qu'ils ne doivent pas hésiter à discuter avec les pèlerins ; et que le soir, lorsqu'ils regarderont les étoiles de la Voie lactée, ils pourront penser à tous ceux qui, comme le dit si bien mon ami Yves « ont fait, font et feront Compostelle dans la communion de tous les pèlerins ».

Quelques minutes après, je repars sous un soleil harassant, heureux et plein d'énergie retrouvée pour cette seconde partie de la journée. Je ne me suis pas encore perdu mais ça ne va pas tarder après un long entretien avec Maria et Robert, deux gentils agriculteurs qui tiennent absolument à m'offrir un café : les habitants de cette région sont naturellement bons et compatissants envers les pèlerins, qu'ils aident souvent.

En bas du chemin, je me retrouve au fond d'un pré avec les vaches : de bonnes grosses normandes blanches et noires qui occupent tout le gué du ruisseau que je dois traverser… Vais-je devoir me déchausser pour éviter de m'enfoncer jusqu'aux genoux ? Un poteau de bois providentiel m'aide à passer sur l'autre rive. Mais 500 mètres plus loin, me voici encore dans un champ devant une clôture de barbelés et de ronces. Je cherche le passage entre deux arbres : il faudrait que je trouve une grosse branche morte pour traverser une nouvelle fois. À dix mètres, un tronc gît ici depuis bien longtemps, mais il est trop long. J'essaie de le soulever : il se casse à trois mètres, juste ce qu'il me faut ! Je l'installe avec quelques difficultés en pensant aux autres pèlerins qui viendront se perdre par ici : je leur ai ouvert la voie !

Ces efforts m'ont donné soif : après m'être désaltéré, je relis mon topo-guide. Il doit y avoir une route par là-haut car on parle des crêtes alors que je suis au fond du talweg : qu'à cela ne tienne, je vais monter ! De l'autre côté, je vois des maisons à plusieurs centaines de mètres de moi. Et toujours cette peur des chiens : j'ai bien mon « compagnon », mais je reste courageux, pas téméraire ! Mes jambes sont bonnes et j'oublie la fatigue quand mon esprit est occupé par la peur. Il n'est que 14 h 30 et j'ai bien le temps de retrouver mon chemin. L'ascension des prés en pente s'effectue au rythme de la tortue et lorsque j'arrive au sommet de la crête, je découvre enfin le GR. La vue d'ici est magnifique sur les collines avoisinantes. Que la France est belle ! J'ai parfois du mal à reconnaître cette région des Landes : comme quoi l'an dernier, je devais être très distrait ou simplement fatigué !

Je descends jusqu'au village de Louvigny où l'église est ouverte. « Mon Dieu, puis-je faire une petite pause à l'entrée de Votre maison… et si j'osais, même une bonne sieste : foi de Marseillais ! »

Je m'endors après avoir chanté à tue-tête les louanges au Créateur : c'est ma manière de prier.

Un peu plus tard, je me réveille et j'aperçois une petite tête : Marielle hésite à entrer dans l'église… Je lui parle doucement. Elle prend confiance et sa maman vient voir ce qui se passe. Je leur explique mon long périple mais elles doivent partir : avant qu'elles ne disparaissent, je rappelle Marielle pour lui offrir un petit pin's de Saint-Jacques qui a fait 1 000 kilomètres au fond de mon sac ! Elle s'en va, très fière de son cadeau, et moi je suis une nouvelle fois heureux de ces petits moments de bonheur.

Je ne suis pas rendu à mon étape et le chemin est encore long. Dans un virage, je rencontre Chantal qui pousse un fauteuil dans lequel est installé sa maman, Victoria, qui a 87 ans : Étienne marche avec des béquilles à côté d'elles. Nous parlons longuement. Je suis admiratif devant cet attachement familial. Victoria parle peu, elle souffre d'un zona à l'œil qui affecte sa vue. Je lui fais remarquer que la maman de Nicole a le même âge qu'elle. Nous restons plus de vingt minutes à parler ainsi de la vie, de leur vie. Le papa est un ancien de la DDASS qui a recueilli Étienne il y a trente ans : il voulait aider les personnes qui avaient souffert d'un manque d'amour comme lui. Chantal m'a ému par cette affection simple et pourtant si profonde. C'est très réconfortant de voir qu'il existe des gens de cœur qui préfèrent d'ailleurs souvent la discrétion et l'anonymat. Nous nous sommes embrassés et j'ai offert mon petit bouquet de fleurs avec une attention particulière pour cette maman qui me rappelle tant la mienne : elle me manque si souvent. Combien j'aimerais la chérir aujourd'hui ! Je pense aussi à ma deuxième maman mauricienne, Simone, qui m'est si chère et vit là-bas, dans l'océan Indien. Nous sommes si loin et à la fois si près par le cœur !

Je dois absolument reprendre la route car il est tard. Sur un sentier je rencontre Christian et Marie, qui restaurent leur maison. Marie dit qu'elle n'a pas besoin d'aller sur le Chemin, qu'elle aime la nature et que ça lui suffit. Je la sens peu enthousiaste. Christian est plus expressif. Il me tend une poire verte qu'il vient de cueillir. Lui-même mène une vie tranquille entre son travail et cette maison qu'il veut réhabiliter.

Je repars, interpellé par ce nouvel échange. Peut-être que notre petite conversation les incitera à la réflexion sur la marche de tous ces pèlerins qui passent chaque jour devant chez eux. Je salue Eugène et Anna, eux aussi devant leur maison, qui m'offrent une gourde d'eau bien fraîche : la route n'en finit pas !

Enfin me voici à Arzacq-Arraziguet : il est 20 h 30. Didier et Marie-Hélène me reçoivent... La boucle est bouclée pour cette journée dans notre belle France : quelle joie et quel bonheur d'être là !

Après une douche bien chaude, la journée se termine en compagnie de Didier, ce dynamique hospitalier qui est en contrat de qualification et pourrait en apprendre beaucoup aux professionnels en matière de qualité de l'accueil.

Chez lui, c'est sûrement inné. Il aime les gens et je suis frappé par son charisme. Je lui promets de l'aider dans sa recherche immobilière et de regarder les annonces demain à Pimbo où il aimerait créer un gîte.

Je suis fourbu mais paisible et sans stress ce soir : la fatigue n'a pas d'emprise sur moi car mon moral est au beau fixe. Je n'en dirai peut-être pas autant demain mais aujourd'hui c'est parfait. Voilà une pensée positive !

49e jour : Arzacq-Arraziguet – Pimbo – Miramont
Lundi 2 juillet :
22 km en 10 heures
soit 982 km en 443 heures

Il fait très chaud ce matin et j'aperçois au loin le clocher de l'église de Pimbo. Je me souviens qu'il y a sur le côté une source d'eau fraîche. L'an dernier, j'étais resté longtemps assis par terre, les doigts de pieds en éventail sous le robinet !

J'entre dans l'église : il fait frais malgré les rayons irisés du soleil filtrés par les vitraux qui éclairent l'autel au cœur de l'église. Je suis frappé par la beauté de cette citation relevée sur le livre d'or de l'église Saint-Barthélemy : « Ils étaient dix pèlerins, venus du monde de l'exclusion, celui de l'enfermement, celui de la prison. Ils venaient de Besançon sans illusion, portant leur croix. Par incompréhension dans la rencontre des autres, pouvaient-ils croire en l'insertion dans la cité ? Comme cette église, ils ont entrepris leur restauration. Nous sommes heureux de partager leur vie. Nous sommes fiers de présenter (dans une recherche du patrimoine de leur culture) ces murs. Ils ont souffert d'être mis au rang de mauvais larrons. Ils cheminent chaque jour vers la lumière après avoir abandonné leurs chaînes. Leur corps ne souffre plus (ou moins). Leur esprit entre dans la paix. Leur âme respire la vérité. En ce dimanche de la Trinité, ils sont l'expression des trois religions (juifs, musulmans, chrétiens) qui vers l'insertion s'engagent dans l'unité. Un groupe, même envahissant, est signe de vie. Le 10/06/01. Gérard, Association les Amis de Saint-Jacques de Chambéry, *Ultreïa ! Ultreïa ! E sus eia ! Deus adjuva nos !* » Aller plus loin – Passer outre – Dieu, aide-nous !)

Tout est dit ! Merci ami Gérard Eudes[1] pour ce magnifique cadeau que je reçois ce matin, droit au cœur. Il germera pendant tout mon pèlerinage de retour

1. Gérard Eudes a été le président de l'association des amis de Saint-Jacques : il a encadré un groupe d'adolescents délinquants, de Besançon à Saint-Jean-Pied-de-Port.

afin que la moisson soit bonne. Je suis surpris de découvrir cette expérience de réinsertion sociale dont on me parle souvent sur le Chemin, et même jusqu'en Espagne ! C'est dans cet esprit que Bernard Ollivier[1], à ce moment-là sur la route de la soie, a créé une association[2] qui propose à des détenus encadrés par des éducateurs de retrouver un équilibre dans leur vie grâce à la marche : 60 % de réussite, dit-il, et une remise de peine s'ils font 2 000 kilomètres sur la route de la soie ou 1 600 kilomètres sur le chemin de Compostelle. Cette idée originale de réinsertion rejoint celle pratiquée au Moyen Âge qui permettait aux condamnés de descendre à Saint-Jacques pour racheter leurs fautes et retrouver ainsi la liberté.

En arrivant au monument de Gibraltar en Pays basque, là où se rejoignent près d'Ostabat les trois chemins de Saint-Jacques – Tours, Vézelay et Le Puy – j'ai rencontré Jean, un aumônier de la prison d'Aiton en Savoie. Il était le professeur de mon beau-frère Daniel et habite La Ravoire, à trois kilomètres de chez moi. Le monde est petit mais ce qui m'étonne surtout c'est de rencontrer sur mon Chemin plusieurs personnes qui s'occupent de délinquants. Jesús María, mon ami prêtre missionnaire espagnol, est aumônier à la prison de Logroño : il a marché pour un détenu qui lui posait

1. Bernard Ollivier a écrit de magnifiques ouvrages sur la route de la soie : *Longue marche* (3 tomes), *Vers Samarcande* et *Le Vent des steppes* (Éditions Phébus)

2. Association SEUIL, 31, rue Planchat – 75020 PARIS – T. 01 44 27 09 88 email assoseuil@wanadoo.fr – site Internet : http://www.assoseuil.org

de sérieux soucis et a offert ce chemin pour sa future rédemption.

Ces différentes rencontres ne sont sans doute pas le fait du hasard puisque je désire participer à la création d'une association pour la jeunesse qui aidera d'autres associations œuvrant pour la prévention et l'aide aux délinquants et à l'enfance défavorisée. La Providence ouvre les yeux et le cœur… à nous d'agir !

50e jour : Miramont –
Aire-sur-l'Adour
Mardi 3 juillet : 9 km en 9 heures
soit 991 km en 452 heures

CHEZ L'AHUMAT

Aujourd'hui, je traverse un paysage très varié : des collines boisées, parsemées de champs de maïs et des prés où broutent des troupeaux de vaches, sillonnés de chemins qui courent au travers de la plaine ; les champs s'étalent à perte de vue dans un ensemble très rectiligne. Les agriculteurs se plaignent de ne pas avoir assez d'eau. La météo prévoit quatre jours de pluie qui seront les bienvenus pour nous aussi qui marchons sous le chaud soleil de juillet.

Il est temps que j'arrive vers Aire-sur-l'Adour car ma cheville gauche a doublé de volume et mon inquiétude s'est accrue avec les kilomètres. Je fais un arrêt à la chapelle de La Guitterie où l'on enterre ce jour Guillaume, un notable de la ville. Le prêtre a choisi l'Évangile de saint Thomas, lui qui pour croire a demandé au Christ de mettre ses doigts dans les plaies de son corps.

Guillaume avait la foi. Quel bonheur de ne pas douter ! C'est un don du Très-Haut car il est si difficile de vivre sa foi sans se poser de questions. Combien souvent sommes-nous interpellés par les misères qui sont le quotidien pour les trois quarts des peuples du monde, même chez nous où la détresse morale est parfois plus forte que la misère ! Comment accepter que Dieu puisse aider certains et pas d'autres ? C'est un mystère pour moi.

Nous doutons, certes, mais il serait sûrement plus réconfortant d'offrir notre confiance une bonne fois pour toutes !

51e jour : Aire-sur-l'Adour – Luppé
Mercredi 4 juillet :
16 km en 5 heures
soit 1 007 km en 457 heures

Le Relais de l'Armagnac
HOTEL**RESTAURANT
32110 LUPPE-VIOLLES
Tél. 05 62 08 95 22
Fax 05 62 08 95 55
SIRET 312 035 751 APE 551 A

À la sortie d'Aire-sur-l'Adour, je rencontre une merveilleuse mamie, Germaine, qui va sur ses 75 ans. Depuis plusieurs années, elle assiste les pèlerins qui passent devant chez elle et leur porte de l'amour « agissant » en leur offrant de l'eau et des biscuits. Elle me dit qu'il est écrit dans la Bible : « Ce que tu feras au plus petit d'entre nous, c'est à Moi que tu le feras, a dit le Christ », et aussi « Il faut faire vivre sa foi ».

Comme je suis heureux d'entendre ces paroles réconfortantes qui me rappellent un pèlerinage en Terre sainte avec l'organisation *Prions en église* auquel mon épouse Nicole et notre fils Gauthier devaient participer : au dernier moment, il s'était désisté et j'avais pris sa place. Loin de l'idée de la pratique religieuse, c'était plutôt mon esprit d'aventure et ma curiosité qui m'avaient incité à faire ce voyage.

Le père Sevin, bibliste, encadrait notre petit groupe et me voyant m'occuper d'une handicapée pendant tout le séjour, répondit ainsi à la question que je lui posais sur la difficulté de croire en la présence de Dieu et au sujet des preuves de son existence : « Tu sais, le Christ est venu sur Terre pour prendre la condition d'homme. Il fut sacrifié et cet amour donné aux hommes par sa présence est en concordance avec l'action que tu mènes avec cette dame handicapée. Tu donnes une forme d'amour à ton prochain qui appelle la présence du Seigneur. Ne cherche pas plus loin et fais confiance ! »

À l'époque, je n'étais pas franchement convaincu par ces arguments : ce n'est que l'an dernier que j'ai enfin compris et accepté que c'est au cœur de l'amour pour l'homme que nous puiserons notre spiritualité rayonnante et généreuse de la présence de Dieu. Je suis touché par la réflexion de Germaine qui a fait ressurgir sur le Chemin le souvenir des rapports privilégiés que j'ai eus avec la Terre sainte : un petit signe du ciel, je n'en doute pas !

52e jour : Luppé – Nogaro
Jeudi 5 juillet :
13 km en 5 heures
soit 1 020 km en 462 heures

Au détour d'un chemin qui descend un peu raide, je vois monter vers moi deux pèlerins avec de grands bourdons, leurs cheveux tombant sur les épaules : il ne leur manque que de longues capes pour nous croire revenus au Moyen Âge !

Nous nous saluons et ils sont un peu surpris de voir que je pérégrine en sens inverse : avec leur bel accent, ils me racontent qu'ils ont quitté leur Québec natal pour visiter l'Europe et faire le *Camino de Santiago*. Malheureusement sans travail au Canada, leurs finances sont pratiquement à sec et ils envisagent de rentrer au pays dans quelques jours… « mais nous reviendrons ! » ajoutent-ils avec enthousiasme. Je retrouve un moment ce joyeux caractère des Québécois que j'affectionne, mais il faut déjà nous séparer… Pourtant, à peine ai-je fait quelques pas que je me retourne et les rappelle : m'approchant d'Alex, je mets dans sa poche des petits billets qui leur permettront peut-être de faire quelques étapes supplémentaires… C'est cela l'entraide du Chemin. *Ultreïa !*

À la nuit tombante, je croise Guy, qui marche près de son mulet, ignorant s'il est sur le Chemin ou s'il va simplement jusqu'au prochain village… Il est tard et nous échangeons rapidement quelques banalités. Guy semble gêné. J'essaie d'accrocher son regard à travers sa longue chevelure mais il baisse les yeux et me dit au revoir ! Avant qu'il ne disparaisse, je cherche dans ma poche une aide bien modeste que je lui offre. Touché par ce geste, il me fait cette confidence :

— Je voulais te demander de l'argent, Gérard… mais je n'ai pas osé !

Et moi de lui répondre :

— Tu sais Guy, si tu m'avais demandé de l'argent, je ne t'en aurais pas donné !

Je pense effectivement que si nous sommes tous en chemin pour nous entraider, chacun avec ses moyens, l'assistanat systématique n'est pas très moral. Aujourd'hui, j'ai vécu la loi des séries ! Mais n'est-ce pas naturel d'agir ? Ou doit-on laisser la Providence s'occuper de ces pèlerins ? Là est la question : il faut y répondre avec son cœur !

Je me repose un moment, adossé à une souche d'arbre pour relire un article du magazine *Le Pèlerin* que j'ai récupéré à Navarrenx chez le père Ihidoy, concernant une interview de Robert Hossein. J'estime et apprécie beaucoup cet artiste et metteur en scène pour sa personnalité attachante : nous avons des amis communs, d'autres passionnés avec des étincelles qui brillent dans les yeux. Robert Hossein est enthousiaste et sincère, et ses spectacles sont une ode vivante à la spiritualité. Des milliers de gens vivent peut-être un peu mieux leur vie après avoir regardé ces représentations populaires. Certains seront interpellés par la vie de Jésus et les Évangiles. Pourtant, Robert Hossein pense et dit ce que je ressens moi aussi au fond de mon cœur : « Si Dieu n'existe pas, nous sommes cuits ! »

53e jour : Nogaro –
Manciet – Sauboires
Vendredi 6 juillet :
18 km en 9 heures
soit 1 038 km en 471 heures

FOYER RURAL DE SAUBOIRES
32370 MANCIET

J'arrive à Manciet à 12 h 30. Je dois absolument me ravitailler car depuis hier au soir, je n'ai plus rien à me mettre sous la dent ! Je trouve une supérette mais la porte est fermée. M'étant approché de la vitrine, j'aperçois à l'intérieur le patron occupé à ranger ses légumes. Je frappe au carreau : surpris, l'homme se tourne vers moi et me regarde. Je lui souris en lui montrant mon bouquet de fleurs. Après quelques instants d'hésitation bien légitimes, il ouvre la porte. Je me présente et lui explique que je suis un pèlerin sur le chemin du retour. Pierre ouvre alors grand sa porte et me dit : « Faites vite ! Ma famille m'attend pour déjeuner… » Je lui offre mes fleurs pour son épouse et cherche dans mon sac ventral un pin's de Saint-Jacques. Je le sens étonné par ces petits gestes de sympathie auxquels il ne semble pas habitué.

Je fais mes achats aussi rapidement que possible : au moment de les payer, son épouse, Laurence, apparaît, surprise de me trouver là. Pierre lui explique que je reviens de Saint-Jacques à pied et que je marche depuis plus de 50 jours au pas de cet animal bien connu qui est l'emblème des retardataires ! Laurence est une femme très jolie. Elle me sourit et je surprends le regard amoureux de son mari : comme je le comprends ! Ils ont deux enfants de 7 et 10 ans. Pierre me dit : « Gérard, tu ne vas pas déjeuner tout seul… nous t'invitons… à la bonne franquette ! » J'accepte volontiers.

Nous passons à l'arrière du magasin où nous retrouvons les enfants dans une cuisine plutôt exiguë mais fort bien tenue. Les enfants sont un peu intimidés et je leur raconte mes deux chemins. Je leur parle aussi de mes petits-enfants dont certains ont leur âge. Laurence s'active à ses fourneaux. Je suis heureux et je remercie Pierre pour ce déjeuner imprévu. Il me raconte qu'il voit souvent passer des pèlerins en été : il regrette que peu d'entre eux prennent le temps de bavarder avec lui, pressés de payer leurs achats et de repartir. J'explique à cette famille combien le Chemin est magique pour moi mais que tous les pèlerins ne savent pas y marcher tranquillement, espérant surtout arriver le plus vite possible à Compostelle : « Certains en oublieraient presque de manger pour gagner un peu de temps ! » Cette boutade les fait rire. Je suis très sensible à leur bonne humeur : pourtant, tenir un commerce n'est pas chose facile. Pierre et Laurence se demandent s'ils pourront continuer : levés à 5 heures et couchés à minuit six jours sur sept, c'est une drôle de vie !

Je dois repartir et Pierre me propose d'aller dormir à Sauboires, à quelques kilomètres de là. Il pense que je serai tranquille dans le petit gîte qui n'accueille pas plus de six personnes. Cela fait bientôt deux heures que nous sommes ensemble et je m'apprête à les saluer. Laurence m'embrasse et me remercie chaleureusement pour ce qu'elle appelle mes paroles d'espoir. Peut-être avait-elle simplement besoin d'entendre une autre voix que celle de son mari lui dire que l'amour actif peut se vivre chaque jour, que ce n'est pas par des paroles que l'on prouve ses sentiments mais par des gestes quotidiens d'amour et qu'il est important d'y être sensible et d'apprécier l'être que Dieu a mis à nos côtés.

En montant vers Sauboires, je repense à ces deux jeunes commerçants à la personnalité si attachante. Travailler en couple n'est pas forcément idéal car la vie professionnelle prend vite le pas sur la vie familiale et l'enchaînement des longues journées de travail apporte inexorablement des tensions. Je leur souhaite de toujours conserver leur belle harmonie et ce sens de l'accueil.

Je suis enfin arrivé au gîte de Sauboires dont Pierre m'a donné la clé : j'y suis seul et mes ronflements ne dérangeront certainement pas les mouches occupées à tourner inlassablement autour de la lampe qui diffuse une lumière blafarde.

Mon moral est excellent et je me contente d'un repas léger.

Près de la fenêtre, il y a une boîte avec le cachet du gîte que j'apposerai demain sur ma *credencial* pour marquer mon passage ici.

Avant de m'endormir apaisé et heureux, je me dis que ce fut une belle journée de pèlerinage et je prie une dernière fois pour cette famille que je confie au Très-Haut.

54ᵉ jour : Sauboires – Eauze – Séviac
Samedi 7 juillet :
24 km en 12 heures
soit 1 062 km en 483 heures

SAUVEGARDE des MONUMENTS
et SITES de L'ARMAGNAC
VILLA GALLO ROMAINE DE SEVIAC
32250 MONTRÉAL DU GERS

Je pensais atteindre Montréal aujourd'hui mais ça ne se fera pas : j'ai sans doute eu ce qu'on appelle les yeux plus gros que le ventre ! Une pèlerine m'a conseillé de m'arrêter à la villa gallo-romaine de Séviac. À mon arrivée, j'apprends que le gîte est situé sur un domaine où l'on pratique des fouilles et je suis très excité à l'idée que, derrière ces bâches, les archéologues font revivre des mosaïques vieilles de plus de 2000 ans ! Bien que cela soit interdit, je ne peux m'empêcher d'aller visiter le chantier. C'est très impressionnant : armés de petites balayettes et de minuscules truelles, les professionnels de l'Antiquité mettent à jour de superbes fresques qui représentent des scènes de la mythologie dont les couleurs sont encore très belles. Je reste un moment à contempler ces vestiges uniques dans la région. D'ici, les Romains avaient une très belle vue et je m'imagine vivant dans une de leurs grandes villas... Notre gîte est installé dans une maison aux dimensions nettement plus modestes mais qu'importe : c'est super !

Dans la salle à manger, un groupe de Lyonnais s'active tout en plaisantant. Je fais leur connaissance et ils me semblent un peu pressés de terminer leur repas. Me voyant sortir mes provisions, ils me proposent de me joindre à eux pour dîner.

Un quart d'heure plus tard ils quittent le gîte pour s'installer dehors, autour d'une table minuscule. En les observant je comprends qu'ils vont célébrer l'office dans ce lieu magique. L'un d'eux tient un calice dans ses mains : il le dépose délicatement sur la table comme s'il s'agissait d'un autel et entonne un chant religieux. Je dois passer devant eux pour retourner au dortoir, qui est dans une autre partie de la propriété. Je m'arrête un instant car c'est la première fois depuis mon départ de Saint-Jacques que je rencontre un groupe de chrétiens qui disent la messe en plein air. Je reste discrètement éloigné et me recueille un moment pendant que leurs voix mélodieuses résonnent dans ce cadre qui se prête à la méditation. Il fait bon ce soir, le soleil descend à l'horizon. Je sens que cette petite communauté d'amis et de croyants vit son Chemin avec foi. L'un d'eux me fait signe d'approcher : bien que sensible à son geste, je préfère m'éloigner, craignant d'interrompre ce moment de recueillement. Je pense que s'ils avaient voulu que je m'associe à eux pour ce moment de grâce, ils m'auraient invité à la fin de leur repas. Mais ils ignoraient mon intérêt pour les questions spirituelles, ce n'est pas écrit sur mon front !

Je m'éclipse tout doucement vers le chantier de la villa gallo-romaine dont je souhaite absolument terminer la visite ce soir : demain je serai loin lorsque les archéologues reprendront leurs minutieuses recherches de l'époque de Julia Mamaea !

55e jour : Séviac –
Montréal – Condom
Dimanche 8 juillet :
25 km en 12 heures
soit 1 087 km en 495 heures

56e jour : Condom – La Romieu
Lundi 9 juillet : 16 km en 9 heures
soit 1 103 km en 504 heures

57e jour : La Romieu –
Saint-Germain – La Romieu
Mardi 10 juillet : 6 km en 3 heures
soit 1 109 km en 507 heures

58e jour : La Romieu – Marsolan
Mercredi 11 juillet :
10 km en 5 heures
soit 1 119 km en 512 heures

59e jour : Marsolan – Lectoure
Jeudi 12 juillet : 9 km en 5 heures
soit 1 128 km en 517 heures

60ᵉ jour : Lectoure – Barrachin
Vendredi 13 juillet : 10 km en 5 heures
soit 1 138 km en 522 heures

61ᵉ jour : Barrachin –
Castel-Arrouy – Miradoux
Samedi 14 juillet :
10 km en 5 heures
soit 1 148 km en 527 heures

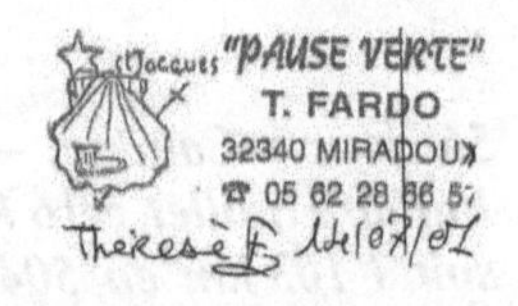

62ᵉ jour : Miradoux – Auvillar
Dimanche 15 juillet :
18 km en 9 heures
soit 1 166 km en 536 heures

Coucou, me revoilà enfin ! Ce soir, je reprends la plume. Ces jours derniers, je me suis laissé porter par le pèlerinage et l'envie d'écrire a été remplacée par une activité débordante. Il est vrai que vu de l'extérieur on peut penser que le pèlerin n'a rien d'autre à faire que marcher, se restaurer et dormir afin de récupérer ses forces pour le lendemain.

Il m'est arrivé un événement exceptionnel cette semaine. La raison essentielle en est l'immense joie que j'ai ressentie de recevoir pendant quelques jours mon épouse et mes trois petits anges : Noémie, Rosanne et Sidonie. Elles sont venues me rejoindre sur le *Chemin des étoiles* à La Romieu dans le Gers afin de parcourir les étapes qui jalonnent La Romieu/

Moissac, sacs au dos et bourdons à la main ! Lorsque Nicole m'a proposé de venir accompagnée de trois de nos petits-enfants, j'y ai tout de suite vu la main de Dieu et pour moi l'occasion de mettre en pratique cet amour « agissant ». J'étais très excité à l'idée de les recevoir et de leur permettre de vivre la vie du pèlerinage. Par un beau soir d'été, elles sont arrivées au gîte de La Romieu où je les attendais.

Après avoir préparé les sacs et programmé la semaine, nous attaquerons en « marche arrière » la première journée par la chapelle Sainte-Germaine (deux kilomètres et demi) pour faire quelques tests de résistance : malgré le dynamisme dont elle fait preuve, je suis un peu inquiet pour Sidonie, qui est si petite ! Nous reviendrons ensuite dormir à La Romieu.

Ce gîte sera complet demain mais ce soir nous y sommes seuls. Les filles sont très heureuses de retrouver leur Papou et de découvrir cette nouvelle aventure. Nicole a préparé un excellent repas : nous « calibrons » nos étapes qui seront relativement courtes (cinq à six kilomètres par jour), à l'exception de la dernière via Lectoure, la plus longue : 12 kilomètres sous un soleil de plomb !

Nous nous arrêtons souvent pour boire et parler avec les autochtones. Nos petites-filles n'ont aucune difficulté à se mettre dans la peau de ces pèlerins chevronnés que l'on reconnaît de loin avec leur bourdon à la main, leur chapeau sur la tête et leur sac à dos. Elles sont mignonnes, nos trois petites marcheuses ! Lorsqu'il faut gravir une côte, Sidonie encourage les autres : « Allez les filles, nous sommes bientôt arrivées ! » Quelle joie et quel plaisir : ces moments de grâce me touchent !

Nous entrons dans le village de Marsolan près de Lectoure avec l'intention de visiter l'église, ce qui nous permettra également d'être un peu au frais ! C'est alors que nous apercevons un pèlerin lourdement chargé : une batterie de cuisine pend à l'arrière de son sac. Sébastien, qui répond au sobriquet de *La Mule*, possède une sensibilité d'enfant. Cet homme n'a semble-t-il pas été épargné par la vie. Il sort de prison. Son allure de légionnaire, son franc-parler et sa volonté de sortir de la délinquance m'ont touché. J'ai avec lui un long entretien authentique.

Sébastien cherche un endroit où planter sa tente. Faire du camping sauvage, seul, et préparer ses repas sur un camping-gaz n'est pas du goût de tout le monde. Certaines personnes pratiquent cette méthode par nécessité : Sébastien en fait partie.

— Les gens sont difficiles et peu coopératifs. Je vis très souvent dans les bois, hors des villes et des villages…

— Ne t'inquiète pas : avec mes petites-filles, nous allons t'aider.

En face de l'église, il y a une maison vers laquelle nous nous dirigeons car je suis quasiment certain d'y trouver la clé de l'édifice, ce qui est le cas dans de nombreux villages du Sud-Ouest.

Nous montons les marches et sonnons à la porte :

— Bonjour Madame ! disent ensemble les trois pistounettes.

J'explique à cette dame ce qui nous amène : par chance, c'est une adjointe au maire.

— Vous pouvez mettre votre tente derrière l'église… Avez-vous besoin d'autre chose ? demande-t-elle compatissante.

Sébastien me regarde. Tout à l'heure, il m'a dit qu'il n'avait plus de beurre : je demande à cette charmante dame si elle n'en aurait pas un petit morceau à lui donner. Elle rentre chez elle et revient avec une plaquette toute neuve qu'elle nous tend :

— Gardez-la !

Nous la remercions vivement. Quelle belle personne ! me dis-je. Sébastien n'en revient pas et se confond en remerciements à notre égard cette fois. Mais Nicole s'impatiente et je dis à notre compagnon que nous devons repartir.

Je suis très ému en le quittant : pendant le peu de temps que nous avons partagé, j'ai senti passer une grande humanité entre nous. Mes petites-filles ont été un peu surprises par cet homme à l'accoutrement rustique qui m'a avoué avec simplicité que son souhait est de se réconcilier avec cette société qui l'a sanctionné, ce que je trouve très beau. Il a ajouté combien il est heureux d'arpenter le chemin de Saint-Jacques : avec une telle détermination, je sens qu'il ira jusqu'au bout !

Je lui souhaite bonne chance et lui redis que je penserai souvent à notre rencontre et prierai pour la réussite de son chemin.

Sur sa jolie carte postale trouvée à mon retour, Sébastien a écrit cette pensée : « Pour la foi que tu m'as communiquée et qui m'a amenée à Santiago ! » Il y est arrivé 45 jours après notre rencontre.

Dans ces moments-là, je sens la présence du Très-Haut qui nous unit par Sa grâce et nous porte, par Son aide, vers nos profonds désirs.

« Sébastien, sache que tu m'as donné toi aussi l'espoir et la foi en l'homme qui sait se relever… »

Permettez-moi de vous décrire une de ces journées passées avec Nicole et mes petites-filles.

Après une rapide toilette et avoir préparé nos affaires, nous contrôlons une dernière fois que nous n'oublions rien dans le gîte pour ne pas avoir à y revenir. Les gourdes sont remplies à ras bord afin d'éviter tout risque de déshydratation.

Les petites demoiselles sont très coquettes : Noémie a orné son chapeau de quelques épis de blé, Rosanne se déplace avec le pas léger d'une danseuse (malgré son sac) et Sidonie serre son doudou sur son cœur pour le protéger de la pluie ou du soleil. Nicole marche le plus souvent en tête du groupe.

Les haltes sont indispensables car la chaleur nous oblige à boire souvent : nous en profitons pour cueillir des fleurs, regarder le paysage – avec une pensée pour les autres pèlerins qui se déplacent en sens inverse – et déposer une petite pierre sur une croix pour marquer notre passage.

Aujourd'hui, je vois bien que les filles rechignent un peu : elles ont le contrecoup de ces journées de marche auxquelles elles ne sont pas habituées.

À l'entrée d'un village, nous trouvons un emplacement près d'un petit entrepôt à l'ombre duquel nous nous installons pour déjeuner. Je préviens les marcheuses qu'il nous reste encore un bout de route à faire avant d'arriver, ce qui n'est pas la meilleure façon de maintenir le moral de ma petite troupe, je le reconnais. Mais j'ai ma petite idée !

Un homme se dirige vers nous et nous souhaite la bienvenue. « Lectoure, c'est encore loin ?... » demandent en chœur les enfants. Je fais un clin d'œil à notre interlocuteur, le maire du village, qui m'a reconnu : nous nous sommes rencontrés hier et il m'a proposé de garer la voiture de Nicole derrière son entrepôt. Mais ma femme et les filles ne sont pas au courant : elles pensent qu'il leur faudra encore marcher tantôt, et peut-être même jusqu'au soir !

Après nous être restaurés et reposés, nous devons penser à repartir. Je demande à mes petites-filles d'aller chercher de l'eau au robinet qui est derrière l'entrepôt. Elle y courent... avant de se mettre à hurler de joie et d'appeler leur Mounette, qui découvre elle aussi sa voiture. Je les ai bien eues !

Quelle joie pour moi de voir le bonheur sur leurs visages épanouis ! Le maire du village nous souhaite un bon chemin, conquis par l'enthousiasme de nos trois « grandes » pèlerines et leur satisfaction d'avoir terminé l'étape du jour plus tôt que prévu ! Nicole n'est pas mécontente non plus de s'arrêter là pour aujourd'hui : demain, il fera jour. Elles vont donc pouvoir se reposer cet après-midi et même faire quelques emplettes.

Après trois jours de pèlerinage, Nicole me dit : « J'aurais bien aimé visiter la région, aller au marché et acheter un peu de foie gras ! »

Je ne réponds pas. Pour moi qui n'ai jamais circulé en voiture et marché du matin au soir chaque jour depuis plus de deux mois, la venue de ma famille a quelque peu désorganisé ce retour que j'effectue simplement mais consciencieusement ! Je me raisonne : « Mon bon Gérard, c'est l'occasion de changer et de faire un geste d'amour : accepte ce que te propose Nicole, trouve un compromis et tu en sortiras grandi ! »

Nous sommes au plus fort de l'été et se déplacer sur le Chemin avec trois petites filles n'est pas simple ! Nous avons dû passer de nombreux appels téléphoniques pour trouver un hébergement et organiser ces journées : heureusement, il y a le *Miam Miam Dodo*[1] de Lauriane et Jacques Clouteau, un guide très pratique et très utile qui porte bien son nom.

À la ferme Barrachin près de Lectoure, Mireille nous a réservé un petit appartement. Noémie, Rosanne et Sidonie sont très heureuses car elles peuvent jouer dehors après leur douche en attendant le repas du soir. Les parents de Mireille s'activent auprès des pèlerins. Le grand-père est un artiste minutieux qui a créé des miniatures à l'échelle 1/50e : ce sont de petites charrettes tirées par des bœufs que l'on a disposé sur une table. Des pièces remarquables et très réalistes, avec tous les détails : le harnais, le joug, les roues de la charrette qui mesurent à peine 30 centimètres de haut. Les petites sont émerveillées. Derrière la maison, la grand-mère s'occupe de sa basse-cour et les enfants courent après les volailles qui n'apprécient pas trop leur exubérance… mais ce sont des enfants des villes !

1. Un guide indispensable qui répertorie tous les lieux d'hébergement et de ravitaillement. Il est édité chaque année par les Éd. du Vieux Crayon.

Pour préparer la prochaine halte, nous téléphonons à plusieurs lieux d'accueil : tous sont complets… mais la Providence veille !

— Allo, Thérèse Fardo ? Nous cherchons un gîte d'accueil pour demain soir… Nous marchons avec trois de nos petites-filles, mon épouse et moi-même…

Thérèse nous écoute. Elle a déjà beaucoup de monde mais elle perçoit notre inquiétude :

— Vous pouvez compter sur moi pour votre petite famille ! Voulez-vous prendre le repas avec les autres pèlerins ?

J'accepte volontiers, soulagé. Elle rajoute :

— Ne vous inquiétez pas, tout ira bien !

Merci la Providence.

Nous arrivons en fin d'après-midi à Miradoux. Thérèse, brave femme et véritable hospitalière, a tout préparé. Nous dormirons dans une grande chambre, trois dans un lit et deux dans l'autre. La table est mise et les enfants dessinent en attendant le repas. Les histoires du Chemin s'échangent entre les convives. Thérèse nous raconte qu'elle était infirmière : une fois à la retraite, elle a voulu aider les pèlerins de Saint-Jacques et a tout simplement ouvert sa maison et son cœur ! Nous sommes vraiment ravis de l'avoir rencontrée et nous mettons volontiers notre contribution dans son petit canard tirelire pour qu'elle puisse encore longtemps offrir cette vie d'hospitalité et d'amitié.

Au petit matin, nous repartons pour Auvillar après que les filles aient dégusté un excellent petit déjeuner préparé avec amour par notre chère Thérèse de Miradoux.

Durant les quatre derniers jours, je marche de 5 h 30 à 13 heures sans sac à dos, puis Nicole et les filles me rejoignent pour un petit repas familial. L'après-midi, nous partons en voiture visiter la région au gré de leurs désirs pour les remercier de m'avoir attendu toute la matinée. J'aurais préféré dormir au gîte de Moissac mais pour être agréable à mon épouse nous terminerons la semaine dans un hôtel honorable, une fois n'est pas coutume ! En vérité, je suis tout de même un peu déçu de perdre l'esprit du Chemin mais cela ne me semble pas grave et je n'en fais pas la remarque à Nicole. Je suis si heureux que cette semaine se soit si bien déroulée !

Au restaurant pendant le dîner, nous rencontrons des pèlerins « trois-étoiles », qui parcourent quelques kilomètres sur le Chemin et rentrent ensuite dans leur gîte-hôtel de charme pour se reposer de la fatigue qu'ils ont accumulée pendant ces trois heures de marche ! La tolérance m'oblige à respecter chacun mais je regrette pour ces pèlerins « de luxe » qu'ils ne puissent partager l'authenticité et la sympathie d'une soirée dans un vrai gîte, même très rustique mais où la bonne humeur fait oublier le manque de confort ! N'est-ce pas là le vrai Chemin ?

63e jour : Auvillar – Moissac
Lundi 16 juillet :
24 km en 12 heures
soit 1 190 km en 548 heures

C'est le jour du départ de Nicole et de nos petites-filles : je suis très ému de les laisser et Sidonie, voyant ma tristesse, se tourne vers moi et me tend sa poupée haute « comme trois fraises ! » Elle me dit d'une voix décidée : « Papou, je te donne Framboise pour qu'elle fasse le chemin avec toi ! » Je suis très touché par son geste innocent : quelle générosité de la part de ce bout de chou ! J'installe aussitôt Framboise sur mon sac ventral pour qu'elle me guide sur le GR 65 puis je mets mes affaires dans la voiture de Nicole qui a gentiment proposé de me ramener quelques kilomètres en arrière, près de Auvillar où nous nous sommes arrêtés hier au soir afin que je reprenne à pied mon pèlerinage là où je l'ai laissé. Nous nous quittons heureux mais le cœur serré et la mémoire remplie de si beaux souvenirs.

Nicole m'a déposé devant la chapelle Saint-Antoine. Il est très tôt et je suis étonné de trouver l'église ouverte à cette heure matinale : j'entre et dans la pénombre, me trouvant seul, je me mets à chanter... L'église vibre et me renvoie l'écho de ma voix. Je m'applique et baisse le ton afin que ce *Notre-Père* que j'essaie de vivre en le chantant résonne aussi dans mon cœur ! Je sais en cet instant que ma journée sera belle car je suis heureux, calme et reposé. « Quelle merveille... c'est un chefs-d'œuvre ! » diraient mes amis mauriciens de l'océan Indien. Je fais le tour de l'église en me demandant qui était ce saint Antoine que je ne connais pas. Je suis tellement bien ce matin que je loue le Seigneur et rends grâce pour cette semaine extraordinaire vécue en famille. Le Chemin me montre ses premiers effets !

J'aperçois la chaire près du pilier et je revois mon enfance à Marseille : les curés s'y installaient pour nous offrir des sermons que seules les grandes personnes comprenaient !

Sans m'en rendre compte, je monte les marches jusqu'à cette tribune surélevée où je n'ai jamais osé monter auparavant... Les bancs rangés tout autour et tournés vers l'autel semblent me regarder. J'imagine l'église pleine de gens les yeux fixés sur moi et pris d'une soudaine envie, je me lance à parler aux chaises vides ! Je leur raconte mon chemin, mes peines et surtout mes joies.... J'essaie d'être convainquant : il faut qu'elles puissent entendre toutes mes confidences ! Le son de ma voix résonne en écho. Je sens bien un peu que je « disjoncte » mais cela me fait du bien et je n'occasionne aucun désagrément à qui que ce soit si ce n'est au Très-Haut, qui doit sûrement faire preuve de compréhension et d'humour à mon égard !

Je ne sais combien de temps je reste là-haut quand un bruit de porte m'arrête dans mon élan : une dame d'un certain âge vient d'entrer, elle allume la lumière et me découvre au pied de l'escalier, pas vraiment surprise. Elle répond gentiment à mon bonjour et j'imagine aussitôt qu'elle va me réprimander pour ce « sacrilège ». Ne l'ai-je pas mérité ? Oser faire un sermon aux chaises de la chapelle Saint-Antoine : je suis bon pour l'asile ! « Attention Gérard, le Chemin te monte à la tête », me dis-je.

Cette personne habite le haut du village et se présente comme la responsable de l'église. Elle attend un groupe de pèlerins qui veut connaître l'histoire de saint Antoine. Ils finissent par arriver avec une heure de retard et descendent du bus sans sacs à dos : je pressens le pire ! Le guide qui les accompagne semble très pressé et un peu excité : alors que la dame invite les visiteurs à entrer dans l'église, il lui répond qu'ils n'ont pas le temps, qu'il s'excuse... et qu'ils doivent partir ! Savent-ils qu'elle est venue spécialement pour eux ? Cela n'y change rien et en un instant nous nous retrouvons tous les deux seuls devant le porche. La « tornade » est passée et les pèlerins-touristes ont réintégré leur car : quelle mascarade !

La vieille dame accuse le coup : elle se tait mais je sens dans ce silence toute sa surprise et sa déception… les bras encore chargés de petits textes photocopiés qu'elle avait gentiment préparés ; en haut des feuilles, elle avait même inscrit son nom : Christiane Laurens. Je comprends aussi que les quelques dons qu'elle reçoit en échange de ces informations sur la vie de saint Antoine lui permettent de continuer à faire vivre cette petite église. Je suis en colère et je me tourne vers elle : « Christiane, si ces pèlerins n'ont pas le temps de visiter ta belle église, moi, je suis intéressé. Peux-tu avoir la gentillesse de me raconter la vie de ce saint et de son ordre des Antonins : j'ai tout mon temps ! »

Heureusement que j'avais lu le panneau d'information en arrivant ! Son visage s'illumine, elle sourit et nous rentrons une nouvelle fois dans l'église. Je fais une deuxième visite avec mon guide remotivée et tellement heureuse de cet auditoire restreint mais attentif : je l'écoute sans l'interrompre car elle connaît parfaitement son sujet…

Je viens d'apercevoir au fond du chœur, dans une chape en forme de bras prolongé par une main, une des seules reliques de saint Antoine qui soit parvenue jusqu'à nous. Ne sachant si Christiane m'a entendu ce matin, j'évite d'évoquer ma folie du sermon en chaire car je pense qu'elle n'aurait pu imaginer la scène : je lui demande simplement si elle peut me donner un de ses textes. En contrepartie, je lui fais un don qui, je l'espère, couvrira celui qu'elle attendait de ces visiteurs à l'humeur changeante ! En définitive, je suis content d'avoir pu compenser un peu le sans-gêne de cette organisation si peu respectueuse des bénévoles et passionnés qui œuvrent pour conserver la mémoire de notre patrimoine. Comment peut-on faire déplacer une personne si dévouée et la laisser tomber avec tant de désinvolture : quel manque de respect ! Nous sommes loin du Chemin et des règles élémentaires de savoir-vivre !

Nous nous embrassons et je remercie Christiane Laurens de tout cœur pour son enthousiasme et sa passion. Je confie cette belle âme au Seigneur et je reprends ma marche jusqu'à Auvillar où je vais retrouver Marc, le postier qui m'a aidé l'an dernier dans la nuit à tailler un bourdon car j'avais perdu le mien. Et pour un pèlerin, c'est un peu une partie de lui-même qui s'en va s'il perd son « compagnon » !

Les retrouvailles sont chaleureuses : Marc se souvient bien de son ami *La Tortue*. Nous refaisons le monde une partie de la matinée…

C'est par le chemin de halage ombragé que je me rends à Moissac où je logerai au gîte et ferai la connaissance de Laurent Denis, un expert du Chemin qui a écrit un manuel pratique très complet[1] pour la préparation au voyage de Compostelle. Après une belle soirée passée ensemble, Laurent se demande s'il va rester à Moissac quelques jours encore ou reprendre son chemin et nous terminons la soirée ensemble devant le verre de l'amitié.

---

1. *Partir à Compostelle* de Laurent Denis (Éd. du Vieux Crayon).

64ᵉ jour : Moissac – Aube Nouvelle
Mardi 17 juillet :
16 km en 8 heures
soit 1 206 km en 556 heures

Hier j'ai bavardé un moment au téléphone avec Florian, mon fils aîné. Nous partageons un tempérament de compétiteurs : il a fait partie de l'équipe de France de saut à ski pendant plus de dix ans et participé à plusieurs championnats du monde. Les chiens ne font pas des chats, dit-on ! C'est sans doute vrai et ce matin j'ai décidé de prendre un peu de temps pour m'adresser à ce fils que j'ai parfois mal compris et un peu délaissé.

« Quel moment agréable et pourtant difficile, de t'écrire, cher fils. C'est toujours une occasion privilégiée de s'ouvrir à ceux que l'on aime même si les personnalités et caractères différents amènent quelques nuages qui se dissipent plus ou moins vite : cela me semble normal. Comme le dit ton beau-frère Jean-Paul : “Vous vous heurtez mais vous conservez en commun l'esprit de famille...” Toi et moi sommes souvent passés l'un près de l'autre sans nous regarder et parfois sur le même chemin sans nous voir. Pourtant un père digne de ce nom devrait avoir conscience de la valeur de l'écoute. Mais pour t'écouter, Florian, il faudrait que tu aies le désir de te confier, d'échanger : de mon côté, je n'ai sans doute pas toujours été capable de susciter tes confidences avec compassion, dans un échange simple, franc, humble et constructif.

« Un jour, au cœur de l'Espagne profonde, j'ai pleuré

en pensant à toi, Florian. Je t'ai parlé longtemps ce matin-là, mes excuses étaient sincères. Je voulais retranscrire sur mon petit carnet de route ce moment délicat d'attention pour toi : pourquoi ne l'ai-je pas fait, je l'ignore ?

« Aujourd'hui je me lance alors que ces souvenirs remontent en moi, dans mon cœur d'homme et de père. J'aurais voulu être plus attentif, plus disponible, plus efficace. J'ai tant d'amour à te donner, à vous donner, et je suis là avec mes regrets, animé par cette foi qui me dit : "Vas-y ! Avance et livre-toi !"

« Vois-tu, Florian, je crois que la Providence existe. À tout moment je m'en remets à elle et quelques minutes après, je suis apaisé. Il y a toujours une solution quel que soit le problème. Nous cheminons sur cette route de la vie faite de rencontres et de partage, qui nous apporte des joies et des peines ; mais nous avançons toujours et notre détermination doit être grande dans l'humilité, la compassion et la charité. Ce chemin, Florian, doit toujours être parcouru avec l'espoir d'atteindre une attitude altruiste et spirituelle : le plaisir est passager, seul l'amour amène au véritable bonheur. J'y ai souvent pensé sur mon *Camino*. Je peux donc le confirmer ici : l'amour pour sa famille, le bonheur de vivre ensemble ne peuvent exister que si nous nous apportons les uns aux autres cette compréhension réciproque. Nous devons être plus ouverts, plus réceptifs : sache que c'est mon profond désir de père et de pèlerin qui continue sa route de la vie et tu en fais partie intégrante. Alors n'hésite pas : si tu as besoin de moi, je suis là, les bras ouverts, avec mon cœur et mon âme, pour toi comme pour ton frère et tes sœurs si vous voulez l'accepter, ce que j'espère.

« Avec mon plus profond amour paternel. »

Ce moment passé à écrire à Florian avant de partir pour Aube Nouvelle m'a complètement libéré et je me sens bien. Il est parfois si difficile d'ouvrir son cœur : est-ce par fausse pudeur ? Ou par crainte d'être mal perçu ? Peu importe ! Je me suis livré simplement et je pense que c'est l'essentiel. *Ultreïa !*

65e jour : Aube Nouvelle – Lauzerte
Mercredi 18 juillet :
13 km en 6 heures
soit 1 219 km en 562 heures

La journée s'est bien passée et je suis content d'être arrivé au bout de mon étape du jour. La nuit descend rapidement sur Lauzerte. Ce village médiéval accroché au sommet de son piton rocheux est un petit supplice pour le pèlerin qui doit le gravir en fin d'étape mais c'est ainsi pour le marcheur qui découvre que les derniers kilomètres sont toujours un peu douloureux…

Allongé sur mon lit, je laisse vagabonder mon esprit en me remémorant la nuit précédente passée sur un des canapés de l'hôtel *L'Aube Nouvelle*… Je suis arrivé très tard et toutes les chambres étaient occupées mais madame Demetz, la propriétaire, a refusé que je dorme dehors et charitablement accepté de m'héberger dans le salon de son hôtel. En contrepartie, j'ai dû partir ce matin avant que les premiers clients ne descendent : ce n'était pas un problème pour moi qui me lève aux aurores chaque jour !

Des coups frappés à la porte du gîte me sortent brusquement de ma rêverie. Il est tard et l'hospitalière qui gère cet établissement municipal de Lauzerte est rentrée chez elle. Dans la rue, des gens s'impatientent devant la porte : je me lève pour descendre leur ouvrir. Trois jeunes gens avec leurs vélos à la main me prennent pour le responsable de l'endroit et me demandent de les recevoir pour la nuit. Je leur explique leur méprise, ce qui les contrarie car ils sont très fatigués par une longue étape de plus de 70 kilomètres, une belle prouesse en cyclo-cross ! Ému par leur désarroi, mon souci pour ces pèlerins en « perdition » l'emporte sur mes scrupules : je prends alors la décision de les faire entrer discrètement. Miracle ! Nous trouvons une chambre libre avec trois lits : c'est la Providence qui nous fait ce clin d'œil ! Craignant de se faire voler leurs vélos, ils me demandent l'autorisation de les monter à l'étage (qui peut le moins…) : je me trouve un peu sans gêne mais au point où j'en suis, j'accepte ! Enfin sereins, ces jeunes vont pouvoir se reposer.

66e jour : Lauzerte – Escayrac
Jeudi 19 juillet :
15 km en 7 heures
soit 1 234 km en 569 heures

Lucette CAUMONT
46800 ESCAYRAC
19 juillet 2001
Caumont

Ce matin, les cyclistes sont partis aux aurores et ne voulant pas me déranger, ils ont glissé sous ma porte un petit mot de remerciements sur lequel ils ont écrit qu'ils n'imaginaient pas trouver une telle compassion.

Je reprends mon chemin dans la joie. Ce petit mot me fait chaud au cœur et je suis heureux que le Chemin m'ait une nouvelle fois offert la possibilité de tendre la main et de faire un petit geste d'amour. Ma journée s'annonce déjà belle…

Comme d'habitude, mon déplacement se fait au pas de *La Tortue* et il est très tard lorsque je sonne à la porte de la petite maison de madame Caumont à Escayrac : j'ignore alors que je vais rencontrer une des grandes dames du Chemin !

Une voix m'invite à entrer : Lucette me reçoit avec beaucoup de gentillesse et d'attention et m'offre un rafraîchissement. Je suis un peu gêné de ne pas l'avoir prévenue mais je sais rarement à l'avance le nombre de kilomètres que je ferai dans la journée et où je dormirai le soir… d'autant que les étapes me réservent parfois des surprises !

J'explique à Lucette que mon intention était d'aller au monastère d'Espeyrac mais il paraît qu'il est fermé : à l'entrée du village, une dame m'a dit que madame Caumont accueillait les pèlerins.

Lucette semble un peu ennuyée car sa maison est petite et elle ne peut loger que quatre personnes… généralement du même sexe ! Ce soir, elle héberge trois jeunes filles étrangères et je dois insister un peu auprès de cette charmante « mamie » dont on sent qu'elle aime rendre service et voir du monde. Elle réfléchit un moment… « Nous allons arranger cela ! » concède-t-elle finalement.

J'entends des pas dans l'escalier : Lucette me présente les trois pèlerines et leur explique que je reviens de Saint-Jacques. Une fois de plus, la magie du Chemin a opéré et je suis définitivement autorisé à m'installer pour la nuit dès que les jeunes filles seront couchées. Lucette nous informe de l'heure du repas : 19 h 30 précises ! Pour patienter, elle nous donne une grosse clé ancienne en nous proposant d'aller nous recueillir dans l'église, le joyau du village, ce que nous faisons très volontiers. Je suis heureux d'une si fraternelle hospitalité.

Au cours du repas, nous apprenons que les Sœurs d'Espeyrac se sont regroupées avec d'autres congrégations religieuses et n'accueillent désormais plus de pèlerins : j'ai bien failli passer la nuit dehors ! Lucette nous raconte sa vie et son désir de vivre avec les pèlerins de Saint-Jacques, notamment pour éviter de sombrer dans la solitude du 3e âge, ajoute-t-elle !

C'est une soirée très sympathique. Lucette fait honneur à cette grande famille des hospitaliers du Chemin : sans qu'elle s'en doute et au vu de son grand âge, je lui décerne le diplôme de « reine des hospitaliers » ! Son charisme et sa gentillesse font de ce lieu d'accueil tout simple une des chambres d'hôtes les plus attachantes de mon chemin !

67e jour : Escayrac – L'Hospitalet
Vendredi 20 juillet :
15 km en 7 heures
soit 1 249 km en 576 heures

Mme. DAUDE Paulette
Bourg - L'HOSPITALET

La journée s'est passée sans grande difficulté et je sais qu'en arrivant près de Cahors, je dois m'éloigner de quelques kilomètres du GR 65 pour rejoindre le petit village de l'Hospitalet et la si gentille madame Daudé : cette ancienne hôtelière-restauratrice à la retraite reçoit les pèlerins dans sa cuisine où elle mijote de délicieux plats régionaux. Ma curiosité m'entraîne à jeter un œil à ses fourneaux, ce qui la fait rire. Elle me rappelle ma maman qui en un rien de temps savait préparer un fameux repas ! Et si par chance ces dames possèdent un bout de jardin potager, elles ont tout ce qu'il faut pour vous ravir les papilles !

Madame Daudé est toute surprise de me revoir. Elle me confie la clé de la petite chambre qu'elle a rénovée à l'arrière de sa maison : « Tu connais ! me dit-elle. Tu seras à l'abri de la route et tu pourras te reposer... Veux-tu souper avec moi ? »

Elle a évidemment remarqué mon intérêt pour sa cuisine !

Je range mes quelques affaires et vais prendre une douche. J'irai ensuite demander à madame Daudé la clé de l'église de l'Hospitalet, où je pourrai tranquillement chanter à tue-tête sans crainte de gêner quiconque ! Je connais ce lieu pour y être venu l'an passé et je me réjouis de le retrouver « comme si c'était hier ».

Pendant l'excellent repas convivial, je m'informe sur l'art culinaire régional tout en dégustant les délicieux haricots du jardin : le cassoulet est une merveille ! Madame Daudé est une fine cuisinière et sa table vaut bien celle d'un trois-étoiles !

La soirée s'avance et se prête aux confidences : elle me raconte la triste histoire de son mari, percuté par une bouteille de gaz qui avait perdu son détendeur. Elle ne s'en est jamais remise.

Madame Daudé se consacre aujourd'hui à sa famille et aux pèlerins de Saint-Jacques. Je passerais volontiers une partie de la nuit à écouter cette formidable conteuse mais je dois dormir si je veux être en forme demain.

68e jour : L'Hospitalet – Cahors
Samedi 21 juillet :
22 km en 12 heures
soit 1 271 km en 588 heures

À 6 heures du matin, comme ma maman l'aurait fait, madame Daudé a préparé un petit déjeuner pantagruélique qu'elle me propose de prendre dans sa cuisine et non au salon comme elle en a l'habitude avec les pèlerins, ce qui est pour moi une marque de sa haute estime ! Je n'oublierai pas cette gentille hospitalière dont l'accueil, en plus d'être chaleureux, a fait renaître les doux souvenirs de mon enfance.

Je me sens léger ce matin même si je sais que la route sera longue : 22 kilomètres pour me rendre ce soir à Cahors. À deux kilomètres à l'heure, je vais devoir marcher environ dix heures, sans compter les arrêts fréquents !

J'aperçois justement devant moi deux jeunes gens qui se restaurent assis au milieu du sentier. Je m'arrête évidemment un moment pour discuter avec eux : ils sont partis depuis plusieurs jours pour rallier Compostelle et Michel a des soucis avec ses pieds, qui le font beaucoup souffrir. Son ami Vincent est inquiet pour la suite.

Je tente de les réconforter : nous sommes en terrain découvert, il est midi et il fait très chaud. Je propose à Michel d'examiner ses blessures. « Peut-être que la Providence nous viendra en aide, me dis-je ! Voyons les dégâts… »

Il enlève ses chaussures : ses pieds sont bardés de « fausses peaux », ces petites compresses plastiques que l'on met sur les points de friction pour éviter les ampoules. J'explique à ces deux jeunes gens que les hospitaliers espagnols sont des secouristes aguerris qui m'ont appris à percer les ampoules, dégager les peaux mortes et nettoyer les plaies : il suffit ensuite d'appliquer de la poudre ou une crème cicatrisante. Quand les ampoules sont percées, on y passe un ou deux fils pour que le liquide puisse s'écouler : ainsi l'ampoule va sécher. D'où la nécessité d'aérer ses pieds le soir dès l'arrivée au gîte et de ne surtout pas appliquer de pansements hermétiques sur des plaies ou des ampoules percées, sinon gare à l'infection !

Je propose à Michel d'ôter ses « fausses peaux » et d'utiliser les techniques des hospitaliers qui ont fait leur preuve, en souhaitant qu'il me fasse confiance et que j'arrive à soulager ses douleurs. Les deux amis se concertent et me disent d'une seule voix : « Vas-y, Gérard ! C'est toi qui reviens de Saint-Jacques et apparemment tu sais ce qu'il faut faire ! »

Flatté du compliment, je me mets au travail ! Je frotte mes mains à la Bétadine et commence par enlever les pansements plastiques. Je comprends immédiatement pourquoi Michel a si mal : les ampoules macèrent depuis trois jours sous les « fausses peaux » et plusieurs blessures se sont infectées. J'explique au jeune homme qu'il aurait été plus judicieux d'utiliser des bandes Elastoplast pour préserver ses pieds fragilisés par la marche et le poids de son sac.

Je suis d'autant plus inquiet pour ce jeune compagnon que je me souviens comment mon entêtement de l'an passé m'a mené tout droit à l'hôpital ! Mais je n'en laisse rien paraître : peut-être nous sommes nous rencontrés à temps !

Je nettoie du mieux que je peux les plaies, perce les grosses ampoules en y faisant glisser des fils préalablement trempés dans la Bétadine et sors ma petite crème « miracle » : un tube de Fucidine, une pommade antibiotique qui évitera l'inflammation et l'infection des plaies.

Je m'active auprès de Michel depuis plus d'une demi-heure et je vois que son moral remonte. Il m'explique qu'il travaille à la communauté d'Emmaüs, œuvre de l'Abbé Pierre. Je leur raconte quelques-unes de mes aventures et ma décision de revenir à Challes avec l'espoir d'un changement notoire dans ma vie. Tous les deux sont très intéressés par cette approche peu commune du Chemin, d'autant que je suis le seul pèlerin qu'ils ont croisé sur le retour ! Les pieds de Michel s'apparentent maintenant à de jolies petites poupées qui vont pouvoir reprendre place dans ses chaussures. Je vois à son sourire qu'il a retrouvé une sensation de bien-être ! Je ne suis pas mécontent de m'être arrêté et d'avoir fait le premier pas…

Sur ma route, j'ai rencontré de nombreux pèlerins avec des difficultés similaires et c'est très dommage : le Chemin doit être vécu dans la joie et non dans la peine, j'en suis ici le témoin.

Je quitte mes compagnons avec un petit pincement au cœur en les confiant secrètement à la Providence pour qu'ils puissent mener à bien leur projet. L'échec est si difficile à vivre pour ceux qui doivent s'arrêter, même si c'est une expérience de plus pour réfléchir et revenir sur le Chemin dans de meilleures conditions. Si on le désire vraiment, il est toujours possible de se relever et de repartir. Je pense quand même qu'il vaut mieux prévenir que guérir !

Je ne peux m'empêcher de vous donner des nouvelles de Michel et Vincent. Après quelques jours, ils se sont séparés puis se sont retrouvés à Saint-Jacques. Vincent a même repris la voie d'Arles pour un second pèlerinage : « Heureux de prendre mon temps pour admirer la beauté des choses et faire de vraies rencontres. C'est très beau, particulièrement le passage du col de Somport dans les Pyrénées. »

Michel m'annonce que ses ampoules ont totalement guéri en deux jours et qu'il a redonné à un étudiant plus nécessiteux l'aide matérielle que je lui avais offerte. Vincent et Michel se sont souvenus de cette belle rencontre à Lascabane près de Cahors avec cette tortue « secouriste » en recherche d'amour et de fraternité.

Aujourd'hui j'ai vraiment pris tout mon temps et c'est ainsi qu'ignorant les capacités journalières de mes jambes, je suis arrivé à 21 h 30 au gîte de Cahors. Les réservations se faisant à l'accueil jusqu'à 21 heures, une affichette annonce que le gîte est complet et que les portes seront fermées à 22 heures précises ! Mais fort de la devise des parachutistes : « Qui ose gagne ! », j'entre dans la place. Des pèlerins m'indiquent où trouver la douche et l'un d'entre eux ajoute que ce gîte pour jeunes travailleurs est bondé. Qu'à cela ne tienne ! N'ayant pas de lit – et pour cause ! – je m'installe sur un des trois canapés du salon jusqu'à l'arrivée vers 22 heures de la responsable du lieu : un peu lâchement, je ferme les yeux et m'enfonce dans mon duvet. Entre mes paupières mi-closes, je vois que la personne tente de savoir qui est cet intrus car elle se retourne et parle avec son adjointe. Elle hésite pourtant à m'interroger… et finit par sortir : la partie est presque gagnée !

Un peu plus tard, je l'entends faire des remontrances à quelques jeunes qui l'ont rejointe dans le couloir, ce qui me confirme que j'ai eu raison de ne pas me faire connaître car j'aurais été refoulé. Ainsi ai-je pu – de manière un peu cavalière j'en conviens – profiter de l'accueil jacquaire que je préconise si souvent !

69e jour : Cahors – Pasturat
Dimanche 22 juillet :
20 km en 10 heures
soit 1 291 km en 598 heures

La grimpette au-dessus du massif qui surplombe le pont Valentré et la ville de Cahors est raide, même si la vue est magnifique : une bonne mise en jambes ! Je marche maintenant depuis plus d'une heure mais le GR demeure introuvable sur le guide topographique. J'interpelle gentiment Framboise mais elle me semble un peu endormie ce matin !…

Je finis pourtant par retrouver un panneau avec les signes du GR et je me rends compte de mon erreur : comme vous l'avez compris, Framboise et moi nous sommes trompés à la sortie de Cahors ! J'aperçois les rives du Célé, petite rivière et affluent du Lot qui serpente dans une charmante vallée longée par un large cirque de falaises calcaires et un village construit sous l'amas de roc dans un arrondi parfait. Les eaux du Célé entourent le château de Sauviac, une grande bâtisse avec de hautes fenêtres et un toit de tuiles qui lui donne l'aspect d'un donjon de château fort. Nous sommes en fait sur une variante du chemin qui va vers Figeac.

Sidonie me demande régulièrement par téléphone des nouvelles de sa « fille » :

— Tu sais ma chérie, elle n'est pas toujours bien réveillée : ce matin, elle n'a pas vu les signes indicateurs de ma route et je me suis retrouvé dans la vallée d'à côté, celle du Célé !

Sidonie écoute et semble inquiète. Deux jours plus tard, elle m'interpelle :

— Papou, me dit-elle, j'ai bien réfléchi : si Framboise dort le matin, c'est que tu ne lui fais pas faire la sieste !

J'éclate de rire avant de lui répondre très sérieusement :

— Bien sûr ma chérie, tu as raison : je te promets qu'à partir d'aujourd'hui, je lui imposerai ce repos…

Ce que j'ai fait, vous vous en doutez !

70e jour : Pasturat – Saint-Cirq Lapopie
Lundi 23 juillet : 15 km en 8 heures soit 1 306 km en 606 heures

Je ne pouvais me rendre à Figeac sans visiter Saint-Cirq Lapopie : ce village médiéval est un pur chef-d'œuvre, l'un des lieux les plus visités de France, dit-on ! Mais je n'arrive pas à m'y promener en simple touriste : mon cœur de pèlerin me rappelle que je dois rester respectueux de ce recueillement que j'ai acquis au fil des jours. Comment pourrais-je l'expliquer ? Si ce n'est par cette réflexion spirituelle qui est la mienne chaque jour. Le gîte communal est très confortable mais mon esprit est ailleurs et je suis incapable de me motiver dans cette attitude de simple touriste.

71e jour : Saint-Cirq Lapopie – Orniac – Sauliac
Mardi 24 juillet :
21 km en 10 heures
soit 1 327 km en 616 heures

Gîte d'Espinières
46330 ORNIAC
Tél./Fax 05 65 31 32 17
24/07/01.

J'arrive au niveau de la rivière vers 19 heures après une étape de 20 kilomètres. Serge, le responsable du camping d'Espinières, voulait que je m'arrête chez lui : c'est un brave homme qui recherche la compagnie. « Je dois m'avancer, lui dis-je. Avec des étapes de 10 kilomètres par jour, je ne suis pas près de rentrer à la maison ! » J'apprécie sincèrement sa gentillesse et son hospitalité et je le quitte à regret.

Je sais qu'à Sauliac, il n'y a pas de gîte pour les pèlerins : mais à Cahors j'ai acheté un matelas de camping gonflable qui me permet maintenant de dormir à la belle étoile… en souhaitant que dame Nature n'arrose par la nuit de gros orages ! Dans le magasin où je suis entré pour acheter cet article, je me suis allongé sur l'un d'eux pour en tester le confort quand j'entends une voix que je connais bien : Jean-Claude vient d'entrer dans l'établissement avec son épouse, Sylvie. Sur le coup il ne me reconnaît pas, ce qui est normal : je sue et je sens le « fauve », et ma tenue de pèlerin et mon crâne rasé n'améliorent pas mon image ! Nous nous connaissons car nous avons des activités professionnelles communes en Savoie. Je vois dans leurs regards une certaine curiosité et un semblant d'hésitation : « Est-ce bien "notre" Gérard ? » Ils doivent s'interroger sur ce qui a bien pu m'arriver ! Je leur explique mon pèlerinage et leur demande s'ils acceptent de prendre quelques affaires pour équilibrer mon sac : pour compenser les 800 grammes du matelas, je dois me décharger d'un poids équivalent, un principe qui fera école ! Je sens que Sylvie a compris le sens de ma requête et je lui offre mon bouquet de fleurs. Jean-Claude, la surprise passée, accepte mon petit sac plastique rempli de divers gadgets qu'il déposera chez moi. Ils sont très élégants tous les deux et moi, je ressemble plutôt au portrait que faisaient mes enfants quand je rentrais d'une longue marche d'entraînement à Challes-les-Eaux : « Papa, on te prendrait vraiment pour un "clodo", avec ton accoutrement de pèlerin ! » Les enfants sont parfois cruels mais l'important pour moi est ailleurs et j'ai souvent pensé qu'à partir de ce jour, je ne me fierai plus aux apparences !

Qu'il fait bon ce soir au bord de cette rivière du Célé qui amène un peu de fraîcheur ! Les chambres d'hôtes dans l'unique foyer rural du coin sont complètes. Heureusement que j'ai pu faire quelques emplettes chez Jeanne, qui tient un petit commerce où l'on vend de tout, du papier toilette aux légumes : son échoppe ne fait pourtant que quatre mètres carrés ! Elle est surprise de recevoir un bouquet de fleurs de ce pèlerin dont elle se méfie un peu :

— Ici, au village, tout a été cassé... me dit-elle.

Et lorsque je demande si je peux visiter l'église, elle me répond un « non ! » catégorique :

— On nous a tout volé !

Me prend-elle pour un vagabond ? Tout ça n'est

pas très réconfortant et ce soir, pour la première fois depuis 70 jours, je vais dormir à « l'hôtel des mille étoiles » sous la Voie lactée, en communion avec tous mes amis pèlerins. Fasse le ciel qu'il ne pleuve pas car je n'ai pas trouvé de grange ! J'aurais préféré éviter cette nouvelle aventure, même si elle n'est pas dénuée d'excitation et de piment. Enfin, je verrai bien comment je réagirai… et cela me rappellera mes camps de jeunesse !

Je savais qu'en juillet et août, il devient hasardeux de trouver des places dans les gîtes où les « pèlerins d'été », par groupes de cinq ou dix, voire vingt personnes, ont parfois réservé le gîte entier et arrivent, en prime, avec leurs véhicules d'intendance ! Imaginez-vous la déception du pèlerin fourbu qui a marché toute la journée et à qui on répond : « Il n'y a plus de place… Allez au prochain village ! » Comme si c'était facile ! Ces personnes n'ont sûrement jamais pratiqué la marche à pied pour être aussi dépourvus de compassion !

Revenons à cette soirée passée près de la rivière. Ah, ces moustiques, quelles sales bêtes ! Elles adorent les veines gonflées d'azote du pèlerin *La Tortue* ! Heureusement que j'ai gardé la bombe anti-moustiques offerte par une gentille pèlerine à Zuberi près de Roncevaux : ce soir elle me sera très utile !

À la nuit tombée, les vacanciers ayant déserté l'endroit, j'ai pris mon bain dans la rivière, à défaut de baignoire, et fait le lavage des vêtements que j'ai étendus près d'un petit cabanon : j'ai même pu me raser. Que demander de plus ? Il ne manque que la nappe et les chandeliers sur la table de pierre ronde que j'ai trouvée près de l'aire touristique dans l'arrondi de la rivière ! Je me prépare un excellent repas : melon, tomates, camembert avec du beurre et biscuit arrosé d'orange… c'est vraiment Byzance !

Être seul ne me dérange pas mais j'aurais volontiers partagé ce succulent souper avec un autre pèlerin. Je vais maintenant aller chercher un petit coin sympa pour inaugurer mon matelas pneumatique. Même si je fais le malin, je n'en pense pas moins car je sais que mon dos supporte mal le sol dur et je m'interroge sur ce que me réservent les prochaines heures…

La nuit descend rapidement et je dois préparer mon lit. Après avoir récupéré mes affaires encore humides et les avoir étalées au bord du Célé, je les mets dans un sac, prévoyant de m'en occuper à une halte du lendemain. Le matelas gonflé et le tapis de sol étalé, j'ai besoin de m'occuper de moi intimement : pour la deuxième fois en 70 jours, je souffre de la *tourista* du pèlerin (en un mot, des coliques aiguës). Cela vous semble probablement anodin… et pourtant ! Quand on est loin de chez soi, en pleine nature, il faut faire front, ce qui incite à l'humilité car on « se vide » en un instant. En faisant ma toilette, je me rappelle que l'an dernier Guy, surnommé *Le TGV*, et Alain, un autre pèlerin, avaient bien ri lorsqu'ils avaient découvert, en regardant le point de vue sur le pont de Livinhac, un troisième pèlerin soignant sa petite personne, nu et assis dans l'eau sous le pont ! Ce genre de situation n'est pas très agréable… mais c'est la vie !

Les derniers vacanciers ayant rangé leurs tables pliantes et repris le chemin de leur hôtel ou de leur camping, j'ai maintenant la rivière pour moi tout seul !

Je crains tout de même d'être surpris en train de faire mes ablutions… Pour un peu, je me croirais dans les eaux du Gange : sauf que ma posture n'a rien d'une attitude de prière. Pour comble, ma petite lampe de poche vient de rendre l'âme. Depuis mon départ de Saint-Jacques, je n'ai pas encore changé la pile. Je m'installe sous les arbres et en tâtonnant dans le noir je finis par trouver mon petit sac où sont rangés mes dosettes de sucre, café et thé, le briquet, les allumettes… et enfin les piles ! Le halo de ma lampe me révèle alors l'exiguïté de ma « chambre exotique » et de mon couchage. Je décide de rester habillé avec pantalon, petite polaire, chaussettes et hop ! dans le duvet, la tête sur le sac à dos, mes affaires personnelles toujours près de moi.

Soudain, une voiture braque ses phares sur moi : est-ce par curiosité ? ou des personnes mal intentionnées qui traînent le soir sur les aires de repos ? Dans la nuit noire, seules les lampes du village indiquent une présence. Par précaution je sors de mon sac ventral ma bombe lacrymogène. Que ferais-je si, du coin des bois, des individus se dirigeaient vers moi ? Parfois on risque sa vie pour un peu d'argent ! Je pense aux pèlerines qui peuvent être confrontées à ce genre de situations dramatiques. Il me reste à espérer que la Providence veille une fois de plus sur son pèlerin ! Et je me dis en moi-même : « Raisonne-toi Gérard ! Cette voiture n'a fait que tourner et n'est pas revenue ! »

Quelque peu rassuré par mes propres arguments, je cherche le sommeil. Le matelas, installé sur un terrain légèrement en pente, fait comme un toboggan et je me retrouve rapidement sur l'herbe !

À 2 heures du matin, je me réveille totalement

calme et sécurisé : ce silence nocturne me surprend. Je m'assois un moment sur une pierre pour contempler la voûte céleste : que c'est beau ! Pourquoi n'ai-je pas pensé plus tôt à contempler le ciel pendant toutes ces nuits estivales ? Je trouve la Grande Ourse mais pas la Voie lactée et mes pensées vont vers mes frères pèlerins en marche vers Saint-Jacques. Je cherche aussi la constellation du Cygne que Laurent m'avait montrée l'autre soir à Moissac : il m'a même expliqué comment me déplacer la nuit en regardant les étoiles mais je ne suis pas très doué ! J'aperçois un satellite qui sillonne le ciel et des avions avec leurs feux clignotants rouges, jaunes et verts. Je suis bien !

Une prière monte en mon cœur et remplit mon âme : « Mon Dieu, Vous qui avez créé le ciel et la terre, Vous qui gérez nos vies d'hommes, aidez-moi à devenir meilleur, apportez-moi Votre attention particulière pour que je puisse enfin m'accepter avec mes qualités et mes défauts, que je sache donner cet amour "agissant" comme je le désire tant, à mon épouse, mes enfants et petits-enfants et que je réalise l'an prochain une retraite pleine d'action et d'amour. Mon Dieu, j'aimerais pouvoir dire comme sainte Thérèse de l'Enfant Jésus : "Je veux passer le reste de ma vie au ciel pour répandre sur terre un amour pur", et j'ajoute "actif". Permettez-moi aussi d'apprendre le détachement matériel et affectif. Je réfléchis beaucoup, Mon Dieu, sur ce que nous possédons, sur les êtres chers qui nous entourent et je me suis dit cet après-midi : "Et si demain tu perdais l'un de tes enfants ou petits-enfants, ou ton épouse, comment réagirais-tu ? Tu ne peux demander à Dieu de les protéger eux seuls, sans penser aux autres !" »

Chacun a le droit d'émettre sa demande avec ferveur. Mais si l'irréparable arrivait ? ! Avec quatre enfants et neuf petits-enfants, cette question revient souvent pendant les longues heures de marche, sans doute amplifiée par la fatigue. Je pense à Louis qui a perdu son épouse Emmanuelle et ses deux petits, Delphine et Charles : en cet instant, il est là auprès de moi comme sur cette route rectiligne d'El Burgo Ranero où nous nous étions rencontrés. Lui-même a hésité sur le nouveau sens à donner à sa vie et c'est vers le bouddhisme qu'il s'est tourné pour survivre et tenter d'accepter ce drame affreux. Un instant, il a pensé à se suicider et sans doute par instinct de survie, il a tout de même décidé de continuer à vivre : c'est ce qui l'a conduit sur le Chemin pour trouver la force de soigner cette terrible blessure. À 35 ans, ça doit être très dur de vivre chaque nouvelle journée ! Que ferais-je si cela m'arrivait ? Je ne peux (et ne veux sans doute pas) répondre à cette douloureuse question… Pour sortir de cet état de torpeur et retrouver le moral, il ne me reste que la prière ! Après un *Notre-Père*, je me dis qu'il faut dormir, car demain la route est encore longue pour rentrer à la maison. Je m'enveloppe dans mon duvet, rabats ma cape sur ma tête pour me protéger de la rosée du matin et après m'être retourné deux ou trois fois, je finis par m'assoupir. Et qu'importe si je suis réveillé à plusieurs reprises pendant la nuit : l'essentiel est de ne pas souffrir du froid et de quitter ces mauvaises pensées.

72e jour : Sauliac –
Marcilhac-sur-Célé – Saint-Sulpice
Mercredi 25 juillet :
15 km en 7 heures
soit 1 342 km en 623 heures

Au petit matin, le champ autour de moi est couvert de minuscules gouttes d'eau qui scintillent sous le soleil levant : l'humidité s'est infiltrée dans mon duvet. Il est 6 heures et il me faut partir car la journée sera chaude. Dans cette vallée, les causses sont très belles mais les montées et descentes dans les chemins « n'inspirent pas la monture » ! Me revoilà marchant sous le soleil ardent, suant et trébuchant sur les pierres du chemin.

Après m'être restauré vers 10 heures dans un petit camping, j'ai pu prendre des nouvelles de Nicolette, mon épouse, et parlé à Mathis (2 ans et demi), un des jumeaux, ainsi qu'à Joffray, leur papa. Béril n'est sûrement pas loin. Mathis me demande :

— Papou, pourquoi tu restes à Compostelle. Je m'ennuie de toi… Pourquoi tu ne reviens pas ?

J'essaie de lui expliquer ma longue marche… puis je me tais, imaginant son petit visage d'ange : mon cœur s'émeut à un tel élan d'amour. À son tour, Béril m'interroge :

— Quand est-ce qu'on viendra te voir ? Nous aussi, on veut aller à Compostelle !

Qu'il est doux d'entendre ces jolies paroles d'enfants.

J'explique à Nicole que je commence à distinguer les disparités notoires entre les marcheurs que je rencontre : les randonneurs, les pèlerins, les pèlerinsrandonneurs « à la semaine », ceux qui se font assister d'une voiture et les rares pèlerins, souvent seuls, qui sont partis pour un mois ou deux afin de rejoindre Saint-Jacques. Ceux-là s'arrêtent toujours pour converser avec moi un moment. La plupart sont très curieux et intéressés. Leur attitude me permet de les classer dans les pèlerins « authentiques » : ceux qui sont sur le Chemin avec l'intention de trouver des réponses à leurs questions, des contemplatifs, des « purs » qui viennent louer le Créateur pour le bonheur et la joie qu'Il leur a donnée. C'est ce qu'on appelle la « louange » : pourquoi ne savons-nous plus apprécier notre quotidien et dire simplement merci ? !

Il est 16 heures. Je rafraîchis mes pauvres pieds dans les eaux du Célé, assis sur les marches d'un ponton à l'écart des touristes qui n'hésitent pas à se baigner. Les enfants d'une colonie de vacances barbotent malgré un arrêté municipal qui interdit pourtant la baignade car les analyses de l'eau faites par la DDASS sont positives. La pollution, quoi ! Voilà ce que l'on trouve aussi sur ce chemin. Et je me demande à quoi sert d'enfreindre ces consignes… mais c'est une autre histoire !

Près de moi, Bernard fait boire sa jument Déborah : équipé comme un pèlerin, il randonne simplement le long de la rivière. Je le trouve particulièrement sympathique et nous partageons quelques propos et notre repas. Son métier est un peu particulier : « Tapissier de cercueil, dit-il en plaisantant. Je fais le dernier costume ! »

Sa blague est un peu macabre mais nous en rions ensemble.

Je suis sûr qu'un jour il ira vers Saint-Jacques ! Avant de reprendre ma route, Bernard me conseille d'aller visiter la ville ainsi que l'église où a été organisée une belle exposition de photos sur le pèlerinage de Compostelle.

La montée sur le plateau de Saint-Sulpice est très raide. Je passe le château le long des falaises creusées par la rivière et je m'arrête un instant à l'église qui est ouverte. Quelques chants d'allégresse et de prière résonnent encore ce soir comme un remerciement pour cette bonne journée. Alléluia !

Une présence à la porte arrête mon élan : un homme s'active autour des affichettes. Je me présente : « Je suis un pèlerin de retour de Compostelle... » Cette personne est le curé de Saint-Sulpice, qui vit à Cajarc, à 13 kilomètres de là. Il a l'air très pressé et j'ai l'impression que randonneur ou pèlerin, je ne l'intéresse guère. À peine l'ai-je remercié d'avoir laissé la porte ouverte et préparé une obole pour son église... qu'il a disparu. Je cherche un tronc : il n'y en a pas ! Je remercie encore une fois Dieu dans sa maison et vais me trouver dans cette vallée, pour la troisième nuit, une « superbe suite » à l'hôtel de la Voie lactée... Et j'en suis finalement assez heureux !

En pleine garrigue, au milieu des crottes de moutons et entre les petits arbustes, j'ai dégotté un confortable tapis d'herbe qui fera un lit tout à fait convenable : un vrai coq en pâte ! L'expérience de ma première nuit à la belle étoile va certainement m'être très utile. Pour éviter d'être à nouveau trempé par la rosée, et n'ayant pas de couverture de survie, je me protège avec deux sacs poubelles de 100 litres que j'ai récupérés cet après-midi. Bien calé et les yeux rivés sur la voûte céleste, je peux ainsi profiter de cette vue à 180 degrés sur le ciel pour en garder l'image dans mon cœur.

Ce soir dans une ultime prière de remerciement, mon âme cherche à s'élever : le coucher de soleil est fabuleux. Le ciel bleu pastel est strié de nuages blancs recouvrant peu à peu le soleil qui offre encore quelques dominantes orange et jaunes, tel un peintre sur sa palette. Imaginez ce moment exceptionnel et privilégié ! Ce spectacle splendide est gravé en moi comme un souvenir très précieux. Puis les tons virent rapidement au rouge et une traînée blanche raye le ciel. J'ai une pensée pour ces gens qui s'envolent vers leur lieu de vacances, peut-être des horizons lointains. Une seconde trace marque l'azur : je suis sûrement sous un couloir aérien !

Les animaux se sont tus sur mon campement, j'aperçois alors à l'est de petits nuages roses comme des fleurs dessinées dans le ciel qui s'assombrit en teinte violette : il va peut-être pleuvoir demain ? Je me tourne en direction de l'ouest où apparaît la lune à son premier quartier. En quelques secondes, le ciel est redevenu tout rose. Les nuages tels des dentelles ont pris la couleur du soleil couchant ! Je suis là tout seul en pleine nature : combien de spectateurs ce soir ont applaudi au coucher du soleil en remerciant le Créateur pour les joies qu'il nous donne ? Cette soirée est la plus féerique que j'aie vécue depuis mon départ : quelle merveille !

Je prépare mon couchage : matelas, protections,

duvet, vivres dans le sac, pantalon, etc. Je m'enduis le corps de citronnelle en prévision des attaques de moustiques et afin d'être plus à l'aise pour dormir, je décide de me couvrir un peu moins. J'ai hâte d'admirer la voûte céleste. La clarté de la lune empêche encore les étoiles d'apparaître : pourtant, elles sont là ! « Comme la présence de Dieu, on ne le voit pas, mais il est là ! » me dis-je. Encore quelques instants d'attente... je ne veux surtout pas m'endormir !

Les cigales se sont tues et les criquets s'activent tout comme les moustiques qui attendent la pénombre pour attaquer. Mais je me cache dans mon duvet, tant pis pour eux ! Seul mon visage émerge de la capuche. J'attends le coucher de la lune : mes paupières sont lourdes et même si je tente de résister, la fatigue accumulée prend le dessus et je m'endors comme une masse... dommage !

73e jour : Saint-Sulpice – Béduer
Jeudi 26 juillet :
21 km en 10 heures
soit 1 363 km en 633 heures

Camping "LA PLANQUETTE"
M. BACALOU
46100 BEDUER
Tél. 05 65 40 03 43 - 05 65 40 01 36

Les sacs plastiques m'ont protégé de la rosée. Tout en préparant mes affaires, je regrette un peu de m'être endormi si vite mais une fois debout et heureux d'être en pleine nature, je me mets à chanter ! Lorsque le soleil se lève, je suis déjà loin. Peut-être que la Providence m'offrira un bon petit déjeuner : l'espoir fait vivre !

Les rencontres sont peu nombreuses sur les sentiers des causses et les randonneurs ont remplacé les pèlerins. Je m'approche d'un groupe de sept personnes venant de Lyon pour huit jours, dont Brigitte qui m'interroge :

— Ce doit être dur d'être seul ?

Je lui réponds par une boutade en souriant :

— C'est, je crois, plus difficile de pérégriner à sept ou à huit que tout seul… et puis, je peux m'arrêter et palabrer à mon aise !

Elle hoche gentiment la tête en guise d'acceptation. Ses amis rigolent en douce. Et je me dis qu'en définitive, c'est parfois un avantage d'être seul…

Sur un petit chemin escarpé je rencontre Maria, une Espagnole très élégante d'environ 50 ans qui va au Puy et ensuite à Pampelune. Elle est en retard car deux pèlerins belges l'ont mal informée et elle s'est perdue. Confuse, elle me dit avoir pris le bus : je lui réponds que ce n'est pas très grave !

Quatre autres pèlerins « à la semaine » venus d'Orléans et de Paris m'interpellent. Françoise me dit :

— Tu vas voir, ça grimpe vraiment longtemps… on te plaint !

Cela me rappelle que des pèlerins m'avaient fait la même observation dans la montée de Triacastela en Espagne (une grimpette de 12 kilomètres). Et pourtant avec l'aide des forces divines j'avais réussi à atteindre le sommet !

Je lui montre gentiment son manque de compassion :

— Tu sais, je viens de réaliser 1 350 kilomètres à pied : alors une montée de plus ou de moins, ça ne me gêne pas. Et puis je préfère monter que descendre… en plus, j'ai tout mon temps !

Ah, ces gentils pèlerins !… Certains ont toujours le bon mot ! Mais peut-être suis-je moi aussi un peu moqueur dans ma vie professionnelle ? Une fois rentré, il sera bon de me le rappeler !

À 10 h 30 je fais la pause avec Daniel et Évelyne qui arrivent de la Côte-d'Or. Daniel a fait l'an dernier l'aller et le retour : cette année, en mai, il était en Espagne et maintenant il fait la partie française. Quel pèlerin ! Il me dit avoir rencontré le mois dernier un Marseillais qui remontait et qui avait mal à une cheville. Je lui demande :

— Ne s'appellerait-il pas *La Tortue* ?

— Eh oui ! Comment le sais-tu ?...

— *La Tortue* est devant toi ! Tu vois, elle avance à son rythme...

Nous nous congratulons comme deux vieux copains qui se retrouvent ! Je suis très heureux de le revoir : j'apprécie et retrouve son sourire et, fait étrange, je « reconnais » ses petites jambes maigrichonnes mais combien efficaces qui m'avaient tant impressionné la première fois que nous nous étions croisés !

Ce chemin de Saint-Jacques réserve toujours des surprises !

Daniel me rappelle l'anecdote que je lui ai racontée lorsque je suis arrivé fourbu au gîte d'Estella en Espagne où Carlos avait dit à la cantonade que « les pur-sang partent de Roncevaux et s'arrêtent à Burgos alors que les tortues... vont à Compostelle ! »

Quelle mémoire : j'en suis tout surpris !

En cette fin d'après-midi, la pluie me surprend : j'espérais pourtant arriver avant l'averse !

Un autre cérémonial se met en place : il faut changer de tenue, mettre les chaussures montantes, le poncho et le sursac en nylon pour protéger le sac à dos. Je suis fin prêt pour affronter la bise et l'orage !

Le moral est comme le temps et je me rends compte qu'il est trop tard pour atteindre ce soir le gîte de *La Cassagnole* près de Figeac.

J'arrive au camping *La Planquette* à Béduer vers 20 h 30. Ce lieu me rappelle les petites guinguettes de Marseille : une vieille bâtisse, un plan d'eau, quelques parasols… Émeric vient d'arriver : ce jeune randonneur du Nord entame un circuit touristique sur le GR 65. Maurice, le propriétaire de l'endroit, lui demande de me faire visiter le gîte qui est au bout du pré : c'est une petite bâtisse pouvant accueillir dix personnes.

La douche est très chaude : hormis les moustiques, la nuit devrait être reposante et par ce mauvais temps, je ne dormirai pas dehors cette nuit !

Émeric s'est laissé prendre, croyant qu'il y avait une épicerie au village : « Ce n'est pas grave, lui dis-je, nous allons souper ensemble, j'ai tout ce qu'il faut ! »

Nous sortons une table pour profiter du coucher de soleil et engageons la conversation sur sa vie, la mienne, le pèlerinage… Ses inquiétudes sont grandes car c'est son premier jour de marche : pourtant son équipement est parfait, peut-être un peu trop… il le constatera dans les prochains jours ! Il est professeur de philosophie dans le Nord. Son petit bouc et ses lunettes me font penser à Louis Jouvet dans le *Topaze* de Marcel Pagnol. Au fil de la conversation, je comprends que ce garçon de 27 ans cherche l'amour ou au moins une rencontre féminine.

Je lui fais la « promotion » du Chemin et lui dis ce que j'en pense pour un jeune comme lui. Il écoute : ses yeux rieurs et malicieux éclairent son visage quelque peu sévère. Je pense qu'il devrait changer de look pour retrouver une allure plus jeune et être ainsi plus séduisant pour les jeunes filles. Peut-être que son métier de prof l'incite à se vieillir et à se cacher derrière sa barbe ? J'aimerais pouvoir lui en parler franchement, mais je n'ose pas, j'ai peur de le vexer. Je l'encourage à dialoguer avec les pèlerines qu'il va rencontrer : il est important qu'il laisse parler son cœur ! Notre petit casse-croûte savoyard se termine. Un repas froid tout simple mais une nouvelle fois, c'est ce moment de partage fraternel qui donne tout son sens au mot « copain » : partager le pain. Émeric ne peut plus s'arrêter de parler et semble peu pressé d'aller se reposer : il a trouvé quelqu'un à qui il peut confier ses petits secrets intimes. Je lui suis reconnaissant de sa confiance : la Providence fera le reste… et il est temps de recharger les accus !

74e jour : Béduer – Figeac
Vendredi 27 juillet :
14 km en 6 heures
soit 1 377 km en 639 heures

Maurice arrive à 7 h 30 pour préparer le petit déjeuner. Émeric dit avoir passé une bonne nuit, ce qui est mon cas également. Il ajoute que je ronfle en apnée ! C'est surprenant : il paraît que je m'arrête de respirer pendant un certain temps et reprends ensuite mon ronflement. Et si un jour j'arrêtais de respirer complètement : ce serait une belle mort, non ?

J'offre à Émeric une pierre qu'il mettra à la Croix de Fer de Rabanal del Camino. Je crois qu'il est arrivé au gîte comme randonneur et en repartira avec l'esprit pèlerin : c'est en tout cas ce que je lui souhaite.

Nous nous disons au revoir : Émeric ému me remercie de cette soirée qui l'a marqué, me dit-il, et j'en fais de même. Je suis très heureux de ce temps de partage et je remercie la Providence de m'avoir aidé dans mon petit rôle d'initiateur lors de cette brève rencontre. Il est très agréable d'offrir son expérience personnelle et j'en suis, pour une fois, récompensé : les années qui s'accumulent aident à la psychologie et à l'écoute…

« Il pleut, il pleut, bergère… » chanté-je abrité sous la capuche de mon poncho pour affronter la pluie. Sur la route grise, j'avance à travers un voile de vapeur d'eau qu'on nomme le crachin, on n'y voit pas à dix mètres ! Heureusement le gîte de *La Cassagnole* est tout proche. Mes bras, mes jambes, mon dos tout comme mes pieds, ont ce matin des difficultés à s'animer. « Il faut être un peu masochiste quand même », me dis-je. Et je me remets à chanter : les soucis comme le mauvais temps finiront par se dissiper. Gardons une attitude positive, c'est la moindre des choses !

Au gîte, Michèle la propriétaire donne un cours de calligraphie. Elle m'aperçoit et m'accueille, heureuse de retrouver ce pèlerin qui lui avait commandé plusieurs œuvres l'an dernier. Elle anime un petit atelier avec des jeunes filles qui séjournent à *La Cassagnole*. Jean son mari est patraque aujourd'hui ! Il pense couver une angine ou une petite grippe et il n'a plus d'analgésique !

Nous évoquons mon passage précédent et cette nuit au cours de laquelle, pour ne pas déranger une pèlerine qui avait horreur des ronfleurs, je m'étais installé dans la cuisine où j'avais bien dormi. Mon départ de très bonne heure n'avait dérangé personne sinon les moustiques qui auraient bien aimé continuer un brin de conversation avec moi : une aubaine pour eux !

Spontanément Michèle m'invite à partager leur repas, ce que j'accepte avec joie. Jean ajoute que si son épouse m'accueille à leur table, je ne peux refuser ! Ce couple d'artistes hospitaliers semble très heureux. Leurs trois enfants sont grands et ont quitté la maison. Michèle a un talent fou mais elle manque d'inspiration en ce moment et dit qu'elle n'a pas assez de temps pour travailler son art. Jean, avec ses cheveux bouclés blonds qui en font un éternel adolescent, plaisante malgré la fatigue. Je vais chercher ma trousse à pharmacie pour lui donner quelques cachets. Des amis de leur association *La Cassagnole* sont arrivés : Roseline et Jean-Michel avec leur fille Sophie.

Au sous-sol d'une ancienne maison du hameau, près du four à pain, Jean et Jean-Michel veulent aménager un espace de silence et de méditation qui sera tout à fait dans l'esprit du gîte. Je trouve l'idée superbe mais les fouilles s'avèrent difficiles. Ils tiennent à me montrer l'endroit et je descends avec eux dans la cave. Entre deux rochers, dont les larges veines ont une belle couleur ocre, suinte une petite source : Jean-Michel veut réaliser une coquille Saint-Jacques pour y recevoir l'eau pure qui s'écoule lentement. Les pieds dans la gadoue, il travaille dur pour finir son « œuvre » avant le repas ! Son épouse voudrait bien qu'il se change pour le déjeuner mais il est obstiné.

Lors du repas simple et convivial, j'apprends que Jean-Michel et Roseline font partie d'une communauté de renouveau charismatique. Ils sont allés pendant une semaine l'an dernier voir le frère Roger dans ce lieu magique de Taizé. Au cœur de ce petit village, 300 000 jeunes européens s'étaient réunis pour la venue du pape Jean-Paul II. Nous échangeons nos réflexions sur la passion, l'obstination, le partage, la tolérance et tous les chemins d'amour qui doivent régir nos vies.

Jean me propose de dormir cette nuit à *La Cassagnole* : « Il n'y a personne ! » Mais pendant le repas, le téléphone n'arrête pas de sonner : en définitive, le gîte sera peut être bien rempli ce soir ! Pour demain, il est déjà complet.

Plus de 4 000 personnes passent ici chaque année, randonneurs et pèlerins : 3 000 pèlerins pour 1 000 randonneurs. Jean constate que parfois les pèlerins tiennent des propos qui les assimilent plus à des touristes qu'à des pèlerins et que c'est un peu lourd quand on est tous les jours « en service » !

Élisabeth, hospitalière suisse et professeur, est venue se ressourcer sur le Chemin avant de reprendre ses cours. C'est une femme discrète mais elle acquiesce quand nous disons que *La Cassagnole* devrait être implantée plus loin sur le Chemin. Beaucoup de pèlerins démarrent ici, la plupart ne sont pas encore « pétris » par le pèlerinage et leurs exigences dépassent souvent celles d'un pèlerin respectueux de son état : le plaisir d'un lit, une douche, un bon repas et des temps de partage. Ce sont les conditions de vie du pèlerin d'aujourd'hui, les mêmes depuis 1000 ans, hormis le fait que nous avons des équipements modernes et que nous subvenons mieux à nos besoins. Notre hygiène a heureusement changé et nous pouvons être tous les jours propres et rasés de près. Je dis cela car malheureusement quelques originaux, peut-être par nostalgie du passé ou par manque de vigilance, se laissent aller et ce n'est pas toujours agréable de les côtoyer le soir dans les gîtes ; mais il est important aussi de vivre cette épreuve qui, je pense, amène le pèlerin à plus de tolérance…

Michèle nous raconte des anecdotes de pèlerins qui se vantent de venir sur le Chemin pour vivre au crochet des autres. Je ne fais aucun commentaire mais je revois un instant les visages de ceux que j'ai essayé d'aider : Albert, Tony, Isabelle, Marika, Vincent, Michel, Pierre et les autres… Pour moi, pas de regret : le Chemin est celui de la vie. On peut toujours – et on doit même – être la Providence de quelqu'un : c'est tellement plus beau et gratifiant lorsqu'on lit le remerciement dans les yeux de celui que l'on a aidé, si peu que ce soit. Cette attitude doit devenir naturelle, le chemin « s'efforce » à nous éduquer !

Michèle et Jean me disent qu'ils sont heureux de pouvoir mettre enfin un visage sur le courrier et les petits santons qu'ils ont reçus du pèlerin *La Tortue* cet hiver.

Je quitte à regret mes amis : « Le pèlerin doit avancer pour rentrer chez lui, dis-je à Jean. Merci à vous deux, vous m'avez touché au cœur, simplement, comme souvent on peut l'être sur le Chemin ! »

Figeac est là, dans la vallée. Jean m'a donné le guide qui relie cette ville au Puy. Je pourrais simplement la contourner, mais je décide d'y entrer, poussé par la curiosité de la découverte : et puis j'ai des emplettes à faire pour demain. Il est 19 heures et l'église va fermer ses portes : le prêtre est pressé, dommage ! Je retrouve le même petit hôtel où je me suis arrêté l'an dernier : je vais pouvoir me restaurer et me reposer dans une chambre minuscule perchée au dernier étage de l'auberge.

75e jour : Figeac – Felzins
Samedi 28 juillet :
13 km en 6 heures
soit 1 390 km en 645 heures

M. Mme SERRE Claude
Ferme Equestre
Le Communal
46270 FELZINS

Au petit matin, je prépare mon départ depuis une heure. Le ciel est couvert. Une fine bruine tombe sur la ville. De ma chambre, je vois le toit des maisons de la vieille cité et à leurs pieds, les halles où les maraîchers s'activent et papotent en montant leurs étals. Leurs toiles de tentes et les cagettes de fruits et agrumes multicolores font une composition harmonieusement colorée qui ravirait photographes et peintres. Le lit prend toute la place et il n'y a pas de table : c'est donc inconfortablement installé que j'écris ces quelques lignes.

Hier au soir, je suis descendu en ville où j'ai rencontré Paul et Coralie, deux jeunes sympathiques autochtones qui « sortent » ensemble depuis trois mois. Ils sont pleins d'enthousiasme. Lui contrôle les pièces des hélicoptères, elle fait de l'intérim dans un laboratoire.

Demain, elle ira servir un repas pour arrondir son mois.

Paul me raconte sa jeunesse dans une cité de Toulouse et la délinquance : ce sont les grands frères des cités qui devraient parler avec les plus jeunes pour leur éviter de faire des bêtises et de se retrouver en prison. L'État devrait aider les associations dont le travail est souvent remarquable dans ces lieux où la vie n'est pas toujours facile.

Nous parlons longuement du Chemin. Cette conversation m'apprend de nombreuses choses sur les jeunes des cités et cette rencontre confirme mon désir de m'occuper d'enfants et d'adolescents en difficulté. Comme vous l'avez compris, je ne crois plus au hasard : bien au contraire, je sais que la Providence me conduit vers ma future mission.

Ces jours derniers, les grosses chaleurs sont arrivées mais le temps tourne souvent à l'orage. Espérons qu'avec un peu de chance, nous passerons au travers ! Depuis deux jours, nous avons entendu tonner mais les gros nuages noirs sont allés éclater et décharger grêle et pluie sur la région voisine, très vallonnée.

Je retrouve une verte campagne parsemée de petits villages. Les surfaces cultivées sont ici bien moins importantes qu'en Espagne : les bosquets d'arbres et les forêts recouvrent la quasi totalité des chemins empruntés. Francis et Jean-Paul, deux agriculteurs, m'ont appris ce qu'est l'ensilage : un compost alimentaire de maïs broyé mis en tas ou en silo, fermenté comme de la choucroute. Il paraît que les animaux en raffolent, mais l'odeur est très forte.

Il fait mauvais temps mais la visite de Figeac ce matin avec l'animateur du marché m'a remonté un peu le moral et la rencontre avec le père Roger à l'abbaye Saint-Sauveur m'a remis en selle. D'autant que j'ai été accueilli dans l'église par trois musiciens qui jouaient avec harpe, violon et flûte des musiques pour le mariage de leur ami l'après-midi. La petite chapelle de la Pitié, bien cachée au fond à droite du chœur, contient de superbes œuvres : une descente de la croix, la Cène et la vie du Christ sur plusieurs tableaux sculptés.

Le père Roger m'a réitéré tout l'intérêt de voir se réaliser un gîte à Figeac. Avant de partir, j'en ai fait part à l'office du tourisme qui doit en rendre compte au maire.

En tout début d'après-midi, je reprends mon chemin sans avoir eu le loisir de flâner plus longtemps dans les rues de la vieille cité de Figeac.

Dominique, un jeune Parisien, m'interpelle à la sortie de la ville et devance mon salut : « Tu t'appelles bien Gérard ? Je suis chargé de te transmettre le bonjour de Philippe *Le Tendre* et de son père que j'ai rencontré sur le Chemin… ». Philippe, mon cher jeune compagnon de l'an dernier arrêté par deux tendinites à Pampelune, a depuis appris à doser son effort et rejoint Compostelle : il est même allé jusqu'au Finisterre !

Cette année sur mon retour, Philippe est venu passer une soirée avec moi à Condom pour mon plus grand plaisir. Il a téléphoné à la maison et Nicole lui a dit à peu près où j'étais : il a pensé que la Providence ferait le reste… Quand je l'ai vu sortir d'un sentier, nous étions à sept kilomètres de Condom, nous aurions pu ne pas nous rencontrer !

Philippe *Le Tendre* a tellement changé : ses cheveux ont repoussé et son tempérament calme et réservé s'est modifié, il semble être devenu un autre homme. Il a monté une affaire et a pu ainsi se détacher de ses parents. Le Chemin l'a transformé. Je suis très heureux d'avoir pu modestement participer à sa réflexion : il s'est longtemps demandé s'il devait intégrer une association humanitaire ou s'occuper d'abord de sa vie professionnelle ? Il a su prendre, je pense, la bonne décision, qui allait dans le sens de l'avis que je lui avais donné comme à un frère ou à un fils : car comment consacrer sa vie aux autres si l'on n'a pas fait ses preuves dans sa vie professionnelle ? Quand c'est chose faite, on est alors libre d'agir efficacement !

À mon avis, aider les autres ne doit pas être une échappatoire, ni une caution morale mais bien la volonté de donner du bonheur autour de soi, autant qu'on le peut et sans arrière-pensée. Je trouve que trop de jeunes étudiants confondent aide humanitaire et esprit d'aventure : ce n'est pas un jeu d'amateurs et il faut un réel professionnalisme pour réussir dans cette voie ! *Médecins du monde, Médecins sans frontières* et de nombreuses ONG[1] n'emploient que de vrais professionnels qui acceptent de donner de leur temps pour une mission ciblée, quittant leur travail quotidien pour partir à l'étranger pendant plusieurs mois parfois. Philippe a su reconnaître que son désir d'engagement cachait en réalité son mal-être et une difficulté à vivre. C'est pour assumer pleinement son destin qu'il a fina-

1. Organisations non gouvernementales.

lement choisi de partir sur le Chemin poussé par une force que l'on appelle la Providence.

À Guirande, l'orage est prêt à éclater. Je me suis sérieusement motivé pour augmenter mon allure afin d'atteindre la ferme de monsieur et madame Serre au petit village de Felzins : ils y ont un centre équestre réputé dans la région et un gîte d'accueil pour les pèlerins.

Je dépasse une maison au bord de la route où une famille se baigne dans une grande piscine ronde. La maman, Marie-Christine, me voyant dégoulinant de sueur me propose un rafraîchissement que j'accepte volontiers en déposant mon sac lourd de victuailles : j'ai fait mes emplettes pour tout le week-end. Les enfants s'approchent de moi pour regarder de plus près cet étrange personnage. Carrie doit avoir 7 ou 8 ans. Elle est avec sa copine Manon et son frère Johan. Chloé, la petite dernière, se déplace dans son youpala sur la terrasse. Carrie est très jolie : ses yeux rieurs et ses petites dents écartées lui font un petit minois ravissant. Elle m'interpelle : « Dis Monsieur, c'est quoi un pèlerin ? D'où tu viens ? Où tu vas ? T'as une femme ? Des enfants ?... »

Je suis charmé par la vivacité de ses questions et le regard souriant de cette enfant : j'en fais compliment à sa maman et lui offre mon bouquet de fleurs.

Il est déjà 20 heures et je suis très en retard mais Marie-Christine me rassure : « Ginette et Claude sont des amis, allez-y de ma part, ils vous accueilleront gentiment, même tard ! »

Sur le chemin, je m'arrête çà et là pour confectionner un nouveau bouquet que j'offrirai en arrivant au gîte. Je veux qu'il soit encore plus beau que le précédent : c'est mon plaisir d'apporter cette marque d'attention à ceux qui vont me recevoir.

Claude Serre me reconnaît au premier coup d'œil. Son épouse réfléchit tout en s'occupant des deux petits Algériens qui sont en vacances chez eux. Salem m'observe, il est très brun. Avec son frère Abdel, ils ressemblent aux enfants touaregs que j'ai rencontrés lors de mes deux voyages au Sahara. Le plus petit a un œil opaque, cela me fait mal. Ginette me montre comment, après deux mois passés ici, ils comprennent parfaitement le français. C'est une association de Figeac qui les a placés chez eux en toute confiance. L'engagement de ce couple est remarquable ! Nous parlons des enfants, de leur condition de vie, de l'œil de Salem… Retrouvera-t-il la vue ? Il doit voir un spécialiste avant de repartir dans son pays.

Ginette m'invite gentiment à souper avec eux mais elle refuse que je paie mon repas. Nous restons tard à refaire le monde et à parler des enfants qu'ils accueillent avec tant de générosité. Le gîte contient 20 places. Mes hôtes sont disposés à le prêter de temps en temps pour des enfants qui n'ont pas eu le bonheur d'être aimés. Voilà une fois de plus un témoignage d'amour « agissant ». Sous des allures très authentiques, deux grands cœurs animent notre soirée. J'aimerais pouvoir vivre comme eux et c'est dans la joie que m'a procurée ce dîner familial que je m'en vais me reposer après avoir pris une douche bien chaude et soigné mes pieds endoloris.

Ce soir, j'ai un peu de mal à trouver le sommeil ; j'en profite pour repenser à mes dernières journées. Mon esprit vagabonde et je repense à l'entretien que j'ai eu à Espagnac, dans la vallée du Célé, avec Béatrice et Pierre, deux scientifiques biologistes qui entamaient le Chemin. En prenant un petit café chez Danièle et Gaby dans leur *Maison du pèlerin* ouverte à tous, nous avons beaucoup échangé sur la foi, le Créateur, le détachement… Pour eux, les religions sont une production de l'homme qui en a besoin pour vivre et espérer. Béatrice est athée, Pierre lui accepte qu'il y ait des forces supérieures qu'il ne peut définir, et moi, dans tout cela, je doute une fois de plus et je me dis : « Au fond, ne sommes-nous pas tellement fragiles que nous ayons vraiment ce besoin de croire ? La foi en Dieu n'est pas de tout repos ! »

C'est dans ces moments difficiles que je fais cette petite prière : « Mon Dieu, aidez-moi à avoir confiance en Vous. Guidez mes pas et donnez-moi la force d'avancer dans la voie que Vous avez prévue pour moi. »

En cet instant, je relis la prière d'abandon de Charles de Foucauld : « Mon Père, je m'abandonne à Vous, faites de moi ce qu'il Vous plaira. Quoi que Vous fassiez de moi, je Vous remercie… »

Quelle merveille, quelle foi ! Et moi, pauvre homme, pauvre pèlerin qui doute… de mes rencontres, de mes étapes, de mes témoignages, de ces centaines de bouquets de fleurs que je fais tout au long de la route et que j'offre. Quels sentiments et quel intérêt dois-je en retirer ? Je vois bien que cela fait plaisir à ceux qui les reçoivent, mais est-ce que je n'en fais pas trop ? Que pensent-ils lorsqu'on se quitte ? Peut-être qu'ils se disent : « Tiens, voilà un original, il est un peu particulier, ce pèlerin. Sympathique mais un peu illuminé… » Comment savoir ? Je me remets souvent en question, ce qui me déstabilise parfois !

Pour moi qui ai croisé depuis 75 jours plus de 2 000 pèlerins, cette expérience est pourtant féconde : elle m'offre un partage, une compréhension, une écoute et parfois beaucoup de compassion que nous partageons à chacun de mes arrêts. C'est une belle tranche de vie qui m'est donnée de traverser ! L'essentiel pour moi est de me laisser porter par le Chemin pour qu'il me façonne et me rende meilleur, et aussi de me préserver afin que je puisse regagner la maison et retrouver ma famille qui m'attend en Savoie !

76e jour : Felzins – Livinhac-le-Haut
Dimanche 29 juillet :
10 km en 8 heures
soit 1 404 km en 704 heures

C'est avec un pincement au cœur que je quitte mes hôtes qui m'ont offert un excellent petit déjeuner : ils ont tenu à venir me dire au revoir dans la petite cuisine du gîte sous leur maison.

Après avoir marché quelques kilomètres, je repasse devant la maison de Carrie, je ne peux m'empêcher de sonner à la porte. Les enfants sont déjà levés et Marie-Christine me dit : « Carrie vous attendait ! Elle était sûre que vous reviendriez… » À son intention, j'ai préparé un gros bouquet de fleurs des champs que je lui tends : je suis très heureux de la voir rougir sous ses petites taches de rousseur. Deux grosses bises sonnent sur ses joues : j'ai reçu ma dose d'énergie pour la journée et après avoir embrassé toute la famille sur le pas de la porte, je me retourne en leur adressant un au revoir, une main tendue et ouverte et l'autre sur mon cœur, incapable de retenir mes larmes.

En marchant, je n'arrête pas de penser à mes petits pistounets qui, comme Carrie, nous donnent tant de joie : Noémie, Rosanne, Ninon, Flavie, Sidonie, Mathis et Béril, sans oublier les tout petits Lucine et Noa, que je ne connais pas, ou si peu. Noa est né un mois avant mon départ et j'entends encore Mathis me dire au téléphone :

— Papou, je m'ennuie de toi. Pourquoi tu ne viens pas ?

J'ai beau lui expliquer que je suis loin et à pied, il me répond :

— Je veux venir avec toi à Compostelle !

J'en discute avec Nicole : j'aurais grand plaisir à ce qu'ils m'accompagnent une journée ou deux lorsque je serai plus près de la maison.

En attendant, il faut d'abord arriver au Puy-en-Velay et finir ensuite la dernière partie du Chemin par le GR 65 vers Genève : encore 600 kilomètres, ce qui n'est pas rien – j'en suis bien conscient – mais j'ai le moral !

Aujourd'hui, ma cheville a encore fait des siennes et après m'être arrêté très souvent, je suis arrivé très tard à Livinhac-le-Haut : le gîte est au cœur du village près de l'église. Pénétrant sur la place de la mairie vers 20 heures, j'aperçois un petit groupe de personnes autour d'un âne chargé de deux gros sacs. C'est une famille de pèlerins belges (Bénédicte et Marc, Rebecca 14 ans, Joseph 12 ans, Raphaël 9 ans et Anna 6 ans) qui est arrivée sur la place avec l'âne *Einstein*. Ils cherchent un enclos pour leur monture et les habitants leur ont indiqué une ferme à quatre kilomètres de là : mais les plus jeunes sont épuisés et je propose de les aider. Marthe, une dame âgée de 83 ans, me conseille d'aller voir Pierre, le maire, au café sur la place. Je m'y rends. « Nous sommes dimanche et le maire est absent, il rentrera tard ! » me dit sa belle-fille. Comment aider cette famille en détresse ?

Après un instant de réflexion, généreusement et malgré une certaine inquiétude, Marthe me montre une petite tonnelle au fond de son jardin : les enfants trépignent mais la Providence donne la main !

— Ça ira pour la nuit : marché conclu !

— Dites-leur de bien attacher *Einstein* pour qu'il ne piétine pas mes néfliers ! J'y tiens beaucoup : je les ai plantés en l'honneur de ma maman ! me recommande Marthe.

Nous suivons à la lettre ses directives et à 22 heures, regagnant le gîte de l'autre côté de la place, je m'aperçois qu'il reste deux lits disponibles. Je retourne aussitôt auprès de mes nouveaux amis et les trouve encore à « piniquer ». Je ramène les enfants au gîte pour un brin de toilette : Rébecca est heureuse de pouvoir prendre une douche, son frère Raphaël l'accompagne.

Tout ce petit monde couché, je retourne vers le café de Pierre où j'entre à tout hasard : le maire de Livinhac m'invite à le rejoindre au comptoir de son bar pour tamponner ma *credencial*. La conversation démarre facilement avec cet homme tout à fait charmant et sympathique malgré sa carrure impressionnante : il ressemble comme deux gouttes d'eau à Raimu avec dans la voix des intonations de Charles Pasqua ! Je le lui dis : « Vous leur ressemblez, mais en plus, vous avez accumulé sept mandats de maire, ce qui fait 35 ans de service si je ne me trompe ! » Pierre a 83 ans. Avec un air coquin, il répond qu'il ne sait pas s'il pourra terminer son mandat actuel… Je lui raconte ma rencontre avec la famille belge : je le préviens que j'ai installé deux enfants au gîte et que, bien évidemment, je prendrai à ma charge leur hébergement.

Il est minuit lorsque j'envisage enfin de me reposer, heureux de l'aide que j'ai pu apporter à cette attachante famille : je vais pouvoir dormir sereinement. La Providence une fois encore était au rendez-vous ce soir sur le Chemin.

77e jour : Livinhac-le-Haut – Noailhac
Lundi 30 juillet : 17 km en 9 heures
soit 1 421 km en 713 heures

À l'aube, je ne peux reprendre ma route sans aller dire au revoir à cette charmante équipe : j'ai apporté du pain et des croissants tout chauds. Bénédicte est ravie de cette visite matinale : il paraît que les enfants ont été impressionnés par notre rencontre ! Je n'ai pourtant rien fait de particulier hormis témoigner ce que je vis chaque jour avec la volonté de servir !

Pendant que Marc s'occupe d'harnacher *Einstein*, nous allons visiter l'église avec Bénédicte et les enfants, et entonner des chants de louanges à Dieu et à la Vierge Marie. Chanter n'est-il pas prier deux fois ?

Je peux maintenant repartir, le cœur léger.

Au fil des kilomètres, la chaleur a raison de moi : à cause d'un grand nombre d'arrêts, je m'aperçois que j'ai peu de chance d'être à Conques ce soir. C'est dommage mais dans ces cas-là il faut savoir prendre de sages décisions et j'ai quand même atteint la chapelle Saint-Roch, à mi-chemin entre Livinhac et Conques.

Il est 18 h 30 et j'ai encore six ou sept kilomètres à faire pour atteindre le but que je me suis fixé aujourd'hui : au bas mot, trois bonnes heures de marche. Je suis pourtant en route depuis ce matin mais sous le grand soleil du mois d'août, j'ai à peine parcouru une dizaine de kilomètres ! Sur la carte, je repère un petit village avec un gîte communal qui fera sûrement l'affaire : Noailhac. Je descends un chemin escarpé et c'est avec surprise que je rattrape une famille avec trois enfants… et encore une fois un âne que les parents ont loué pour passer une semaine dans les Cévennes. « Cet animal a la particularité de décider lui-même des haltes et des déplacements ! » me disent-ils. Je comprends vite que les parents n'ont, comme moi-même, aucune notion de la psychologie des équidés… et qu'ils ne sont pas sortis de l'auberge ! Ils voudraient bien pourtant eux aussi se rendre à Noailhac, là au fond du vallon !

Nous blaguons et reprenons la route ensemble et je suis un peu inquiet car ce cabochard d'âne donne de temps en temps de jolies ruades latérales : plutôt caractériel, l'animal ! Les enfants entourent leur compagnon, les uns tirant sur la sangle du harnais de tête, les autres invectivant cette pauvre bête pour la faire avancer. Résultat : elle ne sait plus dans quel sens aller… Et ce qui devait arriver arriva : un des enfants glisse et se retrouve sous les sabots de l'âne qui, dans un écart incroyable, parvient tout de même à l'éviter. Le petit hurle de peur mais il n'y a pas grand mal, Dieu soit loué !

Décidément, les ânes m'obsèdent ces jours-ci : la loi des séries ! Mais nous avons eu plus de peur que de mal.

Nous arrivons cahin-caha à Noailhac. Sur une variante de Conques, nous trouvons dans le gîte de la place pour tout le monde. Je demande à un paysan s'il sait où l'on peut trouver un champ pour permettre à l'âne d'y passer la nuit. Alban est le maire de Noailhac et avec une extrême courtoisie – on sent qu'il est heureux de voir passer des pèlerins dans sa commune – il me répond : « Le terrain qui est devant le gîte m'appartient : les poules iront picorer un peu plus loin ce soir ! »

Encore faut-il amener cet âne bâté jusque-là et nous devrons batailler avec lui pendant une heure pour le rattraper et le mettre dans l'enclos : mais tout est bien qui finit bien !

J'irai à Conques demain. Cette étape de six kilomètres sera l'une des plus courtes sur mon retour : je vais enfin pouvoir me reposer un peu après toutes ces péripéties. Je me rends compte que les enfants que je vois sur le Chemin me rappellent constamment mes petits-enfants et que je m'affole dès qu'il y a le moindre risque pour leur sécurité : ces inquiétudes sont légitimes pour un grand-père pèlerin qui aime tant les enfants, vous vous en étiez rendu compte !

Aujourd'hui, la chaleur a été terrible sur le bitume de la route des crêtes. En contrepartie je savoure l'excellente soirée passée au restaurant de Noailhac en compagnie de vacanciers et de pèlerins : Gérard, Maryvonne, Christian et Christine, Patrick et Annie, les responsables du gîte ainsi que les propriétaires du restaurant, Henri et Isabelle. Tous sont extraordinaires ! Je remarque qu'Henri porte dans son regard toute la détresse de l'enfant qu'il était quand il vivait dans les rues de Bogotá en Colombie, avant d'être adopté à Marseille. Aujourd'hui, il a une charmante épouse et nous sympathisons très rapidement.

Enfin complètement remis de nos émotions de cette fin d'après-midi, nous rentrons tranquillement au gîte sans oublier de contrôler si l'âne est toujours dans son enclos !

78e jour : Noailhac – Conques
Mardi 31 juillet : 7 km en 3 heures
soit 1 424 km en 665 heures

De bonne heure, Henri est monté jusqu'au gîte pour me dire au revoir. L'accolade que nous nous sommes donnée restera gravée en moi et me confirme ma confiance en Dieu et les hommes. Une pensée me revient à ce sujet : « Le soleil se lève tous les matins sur des jours meilleurs : ne pas croire en l'homme, c'est la nuit complète chaque jour. » J'ajouterai maintenant « avec l'aide du Très-Haut » !

Je relève la tête et remets mon chapeau saharien en empruntant la route du village médiéval de Conques. Sept kilomètres plus loin, j'arrive au monastère des

Prémontrés où le discours du frère Joël sur « l'écoute du Christ » me réjouit. Je lui raconte mes dernières péripéties et il me dit : « Tu as raison, offre ton temps et tu auras un jour des cadeaux ! »

Je décide de rester là pour ce soir afin de récupérer mes forces… et je m'endors pour une « petite » sieste de quatre heures : j'avais vraiment du sommeil en retard et de la fatigue accumulée.

Je descends ensuite en ville pour visiter la superbe abbatiale dont la construction a nécessité vingt-cinq années. Au retour, je partage mon repas avec trois étudiants. Charles, Gilles et Cédric préfèrent passer la nuit ici plutôt que de planter la tente, eux aussi séduits par le monastère.

Dans la grande salle à manger, nous sommes plus de quarante à table et nous entonnons le chant des pèlerins. Je lis à mes compagnons d'une soirée la très belle citation de Pamela et Catherine que j'ai relevée hier dans la chapelle Saint-Roch[1] à Noailhac : « Par les routes de clarté, tu t'en vas pèlerin. Tu as choisi Dame pauvreté, la folie du Chemin et tu parles aux oiseaux et tu chantes avec le vent. Oui, tu as par là le plus beau des trésors d'enfant. Maintenant, dans la grande clarté, tu vas songeur, pèlerin. »

Quelle belle conclusion pour une grande journée de repos sous la protection de sainte Foy, jeune patronne de Conques morte à 14 ans.

1. Saint Roch protège les malades : on le reconnaît à son vêtement de pèlerin et à la coquille Saint-Jacques. Sa robe ouverte montre une plaie et son chien tient une miche de pain.

79e jour : Conques – Golinhac
Mercredi 1er août :
22 km en 11 heures
soit 1 446 km en 676 heures

Il paraît que la météo prévoit pour aujourd'hui une forte canicule avec une température de 38 degrés. Une belle chaleur pour tous ceux qui pérégrinent, mais cela n'a rien à voir avec les plus de 45 degrés que nous avions le mois dernier, sans aucun souffle de vent, sur les grands plateaux de la Meseta, en Espagne.

Ce matin les Frères Prémontrés nous offrent un petit déjeuner très copieux en self-service : deux pèlerins se préparent à repartir vers Saint-Jacques alors qu'une trentaine s'arrête ici.

Le pèlerinage de la *via Podiensis* du Puy-en-Velay à Saint-Jacques s'effectue souvent par tronçons. Les plus connus sont : Le Puy/Conques (10 à 15 jours), Conques/Moissac (même durée) et Moissac/Saint-Jean-Pied-de-Port dans un délai identique, pour finir l'itinéraire français. Ce qui fait trois fois dix jours pour un bon pèlerin et surtout un excellent marcheur !

De la même façon, l'itinéraire en Espagne se découpe en trois parties : Roncevalles/Burgos, Burgos/León et León/Santiago, en trois fois 10 jours également, à la vitesse de 20 à 25 kilomètres par jour en moyenne, soit 800 kilomètres pour la France et autant pour l'Espagne : au total 1 600 kilomètres ! Ce qu'un marcheur ferait en deux mois, il m'en faudra plus de trois pour parcourir la même distance… d'où mon surnom de *La Tortue*.

La proportion de marcheurs que je vois ces temps-ci est un peu inquiétante. Voir ces groupes de cinq à quinze personnes partir marcher quelques jours m'interpelle à plusieurs titres : est-ce bien cela l'esprit du Chemin ?

D'abord le temps consacré au séjour : comment se mettre en pèlerinage lorsque l'on sait que le corps – et peut-être bien l'âme – doivent s'habituer à la marche et aux rencontres. Le chemin à peine démarré, il faut déjà reprendre la direction de son chez-soi, ce qui est dommage. Huit à dix jours me semblent le minimum pour apprécier le pèlerinage.

Ensuite, le nombre de pèlerins de chaque groupe me surprend un peu, moi qui disais l'an dernier que le pèlerin vit seul au gré de ses pas. À deux ou trois, passe encore, mais à huit ou dix, c'est très difficile ! Ce matin, j'ai croisé un groupe de 50 personnes qui arrivaient de l'Aubrac… sans sac à dos évidemment, puisqu'un bus les accompagnait. Il est courant de se faire suivre par un véhicule, ce qui est sûrement très pratique, mais pour en avoir fait l'expérience avec Nicole et nos petites-filles pendant six jours, de La Romieu à Moissac, je trouve que la voiture nuit à l'esprit du pèlerinage. À mon avis, il est très difficile d'en retirer la quintessence avec une telle approche, même si c'est plus confortable, et nous sommes loin je pense des notions de détachement et d'effort recherchées par le pèlerin qui veut réussir son épreuve.

Bien évidemment chacun est libre de faire ce qu'il veut mais comment espérer rencontrer les autres ? Comment partager avec d'autres pèlerins qui peuvent eux aussi appartenir à un groupe ? Prendre le temps de méditer ? S'arrêter quand on en a envie ou besoin, changer son itinéraire ou l'étape suivante quand on a réservé son lit pour la semaine ? Et si on est fatigué ou si on a flâné en chemin, et qu'il faut quand même rejoindre les autres et clore le parcours ? La différence d'attitude et de possibilités physiques de chaque personne apporte souvent, en plus de la fatigue, un regain de tension... Croyez-en mon expérience : faire le Chemin seul ou en couple est idéal et si vous préférez marcher en groupe, le nombre maximum de participants ne devrait pas dépasser quatre à cinq personnes.

C'est cela qui heurte aujourd'hui mon âme de pèlerin. L'an dernier, je ne m'en suis pas rendu compte tout de suite : pourtant en Espagne, les pèlerins n'ont pas peur d'avancer par « grappes » et c'est encore plus frappant lorsqu'on s'approche de Saint-Jacques. Souvent, la fête prévaut à la méditation contemplative et c'est un peu dommage : j'en ai malheureusement eu la preuve au gré de mes pas...

Des cyclistes viennent également se réfugier dans les gîtes espagnols. En été, ils ne peuvent rentrer qu'après 19 ou 20 heures et si les places viennent à manquer, les hospitaliers leur conseillent d'aller voir plus loin. Heureusement, ils ont souvent un matelas dans leurs bagages et peuvent au moins prendre une douche avant de repartir, faute de trouver un petit coin parmi les autres pèlerins : seuls ceux qui vont à pied sont prioritaires avec leur *credencial*.

Sur le *Camino* espagnol, et contrairement à la France, il n'y a pas de possibilité de réservation, pas plus un mois ou deux avant de partir que la veille. Les hospitaliers ouvrent les portes des gîtes à partir de 15 heures, (parfois plus tôt) pour que les pèlerins puissent se reposer et préparer leur soirée. Les premiers arrivés choisissent leur lit, les derniers seront installés par terre si nécessaire : mais on ne laisse jamais personne dehors, même s'il faut réquisitionner le garage d'à côté !

Pendant les périodes d'affluence, les hospitaliers qui ont tous parcouru le Chemin viennent bénévolement aider ceux qui voyagent : parmi eux, certains sont de véritables secouristes qui font aussi le nettoyage des chambres et la cuisine parallèlement à l'assistance médicale aux plus « endommagés » dont les pieds sont parfois dans un état si catastrophique qu'ils devront se faire soigner à l'hôpital. J'en sais quelque chose puisque l'an dernier mon étape de Vaylats s'est terminée aux urgences de l'hôpital de Cahors : mon insouciance aurait pu m'obliger à m'arrêter complètement…

Mais ces petits inconvénients n'empêchent pas certains pèlerins de reprendre inlassablement leur route : « On n'arrête pas un homme qui marche », disait Charles Péguy. Et encore moins les pèlerins motivés dont le seul but est de rallier Saint-Jacques-de-Compostelle, aux confins de la Galice. Alors aujourd'hui, imaginez-vous le désir et l'obstination de celui dont le but est de remonter le Chemin : il a conscience que sa renaissance est au bout du retour.

Depuis mon départ de Figeac les étapes me donnent l'impression de ne pas avancer : est-ce dû à la fatigue ? Les longues journées de marche accumulées, les nombreux arrêts parfois nécessaires pour laisser reposer cette fichue « machine », les témoignages et le partage avec les pèlerins ont fait baisser ma moyenne à 10 kilomètres par jour : il faudrait sérieusement penser à rentrer à la maison ! Et je n'ai plus l'excuse de me perdre puisque Framboise, la « fille » de Sidonie, repère maintenant parfaitement les indications du GR 65 !

Nous parlons souvent tous les deux, elle fait la joie des enfants et même des grandes personnes que je rencontre, séduits comme moi par la spontanéité de ma petite-fille qui, avec beaucoup de générosité, m'a confié sa poupée. Hier j'avais promis à Framboise d'appeler sa « maman », ce qui fut fait ! Au téléphone, Mathis son petit frère m'a demandé de ses nouvelles, Sidonie aussi évidemment !

Les rencontres, tant avec les pèlerins qu'avec les autochtones, sont enrichissantes et bien souvent surprenantes par la grande gentillesse des personnes qui compatissent à la dégaine de ce pèlerin chargé par-dessus la tête avec son nouveau barda, un gros matelas gonflable roulé en boule au-dessus du sursac, son bourdon à la main et son grand chapeau saharien orné d'un petit bouquet de fleurs des champs. Son teint buriné et ses vêtements défraîchis en font aujourd'hui un « vagabond de Dieu ».

À l'aller, tous les pèlerins dont l'itinéraire passe par Conques gardent le souvenir de cette interminable descente sur ce magnifique village médiéval. En effet, après une bonne journée de marche, chacun rêve d'arriver mais le chemin pierreux et glissant demande une attention particulière… Même avec l'appui précieux du bourdon et une bonne vigilance, il faut savoir gérer son effort. Les jambes flageolent, les orteils buttent sur l'avant des chaussures, le sac parfois mal arrimé oscille comme un balancier : c'est interminable ! Enfin, après plusieurs heures d'effort, le pèlerin entre par le haut du village et dépose devant la grande croix une petite pierre ou un bouquet de fleurs. Il sait alors qu'il est tout près du but ! Encore quelques minutes et il sera devant le parvis de l'admirable abbatiale de Conques avec son tympan exceptionnel qui représente le jugement dernier.

Voilà à quoi je pense ce matin en remontant calmement cette côte à contre-courant.

Je vais vers Golinhac. Un des avantages du retour est de pouvoir profiter de mon expérience de l'an dernier : les souvenirs de l'aller sont si présents qu'ils me permettent de régler mes déplacements et la longueur de mes trajets… et aussi de garder intacte ma motivation, sachant que la matinée sera difficile et que le dénivelé pour atteindre les hauts plateaux me prendra plusieurs heures ! Je le sais, pauvre « tortue tordue » ! (Tiens, c'est rigolo : à une lettre près, les deux mots qui me caractérisent sont identiques !) Je sue abondamment, la chaleur est revenue : mon tee-shirt et mon short sont trempés. Je m'arc-boute sur mon bourdon pour bien marquer mon avancement mais les pierres roulent sous mes chaussures. Néanmoins je n'ai pas d'inquiétude particulière : la courte étape Noailhac/Conques (sept kilomètres) d'hier m'a permis de bien me reposer et le bonheur du Chemin me redonne la forme, un peu comme si j'avais un tigre dans le moteur ! Décidément, on n'oublie jamais les pubs de son enfance.

Dès que j'ai atteint le plateau, je m'arrête pour me restaurer d'un morceau de pain, de quelques carrés de chocolat et d'une pomme offerts par les Frères Prémontrés. Mes pieds se rappellent à mon bon souvenir : je change de chaussures, mes sandales de trappiste si confortables et aérées conviennent parfaitement aux

chemins plats, j'ai déjà réalisé plus de 1 000 kilomètres chaussé ainsi ! En revanche, dès que je range mes chaussures de randonnée au fond du sac, près du centre de gravité, j'ai l'impression de m'alourdir. Pourtant, le poids déplacé est strictement le même.

Alors que j'ai enfin pris mon rythme de croisière d'un pas lent mais sûr, j'aperçois « mes » premiers pèlerins de la journée. D'où sortent-ils ? Qu'importe ! Au vu de leur pas, ils ont l'air pressés d'arriver et leurs tenues impeccables me confortent dans l'idée qu'ils ne sont pas sur le chemin depuis longtemps ! Ils rient et chantent à tue-tête : quelle joie pour moi ! Je m'arrête pour les accueillir et lis sur leurs visages la question habituelle : « Où vas-tu dans ce sens ? » Nous nous saluons avec convivialité. Je me doute qu'ils sont Français car on voit peu d'étrangers sur cette portion du chemin. Quelques Hollandais, Suisses ou Luxembourgeois sont noyés dans le flux des pèlerins qui font le trajet Le Puy/Conques : huit à quinze jours selon la capacité à marcher.

Nous nous présentons. Je leur demande d'où ils arrivent :

— Du Puy-en-Velay…

Je poursuis :

— Et d'où êtes-vous originaires ?

Ils répondent :

— De Chambéry !

Ça alors : des « collègues » ! Je vais bien les surprendre, me dis-je en les dévisageant. Je leur explique que je suis Marseillais mais que j'habite depuis plus de trente ans à Challes-les-Eaux, à six kilomètres de Chambéry ! Il me semble reconnaître le plus grand d'entre eux : il est chantre à la cathédrale de Chambéry. À plusieurs reprises, j'ai assisté à la messe dominicale chantée en grégorien par cinq ou sept chantres qui réjouissent l'assemblée de leurs voix cristallines. Bien que nous ne nous soyons jamais parlé, je lui dis :

— Je te connais, tu chantes tous les dimanches à la cathédrale !

Jean-Charles sourit, il rayonne. Sa longue chevelure argentée encadre ses yeux malicieux. Apprenant que je remonte le Chemin, il me répond :

— Moi aussi, je te connais !

Persuadé d'être un anonyme pour lui, je lui dis que je ne vois pas comment puisque nous ne nous sommes jamais adressé la parole. Il ajoute :

— Je peux même te dire comment tu t'appelles : tu es Gérard, on te surnomme *La Tortue,* et ton nom de famille, c'est Trèves !

Moi qui espérais faire mon petit effet, c'est raté !

— Tu es bien renseigné mais comment sais-tu cela ?

Les jeunes du groupe trépignent, ils veulent continuer à marcher, ne surtout pas perdre la cadence ! Mais Jean-Charles s'est assis avec François qu'il me présente :

— Voilà le nouveau maître de chœur de la cathédrale.

Ravi de le rencontrer, j'apprends qu'ils descendent ensemble de chapelles en églises et chantent plusieurs fois par jour : les veinards ! J'adore le chant choral.

— Puisque nous nous sommes retrouvés, vous n'allez pas me quitter sans m'interpréter une petite chanson ?

Leurs voix magnifiques s'élèvent, réveillant Dame Nature. Je suis aux anges et je les remercie chaleureusement pour ce moment de grâce. Jean-Charles m'explique que Gérard Eudes, responsable de l'association de Saint-Jacques de Chambéry, lui a dit :

— Si tu rencontres un pèlerin un peu original qui remonte le Chemin, c'est sûrement Gérard *La Tortue* ! Tu le reconnaîtras facilement : il a un chapeau saharien orné de fleurs et il parle beaucoup... Tu vois, c'était facile ! ajoute Jean-Charles.

Je ris :

— En tout cas, tu m'as bien eu !

Nous nous levons : j'ai le temps et je dépose mes affaires dans l'herbe au bord du chemin pour les accompagner un moment. Je suis tellement content que je fais un ou deux kilomètres de plus avec eux en regrettant de ne pouvoir être à Conques ce soir où le concert de mes amis chantres sera certainement sublime. Mais je dois penser à mon étape du jour et Golinhac est encore loin.

Aujourd'hui j'ai pris mon temps pour relater mes belles rencontres et même s'il est tard je ne suis pas inquiet. En effet, je me souviens parfaitement que pour atteindre le gîte de Golinhac, qui se situe à 800 mètres en dehors de l'agglomération, je dois d'abord traverser le village et que derrière le gîte il y a un grand champ en devers qui monte jusqu'à la route et rejoint le GR 65. L'an dernier j'avais emprunté un raccourci pour gagner quelques kilomètres afin d'économiser mes forces. Pensant retrouver ce sentier, j'ai donc quitté le chemin pour avancer à l'instinct ; mais la lune ne s'est pas encore levée et la nuit a envahi la campagne. Je ne reconnais toujours pas l'endroit et je tourne en rond depuis une demi-heure dans ce coin désert. Mon guide que je consulte à la lumière de ma lampe de poche ne m'apporte pas plus de réponse. Je me remets en route, mes jambes sont lourdes et je ne cesse de me reprocher mon incapacité à m'orienter.

Après plus d'une heure de recherches hésitantes sous l'immense et superbe ciel étoilé, j'aperçois enfin les lumières d'une maison ancienne. En m'approchant, je reconnais le gîte qui abrite les pèlerins de Saint-Jacques.

J'entre par la cuisine, attentif à ne pas réveiller ceux qui dorment à l'étage. D'autres pèlerins qui ont fini de dîner s'activent pour tout remettre en place. Bien que sympathiques, je les trouve peu liants. C'est peut-être mieux ainsi, je ne me « dissiperai » pas ce soir !

J'apprends tout de même qu'ils viennent d'Annecy et ont quitté Le Puy il y a huit jours, ce sont d'excellents marcheurs !

Mon dîner terminé, j'aperçois sur un tabouret près de la grande cheminée le livre d'or du gîte : je le consulte et suis surpris des reproches de certains pèlerins qui se plaignent que la douche ne fonctionne pas correctement, que l'eau est froide, etc. Quel dommage !

Armé de mon stylo, j'y ajoute une « supplique au détachement et à l'abnégation du pèlerinage » en espérant que mon message sera compris et évitera à l'avenir de telles observations désagréables et peu dignes d'un pèlerin. Puis je vais chercher un matelas car le dortoir principal est complet : je dormirai donc dans la cuisine et repartirai aux premières lueurs du jour.

80e jour : Golinhac – Estaing
Jeudi 2 août :
17 km en 8 heures
soit 1 463 km en 684 heures

Ce matin il ne me faut pas plus de trois minutes pour plier mes affaires. J'ai été prévoyant en faisant ma toilette hier soir. Prêt à partir, je pose mon sac à l'extérieur devant la porte du gîte. Quatre pèlerins viennent de descendre et ils me proposent de me joïndre à eux pour déjeuner. Ils s'intéressent à mon long cheminement et j'apprends qu'eux aussi sont originaires d'Annecy : je leur dis que des pèlerins qui ont également dormi ici viennent de cette ville savoyarde, ce qu'ils ignoraient, et que ma fille Marion vit également là-bas avec mon gendre et leur quatre enfants. Au moment où je m'apprête à partir, le groupe dont je viens de parler descend à son tour pour se restaurer. Je fais les présentations et chacun y va de son commentaire sur cet « envahissement » du gîte par des Hauts-Savoyards : c'est incroyable que toutes ces personnes se soient côtoyées depuis plusieurs jours en ignorant qu'ils habitent dans la même ville ! Je suis fier d'avoir pu leur permettre de faire connaissance, contribuant ainsi aux bonnes relations publiques du *Camino* !

Je marche de façon mécanique, à demi asphyxié par le manque d'air. Il est 15 heures, le soleil est au plus haut et la chaleur lourde de l'après-midi me rappelle qu'il me faut trouver un peu d'eau, énergie vitale pour le pèlerin s'il veut aller au bout de l'étape : en attendant j'économise mes réserves, habitué à l'attente du prochain point de ravitaillement.

Soudain mon attention est attirée par des chuchotements qui viennent des prés situés en contre-haut d'un grand mur de pierres : une équipe de 30 garçons et filles de 12 à 15 ans se repose sous les arbres. Je m'approche et nous nous saluons d'un grand signe, main ouverte. Je vois que ces jeunes me regardent comme si j'étais un extraterrestre : il est vrai que l'allure du pèlerin dans son 80e jour de marche doit être plus proche de celle d'un routard que d'un pèlerin !

Je cherche des yeux la personne responsable de ce groupe pour tenter d'en savoir davantage. Hélène prend la parole :

— Nos jeunes font partie de l'association *Témoins et bâtisseurs* créée par un prêtre d'Aurillac. Ils veulent témoigner de leur vie et ont pour objectif de construire leur personnalité dans l'amour de Dieu.

Quel beau programme ! Le groupe est ici pour quatre jours afin de découvrir les chemins de Saint-Jacques.

— Et vous ? me demande Hélène, vous allez à Conques ?

— Non, lui dis-je, j'en suis parti hier matin et je vais à Estaing ! J'arrive de Saint-Jacques et je rentre chez moi à Challes-les-Eaux, en Savoie.

Que n'ai-je pas dit là ! Comme par enchantement 30 paires d'yeux se braquent sur moi et les jeunes se lèvent… Certains s'approchent et d'autres chuchotent à ceux qui émergent de la sieste :

— Tu te rends compte : il revient de Saint-Jacques-de-Compostelle !

Et les questions fusent :

— Depuis quand es-tu parti ? Comment vis-tu ?

Où dors-tu ? As-tu une famille ? Où habites-tu ? Dans combien de temps seras-tu de retour chez toi ?...

Je réponds avec plaisir et un certain amusement à ces jeunes enthousiastes maintenant bien réveillés qui m'entourent.

Un enfant s'est approché de moi : son visage s'illumine et ses yeux noirs, très expressifs, se font inquisiteurs. Sa question me prend à l'estomac :

— Et toi, crois-tu en Dieu ?

La question est délicate et assez embarrassante. Il s'ensuit un grand silence : que vais-je lui répondre ?

Je remarque que des nuages viennent de faire leur apparition. Par moments, l'air chaud frôle mes jambes. Utilisant mon chapeau saharien comme pare-soleil, je regarde le ciel. Oh, oh ! le temps se gâte et le ciel est maintenant envahi de cumulus : il ne faut plus tarder !

Mais avant de reprendre ma route je veux répondre à cet enfant curieux de ce que peut penser un pèlerin en « recherche ». Ma conscience me dit d'être simple, franc et de me livrer comme je suis, sans détour et sans pudeur :

— Tu vois jeune homme, j'ai pris ce chemin de Saint-Jacques pour me prouver que je pouvais marcher car j'ai eu la polio quand j'étais petit, ce qui m'a souvent handicapé. Je voulais aussi montrer à ma famille qu'avec un peu de courage on peut se dépasser. Mais je suis parti sans réfléchir à la présence de Dieu sur ce chemin. Quelques jours après mon départ en juin de l'an dernier, j'ai été frappé par la beauté du lever du jour, la splendeur de chaque matin au moment où le soleil monte à travers les arbres ou entre les nuages, quand il caresse les herbes ou se cache derrière le clocher d'un village. Je me suis alors demandé si cette nature superbe s'était développée toute seule ou s'il y avait des forces divines, un Dieu, un Être suprême qui aurait pu concevoir tout cela. Quand je me suis posé cette question, j'étais déjà sur le chemin spirituel, celui qui te fait lever la tête le soir pour regarder les étoiles vers la Voie lactée. C'est cela qui nous permet de grandir ! Lorsque tu vis tous les jours ce spectacle grandiose, tu te dis : « Pourquoi Dieu n'existerait-il pas ? » Cela change tout ! N'est-ce pas plus réconfortant pour l'homme de croire en cette force divine ? Si Dieu existe vraiment, pourquoi ne pas Lui parler, là, en direct ? Et si je Lui demandais de m'aider à réaliser cet exploit de parcourir le chemin sur lequel je me suis engagé, du Puy à Roncevaux ? C'est ce que j'ai fait. En remerciement de la confiance que je Lui ai accordée, Il m'a amené jusqu'à Compostelle que j'ai rallié en 84 jours ! Aujourd'hui, je suis devant vous, à 1 500 kilomètres de Saint-Jacques. Chaque matin, je demande au Seigneur qu'Il m'aide et chaque soir, je Le remercie pour tout ce qu'Il m'a donné. À l'aller, je n'avais pas tout compris : il me fallait faire ce retour pour confirmer ma foi et changer mes habitudes. C'est assez simple en définitive : aujourd'hui, je sais que Dieu existe puisqu'Il m'a touché par sa grâce.

Nous conversons ainsi une bonne vingtaine de minutes : je suis en nage mais ces enfants m'offrent leur jeunesse et je suis si heureux de lire la beauté de leurs âmes sur leurs visages. Quels merveilleux moments passés ensemble !

Je dois pourtant les quitter pour rejoindre mes amis de l'Hospitalité Saint-Jacques à Estaing. Je prends mon chapeau pour enlever mon bouquet de fleurs et en offrir une à chaque enfant. Agnès me passe son foulard rouge autour du cou et chacun d'eux m'offre son prénom. Nous nous embrassons et en partant ils chantent :

— Ce n'est qu'un au revoir mon frère...

Nous pleurons à l'unisson et je suis bouleversé par cet événement qui a marqué ma vie à tout jamais.

La fatigue m'a envahi dès que j'ai quitté les petits adolescents auvergnats qui m'ont conquis par leurs qualités de cœur et leur curiosité. Je réalise que pendant tout le temps de notre conversation, je suis resté debout en plein soleil alors qu'ils étaient, accompagnateur compris, à l'ombre sous un arbre.

Cette rencontre avec les jeunes *Témoins et bâtisseurs* a confirmé ce que je porte en moi depuis longtemps : je veux consacrer la fin de ma vie aux enfants, j'y suis vraiment décidé !

Un jour que sur le Chemin j'étais en recherche de mon devenir, j'ai fait cette prière : « Mon Dieu, aide-moi, guide mes pas vers ma retraite : je suis actif, que vas-Tu faire de moi ? »

Le lendemain, j'ai reçu la réponse divine : « Il y a quelques années, tu as réalisé pour ton employeur une étude sur le mécénat d'entreprise et tu projetais de créer une fondation pour les enfants défavorisés... »

Malheureusement Paul D.[1], le président-directeur général bien que sensible à mes propositions, trouvait que c'était prématuré et préférait orienter son action vers la culture, en particulier la peinture. Cette fondation est restée à l'état de projet : une réelle déception pour moi, je l'avoue !

Aujourd'hui je sens que c'est le bon moment pour

---

1. Homme de presse et mécène, il a offert une très belle collection de tableaux contemporains au musée de Villefranche-sur-Saône.

créer cette fondation qui me tient tant à cœur. Son but sera de faire le lien entre le monde économique que je connais bien et qui fournira les dons, et le monde associatif qui a des idées, des projets mais souvent pas l'argent. Et je suis persuadé que cette nouvelle activité sans but lucratif occupera pleinement la vie du jeune retraité que je serai l'an prochain.

L'après-midi est excessivement chaude sur cette longue descente vers Estaing : je vais vers l'Hospitalité Saint-Jacques, une halte spirituelle. L'an passé, j'y avais apprécié l'accueil de Léonard et la convivialité de ses hospitaliers. C'est une petite fille de 6 ou 7 ans qui, sortant de la boulangerie de sa maman, m'avait interpellé : « Monsieur, vous cherchez où dormir ? Je vais vous emmener chez des amis ! » Grâce à elle j'ai découvert mon premier accueil chrétien : séduit, j'ai alors décidé de m'arrêter le plus souvent possible dans des lieux spirituels.

Je dévale maintenant la route à la recherche d'un point d'eau et mon ange gardien qui n'est jamais très loin me conduit vers une des rares maisons en bordure du chemin où je peux me rafraîchir. Je confectionne ensuite un gros bouquet de fleurs des champs, rituel pour chacune de mes arrivées.

J'entre au gîte où Paul me reçoit : en échange de mes fleurs, il m'offre un verre d'eau et me propose de m'installer dans le premier dortoir, à droite de l'entrée du gîte. Au-dessus de la porte, il y a une niche avec la statue de la Vierge et Paul me dit : « Tu vois, je priais tout à l'heure à la chapelle et j'ai demandé à la Vierge de recevoir un beau “bouquet de pèlerins". Ces fleurs des champs vont orner cette petite statue ! »

Nous discutons un moment : Paul est revenu de Jérusalem à pied, lui qui paraît pourtant si frêle ! Mais sa voix et son visage vous envoûtent au premier instant.

Un deuxième pèlerin arrive puis d'autres. Nous sommes nombreux en cette fin d'après-midi à partager les joies et les peines de Paul qui nous raconte sa longue marche à travers le Proche-Orient, de France jusqu'en Palestine, et bien évidemment son retour.

Une jeune femme plutôt coquette se mêle à la discussion, délibérément opposée aux avis des uns et des autres : comme le ferait un boxeur, elle « cueille » sèchement Paul qui vient de se livrer. On dirait qu'elle veut exciter l'auditoire : est-ce par jeu ? ou par esprit de contradiction ? ou tout simplement parce qu'elle souffre, elle aussi, de blessures enfouies au fond de son être ?

Béatrice, cette jeune femme un peu vive, vient une nouvelle fois de porter un jugement un peu facile et désobligeant : je me dis que trop c'est trop ! Et vertement, comme un gars du Midi « soupe au lait » peut le faire, je la renvoie dans les cordes !

Cela fait maintenant une centaine de jours que j'ai quitté Saint-Jacques et ce n'est pas parce qu'elle a fait « de long en large le Chemin… et plusieurs fois » à ce qu'elle dit, qu'elle est obligée d'en rajouter et d'être désagréable !

La discussion tourne court et nous nous séparons. Il y a clairement un froid entre nous et en sortant, Béatrice me jette un regard qui, si cela avait été des banderilles, m'aurait atteint en plein cœur.

J'en profite pour aller prendre ma douche et laver mes affaires. Enfin reposé, j'espère que cela ira mieux ce soir car nous devons souper ensemble. Peut-être que l'office religieux nous permettra à chacun de méditer et de nous pardonner mutuellement ?

Je reviens un peu plus tard : les pèlerins sont presque tous sortis en ville. Le gîte est situé dans le vieux quartier préservé d'Estaing. C'est une très belle maison qui reçoit plusieurs milliers de pèlerins par an. Béatrice est devant la porte d'entrée. Je viens converser avec elle et nous échangeons enfin agréablement nos points de vues sur le pèlerinage : comme au théâtre, la galerie n'est plus là et nous ne sommes plus en représentation ! Je suis frappé d'apprendre qu'elle pérégrine avec trois fois rien dans son sac, à mon avis pas plus de trois ou quatre kilos de vêtements : le strict minimum ! Cela me surprend, surtout pour réaliser un si long parcours.

Au fil de la conversation, je finis par la trouver attachante malgré son franc-parler : mais je n'ai moi-même pas été tendre avec elle tout à l'heure ! Je lui demande de m'excuser pour m'être laissé emporter par mon tempérament et mon enthousiasme pour le Chemin. C'est vrai que lorsqu'on aime, nos yeux ne voient plus les gens et les choses de la même manière ! Nous sommes sûrement moins objectifs et impartiaux : je pense que c'est humain car nous n'aimons pas entendre critiquer ce que nous apprécions.

Au bout d'une demi-heure, les comptes sont enfin réglés !

C'est maintenant l'heure du repas. Enfin réconciliés, je dis à Béatrice : « Demain matin, nous partons tous très tôt mais pas dans le même sens : je serais heureux si tu acceptais, pour me faire pardonner mon excès d'agressivité, de partager notre petit déjeuner au bar de la place dès qu'il ouvrira ! »

Béatrice accepte, ce qui montre qu'elle n'est pas rancunière, et j'en suis content.

Finalement la soirée est agréable et le dîner servi par nos hôtes, Léonard et son épouse, sur la grande table de ferme ravit tous les convives. Je crois que les pèlerins sont comme moi un peu groggy à cause des longues journées de marche. Après un temps de recueillement dans le petit oratoire de l'Hospitalité Saint-Jacques, chacun va se coucher tôt pour être en forme le lendemain matin.

81e jour : Estaing –
Saint-Côme-d'Olt
Vendredi 3 août : 18 km en 9 heures
soit 1 481 km en 693 heures

Vers 5 h 30, chacun se lève et se prépare en silence en essayant de faire le moins de bruit possible. La nuit fut calme et réparatrice. La famille de nos hôtes loge au-dessus de nous, il était impératif de les laisser dormir, cette maison est si sonore.

Je rejoins Béatrice qui m'attend devant le gîte. Elle est souriante. Effectivement, son sac est minuscule ! Quel superbe petit bout de femme. Elle ne sait pas que dans quelques instants, elle va me faire un cadeau marquant. Voulez-vous connaître la suite ? Que va-t-il se passer ? Vous vous demandez sans doute quel événement peut soudain changer la vie d'un homme : qui plus est un pèlerin de Saint-Jacques, un Marseillais-Savoyard parfois un peu excessif !

Béatrice et moi faisons l'ouverture du bar. Le propriétaire va gentiment chercher des croissants : quand on invite, on prend le temps, même sur le Chemin !

Nous dégustons notre petit déjeuner et quelques minutes avant de nous séparer, Béatrice cherche dans une boîte un objet qu'elle me présente : au creux de sa main il y a une petite pierre en forme de cœur ! Elle me la montre de plus près et je ne peux m'empêcher de la complimenter :

— Il est très joli ce petit cœur !

Un beau sourire éclaire son visage et elle me dit :

— Prends-le Gérard, il est pour toi…

Je la regarde : je sens qu'elle me le donne comme on offre un bijou à celui qu'on estime et à qui on porte de beaux sentiments. Béatrice m'explique que depuis quelque temps elle cherche dans la nature ces pierres en forme de cœur qu'elle dépose sur de la mousse. Elle trouve que le symbole est suffisamment fort pour permettre à ses amis de comprendre son message. Elle ajoute encore en me remerciant pour le petit déjeuner :

— C'est captivant de rechercher des petits cœurs sur son chemin. Tu verras, le fait de baisser la tête pour regarder par terre, ça apprend l'humilité…

Cette réflexion n'est pas pour me déplaire, bien au contraire et nous nous quittons avec une pointe de regret, mais c'est la vie ! L'importance des échanges humains et spirituels, même courts, est généralement fortement ressentie par ceux qui ont la chance de vivre l'aventure du pèlerinage : c'est parfois presque un déchirement de quitter nos compagnons de route, j'ai souvent ressenti cela le long de mon retour.

Nous sortons du petit bar. Je suis harnaché comme un baudet. Elle comme une fée, son sac minuscule en bandoulière, m'envoie un bisou et disparaît. Je ne suis pas prêt d'oublier cette petite princesse du Chemin : la reverrai-je un jour ?…

Excité et excessif comme je le suis, dès la sortie du pont d'Estaing qui enjambe le Lot je commence mes recherches de cœurs, le regard rivé au sol. Tiens, en voilà un ! Mais non, il n'est pas assez joli. Mes yeux scrutent le sentier à un mètre devant moi et je n'hésite pas à m'aider de la pointe de mon bourdon. Sur le chemin qui m'emmène à la très belle chapelle romane de Bessuéjouls, j'en trouve un, puis deux, puis trois ! Mes poches commencent à se remplir, puis mon sac ! Elle a raison Béatrice : des pierres en forme de cœur, il en existe beaucoup sur le Chemin.

Au fil des jours, je me passionne pour cette nouvelle quête et je commence à offrir mes pierres aux pèlerins que je rencontre. Pour les dames, des bouquets de fleurs placés sur mon chapeau saharien et pour les hommes, un petit cœur que je viens de « cueillir » sur le chemin. Rapidement, ma vue s'affine et selon les terrains traversés, la « moisson » est plus ou moins fructueuse, surtout au bord des rivières de galets. Mais je ne peux distribuer toute ma « cueillette », même en offrant mes petits cœurs aux personnes du cru rencontrées hors du chemin : je pense alors qu'il serait sympathique, à mon retour en Savoie, d'offrir non pas comme l'an dernier des petits colis de foie gras mais au contraire un petit symbole du Chemin : si sa valeur marchande est nulle, sa valeur affective est chargée de l'énergie de tous ces pèlerins qui ont foulé ce chemin depuis la nuit des temps.

En un rien de temps, je suis devenu « accro » et expert en recherche de cœurs ! Mon choix devient plus précis et il est rare que je rejette une pierre sélectionnée au premier coup d'œil. Lorsqu'elle est dans ma main, elle devient aussitôt pour moi un véritable cœur d'amour ! Quelle belle appellation : un cœur d'amour et non un cœur de pierre !

C'est soudain très clair et je comprends le message qu'a voulu me transmettre Béatrice : « Apprendre à donner des petits gestes d'amour »... et si possible tous les jours ! Voilà la conclusion de notre rencontre providentielle.

Pendant toute cette journée où j'ai compris la forte symbolique du cœur d'amour, je n'ai cessé de me rendre utile là où je le pouvais. J'étais conquis et littéralement possédé par cette superbe mission qui m'avait été offerte par l'intermédiaire de Béatrice, ayant évidemment deviné la présence de la Providence de Dieu. Avec une certaine frénésie, je me suis mis depuis ce jour à chercher encore plus de cœurs d'amour et alors que mes poches et mon sac regorgeaient de ces trésors, je suis allé à la poste pour les expédier en Colissimo vers la maison. Heureusement que les postiers sont sympas et très compréhensifs sur le poids qui ne doit pas dépasser trois kilos : mes envois pesaient souvent le double !

Nicole, mon épouse, vit ainsi arriver un premier carton puis un second et ainsi de suite ! N'étant pas informée du contenu des colis, elle a dû penser en voyant tous ces cailloux (j'en ai envoyé plus de 80 kilos) que son pauvre mari était devenu fou ! Elle qui n'avait déjà pas compris pourquoi, à l'aller, je m'étais laissé pousser les cheveux tel Artaban, alors qu'au retour je me faisais raser le crâne, me prenant – comme je le disais en découvrant mon chef – pour un « évadé de la société de consommation » !

Sur le Chemin, les manières, les attitudes ou les

tenues des uns et des autres ne choquent personne. Comme je vous l'ai déjà dit, on vit hors du temps ! Mais à la maison, dans la famille ou chez les amis, on se pose des questions : « Que lui arrive-t-il ? Il doit déraisonner ! Est-ce le soleil ? Ou la fatigue ? » C'est très intéressant de voir que dans notre société nous sommes étiquetés et qu'il est difficile de changer cette image et de ne pas rester catalogués dans la classe sociale à laquelle nous appartenons. Sur le Chemin par contre, nous pouvons poser les masques et être simplement nous-mêmes, sans aucun artifice. Voilà la vérité : offrir un petit cœur d'amour est une petite attention qui touchera, j'en suis sûr, celui qui le recevra. Cette démarche d'accueil me semble en harmonie avec mon désir de partager.

Il est midi au clocher d'Espalion. Je sors de chez le coiffeur qui vient de me raser le crâne : c'est la troisième et dernière fois ! Pour reprendre le travail en octobre, il vaut mieux avoir quelques cheveux : heureusement, j'ai encore plus d'un mois de marche devant moi !

Je me suis installé pour déjeuner à une petite terrasse sur la place de la mairie. Un peu plus loin, le supermarché vient de fermer ses portes. Trois jeunes adultes avec un chien ont essayé de rentrer dans le magasin mais le vigile s'est montré intraitable : « L'heure, c'est l'heure ! » Devant leur insistance, je comprends que ces personnes n'ont sans doute pas mangé grand-chose depuis hier au soir ! Dépités, ils s'apprêtent à reprendre la route. Je m'approche d'eux et leur propose de partager, s'ils le souhaitent, mon repas. Timidement, la jeune fille lève la tête et prend la parole pour me remercier : ils acceptent cette collation. Une fois servis, nous en venons à parler bien évidemment du Chemin. Je leur explique, comme je le fais si souvent, mes motivations et ma décision de vivre ce retour…

À leur tour, ils me racontent leur histoire : ils ne sont pas sur le chemin de Saint-Jacques pour le pèlerinage, ce sont plutôt ce que j'appelle des « blessés de la vie ». En fait, ils vont au gré de leur humeur et pèlerins du monde, se laissent vivre. Plutôt réservés, ils ont quand même un solide appétit et cela me ravit.

Je m'aperçois bientôt que notre petit groupe ne laisse pas indifférents les clients qui déjeunent autour de nous, particulièrement deux jeunes scouts qui nous regardent avec insistance. Je ne me démonte pas et leur propose de prendre un café car ils ont déjà mangé.

Nous parlons à bâtons rompus ! Les scouts se mêlent rapidement à la conversation et je suis sidéré de les entendre dire, devant mes invités : « Quand on est en cavale, on prend l'habitude de cette vie… et on ne peut plus s'en sortir ! » Quelques instants auparavant, j'ai tenté de redonner espoir à ces trois jeunes en « vadrouille » qui me semblaient un peu perdus ici à Espalion, en leur disant que l'on peut toujours, si on le veut, se sortir d'une galère et que la Providence peut nous y aider… « Aide-toi et le ciel t'aidera ! » : il ne faut pas hésiter à en appeler directement à Dieu par de simples prières et s'adresser aussi à ses parents, à ses amis… Bref, oser demander de l'aide ! Mais encore faut-il le vouloir…

Toute la terrasse se passionne maintenant pour nos échanges et le temps a filé très vite : il me faut repartir. Les trois compères et les scouts se lèvent. Je suis assez chargé et pendant que je m'équipe, les garçons me remercient de notre conversation, ce qui me touche. La jeune femme qui s'appelle Isabelle s'approche de moi et me tend une feuille de carnet qu'elle met au creux de ma main. Je suis curieux et surpris car je ne l'ai pas vue l'écrire. Elle m'embrasse en disant : « Merci Gérard pour ce que tu as fait pour nous… »

Ils s'éloignent déjà et je reste seul parmi les autres touristes qui se sont tus. Je ne résiste pas plus longtemps à la tentation de lire le petit papier sur lequel Isabelle a écrit : « Merci Gérard. Je t'offre cette petite prière : "Seigneur ouvre-moi les yeux, ouvre-moi le cœur afin que je puisse voir, partager et aimer celui que tu viens mettre à mes côtés, lui offrir un sourire, un geste, une parole et toute ma foi de chrétienne." »

Je suis étourdi par l'émotion. Comment, une fois encore, ne pas ressentir en cet instant la présence de Dieu dans le cœur de ces trois jeunes et particulièrement dans ce magnifique regard plein de douceur de cette étrange jeune fille. Mes yeux se remplissent de larmes de joie et de compassion mêlée : je mets rapidement mes lunettes de soleil, mon chapeau sur la tête et je range précieusement le petit feuillet dans mon carnet de route comme une sorte de trésor.

Puis je me lève et prenant mon bourdon, mon sac déjà sur le dos, je fais un signe de main en guise d'adieu aux gens qui terminent leur repas et ont peut-être senti la présence du Divin parmi nous.

Il est écrit dans la Bible : « Je vous déclare aussi que si deux d'entre vous, sur la Terre, s'accordent pour demander quoi que ce soit dans la prière, mon Père qui est aux cieux le leur donnera. » Et aussi : « Car là où deux ou trois s'assemblent en Mon nom, Je suis aux milieu d'eux. » (Matthieu – 18.19/20)

De belles citations !

À cet instant, je reçois la confirmation de ce que doit être mon chemin : non pas la réussite de me surpasser, moi le polio qui n'ai jamais fait de longues marches, ni prouver à mon entourage, à ma famille, à mes enfants et petits-enfants que je peux parcourir ce long chemin et que je suis enfin capable d'être assidu, une fois, dans un projet un peu fou. En définitive, je comprends que le but de ce pèlerinage n'est pas celui que je me suis fixé au départ mais bien celui d'avancer, jour après jour. De guérir mes blessures, de m'accepter enfin et de changer en comprenant que le Seigneur et les forces divines qui habitent le cœur de chaque homme et chaque femme n'ont qu'un désir : celui de nous aider si nous voulons bien leur demander.

Cette petite prière si belle et si simple, offerte par cette jeune fille de la rue, résonne toujours en moi aujourd'hui. Une fois encore, j'ai pleuré en vous l'offrant, car elle résume tout mon chemin de retour !

Essayer de changer nos attitudes, nous retrouver nous-mêmes et nous accepter, mieux vivre nos journées, rencontrer et assister ceux qui ont tant besoin de nous. Essayer aussi d'avoir l'humilité de se tourner vers ce Dieu d'amour et ne pas avoir peur. Qui que nous soyons, et où que nous soyons, même celui qui est rejeté par la société ou celui qui a commis l'incommensurable : nous pouvons tous demander aide et soutien à Dieu afin d'assumer les épreuves, purger nos peines et espérer profondément cette guérison possible pour chacun de nous. Dieu est au cœur de l'homme, quel que soit son nom, il est là, au fond de notre âme. Nous sommes tous égaux avec la présence du Divin dans notre être, comme nous serons tous égaux le jour du grand passage.

Michèle de *La Cassagnole* l'a si bien écrit dans un de ses merveilleux poèmes :

Les arbres te font peur
Passeur ?
L'autre rive est-elle loin ?
Viens prendre ma main !

Je vous disais que le Chemin nous façonne… à condition de nous laisser porter et d'ouvrir notre cœur.

Voici la fin de cette belle histoire qui m'est arrivée dans le Lot.

Je me suis arrêté au centre-ville pour faire quelques courses et je cherche l'itinéraire pour la chapelle de Perse, un des fleurons de l'art roman que je n'ai pas pu visiter à l'aller.

Au coin d'une rue, je retrouve mes deux scouts. Plein d'allant, je ne peux m'empêcher de les sermonner quelque peu au sujet de mes trois jeunes invités : « Comment pouvez-vous être aussi pessimistes alors que vous êtes si jeunes ? Vous devriez aller dans les cités pour rencontrer de jeunes défavorisés. Je trouve que pour des scouts, vous avez tenu des propos peu appropriés et surtout dénués d'espoir à ces personnes qui vivent en marge de la société et avaient plutôt besoin d'un réconfort chrétien ! Vraiment, je suis déçu ! Est-ce que c'est votre confort de vie qui vous fait en ignorer les réalités ? Ou votre manque de connaissance ? Chaque être humain peut changer, s'améliorer et se réinsérer dans la société. Encore faut-il l'y aider ! Alors réfléchissez et parlez-en à vos parents et à vos chefs scouts : je parie qu'ils seront de mon avis ! "L'espoir contre tout espoir !" : cette petite phrase de Charles Péguy est tout à fait appropriée. »

Les voilà bien penauds mes petits scouts et je leur fais lire la prière d'Isabelle. Ils sont vraiment désolés et tout émus quand nous nous séparons mais je sais qu'un jour ils se souviendront de leur ami *La Tortue*, ce vieux pèlerin qui leur a fait toucher du doigt quelles doivent être les attitudes positives et constructives lorsqu'on veut être un « soldat du Christ ».

Yves qui a fait les chemins de Rome et de Saint-Jacques m'a souvent interpellé et convaincu sur ce que doit être notre obstination dans l'attachement à nos valeurs chrétiennes et notre confiance en Dieu.

Je repars, libéré et heureux d'avoir revu mes petits scouts ! Je suis certain que la prochaine fois ils penseront à notre rencontre avant de parler et que c'est eux qui feront le premier pas ! N'avons-nous pas eu, nous aussi, l'insouciance de la jeunesse ? Laissons-leur le temps d'apprendre la compassion pour, un jour, offrir l'espérance.

Cette journée est très dense en événements… mais il y a des jours comme celui-ci !

Je vous ai parlé à plusieurs reprises de l'erreur qui consiste, à mon avis, à pérégriner en groupe. Pour illustrer mes propos, voici le récit de l'aventure que je viens de vivre cet après-midi : elle est très représentative de la vie en groupe et des difficultés ou contraintes qui en sont parfois la conséquence.

Je viens de quitter la jolie chapelle de Perse à la sortie d'Espalion. Retrouvant « mon » *Camino*, je vois arriver deux dames qui semblent très éprouvées par l'étape du jour !

Nous engageons la conversation. Je leur offre un peu d'eau fraîche et les décharge de leur sac. Nous nous asseyons un moment et j'apprends qu'elles viennent de la région lyonnaise et pérégrinent depuis plusieurs jours avec leurs maris et amis. La fatigue accumulée des dernières heures leur est très pénible : l'une d'elle est en nage, elle a le teint livide.

J'écoute leurs commentaires amers. Tout y passe : le chemin est trop dur, le sac trop lourd, les étapes trop longues et le temps trop chaud… Enfin rien ne va ! Et c'est évidemment la faute des maris qui ont concocté le programme de ces vacances « de rêve » devenues un véritable chemin de croix ! Ils sont d'ailleurs restés en arrière, allez savoir pourquoi !

Je suis un peu décontenancé par ce que je viens d'entendre. Comment peut-on en arriver là ?

Je m'efforce de les réconforter et de leur remonter le moral :

— Le Chemin façonne, le Chemin transforme et vous ouvre les yeux. Demain, cela ira mieux, vous verrez !

Après quelques minutes, la confiance et le calme semblent revenus. C'est alors que je reçois cette requête étonnante mais qui ne me surprend pas vraiment de la part de la pèlerine qui est la plus fatiguée :

— Gérard, toi qui connaît bien le Chemin, aurais-tu la gentillesse de faire comprendre à nos maris ce que nous endurons toutes les deux !

La demande ainsi formulée me touche profondément. Mais si je m'en mêle, c'est au risque de m'entendre répondre :

— Gérard, tu es sympa mais ce ne sont pas tes affaires !

Pourtant, sans plus y réfléchir, je promets d'essayer de raisonner ces maris absorbés par leur challenge et sûrement peu conscients de la situation alarmante que je viens de découvrir.

Enfin, le gros de la troupe arrive : maris et amis, une belle équipe de huit personnes. Les présentations faites, il faut que je me lance sans vexer qui que ce soit : j'attends les premières questions de mes interlocuteurs surpris de rencontrer un pèlerin sur le retour de Saint-Jacques, des fleurs au chapeau et le sourire aux lèvres. Mon bonheur doit être visible et ça fait une excellente entrée en matière :

— Depuis quand es-tu parti ? Comment vis-tu ce retour ?

J'en ai l'habitude et je suis toujours content de partager ces moments privilégiés avec les personnes rencontrées sur ma route. C'est un plaisir sans cesse renouvelé que j'essaie d'apprécier avec simplicité, authenticité et surtout avec humilité.

Moi-même je me souviens n'avoir rencontré l'année précédente à Moissac, et à deux jours d'intervalle, que ces deux « mamies » Yvette et Érika qui remontaient elles aussi le Chemin. J'étais admiratif et je buvais littéralement leurs paroles ! Nos petites étapes n'ont rien de comparable avec leur parcours extraordinaire : Yvette cette belle grand-mère qui venait de Séville en passant par Saint-Jacques, remontait sur Paris. Érika, d'un pas tout aussi alerte, revenait de Saint-Jacques et rentrait chez elle en Hollande… Chapeau mesdames !

Revenons à notre équipe de Lyonnais : les maris m'écoutent sans broncher, n'osant pas me contredire lorsque je leur explique que pour moi le *Camino* est un chemin de joie, c'est pourquoi certaines de mes étapes ne font que cinq kilomètres par jour. Ils m'expliquent qu'ils ont organisé et réservé les rendez-vous dans les gîtes et doivent continuer à ce rythme ou rentrer à la maison ! J'écoute d'une oreille les arguments des maris tout en regardant à la dérobée leurs épouses décontenancées. C'est le moment, me dis-je, de porter l'estocade :

— J'ai une idée ! Puisque vous avez réservé vos places dans les gîtes, pourquoi ne prenez-vous pas un taxi pour sauter une étape ? Ça vous fera une journée de repos !

Je leur explique que l'an dernier j'ai vécu une expérience similaire à Vaylats dans le Lot. La sœur infirmière du couvent avait découvert mon pied gauche tuméfié et la plaie que j'avais entre deux orteils : elle m'expédia dès le lendemain matin en taxi à l'hôpital de Cahors. Et alors ?...

— Quinze jours d'arrêt ! exigea l'interne.

— Pas question, on m'attend à Saint-Jacques ! lui répondis-je vertement.

Il appela ses collègues pour leur montrer un nouvel illuminé du *Camino* ! Quatre jours après ce diagnostic, recevant par téléphone les conseils éclairés de mon ami Pierre, notre médecin de famille, je mis mon pied au soleil à la terrasse d'un café sous l'œil figé de la statue de Gambetta et je pus – armé des fameuses sandales de trappiste, un mouchoir sous la plante du pied – repartir vers Moissac, non pas sur le GR 65 trop caillouteux et mouvementé mais simplement par la route sous un soleil de plomb.

Le bitume chauffé à blanc me brûlait la plante des pieds mais après deux bonnes journées de repos à Moissac, j'ai repris la direction de Saint-Jacques par le chemin de halage le long des canaux, profitant de la fraîcheur des feuillages des nombreux arbres plantés là pour notre plus grand plaisir.

Les pèlerins qui m'entourent hochent la tête. Ils ont, semble-t-il, compris le message que la Providence leur a offert par la voix de ce pèlerin de rencontre et sont plutôt séduits par ma proposition : ils pourront ainsi conserver leurs réservations tout en mettant du baume au cœur de ces charmantes pèlerines dont les visages viennent enfin de s'éclairer. Je suis satisfait d'avoir mené à bien ma mission de conciliation.

La fin de l'après-midi est belle et j'offre mon bouquet de fleurs à la plus âgée des deux dames. Nous échangeons simplement nos prénoms et nous nous congratulons comme de vieux amis qui se quittent...

Il est déjà 20 heures et je me rends compte que j'ignore où je vais dormir ce soir. Je prends mon bourdon, enfonce mon chapeau, réajuste mon sac et bois une gorgée d'eau : sur la route, je me mets à chanter le chant des pèlerins : « Tous les matins nous prenons le chemin... *Ultreïa ! Ultreïa !* » en me retournant pour faire un dernier signe de la main à mes amis lyonnais. Je suis une nouvelle fois seul face à mon destin... et il est tard, très tard.

À 21 h 30, j'arrive au couvent de Saint-Côme-d'Olt qui est complet. Vais-je dormir à la belle étoile ? Le Seigneur me récompense bien mal de mon « assistance à personnes en danger » !

Je discute avec des pèlerins assis sur un banc devant le couvent : ils se prélassent, heureux d'avoir obtenu un lit pour la nuit, tout en compatissant au sort de ce pauvre pèlerin *La Tortue* arrivé comme d'habitude en retard !

Un jeune garçon s'approche de moi : c'est le fils de l'hospitalier responsable du couvent. « Voilà ma chance, pensé-je, qui ne me laissera pas dormir dehors ! »

Les nuits sont fraîches dans le Lot et la rosée du matin trempe les pèlerins, même dans leur sac de couchage : j'en ai fait l'expérience plusieurs fois sur mon retour, notamment dans la vallée du Célé entre Figeac et Cahors.

Je discute avec ce gentil garçon qui m'écoute et m'explique que son papa est un peu excédé par les pèlerins qui ne prévoient pas à l'avance leurs étapes et négligent de réserver leur hébergement. Je lui fais remarquer qu'en Espagne où l'on ne peut jamais réserver sa place, on trouve toujours un lit, ajoutant que les gîtes communaux sont réservés en priorité à ceux qui se déplacent à pied. Les hospitaliers espagnols contrôlent la *credencial* pour vérifier la progression des marcheurs et font la chasse aux pèlerins-touristes qui viennent en voiture et cherchent à dormir dans les gîtes qui ne leur sont pas destinés. À l'état de leurs tenues, on ne peut pas trop se tromper : ces pèlerins « du dimanche » ont encore le pli sur leur chemise, les chaussures bien cirées et sont souvent blancs comme des cachets d'aspirine !

Ce jeune garçon est très ouvert et éminemment sympathique. Il m'écoute patiemment et comprend qu'en marchant à deux kilomètres à l'heure je ne puisse pas savoir où je m'arrêterai le soir. Il va jusqu'à s'excuser de la réaction de son père ! Je lui soumets alors une petite idée doublée d'une question : puisque je pars très tôt demain matin, ne puis-je dormir dans la cuisine ?

J'ajoute que je possède un petit matelas gonflable. Il me dit d'attendre et va consulter son père.

Quelques minutes se sont écoulées, la nuit est là et nous sommes dans la pénombre. Le garçon revient, tout heureux de m'annoncer que je peux effectivement m'installer dans la cuisine : ouf ! ça vaut toujours mieux que de rester dehors : le chemin est encore long d'ici la Savoie, il faut ménager le pèlerin…

82e jour : Saint-Côme-d'Olt – Saint-Chély-d'Aubrac
Samedi 4 août : 17 km en 9 heures soit 1 498 km en 702 heures

Ce matin, j'ai une franche conversation avec le papa : il est inquiet de tous les frais à engager pour restaurer le gîte du couvent et déçu de constater que la contribution étant *donativo* – chacun donne ce qu'il peut ou ce qu'il veut – les dons des pèlerins sont de moins en moins importants. Certains pensent que l'hospitalité chrétienne est naturellement gratuite ! Je le sens un peu amer. Je connais bien le problème et je comprends, mais à part apporter ma contribution qui s'ajoutera à celle d'un ou deux pèlerins désargentés, je ne vois pas comment l'aider….

Le Chemin, dit-on, est un chemin de partage. Ceux qui ont peu de moyens (souvent des jeunes étudiants) attendent les signes de la Providence… Il me semble que l'aide devrait venir de ceux qui ont la possibilité d'aider les plus démunis. Deux mois sur le Chemin c'est relativement long : c'est pourquoi dans les gîtes, après le départ des pèlerins, on trouve des aliments de première nécessité laissés par ceux qui ne veulent pas trop se charger pour la journée. Il en va de même pour les habits ou affaires diverses abandonnés au fil des étapes. Je me souviens avoir été très impressionné au gîte de León, à 300 kilomètres de Saint-Jacques, par le nombre incroyable d'objets hétéroclites, notamment plusieurs paires de chaussures de randonnée (on finira en baskets ou sandales !), des matelas en mousse (on dormira à la dure ou ceux qui ont un lit prêteront leur matelas à ceux qui dorment par terre), des pulls, des ponchos, des chaussettes, etc. Certains se délestent, d'autres viennent s'équiper ici : n'est-ce pas là le vrai chemin d'entraide que je connais et que j'apprécie ?

Je dois reprendre ma route et avant de partir, je félicite l'hospitalier pour la gentillesse et la compréhension de son fils. Afin de lui montrer la puissance de la Providence, je dépose dans sa boîte aux lettres un don substantiel. J'aurais bien aimé voir son visage lorsqu'il a découvert ma contribution : « Les temps sont si durs actuellement… *Ultreïa !* » répète-t-il plusieurs fois avant de me saluer et de me souhaiter un bon chemin.

83e jour : Saint-Chély-d'Aubrac – Nasbinals
Dimanche 5 août :
17 km en 9 heures
soit 1 515 km en 711 heures

Ce matin le pèlerin est très heureux. La journée a si bien commencé qu'il ne peut qu'être une nouvelle fois en actions de grâce et doit remercier les forces divines qui dirigent le monde pour la beauté de l'instant présent.

J'ai partagé le petit déjeuner avec d'autres pèlerins chez les Sœurs de Saint-Joseph à Saint-Chély-d'Aubrac où sœur Anna et sœur Maria s'activent depuis tant d'années pour recevoir les marcheurs. Leur vocation les a entraînées dans différentes missions : instruction, aide et visites aux malades, catéchisme…

Hier soir, alors que nous dégustions une excellente assiette de soupe brûlante parsemée de croûtons à l'ail, sœur Anna me dit : « Si par le passé tous les enfants du village suivaient le catéchisme, aujourd'hui malheureusement il n'en reste plus beaucoup ! Les parents et les enfants ne s'intéressent plus à l'enseignement religieux. Parfois nous ne sommes plus que quelques-uns à la messe célébrée à la chapelle de la maison de retraite… »

Sa déception est grande mais en guise de consolation je lui parle des rassemblements de jeunes chrétiens, à l'initiative du pape, qui montrent un grand enthousiasme : ils étaient plus de 200 000 en 1998 à Compostelle et deux millions à Paris pour les Journées Mondiales de la Jeunesse.

Sœur Maria est allée se reposer et je poursuis ma discussion avec sœur Anna dont le visage marqué d'une vie de dévotion et de dévouement reflète, sous sa petite cornette, la sérénité d'une vie bien remplie. Ses petits yeux pétillants me ravissent et pourtant je suis un peu triste quand elle ajoute : « Nous ne sommes plus que deux religieuses ici, nous nous sommes regroupées avec la congrégation diocésaine de Saint-Joseph. »

Pour chasser la nostalgie des propos réalistes de sœur Anna, je lui offre ce témoignage de foi de nos jeunes *Témoins et bâtisseurs* de Quézac dans le Cantal que j'ai reçu avant-hier en descendant vers Estaing et qui m'a tant marqué à cause de leur désir de témoigner et de bâtir leur vie avec l'aide du Très-Haut. Ce sont ces exemples qui doivent nous motiver et nous permettre de toujours espérer... Être semeur d'espérance : quelle belle mission pour ces jeunes !

Je consulte régulièrement mon guide de la FFRP, si pratique pour me déplacer, même si je le lis à l'envers : en effet, je dois remonter la ligne rouge qui matérialise le GR 65 sur la carte et inverser les numéros de référence, ce qui n'est pas toujours probant, mais je m'en contente !

Je ne suis pas devenu un expert pour autant. Je me déplace actuellement sur un petit sentier bordé d'une myriade de fleurs des champs avec des variétés que j'ai rarement vues, comme les orchidées sauvages : elles sont minuscules en comparaison de celles de nos fleuristes mais leurs couleurs et leurs formes sont magnifiques. Je reste un long moment à les observer en me demandant si compte tenu de leur rareté, on a pensé à les protéger ?

Il est bientôt midi et j'espère rejoindre ce haut lieu du Chemin qu'est la dômerie d'Aubrac où cette phrase est gravée dans la pierre : « En un lieu d'honneur et de grande solitude. » Il est impressionnant de penser que pendant des siècles, des milliers de marcheurs de Dieu se sont repérés au son du bourdon du clocher de cette imposante *tour des Anglais* qui perce le ciel. Combien de pèlerins, enveloppés dans la brume opaque de la nuit et transis de froid, n'ont dû leur salut qu'à ces sons martelés par les cloches tirées par les hospitaliers conscients du danger : la plus célèbre est la « cloche des perdus » nommée Maria. Souvent les marcheurs arrivaient à Aubrac exténués et dans un état physique et moral proche de la limite extrême. L'Ordre des Hospitaliers installé dans cette petite localité prodiguait avec foi et compassion des soins à ces hommes et femmes, leur offrant une bonne soupe et la possibilité de passer la nuit au chaud dans l'un des hospices. Et s'il n'y avait pas assez de places disponibles, on n'hésitait pas à mettre trois personnes par lit, en quinconce : deux dans un sens, la troisième dans l'autre. Les pèlerins recevaient également l'aide des Donats, personnes bénévoles qui leur procuraient une assistance fraternelle.

Je suis sorti de ma rêverie médiévale par les rires et les voix qui viennent en contre-haut de mon déplacement. Je lève la tête, curieux de découvrir quelques personnes qui se sont arrêtées et j'aperçois une petite équipe de randonneurs, apparemment très organisés, qui viennent de mettre la table. Ce sont des « professionnels » du casse-croûte en campagne, me dis-je : ils ont déposé sur une nappe les victuailles et boissons pour tenir un siège ! Nous engageons la conversation mais je crains de les déranger dans leurs préparatifs. Avant de clore notre discussion, je précise mon intention de faire ma première halte de la matinée à Aubrac mais ils m'invitent à prendre l'apéritif :

— Tu en as encore pour une bonne heure, surtout à l'allure d'une tortue ! disent-ils.

Et ils ajoutent :

— Ce n'est pas tous les jours qu'on rencontre un pèlerin qui revient de Saint-Jacques !

Touché par cette parole spontanée et ne résistant pas au plaisir de trinquer, je grimpe jusqu'à eux et me déséquipe de mon barda.

En fait d'apéritif, je suis resté déjeuner avec eux

mais le petit rosé sorti de la glacière m'a pris en traître et j'ai un peu honte de moi ! Enfin, une fois n'est pas coutume et rassasié, je quitte mes hôtes :

— Nous te disons au revoir et non adieu Gérard, car ce soir nous passons à Nasbinals et nous serons heureux de te retrouver à 19 heures devant l'église.

C'est noté mais comme à mon habitude, je ne promets rien. Où serai-je à cette heure ? Je ferai toutefois mon possible…

Je reconnais que la reprise de mon étape du jour s'avère un peu difficile mais c'est mal connaître les ressources d'un pèlerin repu et heureux. Malgré mon retard, je veux traverser les grands plateaux de l'Aubrac avant la nuit pour éviter d'avoir à demander l'hospitalité aux bergers et dormir parmi les vaches ! Encore que…

Et me voilà reparti dans mes rêves un peu fous ! Je parle à haute voix en marchant : je me raconte ma vie, mes états d'âme, parfois je chante ou je prie, alors que dans mon quotidien, j'apprécie plutôt le silence pour réfléchir. Les gens que je croise doivent penser que je suis un peu dérangé !

J'en suis là de mes réflexions quand j'aperçois au beau milieu d'un immense champ en devers un troupeau de vaches qui se dirige vers moi… réalisant soudain que mon pull rouge risque d'attirer le taureau ! Courageux mais pas téméraire, je modifie aussitôt mon itinéraire vers le bord du champ en limite de la forêt pour prendre une draille, ce chemin de transhumance tracé par les animaux.

Trois jeunes pèlerins chargés comme on peut l'être pour un long pèlerinage s'approchent. Nous nous arrêtons et quand j'explique que je reviens de Saint-Jacques, Anaïg se tourne vers ses deux amis, Francisque et Cédric : « C'est incroyable ! Ce matin encore je vous disais notre déception de ne pas rencontrer sur notre route un seul pèlerin revenant de Compostelle ! »

Les questions fusent. Ils sont charmants ces jeunes étudiants enthousiastes et volontaires mais un peu démoralisés par la fatigue et la longueur des étapes du Chemin, disent-ils. C'est vrai qu'il faut du cran pour partir sac au dos pendant deux mois minimum et traverser, contre vents et marées, le sud-ouest de la France et le nord de l'Espagne. Nous discutons un bon moment et j'essaie de leur donner quelques conseils qui leur permettront peut-être d'avoir une vision différente du Chemin.

Quand je les quitte, les trois gaillards sont requinqués et à nouveau enthousiastes : je repars, regonflé moi aussi et d'un pas alerte. Encore une belle rencontre d'amitié fraternelle !

Il fait toujours chaud mais un petit vent s'est levé, bien agréable pour terminer plus confortablement mon parcours.

Quelques mois après mon retour à Challes, j'ai reçu à deux jours d'intervalle un courrier d'Anaïg et de Francisque. Après de difficiles moments, Anaïg a quitté le chemin à Saint-Jean-Pied-de-Port : « Le Seigneur, me dit-elle, m'a comblé cette année et a entendu en moi le désir de repartir en pèlerinage avec Lui. Je repars, impatiente de faire de nouvelles rencontres, pour m'éloigner du monde et m'approcher de Dieu… »

Elle me rappelle également « cette fabuleuse rencontre dans l'Aubrac, les paroles simples que nous avons échangées et qui nous ont donné une grande force à un moment où épuisés, nous étions découragés : le Chemin commençait alors vraiment ».

Francisque a laissé Anaïg à Saint-Jean-Pied-de-Port un peu désemparée et il a poursuivi sa route jusqu'à Saint-Jacques.

« Le 24 septembre, j'étais face à la cathédrale avec quelques larmes de tant de choses que nous avons vécues. Qui pourra comprendre ? Je dois t'avouer qu'avant notre rencontre en plein milieu de l'Aubrac, en cette fin d'après-midi, je n'aurais pas parié cher sur ma possible arrivée à Saint-Jacques. Mais cette rencontre fut pour Anaïg et moi un vrai départ pour Santiago, certains d'aller jusqu'au bout du chemin. Nous avons trouvé un sens à notre marche... Nous avons appliqué à la lettre ce que tu nous avais conseillé : jamais tu ne critiqueras ton hôte. Cette règle d'or fut si précieuse ; voilà un regard qui change et un cœur prêt à recevoir et à donner. »

Ces témoignages me font encore si chaud au cœur que je m'en voudrais de ne pas vous en faire profiter !

J'arrive à Nasbinals à 19 heures tapantes. Sur la place de l'église, je retrouve mes randonneurs de ce Midi tout contents de me revoir : « On était sûrs que tu n'oublierais pas notre rendez-vous ! »

Je leur raconte mon après-midi sur les plateaux de l'Aubrac et la belle rencontre avec mes jeunes pèlerins : Anaïg, Francisque et Cédric ? Il leur reste 1 500 kilomètres à parcourir pour rejoindre Saint-Jacques. Que Dieu les guide et les protège !

Évelyne, une charmante musicienne de Montpellier, me demande où je vais dormir ce soir : je lui réponds que je n'y ai pas encore songé. Avec le naturel propre à ces rencontres sur le Chemin, elle me dit que sa famille possède un petit chalet à quelques kilomètres de Nasbinals et propose, si cela me convient, de me loger pour la nuit en ajoutant qu'elle me ramènera ici demain matin. Inutile de réfléchir plus longtemps : je la remercie pour son hospitalité. Nous roulons un bon moment et arrivons à la nuit tombée dans une petite station de ski dont je ne vois que quelques chalets tous semblables, alignés sur la crête. Dans la pénombre il est impossible de distinguer les pistes de ski. Après le souper, j'aurais aimé qu'Évelyne me joue un petit air de violon mais son instrument est resté à Montpellier car son archet a rendu l'âme, me dit-elle contrariée. Nous parlons de son métier et je me rends compte qu'il est assez difficile d'en vivre.

Épuisé par ma longue journée de marche, mes yeux se ferment et je lui souhaite une bonne nuit : la mienne sera réparatrice et confortable dans un lit avec de vrais draps, ce qui me change de mon duvet, certes confortable mais un peu vétuste !

Dans mes prières, je remercie Évelyne et la Providence qui ont pris soin de moi une fois encore.

84e jour : Nasbinals – Les Quatre Chemins
Lundi 6 août : 16 km en 9 heures soit 1 531 km en 720 heures

Depuis plus d'une heure, je marche comme un automate en suivant les signes directionnels rouges et blancs du GR 65. Je dois être attentif car ces petits rectangles ne font que deux centimètres de haut sur dix de long par couleur. Ils sont placés dans des endroits visibles (poteaux télégraphiques, panneaux de signalisation, angles de maisons...) et pour éviter de se tromper quand il y a plusieurs chemins, c'est une croix rouge et blanche qui indique les chemins à ne surtout pas emprunter : seuls les signes parallèles montrent le chemin à suivre. Pour aider au mieux le randonneur, on a ajouté à ce signe une troisième bande en angle droit dans le sens où il faut tourner.

C'est enfantin me direz-vous ! Oui, sauf quand l'attention se relâche et qu'on se retrouve quelques centaines de mètres plus loin, complètement désorienté : le pire, c'est quand les signes ont disparu. La sagesse acquise au fil des jours préconise alors au marcheur de ne pas s'aventurer plus loin et de revenir sur ses pas pour retrouver le précédent balisage. Souvent on s'aperçoit assez vite de son erreur mais on comprend mal pourquoi notre cerveau en éveil a perdu le fil du chemin. On peut alors être tenté, en consultant son guide de grande randonnée au 1/50 000e (carte IGN), d'emprunter un raccourci pour éviter les chemins forestiers, préférant la petite route départementale. Avec l'expérience, je me suis rendu compte que cette idée légitimée par la fatigue n'apporte pas toujours le résultat escompté. D'abord parce qu'on risque de se perdre ; ensuite, parce qu'on occulte l'harmonie du chemin dont le parcours – sans être obligatoirement intéressant sur le plan historique – privilégie toujours la beauté des paysages et des villages traversés et offre surtout le calme et le silence de la nature, ce qui n'est pas négligeable !

J'en suis là de mes pensées quand je me rends compte que dans le sous-bois qui borde la petite route où je marche depuis un moment, plusieurs personnes se sont installées avec leur âne pour faire une halte certainement méritée, chacune adossée à un tronc d'arbre : une belle famille.

J'engage la conversation avec Michel et Mary, des Dauphinois habitant près d'Allevard, à 20 kilomètres de Challes-les-Eaux. Nous sympathisons et mon regard est attiré par un de leurs enfants, Igor, qui se tient près de l'âne : c'est un petit garçon autiste. Les autres enfants jouent entre eux mais Igor vient vers moi et pose sa tête sur mon épaule. Je suis surpris par ce geste de tendresse : j'y réponds en lui caressant le bras. Ses parents me confient que son attitude est de bon augure. Igor sentirait-il cette tendresse compatissante que j'ai engrangée en moi et ce désir de m'ouvrir un peu plus aux autres, particulièrement aux enfants ? Il doit avoir 12 ou 13 ans. Mary est comédienne professionnelle : avec Michel, elle a créé une compagnie de théâtre, *Le Puits*. Leur joie et leur enthousiasme me rappellent ce proverbe togolais : « Au fond du puits d'amour, jamais l'eau ne se tarit. »

Le souvenir d'une pièce que j'avais vue jouer à la MJC[1] de Chambéry remonte alors du fond de ma mémoire. Michel me demande si ce ne serait pas *Le pays d'Igor* ? Mais oui, cet enfant sur son tricycle avec des ailes et une hélice d'hélicoptère, c'est Igor qui est près de moi maintenant ! Je suis très ému de le rencontrer aujourd'hui.

Je bavarde avec Michel et Mary depuis plus d'une demi-heure et je note que la jeune femme a un charmant accent anglais : elle a monté une école de clowns et ce couple connaît bien la *Communauté du Chemin neuf*, un groupe charismatique de l'Abbaye de Hau-

1. Maison des Jeunes et de la Culture.

tecombe sur le lac du Bourget, en Savoie. Coïncidence étonnante : Nicole et moi y avions participé à une réunion avec Christiane et Pierre qui habitent non loin de Barraux. Pierre est boulanger près de Myans : les enfants de Mary me disent que Christiane et Pierre qui sont également leurs amis viennent les rejoindre demain pour une semaine. Je regrette de ne pouvoir les attendre mais je dois continuer ma route, ayant pris un certain retard. Nous promettons de nous revoir et je sais que nous serons en communion de prières les jours suivants. Pierre et Christiane seront sans doute déçus d'avoir manqué notre rencontre et tout aussi surpris que moi de voir comme le monde est petit !

Il est tard. La fatigue accumulée ces jours derniers pèse sur tout mon être. Les chemins caillouteux de l'Aubrac bordent les immenses étendues des parcs pour animaux. De chaque côté du chemin, les éleveurs ont construit au fil du temps des murs de gros cailloux qui délimitent l'espace des marcheurs et clôturent les champs où paissent les troupeaux de vaches et de taureaux : leur robe rousse en camaïeux de bruns et leurs yeux noirs « maquillés » leur donnent beaucoup de douceur et sont les signes distinctifs de cette authentique race si représentative de l'attachant pays d'Aubrac.

J'avance encore et tout en cherchant vainement Les Quatre Chemins, j'aperçois enfin le Moulin de la Folle, là où l'an dernier la rivière était sortie de son lit, noyant les champs : Gisèle, Jacqueline et Marie-Claude, ces pèlerines que je surnommais amicalement « les profs », avaient rebroussé chemin pour contourner l'importante inondation des jours précédents. Au contraire Alain, randonneur émérite, était déterminé à passer malgré tout : il m'en imposait et je me demandais comment il réussirait sans avoir de l'eau jusqu'à la taille ou les pieds englués dans la boue glaiseuse.

— Viens si tu veux ! On peut gagner deux ou trois heures, tu verras ! me dit-il sûr de lui.

Fortement tenté, j'acceptais le défi ! Nous marchions sur les pierres du chemin encore visibles au milieu de l'eau. À l'endroit qui me parut le plus profond, Alain grimpa sur un petit mur. Il avançait doucement, en équilibre : je me disais qu'il avait le pied montagnard, ce qui lui permit de traverser sans trop de difficulté. Arrivé de l'autre côté, au sec, il me cria :

— À toi Gérard ! Tu ne risques rien, sinon de prendre un bon bain…

Risque que je prenais aussi pour mes fragiles affaires : appareil photos, guides, carnet de route, papiers, etc. Même protégés dans des sacs plastique, je tenais à mon précieux trésor. Mais ça valait la peine de tenter ce parcours périlleux pour gagner plusieurs heures – ce qui n'était pas rien pour une tortue – et je me lançais sur la voie ouverte par Alain.

Quelque peu déséquilibré à cause de mes jambes et de mon sac à dos qui me faisait tanguer, j'étais à deux mètres au-dessus de l'eau qui s'étalait de part et d'autre du mur : impressionnant mais pas dangereux ! À un moment pourtant je perdis l'équilibre et par réflexe, je m'assis à cheval sur le mur. Ah ! si mes petits-enfants m'avaient vus je crois qu'ils auraient ri à pleins poumons en voyant ce Don Quichotte de Papou qui prenait le mur pour sa monture !

Alain m'encouragea :

— Tu y es presque… Prends ton temps et pense à nos pèlerines qui vont faire un détour de plusieurs kilomètres !

Je me ressaisis et doucement me relevai : il fallait passer… encore trois mètres et j'étais sauvé !

Alain me tendit la main : je pouvais enfin souffler. J'étais fier de moi et remerciai mon guide pour les kilomètres gagnés… et mon ange gardien pour son aide en pensant que c'est aussi cela l'humilité de la marche qui nous apprend la philosophie et l'acceptation de notre petitesse face à la nature : mais là aussi c'est une autre histoire sur laquelle on peut longuement méditer !

J'imagine comme tout ça vous paraît anecdotique, surtout si vous êtes confortablement assis dans un bon fauteuil, mais peut-être y repenserez-vous demain si vous prenez le Chemin.

J'aperçois enfin au bout du champ, derrière les rondins de bois qui bordent l'entrée des Quatre Chemins, le petit café *Chez Régine*, lieu incontournable pour tous les pèlerins qui empruntent le GR 65. Il est plus de 20 h 30 : une heure bien tardive pour arriver.

Traversant la cour au milieu des animaux de la basse-cour, j'entre dans le bar : Régine est derrière son comptoir, elle prépare le repas d'un pèlerin retardataire… Elle me reconnaît instantanément :

— Tiens, voilà le Marseillais ! Tu es reparti pour un deuxième tour ? Tu as toujours ta bonne humeur, je vois !

Je confirme :

— Surtout lorsque je rencontre des gens que j'aime bien !

Régine est flattée et je lui offre un beau bouquet de fleurs.

— Est-ce que tu sais comment ils me surnomment

sur le Chemin maintenant ? *La Tortue* !… C'est pour ça que j'arrive si tard !

Je rappelle à Régine mon souvenir de sa maman qui, l'an passé, était tombée en panne d'essence avec sa 4L au milieu de la forêt et avait dû retourner à sa voiture à pied avec un plein bidon d'essence.

— C'était mes premiers jours de pèlerinage : aujourd'hui je rentre de Saint-Jacques ! J'ai voulu faire le chemin du retour et j'avais hâte de repasser par ici pour vous revoir : je n'ai pas oublié cet appétissant casse-croûte que tu nous avais offert, un vrai festin de roi !

Régine m'a écouté, surprise de mes « exploits » pédestres, mais une soudaine tristesse passe dans son regard :

— Maman est « partie » cet hiver…

Stoppé net dans mon élan, je revois encore cette vieille dame un peu courbée avec son châle sur la tête, son bidon d'essence à la main, qui criait à sa fille de « bien s'occuper de nous » ! Elle montrait ainsi à tout le monde qu'elle gardait son rôle « d'ancienne » : j'avais trouvé cette attitude très belle. Régine, un petit sourire en coin, lui avait rétorqué pour la rassurer : « Va te reposer maman, ne t'inquiète pas : je vais m'en sortir ! »

Je dépose mon gros sac dans un coin de la pièce : Régine a mis mon bouquet de fleurs dans un verre sur le bar et m'invite à passer à table avec un jeune pèlerin, Jean, qui est technicien à Paris et pérégrine depuis quatre jours. Elle m'apporte une bonne assiette de soupe fumante qui va me réchauffer le corps. Nous évoquons avec un certain humour le Chemin. Jean, très sûr de lui, a des idées plutôt arrêtées sur le pèlerinage. En un mot, il n'entrevoit pas de difficultés particulières : il pense que dans moins d'un mois il sera arrivé à Saint-Jean-Pied-de-Port et dans deux à Saint-Jacques. Je le trouve attachant et enthousiaste cet intellectuel parisien, mais un peu présomptueux tout de même ! J'argumente et tente de l'avertir de ce qui l'attend : il m'écoute poliment et reprend son discours, toujours aussi convaincu. Régine vient s'asseoir avec nous, le temps passe et les anecdotes fusent : nous pourrions y passer la nuit…

Je dois maintenant m'occuper de mes affaires sales et de ma petite personne. Régine me loge dans son gîte tout neuf, derrière le café. Avant de s'éclipser, elle se tourne vers Jean et lui dit : « Tu sais Jean, j'ai entendu votre discussion, tu devrais réfléchir et te dire que l'expérience de Gérard peut être précieuse… Moi, je ne marche pas mais ici j'entends beaucoup de choses, des bêtises parfois ! Le Chemin est long et certainement plein d'imprévus. Tu as la chance de rencontrer quelqu'un qui a fait l'aller et le retour : écoute-le ! »

Je suis un peu gêné par ces paroles mais je ne peux m'empêcher de penser que mon compagnon risque de ne pas arriver à bon port s'il conserve des idées aussi arrêtées : le Chemin peut être très sévère pour ceux qui ont oublié le mot « humilité ». Jean ne se doute pas qu'un pèlerin sur trois arrête son pèlerinage à cause d'un problème de santé : tendinite, entorse, blessure aux pieds, insolation, ce qui engendre une baisse de moral et souvent un retour prématuré à la maison, une triste réalité que j'ai malheureusement pu constater pendant ces longs mois de pérégrination.

85e jour : Les Quatre Chemins – Saint-Alban – Bigose
Mardi 7 août : 17 km en 10 heures soit 1 548 km en 730 heures

Après ce que j'appelle « une petite grasse matinée » (lever à 6 h 30), je retrouve Régine à son poste derrière le zinc. Elle m'invite à venir prendre un bon petit déjeuner : quelle gentillesse !

Autour du comptoir, il y a quelques paysans habitués au petit blanc matinal avant de démarrer leur journée de travail : les pèlerins sont partis aux aurores et ceux qui viennent d'Aumont-Aubrac s'arrêteront pour le casse-croûte dans la matinée. Jean, peut-être touché par la grâce du Chemin, a demandé à Régine de me transmettre ce message : « Gérard, tout compte fait, je vais suivre tes conseils. Merci pour cette soirée et bon retour ! »

Quel beau cadeau ! Ce garçon me rappelle Philippe *Le Tendre* que j'avais rencontré à Roncevaux et qui était passé sans s'arrêter quand je lui avais dit bonjour. Il ne m'avait lancé que son prénom tant il était pressé d'avancer sans perdre sa cadence !

Quelques jours plus tard, au sommet de la sierra del Perdón près des éoliennes et de la grand fresque métallique des pèlerins, il est venu me rejoindre et m'a demandé s'il pouvait marcher avec moi afin de modérer sa vitesse : au pas de *La Tortue*, il n'était pas près d'arriver à Saint-Jacques ! Nous avons longuement bavardé : il avait souffert de deux tendinites à Pampelune qui l'avaient contraint à s'arrêter deux jours et après avoir compris ses erreurs, il était déterminé à réussir son pèlerinage. La Providence pensait à lui et nous permit de nous revoir souvent.

À la sortie de la chapelle octogonale d'Eunate, joyau de l'art roman, Philippe est venu me remercier. Je lui ai simplement conseillé, comme à Jean hier soir, de réfléchir au but de son voyage et de marcher raisonnablement, de boire souvent et de ne pas se laisser influencer par des pèlerins trop entreprenants ! Ce qui est à mon avis le secret de la réussite d'un si long périple. Philippe l'a compris et il m'a écrit une longue lettre qui a ravi mon cœur de pèlerin et de « grand frère ».

C'est dans ces moments-là que je remercie le Seigneur et que je me rends compte de la force et de l'intérêt du partage avec tous ceux que j'ai rencontrés.

Tout au long de cette journée, je ne cesse d'être obsédé par mille pensées qui me confortent sur ce chemin « thérapeutique » que je vis au jour le jour et dont je vous livre mes réflexions à bâtons rompus... Je pense à cet instant à ceux qui, pour différentes raisons, ont quitté le Chemin : certains ayant présumé de leurs forces, d'autres à cause d'une tendinite, d'autres encore ayant mal géré leurs efforts.

C'est aussi cela l'apprentissage de la vie ! Combien de fois sommes-nous confrontés dans notre chemin de vie à faire un pas en avant et deux en arrière : on pose un genou à terre, parfois dans une grande lassitude, et face contre terre, mais il faut se souvenir que l'on peut toujours se relever et repartir. C'est là où l'aide divine est appréciable : sans elle, l'espoir s'étiole laissant place à la déception et au pessimisme car il faut être fort dans cette foi pour appréhender les difficultés.

Je peux aujourd'hui vraiment témoigner de ce que j'ai vécu. Certains comme Alain *Le Félin*, grand randonneur et peu enclin à la spiritualité, resteront sceptiques : mais que dire d'autre ?

Si je suis parti l'an dernier pour réaliser un exploit sportif, cette année mes motivations sont bien différentes, vous l'aurez compris. Certains d'entre vous sont peut-être repartis : quel a été votre cheminement ? Pour ceux que j'ai croisés, comment avez-vous vécu cette fin de pèlerinage, comment avez-vous géré votre retour à la vie hors du Chemin, comment vivez-vous depuis ? Voilà quelques questions dont j'aimerais connaître les réponses. Je me suis moi-même tellement remis en question que je serais heureux de savoir s'il en a été de même pour vous.

Sur ce chemin de vie qui est le nôtre, nous sommes tous en mouvement – enfin je l'espère. Nos voies sont parfois parallèles ou bien se croisent mais nous allons tous vers le même but. Il est très intéressant d'échanger nos impressions, nos réflexions, nos motivations avec pudeur et simplicité. Je pense vraiment que ce partage est un geste d'amour et qu'il est la base même, le fondement de notre volonté de guérir et de changer. Il s'accompagne d'un souhait sincère de grandir.

Après réflexion, je me suis aperçu que nous sommes toujours au quotidien le second de quelqu'un, professionnellement ou socialement. Celui qui se croit le premier n'a certainement pas conscience qu'au-dessus de lui existent les forces divines. Il restera donc toujours le second alors que sur le chemin de Saint-Jacques, nous sommes la Providence de l'autre. Celui qui est là, face à moi, et qui m'offre sa présence ou son témoignage – voire les deux – celui-là est ma providence, mon égal. Dans cette vie trépidante du XXIe siècle, il est très important de se rappeler cette simple évidence que l'on vit tout au long de la pérégrination.

Au fil des jours, mon esprit et mon âme retrouvent cette présence de l'autre, celui que « le Seigneur met à mes côtés » comme le disait si bien Isabelle dans sa superbe prière : « Offrir un sourire, un geste et ma foi chrétienne », ce qui est devenu essentiel pour moi.

Cela, je l'ai compris et vécu souvent lors de mes déplacements. Pour preuve l'empressement de nos remerciements lors de nos échanges, si brefs soient-ils.

Pourquoi dire merci si nous n'avons rien reçu ? Voilà un des mystères du Chemin en partie expliqué : il est si ouvert que celui qui l'accepte va voir en quelques jours s'opérer une transformation de sa vision de la vie, de l'analyse de son passé ou encore de la compréhension de situations parfois douloureuses ou inexpliquées, et chemin faisant, grâce au partage avec les autres pèlerins, une élévation de tout son être vers le spirituel.

Je veux en témoigner simplement et avec authenticité afin que vous puissiez vous faire votre propre idée et mesurer en votre âme et conscience cette puissance spirituelle qui m'a guidé tout au long de ce retour pour atteindre le but que je me suis fixé : rentrer à la maison après avoir changé et guéri.

Il me reste encore de nombreuses aventures à vivre et c'est avec confiance que je vis chaque étape, chaque journée, avec l'aide du Très-Haut.

86e jour : Bigose – Le Rouget
Mercredi 8 août :
13 km en 8 heures
soit 1 561 km en 738 heures

Hier au soir vers 20 heures, j'ai découvert le petit hameau de Bigose tapi dans le fond d'un vallon d'où montaient les cris de joie d'enfants qui ont attiré mon attention. Julien et Jérémy jouaient et me voyant arriver m'ont gentiment fait la proposition suivante : « Si tu veux boire l'apéritif, va vers cette maison ! »

Surpris par cette invitation, je m'approche et sous une bâche tendue devant une vieille maison du village, je découvre quelques amis qui discutent entre eux. Honoré me propose un Pastis que j'accepte volontiers : le premier depuis 84 jours. Son épouse Marie-Andrée est une institutrice à la retraite. Il me présente leurs amis et deux pèlerins : Jean de Carcassonne et Libian, un éducateur spécialisé.

Immédiatement la conversation s'oriente sur le Chemin et ses anecdotes, nos aventures, nos attentes… Honoré revient avec trois grands bols d'une soupe fumante aux petits légumes : un régal ! Ça me rappelle les bons potages d'antan et ceux que prépare Nicole à la maison avec les légumes du jardin.

La soirée est très joyeuse. Nos amis pèlerins ont déjà planté la tente. Honoré m'offre de dormir dans la maison alors que je m'attendais à ce qu'il m'installe dans un coin de son grenier…

Dans la petite chambre à l'étage, je suis frappé de découvrir une foultitude d'objets de culte sur les meubles et la cheminée : des livres, des statues, des bénitiers… on se croirait dans un musée !

Mon esprit curieux ne peut réprimer la question qui me brûle les lèvres :

— Pourquoi toutes ces reliques ?

Honoré m'explique qu'un de leurs voisins a récupéré ces objets à la décharge. Il me montre une collection de médailles pieuses ramassées sur un tas d'immondices :

— N'est-ce pas un scandale, une honte ? me dit-il.

Ses amis acquiescent en silence : les regards sont pesants.

Je suis un peu surpris par cette ambiance particulière faite de silence et de recueillement. Lorsque ses amis sont partis vers minuit, Honoré m'entraîne dans la maison. Quelle surprise de découvrir dans la pièce qui jouxte la cuisine une véritable chapelle aménagée dans la partie de l'ancienne école du village, avec un autel et son tabernacle… tout droit sortis de la décharge publique me confient-ils : incroyable !

Honoré et Marie-Andrée sont ce qu'on appelle des *fondamentalistes* et je comprends mieux pourquoi pendant toute la soirée, Honoré a parlé des « démolisseurs » de l'Église. Personnellement, je suis loin de tout cela mais je brûle d'en savoir davantage.

— Le Diable est dans l'Église ! me chuchote-t-il à plusieurs reprises.

Il est vrai que l'on peut être en désaccord avec le concile qui a changé les structures et la forme des offices : disparition du latin, de la soutane… mais de là à penser que Satan a investi la maison de Dieu ! Je reste perplexe et n'ose rien ajouter.

Honoré me propose de me mettre à genoux et nous terminons cette étonnante soirée par une longue prière. J'évite d'interrompre mon hôte malgré les crampes qui montent dans mes cuisses. Enfin il se lève et nous

nous souhaitons une bonne nuit… qui sera en fait merveilleusement réparatrice. Alléluia !

Ce matin, au petit déjeuner Jean et moi interrogeons Honoré qui semble vivre sa foi avec beaucoup de conviction : « Si le Bon Dieu existe, pourquoi permet-il que les hommes soient aussi cruels ou parfois si touchés dans leur vie comme ce petit enfant de 4 ans qui, sur son rocher, attendait ses parents occupés au jardin : quand les freins du tracteur ont lâché, l'engin est venu heurter la pierre, tuant le petit sur le coup. »

Hier soir, Honoré nous a raconté ce drame horrible. À nos interrogations, il répond que les organes de cet enfant ont permis d'en sauver d'autres et que nous sommes sur Terre pour racheter nos péchés car le Christ est mort sur la croix pour nous. Nous sommes surpris de ces propos. Pourquoi cet éternel besoin de rédemption ? Qu'avons-nous fait pour devoir constamment nous culpabiliser : la vie est parfois suffisamment difficile pour chacun de nous sans qu'on en rajoute à chaque instant ! C'est cet avis concerté avec Jean que nous exprimons à Honoré.

Nous quittons ce couple si dévoué et pour le moins surprenant avec une certaine tristesse mêlée d'incompréhension : Marie-Andrée est une femme très effacée mais il y a dans ses yeux beaucoup de tendresse.

Je démarre sous un ciel lourd et pluvieux, encore sous le coup des propos de Honoré. J'ai bien envie de demander à Dieu pourquoi il y a tant d'enfants dans la misère dans le monde ? Qu'ont-ils comme espoir et pourquoi sont-ils si souvent les premières victimes ?

Je suis plus sensible à leur condition de vie difficile qu'au fait de racheter le péché originel !

Quelques kilomètres plus loin, je m'arrête dans un village de cette belle région du Gévaudan, devant une croix en granit très ancienne dont les branches sont aussi larges que le tronc. Je remarque avec étonnement que le crucifié est un enfant dont le corps et les traits ont subi les outrages du temps. Quel est le message de cette étrange croix ? Y en a-t-il seulement un ? C'est la question que je pose à Dieu quelques minutes après m'être recueilli et avoir déposé comme toujours quelques fleurs au pied du crucifix.

J'aperçois alors dans l'herbe une petite pierre ronde comme une bille : que fait-elle là ? Je me baisse pour la ramasser quand, au milieu du chemin, je vois une autre pierre qui « s'adresse » à moi : on dirait un homme les bras en croix.

Au même moment, il me semble entendre une voix venue du fond de mon âme qui me dit : « Malgré son poids, prends-la ! » Malheureusement la pierre est partiellement enterrée et je n'ai pas d'outil pour l'extraire.

Pourtant, un peu plus tard, mon « petit homme » est dans mon sursac alourdi d'un bon kilo supplémentaire ! Il me faut trouver rapidement un bureau de poste pour l'envoyer à Challes avec ma moisson de petits cœurs d'amour : le poids du sac n'est-il pas la hantise du marcheur et ce matin, je ne suis pas loin des cinq kilos d'excédants.

Ayant repris la route, je cherche en vain auprès de quelques pèlerins une réponse à ces situations successives : la mort de ce petit garçon racontée par Honoré, cette drôle de croix avec un enfant en guise de Christ et la pierre en forme d'homme crucifié... Comment interpréter ces messages ? Dois-je penser qu'ils sont destinés à renforcer mon intérêt pour les enfants qui souffrent ?

Parti cet après-midi de Saint-Alban-sur-Limagnole où j'ai rencontré cette équipe de pèlerins lyonnais qui m'ont fortement incité à écrire un livre sur mes plus belles rencontres du Chemin, je me rapproche du village du Rouget : je trouve là aussi une croix de mêmes proportions que celle de ce matin, datant certainement du Moyen Âge. À la différence de l'autre, celle-ci est dépourvue de figure humaine. Il faudra vraiment que je pense à demander au Bon Dieu de m'expliquer la signification de tous ces signes et ce qu'il attend de moi. Peut-être en aurais-je l'explication bientôt ?

Je prépare un colis avec un tas d'objets superflus, dont mon « homme de pierre », et je confie à Nicolas, un jeune étudiant avec qui j'ai sympathisé, mon paquet qu'il postera demain. Mes pieds et mes jambes ne peuvent pas supporter plus de poids : avec la nourriture pour deux jours qui est dans mon sac et ma récolte de cœurs, ce sont 17 kilos que j'ai sur les épaules depuis ce matin !

Pendant ces dernières étapes, je me suis mis dans la tête de fleurir en actions de grâce toutes les croix que je verrai sur le chemin, sans oublier de continuer à offrir mes petites pierres en forme de cœur aux pèlerins et un bouquet de fleurs aux pèlerines. Mais je me rends compte qu'il est parfois difficile de trouver des fleurs des champs dans le « jardin » du Bon Dieu. Bien entendu, je me cantonne aux espèces communes souvent découvertes en bordure de sentiers : d'où ma nouvelle technique qui consiste à placer en réserve, en plus de ceux qui ornent mon chapeau saharien, un ou deux bouquets sur mon sac ventral lorsque la cueillette est favorable.

Imaginez-vous croisant un homme qui marche en sens inverse du vôtre : il vous salue la tête coiffée d'un chapeau fleuri et son ventre est également couvert de fleurs des champs. Cet original avance en claudiquant, chargé comme un mulet et sa main droite ouverte. Un grand sourire aux lèvres, en arrêt sur son bourdon, il vous salue : « Bonjour pèlerin, comment vas-tu ?... » Vous voyez un peu la scène !

Si je vous raconte cela c'est que depuis quelques jours, on dirait que les croix du Chemin se sont données rendez-vous. Je fais halte à chaque carrefour avec mon petit geste d'amour et de recueillement. Vous me direz que d'autres déposent simplement une petite pierre pour marquer leur passage : chacun fait à sa manière, là n'est pas la question. Mais dame Nature est moins généreuse en ce moment et je suis confronté à quelques soucis. Je me suis pourtant engagé à ce fleurissement pour remercier la Providence qui m'a permis d'arriver jusqu'ici et je trouve que quatre ou cinq fleurs par croix ne sont pas dignes de ma promesse. D'autant que je partage mes bouquets en autant de pèlerins croisés, ce qui ne facilite pas ma tâche ! Avec tout cela, mes nombreux arrêts ralentissent grandement mon allure qui s'apparente encore une fois à celle de l'escargot : il me faut réagir !

J'en suis là de mes réflexions quand j'aperçois au détour de la route un hameau avec quelques maisons en granit dont les toits sont recouverts de lauzes et les ouvertures particulièrement étroites. Sous la plupart de ces maisons, on trouve une cave voûtée ainsi que l'étable pour les vaches : à côté de la partie habitation il y a la grange pour entreposer le foin.

Appréciant l'organisation architecturale de cette bâtisse, je me retourne et vois dans le virage un grand gaillard assis sur un banc, son sac à terre et les pieds à l'air, qui me regarde sans parler. Il doit avoir une trentaine d'années : sa tenue de pèlerin est impeccable, un garçon méticuleux sans doute.

Je m'approche et le salue. Michaël n'est pas bavard. J'apprends finalement qu'il vient de faire un périple de plus de 37 kilomètres sous le soleil et je remarque qu'il a de nombreuses ampoules aux pieds et le regard un peu hagard. Il me raconte qu'il est ingénieur en aéronautique et employé dans une entreprise internationale. Le stress de son activité professionnelle l'a poussé à quitter son emploi : « J'ai pété les plombs ! » ajoute-t-il en baissant la voix.

Il n'a pas besoin d'en dire davantage. Vu l'état de ses pieds, je devine que Michaël a souffert de la chaleur aujourd'hui. Dans cette frénésie de marche, on peut très rapidement commettre l'irréparable. Je lui offre ma gourde en même temps que j'essaie de lui expliquer comment il a pu en arriver là. Mon expérience me permet d'argumenter avec passion et compassion les erreurs fondamentales du marcheur forcené que je repère assez facilement.

Il vide presque toute ma gourde et nous continuons à bavarder. Michaël semble maintenant en confiance et je lui demande où il a l'intention d'aller dormir ce soir. Il répond en baissant la tête : « Je ne sais pas ! » Je l'interroge encore pour savoir s'il a mangé ce midi : apparemment, il a plutôt grignoté ! Il me dit que je suis le premier pèlerin qui s'est arrêté pour discuter un moment avec lui. Je lui propose de chercher ensemble un endroit pour dormir car je le sens très abattu par son pénible trajet : il est d'accord.

Deux jeunes garçons jouent au ballon pas très loin, lançant parfois la balle vers nous. Je me lève pour la renvoyer : ils me remercient, nous regardent et reprennent leur jeu. J'en profite pour interpeller le plus grand, très souriant, et lui explique pourquoi nous sommes arrivés dans son village. Je lui demande s'il connaît un endroit pour passer la nuit : un garage, une remise ou une grange… ma question n'étant pas dénuée d'arrière-pensée !

Après m'avoir écouté avec attention, Jérémy part en me disant qu'il va trouver son père. Il ne veut pas que nous dormions dehors, dit-il. J'insiste pour qu'il rassure son papa : nous ne fumons pas et ne ferons pas de feu.

Nous attendons la suite avec circonspection : depuis les 86 jours de mon périple, je n'ai jamais dormi dehors sans l'avoir souhaité. Qu'en sera-t-il ce soir ? C'est cela le Chemin : Michaël et moi sommes là, dans ce joli village du Rouget, il est près de 20 heures et nous ignorons comment la Providence nous aidera. Pourtant, ni mon compagnon ni moi ne sommes réellement inquiets.

J'aperçois Jérémy qui sort de l'étable en courant : il est seul et je me demande s'il faut y voir un mauvais présage… Mais il nous adresse un large sourire et claironne : « Papa est d'accord : vous pouvez vous installer dans la grange, l'entrée est derrière la maison. Venez, je vais vous montrer ! »

Michaël se lève en même temps que moi et nous remercions chaleureusement Jérémy qui a parfaitement joué son rôle d'ambassadeur : il est très fier de montrer à son copain que c'est chez lui que vont dormir les pèlerins ! Nous sommes touchés par la sollicitude dont il fait preuve vu son jeune âge.

Sacs sur l'épaule et chaussures à la main, nous marchons vers la porte de la grange que Jérémy ouvre en grand : à l'intérieur le foin est entassé jusqu'au plafond. Au pied de la première rangée de bottes, un petit emplacement nous permet de poser nos affaires et d'organiser notre repas. Mais avant tout, je veux m'occuper des pieds de Michaël. Jérémy reste avec nous et je sors ma trousse à pharmacie.

Je termine les soins sous la lampe électrique : la nuit est tombée. Michaël n'a pas eu le temps de faire ses courses pour le dîner et je lui propose naturellement de partager mes provisions. Il est maintenant tout à fait à l'aise et même heureux de cette aventure qui se termine bien pour lui : en ce qui me concerne, je suis toujours aussi étonné que deux personnes qui ne se connaissaient pas deux heures avant soient soudain amenées à passer la soirée ensemble… et dans quelle ambiance !

Je fais en silence une courte prière pour remercier le Seigneur de sa générosité, en lui confiant Michaël. Nous préparons nos lits au sommet des bottes de foin qui dégringolent sur nous lorsque nous redescendons. Cette situation provoque nos rires comme si nous étions des enfants. Une fois en bas, nous préparons notre petit repas convivial arrosé d'un château-la-pompe du Rouget !

Les piles de ma lampe faiblissent : il est temps de « monter » nous coucher. Nous avons de l'herbe sèche sur les vêtements et dans les cheveux mais ça sent si bon cette odeur de foin…

Avant de m'endormir, je repense aux légendes de ce pays du Gévaudan, « sa » bête et les loups qui ont défrayé la chronique au XVIIIe siècle. Pendant ces longs hivers glacials, les pèlerins du Moyen Âge devaient – comme nous ce soir – être plutôt contents de trouver refuge dans des granges comme celle-ci.

87e jour : Le Rouget – Le Sauvage
Jeudi 9 août : 10 km en 8 heures
soit 1 571 km en 746 heures

Domaine du "Sauvage"
Ferme Templière
43170 CHANALEILLES
Tél. 04 71 74 40 30

Au petit matin, la porte de la grange s'ouvre : le coq chante et un beau soleil nous inonde. Michaël vient de se réveiller et je pense déjà à cette chance qui m'est donnée d'être ici aujourd'hui. Cette fois, Jérémy est venu avec Maurice, son papa, qui nous offre un grand bol de lait chaud de la traite du matin. Ces gestes simples sont autant de preuves de gentillesse qui donnent un sens profond au mot hospitalité.

Michaël et moi dévalons de notre perchoir, ce qui provoque les rires de nos hôtes. Maurice insiste pour que nous allions saluer sa maman qui habite dans la partie de la maison à côté de l'étable. Il veut en profiter pour nous montrer ses dix-sept vaches. Jérémy ne nous quitte plus et après notre petit déjeuner campagnard, il nous conduit jusqu'à sa grand-mère.

Michaël a retrouvé toutes ses forces et après avoir enfilé ses chaussures avec facilité, il se prépare à partir.

Nous apercevons les premiers pèlerins qui traversent le village et nous saluent de loin.

Il nous faut maintenant prendre congé de Maurice et Jérémy : comme d'habitude, mon cœur se serre et mes yeux s'emplissent de larmes en les quittant. Je laisse aussi Michaël : arrivera-t-il jusqu'à Saint-Jacques ? C'est le moins que je lui souhaite. Malgré ce petit moment d'émotion, je suis pleinement conscient de ma chance et heureux d'avoir vécu quelques heures de simple partage et de générosité.

Après le départ de Michaël, je me suis réfugié dans la grange de Maurice pour écrire : mais dès que j'entends des voix de pèlerins, je sors pour les saluer et les encourager.

Je pars vers 10 heures après avoir félicité une nouvelle fois cette belle grand-mère qui a la chance d'avoir un fils et un petit-fils si charitables. J'ai promis à Jérémy qu'un jour je reviendrai le voir : il faudra que je tienne cette promesse !

Je m'éloigne du village du Rouget en chantant le chant des pèlerins comme un remerciement au Bon Dieu pour tous les bienfaits qu'il m'accorde.

88e jour : Le Sauvage – Saugues
Vendredi 10 août :
20 km en 12 heures
soit 1 591 km en 758 heures

Il est 10 h 30. J'ai trouvé refuge dans une de ces jolies maisons de la Margeride construites en granit. Celle que j'ai investie est apparemment abandonnée et si belle que, du chemin, je l'avais repérée : sa haute façade est élégante malgré les trous béants qui font office de fenêtres et lui donnent un air austère. Sur son flanc, une pièce en appentis attire mon regard. À l'intérieur, il y a un sommier calé par des blocs d'aggloméré en béton disposés sur le sol de terre battue : il a peut-être été mis là par un pèlerin de fortune pour permettre à un SDF de s'abriter quelques jours, allez savoir ? !

Une couverture froissée est posée sur ce lit improvisé. Intrigué, je m'approche en pensant aux nuits que j'ai passées à la belle étoile alors que j'aurais pu dormir ici à l'abri du vent qui, même en plein mois d'août, est réfrigérant. En dehors de cette paillasse, le seul meuble est une vieille chaise Louis-Philippe bien utile pour reposer mes jambes et mes pieds nus. Derrière moi, j'aperçois un four à pain qui a probablement servi à réchauffer l'ambiance le temps d'une soirée…

Vu le temps froid, j'ai enfilé mes deux polaires l'une sur l'autre. Le ciel s'est chargé de gros nuages que les rafales de vent balayent parfois, laissant percer quelques rayons de soleil qui n'arrivent malheureusement pas à réchauffer mes pauvres membres endoloris. La chair de poule envahit mes jambes dont le teint mat rappelle mes origines marseillaises… et le cuisant soleil d'Espagne qui leur a donné cet aspect doré. Pour un peu, j'en arriverais à regretter les moments où je suais à grosses gouttes ! Assis sur le lit, les jambes posées sur la chaise, je suis transi de froid mais à l'abri du vent : je me console en me disant qu'au moins je peux me reposer !

Parfois je distingue le crissement des chaussures d'un pèlerin que je vois s'éloigner sans qu'il m'aperçoive car une haie de feuillage cache en partie le trou béant de l'entrée de la pièce. Dans cette maison déserte, je ris tout seul de bon cœur et je me mets à chanter.

C'est très amusant car la plupart des pèlerins s'arrêtent puis repartent intrigués par cette voix mystérieuse qui vient de la maison, derrière les arbustes. Et lorsqu'ils me voient en se retournant, certains prennent peur et filent : ai-je vraiment l'air d'un gueux ? Heureusement d'autres sourient et me lancent un amical bonjour.

Deux petits amoureux, Sybille et Marc, ont osé s'approcher et venir jusqu'à moi : quel plaisir ! Elle est psychologue, lui sera bientôt pharmacien. Ils vont se marier et sont revenus sur ce chemin qui les fascine. Marc est un ancien scout ; Sybille était guide. Ils « pètent la forme » et je les trouve si beaux que je leur souhaite beaucoup d'amour, tout en les mettant en garde contre les habitudes si dangereuses pour l'harmonie des couples. Combien de fois devrions-nous nous méfier de nos vies si bien réglées et apprendre à donner plus de gestes d'amour comme le dit si bien Jean Cocteau : « Il n'y a pas d'amour, il n'y a que des preuves d'amour. »

Que c'est beau et tellement en concordance avec ce désir d'action que je ressens vraiment en moi !

« Il en est ainsi de la foi : si elle n'a pas les œuvres, elle est morte en elle-même. » Cette phrase de l'Épître de saint Jacques complète bien cette réflexion fondamentale qui m'habite tous les matins et que j'offre à chaque pèlerin comme un geste de bienvenue.

Hier soir au Sauvage, dans cette imposante ferme templière du XIIIe siècle, Éliane et Michel les responsables du gîte m'ont gentiment trouvé un lit. Pourtant le gîte était complet mais ils n'auraient pas laissé repartir ce pèlerin un peu volubile qui rentre de Saint-Jacques.

Nicole a mis un couvert de plus à la table des pèlerins dans le gîte d'en bas mais quand j'arrive, la place est déjà prise. Je m'installe à une autre table avec quatre jeunes Marseillais : Claude, Lucie, Magali et Shéhérazade. Je reconnais le joli visage métissé de la jeune fille qui m'a demandé tout à l'heure devant la porte du jardin de la ferme si le gros bouquet de fleurs que j'apportais était pour elle.

— Il te plaît tant ?

— Oh oui !

— Eh bien, il est pour toi !

Impossible de voir sous son teint bronzé si elle a rougi mais son joli sourire est une belle façon de me remercier. Ces jeunes sont passionnés de nature et d'environnement : ils connaissent toutes les fleurs par leurs noms. Ils sont venus sur le Chemin entraînés par Claude qui a déjà fait la partie espagnole. Mais ils ne sont pas là pour faire un pèlerinage religieux : ils s'intéressent au bouddhisme et nous partageons cette recherche de tendresse et de compassion. Pour eux, tout a son importance :

— Il faut respecter les fleurs car elles ont peut-être une forme d'intelligence, me dit Claude.

Je n'y avais pas pensé, je l'avoue…

Nous parlons de l'homme en général : Lucie pense que nous ne sommes pas assez humbles et que nous nous prenons trop souvent pour le centre de l'univers. Je réfléchis et je crois effectivement, comme nous en parlions dernièrement avec certains pèlerins, que les hommes et particulièrement ceux qui gouvernent les États devraient vraiment réagir et vite ! Comment des pays qui se prétendent évolués ne prennent-ils pas conscience de l'altération de notre planète ?! L'eau, l'air, les produits chimiques, l'effet de serre, le réchauffement de la terre devraient susciter une prise de conscience sur les dangers que nous faisons courir aux futures générations. Qu'allons-nous laisser à nos enfants ? Voilà un réel problème de notre temps. Qui aurait pu dire que pour produire plus de viande, on donnerait des carcasses d'animaux à manger à des herbivores ? Et les poulets, que mangent-ils aujourd'hui ? Des farines animales ! Mon Dieu, que l'homme peut être grand dans son développement culturel et économique, et si petit dans la prise de conscience concernant son devenir…

Nos discussions semblent parfois éloignées de l'esprit du pèlerinage mais je pense que lors des longues marches à deux kilomètres/heure, chaque pèlerin, chaque homme peut réfléchir et prendre les décisions qui s'imposent pour agir dès son retour.

Notre soirée s'achève autour d'un feu de bois bien agréable qui nous réchauffe et brûle dans la cheminée monumentale de la salle commune où toutes les chaussures de marche sont alignées pour sécher. J'aurais volontiers continué à refaire le monde avec mes voisins de table mais ma lessive de ces derniers jours n'attend pas. Un groupe de pèlerins s'est mis à jouer aux cartes, ce qui m'agace un peu je l'avoue et je m'en ouvre à mes amis du soir… Lucie me dit : « Prends ton temps. Apprends aussi le renoncement : tu n'as pas reçu une mission divine ! Profite de ton chemin et sois plus tolérant ! »

Cela m'interpelle mais je sais qu'elle a raison : ne vaut-il pas mieux prendre le temps de l'écoute et m'arrêter pour discuter avec un ou deux pèlerins plutôt que vouloir parler avec chacun comme je le fais régulièrement ? Je devrais sans doute revoir mon sens du partage mais j'ai besoin d'entendre l'histoire et l'expérience des autres et leur offrir aussi mon témoignage : sagement, je vais donc donner du temps au temps. Les pèlerins qui le désirent pourront venir me voir lorsque nous nous croiserons, ce n'est pas une obligation de nous arrêter… Laissons-nous porter par la Providence.

Il est déjà 16 h 30 et mon estomac crie famine.

Il me reste 10 kilomètres à faire avant d'arriver à Saugues où m'attend Brigitte Martins qui est responsable de la ferme et dit n'avoir jamais rencontré un pèlerin qui remontait le Chemin !

Le soleil a dissipé les nuages et il fait bon maintenant devant le porche de cette maison qui date de 1817. Je suis heureux et le vent froid de ce matin est tombé. Quel calme ! On n'entend plus que le bruissement des feuilles qui s'agitent et les mouches qui tournent autour des restes de mon repas. Je ne leur donnerai malheureusement pas très longtemps ce plaisir car depuis mon départ, je n'ai jamais voulu laisser mes détritus dans la nature, ce que font trop souvent nombre de randonneurs… et aussi de pèlerins !

Je suis un peu en retard mais j'aime m'arrêter au gré de mes envies : je passe encore beaucoup de temps en compagnie des pèlerins et des habitants riverains du chemin, comme en cette fin d'après-midi dans le village de La Clauze avec Catherine, Gérard, Marie et son fils Gilles. Marie, pleine d'enthousiasme et d'humanité, nous raconte l'assistance qu'elle a apportée à plusieurs pèlerins comme la fois où elle a secouru un homme qui était mal en point en lui donnant simplement deux aspirines et la permission de dormir dans sa grange... Quelques mois plus tard, elle a reçu une boîte de cachets et une lettre très touchante du pèlerin reconnaissant ! Une autre fois, un randonneur à qui elle avait proposé de dormir dans le foin y avait perdu sa montre. Malgré les recherches, elle restait introuvable et le pèlerin très déçu avait dû se résigner à poursuivre sa route vers la ferme du Sauvage. Après avoir retourné les bottes de foin dans tous les sens, le fils de Marie avait fini par retrouver la fameuse montre : il partit en voiture à la recherche du pèlerin qui leur envoya, quelques mois plus tard, une superbe carte postale de Saint-Jacques pour les remercier... Que de belles histoires !

Gilles est marié depuis sept ans. Avec son épouse, ils désirent un enfant mais la nature ne les aide pas. Je raconte à ce gentil garçon les diverses marques d'amour du Très-Haut envers son pèlerin en lui expliquant que dans les moments difficiles on peut faire appel à Lui et que souvent les résultats ne se font pas attendre : en ce qui me concerne, ils ont même été surprenants ! Pourquoi Gilles ne ferait-il pas de même ? Il est surpris par ma conviction. Sa maman acquiesce, elle partage mon point de vue. Gilles me dit : « Si je marche un jour sur le Chemin, je penserai bien à vous ! »

Le temps a passé, il est 18 h 30 et je suis à 6 kilomètres de Saugues où je veux me rendre ce soir. Y trouverai-je un lit ?

Je m'arrête pourtant encore une fois, retrouvant

Georges devant sa maison des *Lambournes* : avec son fils, ils montent une charpente. La lame de la scie directement reliée au tracteur tranche le bois qui, en s'ouvrant, laisse s'échapper une forte odeur de résineux. Georges scrute mon visage de son seul œil valide et m'écoute :

— Rappelez-vous l'an dernier, nous avions parlé longuement de votre sculpture qui est devant votre maison et représente une main… Votre épouse est d'origine malgache : vous voyez que l'on se connaît !

D'abord étonné, il me dit qu'il me remet maintenant ! Nous parlons de *La Générosité*, nom qu'il a donné à cette sculpture en bois d'un mètre cinquante de haut.

— Tu avais des cheveux l'an dernier… et tu étais très excité ! me fait-il remarquer.

— C'est vrai mais sur le retour j'ai acquis un peu plus d'expérience et de sérénité.

Il m'invite à prendre un verre avec sa femme Nirina et sa mère Georgette. J'accepte pour l'amitié mais juste quelques minutes car je ne suis pas encore rendu à Saugues et il est déjà 19 heures !

— Je vais te descendre en voiture si tu veux ! me propose-t-il gentiment.

Mais à mon regard, il a compris mon refus.

— Je finirai mon chemin à pied comme d'habitude.

Nous réitérons tout le plaisir que nous avons eu à partager ce moment fort sympathique et je les quitte.

J'arrive à Saugues chez les Martins à 20 h 30. J'attends le moment décisif pour savoir si j'aurai un lit pour la nuit. La salle de séjour est accueillante et une vingtaine de convives, pèlerins et vacanciers, sont déjà à table. Brigitte m'écoute de sa cuisine et me dit d'une voix douce : « Suis-moi ! Tu reviens de Saint-Jacques et nous te logerons dans notre maison. »

Elle m'installe au rez-de-chaussée, dans une superbe chambre avec un grand lit. Quelle aubaine ! Mais je n'ai pas le temps de prendre ma douche car il faut que je passe à table pour rattraper les pèlerins dont certains sont intrigués par cet olibrius qui fait le chemin en sens inverse. Pour la énième fois j'explique que je suis sur le retour comme les pèlerins au Moyen Âge. La soirée ne se prolonge pas très tard : plusieurs pèlerins font leurs premiers trajets et aux couleurs pâlichonnes de leurs visages, je devine qu'ils ont quitté récemment Le Puy-en-Velay : il leur faut donc reprendre des forces ! Certains très prévoyants ont une voiture et une logistique qui allégera leurs souffrances : est-ce vraiment mieux de porter son sac sur son dos ? C'est une question d'éthique, je crois !

Je suis heureux de rencontrer Marinette, la maman de Brigitte, qui reçoit les pèlerins depuis plus de vingt ans. Je vois dans ses yeux l'amour qu'elle porte aux autres et particulièrement aux pèlerins. Sa fille m'explique que si elle n'avait pas eu de place, elle n'aurait pu me recevoir car certains de leurs amis ont eu des ennuis avec des personnes à qui elle n'avait pu offrir qu'un canapé pour passer la nuit et qui s'étaient plaints ensuite du mauvais accueil ! Mais Marinette s'approche et me dit : « Ma fille vous taquine : vous pensez bien qu'on vous aurait trouvé un lit ! » Cela me fait chaud au cœur. La Providence est encore une fois attentive comme elle l'a été au Sauvage où des pèlerins belges m'avaient annoncé que le gîte était complet et que je n'aurais pas de couchage : « Le Bon Dieu s'occupe de ses pèlerins ! » Ça, j'en suis convaincu !

89ᵉ jour : Saugues – Monistrol-d'Allier
Samedi 11 août : 13 km en 9 heures soit 1 604 km en 767 heures

Au petit matin, après un excellent petit déjeuner et une bonne douche, je vais faire mes adieux à mes hôtes. Ils sont dans l'étable où toute la famille s'active autour des petits veaux nés ces jours derniers. Mari-nette me fait de grosses bises et me dit :

— Au revoir Gérard *La Tortue.*

Sur le pas de la porte, son mari Jean me serre la main :

— Tu as de la chance Jean d'avoir une si bonne épouse. Que le Seigneur la garde et vous protège. Merci pour votre accueil !

Je reviens sur mes pas en descendant au centre-ville de Saugues, décidé à visiter l'église si elle est ouverte. En passant je fais quelques emplettes avant de partir vers Saint-Privat-d'Allier où j'espère faire halte ce soir si je ne suis pas trop retardé, ce qui me permettrait de rallier Le Puy en deux étapes de 20 kilomètres : c'est le but de mon pèlerinage de retour. Pourtant, au fond de moi, une petite voix me dit : « Arrête tes bêtises Gérard ! Ce n'est pas parce que tu es parti l'an dernier du Puy… Tu sais que tu veux retourner jusqu'à Challes à pied… et ce, dans la foulée ! » Ça fait 400 kilomètres de plus mais qu'importe : l'excessif que je suis ira jusqu'au bout de son rêve !

Dans l'église de Saugues qui date du XIIe siècle, je rencontre Louis et Laurence, les responsables du lieu, qui remplacent les fleurs et les cierges : je leur demande l'autorisation de chanter puisqu'il n'y a pas de visiteur. Ma voix s'élève vers les murs de pierre qui renvoient les sons en écho. Je remercie à ma manière les forces divines en offrant ma joie et mes modestes louanges avec ces chants religieux : « Mon Dieu, je suis venu dans Ta maison pour Te remercier de ce que Tu me donnes à vivre et Te louer pour l'amour que Tu me fais rencontrer sur ce chemin. »

La porte s'ouvre : Christiane et Alex entrent alors que je termine le *Salve Regina* à la Vierge, personnifiée par une petite statue aussi ancienne que l'église. Nous nous présentons et je vois immédiatement que ce sont des pèlerins : nous n'avons pas besoin de beaucoup de mots pour nous comprendre. Ils viennent se recueillir avant de partir pour leur prochaine étape.

Près des cierges, il y a un homme d'âge mûr qui porte une petite croix de bois sur sa poitrine. Je vais lui serrer la main : René est un frère des écoles chrétiennes à Beauvais, il s'occupe d'enfants défavorisés. Je lui confie mes interrogations depuis mes récentes discussions avec certains pèlerins et je lui raconte mes rencontres, notamment celle avec Michèle qui marche pour son ami Jacques qui s'est noyé en laissant trois enfants et une femme complètement anéantis. Il me répond d'une voix douce et pondérée :

— Le Bon Dieu ne peut être comparé aux hommes, Son être est infini et indéfinissable. Nous cherchons, pauvres humains, à Le mettre à notre portée. Il nous a fait libres, c'est Son désir et ce n'est pas Lui qui a voulu que le petit garçon soit mortellement blessé par le tracteur, mais le tracteur qui a tué l'enfant. Ce n'est pas Lui qui a voulu que Jacques se noie et peut-être que ce coma donne à ses enfants et à sa femme une force nouvelle malgré le drame qu'ils ont vécu. C'est vrai qu'un miracle peut toujours se produire mais il faut être prudent quand on prie pour demander la guérison d'un être cher.

Avant de mettre fin à notre entretien, il me regarde dans les yeux et ajoute :

— J'ai beaucoup réfléchi et médité sur ma vie : il ne faut peut-être pas trop chercher à comprendre l'inexplicable mais plutôt vivre dans l'amour de Dieu. C'est cela je crois que nous pouvons réaliser. Nous en avons la possibilité : nous devons également en avoir la volonté !

Quelle belle et simple détermination !

Je suis sous le charme de ce vieil homme dont la lumière intérieure éclaire mon âme, tout comme celui qui, au fond de l'entrée de l'église, attend dans l'ombre l'appel de Dieu pour y pénétrer.

Je sors de l'église et rencontre une famille avec deux jeunes Éthiopiens : Samuel et Salomé. Leur oncle Bruno est également frère de l'école chrétienne de Saint-Jean-Baptiste-de-la-Salle à Marseille : j'y ai fait mes classes mais j'étais un enfant turbulent et peu attiré par les études, et j'ai malheureusement été prié d'aller voir ailleurs ! Il y a 950 frères dans cette communauté en France : pour leur projet actuel, ils cherchent une nouvelle forme d'action et d'évangélisation pour les quatre prochaines années. Je confirme à Bruno que le Chemin regorge d'âmes ouvertes qui cherchent leur devenir et auxquelles l'Évangile pourrait apporter une réponse. Il est très intéressé par mes propos et pense également que l'Église a un rôle à jouer dans les pèlerinages et l'accueil des randonneurs. Je me souviens des entretiens que nous avons eus avec plusieurs religieux franciscains et le père Ihidoy à Navarrenx. Ce pourrait être un sujet de réflexion pour l'Église que d'apporter une évangélisation sur les chemins de grande randonnée qui descendent vers Compostelle !

En sortant de l'église, j'aperçois une famille qui prie devant les reliques d'une sainte : je ne les vois que de dos mais j'admire leur ferveur et je me dis que j'aurais bien aimé parler avec eux. Mais il est déjà 10 heures et je dois partir car j'ai encore 20 kilomètres à faire !

Dehors, les grands-parents éthiopiens voudraient bien garder quelques photos souvenirs et je leur propose mes services de photographe amateur. La famille qui priait vient de sortir pour se mettre en route : ils sont tout sourires et je ne résiste pas à l'envie de leur parler. Bertrand et Pascale ont une fille aînée qui est religieuse, elle s'appelle Marthe. Dominique, Clothilde, Clément, Marie et Benoît complètent la famille. Ils m'annoncent qu'ils sont d'Annecy ! Bertrand me dit qu'il connaît bien Joffray, mon gendre : son papa est notaire dans cette ville.

Je reprends mon chemin, couvert comme quatre, en me disant qu'il faudra bien que je m'arrête un peu plus loin pour me changer, quand surviennent deux très jolies jeunes filles : Bérangère et Sophie de Toulouse. Bérangère revient sur ses pas lorsqu'elle comprend que je fais le retour et que j'attaque ma 89e journée. Sophie, dont le sac paraît bien lourd, en profite pour s'asseoir dans les bruyères. Nous sommes heureux de bavarder quelques instants : elles espèrent vivre ici un moment fervent de spiritualité avec le Créateur. Elles font des études d'art graphique et d'ergonomie et ont le sentiment d'être « prisonnières » de la société actuelle. Bérangère fait le Chemin pour la quatrième fois : elle y entraîne chaque fois une amie différente. J'admire ces jeunes filles qui rayonnent et sont pleines d'allant et de foi.

Nous nous embrassons et elles emportent chacune la moitié d'un petit bouquet de fleurs avec deux pierres en forme de cœur que je leur offre avec joie.

J'emprunte un chemin de terre censé m'amener au pont de Pouzas. Les traces d'un tracteur m'ont mis en confiance mais au bout de deux heures d'errance, je suis tombé dans un cul de sac… Je continue pourtant à marcher le long d'une petite route départementale, attendant qu'un véhicule me croise pour m'informer sur l'endroit où je me trouve.

Je repense à ma dernière conversation téléphonique avec Sidonie ma petite-fille qui m'a demandé des nouvelles de sa Framboise et voulu savoir si elle mangeait bien, ce à quoi j'ai répondu : « Bien sûr ! Elle prend les repas des pèlerins avec son Papou ! »

Mes petits-enfants me manquent : je revois leur visage et je pense à notre dernière rencontre. La fatigue aidant, je suis soudain saisi d'une sombre pensée qui me hante parfois lorsque je suis particulièrement fatigué : si je perdais, si nous perdions l'un de nos petits-enfants, comment le vivrions-nous ? Comment pourrais-je accepter ce drame ? Qui peut choisir ?

Frappé par cette pensée dramatique qui m'envahit tout à coup, je me mets à pleurer à gros sanglots.

Il faut que je demande mon chemin car je suis vraiment perdu. Une voiture passe à ce moment-là mais je me cache derrière mes lunettes sans lui faire signe de s'arrêter. Après quelques minutes, je me ressaisis en me disant : « Tu dois chasser ces réflexions négatives et stériles qui te font du mal : il est temps de faire preuve de volonté ! »

Pour oublier ma mélancolie et calmer mon émotivité, je commence à chanter : les premières intonations sont encore un peu hésitantes ! Le Chemin amplifie parfois brusquement notre sensibilité d'homme et fait vibrer de façon particulière notre cœur et notre âme. Heureusement, cette force tellement puissante qui vit au fond de mon cœur m'a permis de réagir !

Je marche rapidement, bien décidé à retrouver ma route pour rejoindre Monistrol-d'Allier. Quelques minutes plus tard, une voiture s'arrête à mon niveau. Pierre me confirme que je me suis égaré et me conseille de descendre vers Pouzas pour rejoindre Monistrol : « En bas, me dit-il, tu trouveras un pont... »

Je suis actuellement installé en pleine nature, dans un chemin creux sous le village de Pouzas. Le vent souffle encore fort dans les arbres. Ce matin, il faisait cinq degrés : mes polaires et mon pantalon long n'étaient pas de trop.

Je me suis perdu après le repas de midi pris en compagnie d'Anne et Ludovic, un jeune couple de randonneurs qui m'ont invité à partager un moment d'amitié. Anne est professeur de français, Ludovic tailleur de pierres. Ils sont captivés par le Chemin. Nous échangeons nos points de vue : ils sont surpris d'apprendre que je m'arrête si souvent et je leur explique que j'essaie de privilégier les rencontres qui me semblent les plus intenses.

Il est 17 h 30. J'écris depuis deux heures et le soleil descend à l'horizon : il serait bon que je « prenne un peu de souci ». D'ailleurs, j'ai les fesses ankylosées et mon sac qui me sert d'accoudoir me semble bien dur ! Je regarde la pointe du stylo qui glisse sur le papier, l'ombre suivant imperturbablement l'écriture : je n'avais jamais remarqué aussi précisément cette harmonie entre la bille, les doigts et l'ombre portée !

Ce temps passé à écrire m'empêchera peut-être d'arriver à Saint-Privat mais Lucie rencontrée au gîte du Sauvage avait peut-être vu juste : c'est le début du renoncement et qu'importe si je ne peux aller plus loin. Je m'arrêterai à Monistrol-d'Allier ou en pleine campagne et demanderai l'hospitalité chez l'habitant !

J'entends le torrent en contrebas dans les feuillages et je vois la route au fond du vallon, sur l'autre versant : mais comment y parvenir ? Je fais demi-tour et trouve un petit sentier sur le coteau en espérant qu'il descende jusqu'à la route : mais pourrai-je traverser le torrent ?

Une demi-heure plus tard, n'ayant toujours pas trouvé de solution, je regarde le ciel et demande au Bon Dieu des pèlerins de m'aider. Cinquante mètres plus loin, j'aperçois le pont et sur l'autre rive, la route qui dessine un virage serré. Quelle joie ! D'autant plus que j'ai trouvé une très belle pierre en basalte en forme de cœur qui doit peser au moins cinq kilos ! À regret, j'ai jeté au sol mon magnifique trophée puisque l'essentiel pour moi est de trouver le passage qui me conduira enfin à Monistrol... puis je me suis ravisé et suis vite retourné la chercher !

En entrant dans le village, je suis fier d'avoir conservé mon cœur d'amour malgré son poids. Seulement voilà : à cette heure tardive, la poste est fermée ! Heureusement je rencontre Jo, un charmant habitant, Marseillais comme moi, qui m'accompagne à pied jusqu'au gîte *La Tsabone* où Jean-Marie, Myriam et leurs enfants Lucile et Romain s'activent à préparer le dîner. Bien que le gîte soit complet ce soir, il reste un lit, deux personnes s'étant désistées à l'instant. Merci à la providence des pèlerins !

Notre repas est très convivial en compagnie de randonneurs canoéistes et d'un couple de pèlerins, Christine et Mohamed. Compte tenu des centres d'intérêts de chacun, les sujets de conversation très divers fusent de toute part. L'existence de Dieu est la conclusion de notre discussion : joli thème pour une fin de repas !

Christine et Mohamed me confient qu'ils sont venus sur le Chemin pour tester leurs différences de religion et de culture. Ils sont rudement beaux tous les deux ! Mohamed n'est pas très bavard mais je le sens ouvert aux autres. Christine a proposé à Mohamed de faire ce pèlerinage car elle pense que cette expérience les aidera à trouver l'harmonie nécessaire à la construction d'un foyer solide.

90ᵉ jour : Monistrol-d'Allier – Saint-Privat-d'Allier
Dimanche 12 août : 9 km en 6 heures
soit 1 613 km en 773 heures

Ce matin, après m'être levé à 6 h 45 et avoir pris un copieux petit déjeuner servi par Myriam, nous allons ensemble visiter l'église de Monistrol-d'Allier. En attendant qu'on nous apporte la clé, nous bavardons avec Mohamed : éducateur spécialisé auprès d'enfants délinquants, il s'occupe plus particulièrement des adolescents entre 10 et 13 ans. Il me félicite trouvant mes observations sur ce sujet brûlant, simples, morales et réelles. J'avais donc bien analysé le problème l'hiver dernier en suivant des émissions de télévision sur la détention. La précarité, le chômage, les concentrations urbaines et la démission de certains parents face à leur rôle éducatif sont les premières causes de délinquance. Nous pensons que pour renforcer l'aide de l'État envers ces jeunes en difficulté, les associations qui œuvrent quotidiennement doivent être aidées dans leurs missions sociales et d'animations culturelles ou sportives. C'est un vaste débat que nous avons simplement effleuré… et qui nous met en train pour la journée !

Cet échange avec Christine et Mohamed est très passionné et nous chantons dans cette superbe chapelle romane qui possède un Christ jardinier et une splendide Vierge du XIIᵉ siècle. Nous sommes une nouvelle fois heureux de partager et de vivre notre foi, d'autant plus que Mohamed est musulman et nous donne une belle leçon de tolérance et d'humilité en acceptant de nous accompagner dans la maison du Dieu des chrétiens.

Nous nous séparons tard dans la matinée mais nos cœurs sont à l'unisson. Chacun de nous constate que c'est dans la concertation et la tolérance que l'on arrive à mieux se comprendre et à vivre ensemble de façon harmonieuse.

La montée de Rochegude est un peu raide et les rencontres avec les pèlerins toujours aussi sympathiques. Je continue à ramasser les petits cœurs du chemin et je les offre avec plaisir aux pèlerins.

Une coutume veut que l'on cache une pierre à l'endroit où l'on arrête son chemin : on viendra la déterrer l'année suivante pour repartir du même endroit. Plus tard, le pèlerin déposera cette pierre qui représente ses péchés au pied de la Croix de Fer, à 6 kilomètres audessus de Rabanal del Camino, le point le plus haut du Chemin, à une centaine de kilomètres de Saint-Jacques. On raconte qu'au Moyen Âge, quand les pèlerins approchaient de la croix, ils échangeaient leur pierre contre une beaucoup plus grosse – elle pouvait peser jusqu'à 30 kilos – qu'ils jetaient au pied du tas de pierres, espérant ainsi gagner la vie éternelle : ils partaient ensuite se recueillir sur les reliques de saint Jacques, à Compostelle.

Mon passage à la chapelle de Rochegude me rappelle ma deuxième journée de pèlerinage l'an dernier lorsque j'ai rencontré Yves le Breton qui m'avait alors donné, avec beaucoup de gentillesse, les rudiments du pèlerinage et de nombreux conseils judicieux. Nous avions déjeuné dans l'herbe, au sommet du point de vue sous la chapelle, puis nous nous étions séparés à Monistrol pour cheminer chacun à notre rythme.

Quelle joie ce fut de le retrouver deux semaines plus tard à Figeac, assis à table à côté de moi dans le petit restaurant près du pont ! Cet hiver, bien qu'ayant une prothèse à la hanche et apprenant que son ami Gérard *La Tortue* était allé jusqu'à Compostelle, Yves s'est dit : « Si *La Tortue* est allée jusque là-bas, pourquoi pas moi ? »

Et il s'est promis de repartir l'été prochain, ce qui me ravit.

J'ai repris ma route vers Saint-Privat-d'Allier mais mon pied droit me fait souffrir, ce qui me retarde : bien que je me sois délesté de mes petits (et gros) cœurs de pierre à Monistrol, au superbe gîte de *La Tsabone* chez Myriam qui les postera lundi pour Challes, je continue à remplir mes poches et mon sac de ces jolis petits symboles d'amour, prévoyant de les offrir à mon retour à mes amis en signe de foi et d'espérance. Je suis certes un peu excessif de prendre de tels risques avec cette charge sur le dos mais je suis persuadé que le sens de ce symbole fera plaisir à ceux qui le recevront.

En traversant Saint-Privat-d'Allier, je cherche le gîte où faire tamponner ma *credencial* car il est rare que les paysans qui nous reçoivent aient un tampon personnel. J'y suis reçu par Christine, une très accueillante hospitalière, qui m'annonce que Montbonnet est à deux heures d'ici et Tallode à quatre ! Il est déjà 19 heures, ce qui me fera arriver à Montbonnet vers 22 heures compte tenu de mon rythme plutôt lent : c'est trop tard, surtout avec cette douleur sous le pied droit et ma cheville gauche qui s'est réveillée elle aussi ! Inutile de tergiverser : je décide de rester là où il y a de la place.

Pendant le repas que nous partageons avec Luc et sa maman Marie-Ange au restaurant en face du gîte, nous échangeons nos impressions avec Fabrice, jeune sourd et muet de 17 ans, par le biais de petits bouts de papier : il souffre de ne pas trouver d'amie et vient sur le Chemin chercher l'amour, le grand ! Sa maman lui a conseillé le *Camino* plutôt que Saint-Tropez car elle craint qu'il fasse de mauvaises rencontres ! Mais lui aimerait trouver une réponse à ses désirs, m'explique-t-il. Que lui dire ? Je ne peux que l'inciter à se tourner vers le Divin, auquel il croit d'ailleurs, afin qu'Il lui vienne en aide dans sa vie et dans ses rencontres. Il nous dit qu'il voyage beaucoup et que c'est important dans sa recherche.

— N'y a-t-il pas des associations qui te permettent de te faire de nouvelles relations ?…

— Non, cela n'existe pas ! écrit-il sur un petit papier.

Sa réponse nous laisse perplexe mais nous la respectons ne connaissant pas suffisamment son handicap et le monde dans lequel il évolue.

Un peu plus tard, Fabrice s'est installé au coin du bar et il a écrit à toutes les serveuses : Muriel, Laetitia et Emmanuelle, ainsi qu'à la très jolie et jeune patronne, son désir de mieux les connaître. Mais aucune n'est libre et nous partons nous coucher, laissant Fabrice avec son stylo et ses petits messages… Que faire sinon prier pour lui ?

Fabrice est un garçon attachant mais je suis embarrassé devant la personnalité et l'attitude de ce grand et beau gaillard dont le handicap me rappelle mes propres complexes d'adolescent, notamment sur la plage où je ne pouvais cacher l'atrophie de ma jambe droite. Comme il est difficile de s'accepter avec ses difficultés ou handicaps, même si nous devrions parfois relativiser en comparaison de ceux qui ont de vraies raisons de se sentir mal et exclus, et d'en souffrir. Malheureusement tout est relatif et chacun de nous amplifie bien souvent la réalité.

Je pense aussi à Gérard sur sa chaise roulante : je l'ai rencontré dans la chapelle de Perse à Espalion et il m'a profondément touché par son regard profond et son sourire qui parfois laissait penser qu'il était simplement heureux de ce que nous partagions ensemble.

Ces rencontres sont pour moi de grands moments. Elles me permettent de faire évoluer mon point de vue sur les autres, d'avoir un comportement différent, plus humain et plus compatissant. J'aimerais tant avoir foncièrement changé, que ce pèlerinage qui se termine soit le début d'un amour encore plus actif pour Nicole, mes enfants et petits-enfants, et l'aube d'une vie empreinte d'écoute, de compréhension, de tolérance, de respect mutuel envers ceux qui m'entourent.

Nous avons la chance de vivre en bonne harmonie familiale. J'ai acquis pendant ce pèlerinage tant de témoignages divers, réels et sincères qui m'incitent à changer mes attitudes et à conserver cette volonté d'essayer d'apprendre à aimer.

Je me fais la promesse aujourd'hui d'être différent désormais et je demande à Dieu qui nous regarde de venir en moi et de me guider sur cette voie que j'ai choisie et sur laquelle je désire continuer du plus fond de mon âme.

J'ai pris un peu d'avance et je suis confortablement installé dans un petit café du village de Bains. Dehors la chaleur est caniculaire mais l'épaisseur des murs de cette très ancienne maison de village conserve la fraîcheur. Dans un coin de la pièce, quelques habitués jouent aux cartes. La bonne humeur règne ici même si de temps en temps un des joueurs s'énerve… ce qui me rappelle les « soirées belote » au 15, rue du Loisir, à Marseille. Tous les samedis soirs, mes chers parents avaient pour habitude de retrouver des amis aussi passionnés qu'eux pour partager ce plaisir convivial des cartes une bonne partie de la nuit.

Penché sur mon carnet pour y relater mes aventures de la veille, je suis brusquement sorti de ma rêverie par le bruit de la porte qui s'ouvre en grand devant un homme de forte corpulence, coiffé d'un large chapeau de paille et obligé de baisser la tête pour entrer. Son sac semble contenir un chargement de plomb ! L'homme pose son bourdon près de la petite fenêtre et son chapeau sur la table pendant que les quatre beloteurs le regardent en souriant. Personne n'a fait le moindre geste pour l'accueillir et je m'approche de Michel pour l'aider à se délester de son sac que nous posons sur une chaise. « Bon Dieu, qu'il est lourd ! » me dis-je. Michel ôte sa chemise auréolée de sueur et s'assoit. Nous engageons la conversation, la partie de belote a repris. Il paraît exténué et dit combien son corps lui rappelle son manque d'entraînement. Ses pieds le font souffrir dans ses grosses chaussures de montagne. Parti depuis trois jours, il semble très inquiet et se demande s'il va pouvoir continuer sa route.

Il se jette littéralement sur le verre d'eau fraîche que je viens de lui servir et en boit trois autres d'affilée pendant que je m'interroge : vais-je pouvoir aider ce néophyte qui a probablement oublié quelques règles élémentaires du pèlerinage.

Nous sommes assis dans un coin de la pièce et je propose à Michel de soulager ses blessures sans déranger nos voisins. Une fois ses chaussures et chaussettes enlevées, ses pieds nus découvrent de grosses ampoules qui se sont formées aux endroits de friction, ce qui a dû rappeler à Michel que le Chemin se mérite à chaque pas ! Une demi-heure plus tard, les ampoules sont désinfectées et soignées. Michel me remercie mais j'estime que mon travail « d'ancien » du Chemin n'est pas tout à fait terminé : « Veux-tu que nous regardions d'un peu plus près pourquoi ton sac est si chargé ? »

Je lui raconte ma visite de l'an passé à la poste de Saint-Alban-sur-Limagnole lorsque j'ai renvoyé chez moi deux kilos d'affaires pas vraiment indispensables. Michel ouvre son sac et au milieu de ses vêtements qu'il a méticuleusement disposés en couches superposées, je découvre une pile de livres : il sévit dans la philosophie et en a chargé une dizaine de kilos ! J'ose lui en faire la remarque et il me répond : « Je les aime et je sens que ces livres m'aideront dans mon déplacement ! »

En évitant de le vexer, je lui explique que c'est le surpoids de son sac qui est la cause de ses blessures aux pieds. Hormis cette bibliothèque itinérante, le sac de Michel semble conforme pour assurer la réussite de son chemin. Toutefois, je le sens perplexe : va-t-il accepter de se délester pour comprendre où est son essentiel et s'interroger sur ce qu'il désire vraiment au fond de lui ? Le sait-il à ce moment-là ? C'est son propre destin qu'il va confronter sur les sentiers de Saint-Jacques.

Je dois maintenant reprendre ma route : j'ai vu que les joueurs de belote se sont discrètement intéressés à notre discussion et j'entends que les avis sont partagés. Je laisse à Michel le soin de prendre ses responsabilités et le confie en secret au Chemin.

Le soleil est encore très chaud mais une fois de plus, je repars le cœur rempli de ce nouvel échange qui me permet d'apprécier le bonheur du moment présent.

91e jour : Saint-Privat-d'Allier – Tallode
Lundi 13 août :
13 km en 7 heures
soit 1 626 km en 780 heures

Chambres d'Hôtes
"Sur le chemin de St Jacques de Compostelle"
Chez Nicole et Michel ALLEGRE
Tallode
43370 St CHRISTOPHE sur DOLAIZON
Tél. / Fax 04 71 03 17 78
Te voilà de retour avec les cheveux courts, mais les idées longues et belles.

Hier soir au gîte de Saint-Privat-d'Allier, j'évoquais avec Luc, beau jeune homme de 29 ans, la question de l'héritage que nous laisserons à nos enfants et petits-enfants. Il est chercheur scientifique à Florence, en Italie, et travaille sur la théorie du chaos, phénomène qui affecte le génie de l'homme et de la nature dans ses extrêmes. Il voyage en compagnie de sa jeune et charmante maman, Marie-Ange. Enthousiastes, nous parlons avec nos voisins de table de la présence des forces divines dans le monde. Bien que réservé, Luc accepte le mystère : dès son plus jeune âge, il s'est passionné pour les étoiles. « Quand je pense, en regardant le ciel la nuit, à notre petite planète bleue qui a reçu la vie, ça me donne le vertige : surtout si on imagine que nous sommes seuls dans l'univers ! » me dit-il.

Sa maman boit littéralement ses paroles : elle est très

fière de son fils ! Il rayonne et on le sent bien dans sa peau. En octobre, il épousera Karine qui exerce la même profession que lui.

Ce matin, Luc et moi avons repris notre passionnante discussion de la veille et il me fait remarquer que la technologie va très vite. Il pense que ce champ d'expérimentation de l'histoire de notre planète et de nos civilisations ne peut plus être un champ d'expérience où l'on retrouverait la trace des prévisions de notre futur. En un mot, il est très pessimiste pour les années à venir. J'en suis surpris et m'ouvre à lui : « Ne crois-tu pas que l'on puisse espérer une prise de conscience mondiale des grands de ce monde et un changement d'attitude de leur part ? »

Luc ne me répond pas mais son beau regard en dit long sur son scepticisme. Notre conversation s'arrête là car le petit déjeuner est terminé et nous nous préparons à partir pour profiter du beau temps, chacun vers son destin…

Nous nous équipons et je joue encore une fois mon rôle de secouriste amateur en proposant à Marie-Ange mes Elastoplast pour protéger ses pieds. Je suis heureux qu'elle se sente plus à l'aise pour l'étape du jour grâce à mes « techniques » issues de l'expérience des six mois passés sur le Chemin en compagnie de pèlerins randonneurs qui connaissent toutes les ficelles de la marche moderne : l'expérience du pèlerinage s'acquiert chaque jour !

Nous nous embrassons en nous souhaitant un bon chemin. Fabrice le jeune sourd partira avec eux ce matin, ce qui me ravit car je sais qu'il sera en excellente compagnie.

Il fait aujourd'hui une superbe matinée, très ensoleillée. Le fond de l'air reste froid mais rien à voir avec le vent du nord du Sauvage et les cinq degrés au lever du jour à Saugues. Je pensais pouvoir atteindre la petite localité de Tallode, à 10 kilomètres du Puy et 20 de Monistrol, mais ce pèlerin *La Tortue* est si bavard qu'il avance actuellement comme un véritable escargot. Pourtant, j'attends cette halte avec impatience !

Sur ce chemin de retour de Saint-Jacques, j'ai prévu des passages obligés : les gîtes de Grañon et Saint-Nicolas en Espagne, et la Vierge d'Orisson au col de Roncevaux. J'attendais avec impatience de pouvoir rencontrer Jesús María Peña, mon ami prêtre, Carlos l'hospitalier d'Estella, le père Ihidoy à Navarrenx, Nicole et Michel Allègre à Tallode, des agriculteurs qui habitent à deux pas du Puy-en-Velay. J'imaginais alors que ces rencontres me montreraient l'avancement de mon propre chemin.

Tallode fut ma première étape (et ma première nuit) sur le Chemin l'an dernier : cette année, mon cœur se serre en apercevant l'entrée de la ferme de la famille Allègre.

Je me revois ce soir du 6 juin. Il était environ 19 heures quand j'interpellai un jeune agriculteur sur sa terrasse : « Savez-vous où je peux trouver une chambre pour la nuit ? » Il me demanda de patienter un moment, disant qu'il allait voir avec sa maman.

Parti du Puy à 14 heures, j'avais fait mes 10 premiers kilomètres dans de bonnes conditions et je voulais me reposer. Je me sentais encore un peu gauche question organisation… et même pour tout dire inefficace !

Découvrir pour la première fois de sa vie la marche et le pèlerinage de Saint-Jacques, ça n'est pas rien !

Pour moi « l'aérien », c'était même une véritable initiation. Les seules marches importantes remontent à celles que j'ai faites à l'armée, quarante ans plus tôt : j'en garde d'ailleurs un cuisant souvenir !

Le jeune agriculteur réapparut tel mon sauveur ! « Il nous reste une chambre, maman arrive tout de suite… Entrez ! » C'est à peine si j'osais pénétrer dans la cuisine : la poussière du terrain volcanique collait à mon visage en sueur.

Une Hollandaise, une Américaine et moi-même fûmes invités par Michel, le mari de Nicole, à partager en toute simplicité le repas familial. Quand je demandais à Nicole si elle avait songé à transformer une partie de sa ferme en gîte, elle me répondit qu'ils hésitaient encore, Tallode étant selon elle trop près du Puy : la plupart du temps, les pèlerins font leur première étape du Puy à Saint-Privat-d'Allier et les meilleurs marcheurs vont même jusqu'à Monistrol-d'Allier (environ 30 kilomètres). Je lui fis remarquer que ceux qui prennent la route l'après-midi ou veulent simplement se mettre en jambe s'arrêteraient certainement volontiers à Tallode. Ne dit-on pas « Qui veut voyager loin ménage sa monture » ?

À 5 h 30 le lendemain matin, je pris le petit déjeuner préparé la veille par Nicole dans une Thermos : elle n'avait encore jamais vu un pèlerin partir si tôt mais elle ignorait que j'étais si lent… Ce n'était que mon deuxième jour sur le Chemin et je méritais un peu d'indulgence !

D'un coup, les images de l'année précédente s'estompent et me revoilà devant l'entrée de la ferme : je vois venir Nicole que je reconnais à ses cheveux courts auburn et à son beau sourire. Je lui offre mon gros bouquet de fleurs et lui demande si elle se souvient de ce pèlerin qu'elle a reçu l'an passé et qui a quitté sa ferme aux aurores. « Bien sûr que je te reconnais ! Mais tu as changé de look ! »

Je marche depuis plus de trois mois, le soleil a buriné mon visage, mes bras et mes mollets sont secs et tout bronzés, et mon sac – violet à l'origine – est complètement décoloré. J'ai fait 3 600 kilomètres et marché 180 jours depuis notre première rencontre : je suis devenu un véritable « accro » du Chemin ! Nicole est surprise par un tel périple : l'an dernier, me voyant si fébrile, elle avait quelques raisons justifiées de s'inquiéter pour la suite de mon pèlerinage.

Christophe nous a rejoints devant le gîte : c'est son premier jour de marche. Il nous explique qu'il a besoin de se retrouver et de comprendre la vraie valeur des choses. C'est pour lui un véritable challenge mais il a eu le courage de partir et veut vraiment se rendre à Saint-Jacques. Comédien professionnel, il a un physique de crooner américain. Il a offert l'argent d'une campagne de spots TV à une association humanitaire, sa manière à lui d'apporter sa contribution à cette société qui va mal, avec les faux amis, les promesses ratées, les déceptions que nous vivons tous un jour ou l'autre. Je reste discret à ce sujet mais comme je le comprends, moi qui ai vécu à ma façon le même type d'expériences dans ma vie professionnelle : chacun porte ses joies et ses peines ! Je le trouve tout de même un peu trop pessimiste, mais le Chemin va s'occuper de lui, j'en suis sûr.

Nicole, très souriante, dit qu'elle a quelque chose à me faire voir : elle m'entraîne à l'arrière de la ferme, dans la cour où elle étend son linge. Elle ouvre une porte et me montre fièrement son gîte de 14 places, tout neuf :

— Tu vois Gérard, ton avis a été déterminant l'année dernière !

Je suis très impressionné mais pas surpris car cette femme est extraordinaire.

— Bravo Nicole !

Du coup, elle insiste pour que je m'installe où je veux, mais je préfère rester avec Christophe : ce sera plus convivial de partager une « ancienne » chambre et nous avons beaucoup à échanger, lui arrivant de Paris et moi de Saint-Jacques.

— Michel sera heureux de te revoir, ajoute Nicole. À tout à l'heure pour le repas ! Au fait, tu démarres à quelle heure demain matin ?

Je lui réponds que je ferai un peu de grasse matinée :

— Vers 6 heures… au lever du soleil !

Pendant le repas familial, nous échangeons nos avis et impressions sur le Chemin et refaisons le monde, tard dans la nuit. Christophe est très heureux de pouvoir démarrer son chemin avec une rencontre comme la nôtre : « Un signe de la Providence sans aucun doute ! » dit-il.

L'an dernier, j'aurais bien aimé qu'il en soit de même pour moi mais les pèlerins qui remontent le Chemin sont plutôt rares, on n'en voit malheureusement que trois ou quatre sur tout le parcours.

92e jour : Tallode –
Le Puy-en-Velay
Mardi 14 août : 10 km en 6 heures
soit 1 636 km en 786 heures

Avant de nous quitter au petit jour, Nicole tamponne ma *credencial* : à cause de mon crâne rasé et peut-être aussi de mon cœur un peu plus ouvert, elle écrit sur mon passeport de pèlerin : « Te voilà de retour avec les cheveux courts, mais les idées longues et belles ! » N'est-ce pas un merveilleux compliment ? ! Nicole se souvient qu'il y a un an j'avais les cheveux longs, très longs... mais les idées sûrement un peu courtes, bien courtes !

Ce matin, mon cœur est rempli de joie et d'allégresse : je vais rejoindre Le Puy-en-Velay. Que de chemin parcouru depuis l'année dernière et quelle belle aventure j'ai vécue à travers ce pèlerinage de Saint-Jacques !

Lors de ma première étape l'an passé, j'avais quitté Le Puy à 14 h 30 après m'être recueilli dans la petite chapelle Saint-Michel d'Aiguilhe construite au Xe siècle au sommet d'un pic volcanique par l'évêque Godescalc, premier pèlerin français à se rendre à Saint-Jacques. Mes premiers pas et en voulant faire une photo originale, ma première chute dans l'escalier qui accède à cette magnifique chapelle : j'aurais pu m'arrêter là dès le premier jour mais saint Michel, le patron des parachutistes, veillait sur moi !

Pendant quelques minutes, alors que mon corps se met en condition pour affronter les efforts de la journée de marche, je pense à tous ces pèlerins avec qui je suis descendu jusqu'à Saint-Jacques il y a un an, et aussi aux nouvelles rencontres de cette année. Mes pas sont légers, c'est presque magique : je ne sens plus le poids de mon sac ! Il fait bon, le soleil ne va pas tarder à se lever et les oiseaux chantent pour égayer mon chemin. Je suis heureux : c'est mon 92e jour de marche depuis mon départ de Saint-Jacques.

J'arrive devant la belle église de Saint-Christophe-sur-Dolaison : je contourne l'édifice en me remémorant cette première visite, un an auparavant. La porte est fermée car il est encore tôt : il n'y a pas âme qui vive dehors, j'aurais dû y penser !

Je reprends mon chemin en passant de l'autre côté de l'église. Devant le monument aux morts, j'aperçois un homme immobile. D'un grand geste, main levée, je le salue : « Bonjour ami, comment vas-tu ? »

Georges (c'est son prénom) me regarde : son short, sa chemisette et ses chaussures de marin lui donnent une allure de vacancier breton. Il paraît tendu et me répond du bout des lèvres qu'il ne peut pas dormir et que depuis 5 heures du matin, il se promène dans le village. Son épouse et ses enfants sont au camping, ils viennent de La Rochelle. Je le sens très absorbé et peu enclin aux confidences.

Pour le divertir, je lui raconte cette petite histoire philosophique qui se passe à Agadez, au Niger : un européen (appelons-le Gérard) retrouve un vieux guide touareg, Moussa, dont il a fait la connaissance lors d'un raid dans le désert du Ténéré. Contents de se revoir après toutes ces années, ils échangent des nouvelles de leur famille et chacun explique les raisons de sa présence à Agadez. Puis ils se quittent. Trois mois plus tard, au détour d'une rue de Niamey – à plus de 1 000 kilomètres de là – Gérard tombe sur Moussa et ses chameaux. Quelle coïncidence ! Les palabres vont bon train et Gérard demande à Moussa :

— Qu'as-tu fait depuis notre dernière rencontre à Agadez ?

Moussa le regarde en souriant et répond :

— Comme tu le vois, je viens d'arriver : j'ai traversé le désert avec mes chameaux pour venir jusqu'ici, à Niamey !

Gérard répond avec un petit sourire qui en dit long :

— C'est incroyable ! Ce matin, j'ai pris l'avion à l'aéroport d'Agadez et deux heures plus tard, je me suis moi aussi rendu dans la capitale, tu te rends compte !

Moussa s'approche de Gérard, le regarde droit dans les yeux et lui dit en appuyant sur chaque mot comme s'il voulait leur donner plus de résonance :

— Mais qu'est-ce que tu as fait de ton temps ?

J'aime cette petite histoire africaine très poétique et bien réelle : dans le passé, j'aurais pu moi aussi écouter Moussa me dire « Gérard, qu'as-tu fait de ton temps ? » quand la vie professionnelle nous absorbe entièrement, que l'on n'a plus un instant pour réfléchir ni réagir et qu'on finit par sombrer dans la facilité et le mercantilisme de notre société de consommation. Je vis, je travaille, je jouis des biens matériels et je m'occupe trop peu de ceux que j'aime et qui m'entourent, mais est-ce cela la vraie vie ? Voilà la question que je me suis souvent posée sur ce chemin de retour...

Georges a écouté mon témoignage et il me regarde

comme si j'étais un extraterrestre : j'imagine que sa vie professionnelle en milieu hospitalier doit beaucoup l'accaparer lui aussi ! Je lui répète cette phrase en souriant : « Qu'as-tu fait de ton temps, Georges ? »

Il réfléchit et son visage, jusque là impassible, s'illumine d'un large sourire : nous nous sommes compris ! Il doit pourtant se demander d'où je viens avec mon accoutrement de SDF et comment j'ai pu toucher son cœur droit au but. Nous bavardons encore un long moment. La vie est si belle dans cette simplicité des rencontres lorsqu'on arrive à la relativiser, à la prendre comme elle vient et simplement se laisser porter.

Georges est encore un peu surpris par notre conversation mais je le trouve maintenant plus détendu : je lui exprime ma joie de l'avoir croisé et lui souhaite de bonnes vacances. Heureux de ce moment de convivialité, chacun reprend sa route. Georges s'éloigne vers son camping et je cherche une cabine téléphonique pour offrir à Nicole mon arrivée au Puy, terme de mon pèlerinage. Mais ma carte ne contient plus que deux unités et c'est insuffisant pour envoyer une pensée à ma chère compagne. Un peu déçu, je repose le combiné… quand la porte de la cabine s'ouvre. Georges me propose son portable : « Tiens Gérard, ne te gêne pas : ça me fait plaisir ! Veux-tu prendre le petit déjeuner avec ma famille ensuite ? J'aimerais te présenter ma femme et mes enfants. On pourrait aller à la petite auberge de l'autre côté de la route ? » Je suis un peu gêné de tant de gentillesse mais content d'avoir pu montrer modestement à Georges que l'on peut toujours voir la bouteille à moitié pleine plutôt qu'à moitié vide !

J'appelle Nicole qui a bien entendu le téléphone sonner : elle a juste eu le temps de reconnaître ma voix mais pas de me parler. Je lui raconte mes dernières aventures mais je ne veux pas abuser trop longtemps du portable de Georges : je raccroche et nous partons au café où je fais la connaissance de cette famille de sympathiques Vendéens.

Après cet excellent moment, il faut nous quitter car je dois rejoindre Le Puy. Georges tient à régler l'addition et sur le pas de la porte il me glisse un billet dans la main : « Ça c'est pour ton chemin ! »

Surpris par ce geste, je ne sais quelle attitude adopter : si je lui rends son billet, il va se vexer c'est certain. J'imagine qu'en me voyant si démuni devant la cabine, avec mon crâne rasé, ma tenue défraîchie et mon sac décoloré, il m'a pris pour un vagabond : l'habit ferait-il le moine ? Je garde le billet et nous nous séparons, très émus, en ignorant si nous nous reverrons.

Je reprends mon chemin, un peu contrit d'avoir été considéré comme un nécessiteux : mais quelle leçon d'humilité j'ai reçue ! Je touche vraiment le fond de mon orgueil.

Au détour d'un sentier, je vois monter un groupe de pèlerins et nous nous saluons. Dans la cathédrale, ils ont reçu la bénédiction de l'évêque du Puy sous la statue de saint Jacques. Ils sont pleins d'enthousiasme et ont pris leur marche d'un bon pas : pourtant un groupe s'arrête pour répondre à mon salut. En quelques minutes, un bouchon se forme sur le chemin et les questions fusent : j'essaie de répondre à chacun.

Le billet de Georges me brûle la main, je voudrais bien m'en défaire intelligemment : la Providence va-t-elle m'y aider ? Je m'approche d'un jeune pèlerin un peu à l'écart du groupe et lui demande où il va. Avec assurance, il me répond :

— Je vais à Saint-Jacques !

Je le regarde et rétorque :

— Il me semble que tu devrais plutôt dire : je vais essayer d'aller à Saint-Jacques ! Tu sais, Compostelle c'est très loin !…

Il réfléchit et comprenant la nuance ajoute :

— Oui, je vais essayer d'aller à Saint-Jacques !

Les autres pèlerins acquiescent. Le message est passé.

— Que fais-tu dans la vie ?

Il me répond qu'il est étudiant.

C'est lui que je dois aider, me dis-je. Je lui glisse discrètement plusieurs billets que j'ai pliés en quatre :

— Tiens, c'est pour ton chemin : un jour tu pourras dire que tu as vécu la parabole de la multiplication des pains !

Nous nous séparons. Le jeune homme se retourne plusieurs fois pour me remercier de ce don providentiel : il n'a sans doute pas compris pourquoi je lui ai parlé de cette parabole. Peut-être le reverrai-je un jour, qui sait ?

Pour moi, le Chemin est un lieu magique d'entraide où la Providence veille constamment sur les pèlerins, jusqu'au plus démuni, je l'ai si souvent constaté ! Il a cette particularité de nous faire prendre conscience qu'à notre tour nous devons essayer de rendre au centuple le bonheur que nous avons reçu.

En quittant le groupe, j'emporte dans mon cœur le visage rayonnant de ce jeune homme qui me rappelle qu'à son âge, je vivais heureux, bien que désargenté.

Dans moins de deux heures, j'atteindrai Le Puy-en-Velay. Il est 11 heures, je viens de quitter Georges à

Saint-Christophe-sur-Dolaison et j'ai emprunté le petit sentier champêtre sur la crête au sommet des gorges du Buisseau et de la Roche.

Je scrute l'horizon pour voir si j'aperçois Pierre et son fils Maxime qui sont venus de Montmélian, en Savoie, pour m'accueillir. Je me pose sur un rocher et après m'être désaltéré, je délasse mes chaussures pour une petite halte salutaire.

Je lève les yeux et vois venir vers moi Roger, un pèlerin venu de Belgique qui marche d'un pas lent mais régulier. Je le salue et il s'arrête, surpris par mon accueil familier : il vient de démarrer du Puy et ne connaît pas encore l'ambiance amicale du pèlerinage. En parlant, j'apprends qu'il a pris la route parce que la vie lui pesait : l'aîné de ses trois enfants a eu une leucémie foudroyante dont il a heureusement été guéri, mais son deuxième fils a été renversé par un chauffard et il en est mort. Quelle détresse dans sa voix quand il dit : « Tu vois Gérard, je meurs un peu plus tous les jours… »

Je pense que personne n'est à l'abri de tels drames : et moi qui pendant ce temps-là ne sais pas donner suffisamment d'amour à mon prochain ! Comment ai-je pu vivre ainsi sans me soucier davantage des autres ?

Le témoignage de Roger, comme ceux d'autres pèlerins éprouvés que j'ai rencontrés avant lui, me fait prendre conscience du fait que je dois changer mes habitudes dès que je serai rentré et tout mettre en œuvre pour faire les bons gestes d'amour envers ma famille, prendre du temps pour les écouter, leur donner mon avis et les aider. Et si j'ai des difficultés à conserver cette attitude d'ouverture, de compréhension, de tendresse et de compassion, il me suffira de me remémorer les rencontres avec Louis, Stéphane, Larissa et Roger qui sont désormais dans mon cœur : ainsi je suis certain qu'avec l'aide du Très-Haut, j'arriverai à éviter les conflits et que je deviendrai plus patient, plus compréhensif et plus aimant.

J'ai vécu sur ce chemin de retour des rencontres fortes, simples et ô combien constructives. Certaines histoires dramatiques ont généré chez moi une compassion extrême et j'ai voulu témoigner pour ces femmes et ces hommes qui ont perdu la plus belle richesse du monde : leurs enfants. Leur attitude impressionnante de dignité ouvrira, j'en suis certain, le cœur de milliers de pèlerins qui comme moi, humblement, ne sont pas très fiers des petites mesquineries de la vie ordinaire et doivent réaliser le bonheur d'avoir leur famille à leurs côtés, ce qui n'est pas le cas de ces personnes dans la tristesse. De nombreux pèlerins rencontrés en chemin et à qui j'ai raconté ces histoires ont été émus par la douleur de ces êtres que la vie a cruellement blessés, et ils ont pleuré avec moi. Il y a beaucoup de misère autour de nous : misère physique ou misère morale. Mais il y a aussi beaucoup d'amour et de compassion à donner ou à recevoir. Je constate une fois encore que notre destinée est un grand mystère et qu'il est important de vivre avec foi et confiance en cette présence divine qui nous fascine et nous aide dans les moments difficiles de notre vie.

J'ai enfin compris qu'il est temps d'agir car personne n'est à l'abri de tels drames.

Après une petite sieste en compagnie de Pierre et Maxime avec qui j'ai déjeuné, nous descendons la longue rue des Capucins du Puy-en-Velay.

J'explique à mes amis que je ne partirai pas avec eux en Savoie et que je rentrerai à pied à Challes. Il est vrai qu'en arrivant sur la place du Plot où j'ai trempé mes mains dans la fontaine du XIIIe siècle, je ne cesse de penser à ces pèlerins au Moyen Âge qui, forts de leur foi, n'hésitaient pas à consacrer six mois voire une année de leur vie pour faire ce pèlerinage religieux qui les amènerait droit au ciel.

Pour moi, modeste pèlerin des temps modernes, c'est à la terrasse du café de cette belle place que je me désaltère en compagnie de mes amis que j'ai retrouvés avec joie. Le soleil est encore haut dans le ciel et je suis heureux d'être arrivé au terme de mon chemin aller et retour de Saint-Jacques. Demain, j'irai me recueillir dans la cathédrale pour remercier le Très-Haut de son soutien. Et le jour suivant, je partirai en actions de grâce jusqu'à la maison de Challes-les-Eaux : une vingtaine de jours et 350 kilomètres me séparent encore de ma famille.

Pierre et Maxime m'accompagnent au gîte des Capucins tout proche où nous sommes reçus par les propriétaires. Paule-Émilie va accoucher très bientôt : elle nous accueille avec un large sourire. Klaus son mari discute avec de jeunes pèlerines allemandes : il veut que tout soit parfait pour l'accueil de « ses pèlerins ». Le gîte est tout neuf et sa conception très fonctionnelle : il faut dire qu'après avoir visité plus de 180 gîtes en un an, je commence à avoir un peu d'expérience dans ce domaine également ! Que de chemin parcouru et combien le temps me semble parfois long et à d'autres moments si court : un des mystères du *Camino* !

93e jour : Le Puy-en-Velay
Mercredi 15 août :
2 km en 3 heures
soit 1 638 km en 789 heures

Je décide de passer la journée au Puy-en-Velay. Cette petite ville est impressionnante par l'ambiance qui s'en dégage. Tout ici incite à l'amitié et à la spiritualité. Les dentellières assises sur leur chaise devant leur boutique ou sur les marches de la cathédrale font virevolter leurs doigts avec une dextérité incroyable : les petites bobines de fils s'entrecroisent à un rythme effréné ! La dentelle aux dessins géométriques parfaits naît de leurs fines mains d'artistes : c'est magique !

Je monte les grands escaliers de la cathédrale et entre dans cet authentique sanctuaire. Fanny, une jeune étudiante, me demande si je désire visiter l'édifice en sa compagnie : je suis surpris par son dynamisme et ses connaissances en histoire. C'est une guide émérite du Chemin : elle m'explique que plus de 100 pèlerins arrivent chaque jour au Puy pour entamer le pèlerinage, sans compter ceux qui ne se font pas connaître, ce qui fait certainement près du double de personnes qui se mettent en marche chaque jour sur la *via Podiensis*.

Ces pèlerins modernes n'ont peut-être en commun avec ceux du Moyen Âge que l'essentiel : le désir de partir, d'honorer un vœu, de vivre avec humilité l'aventure du Chemin, et leur foi pour certains. Aujourd'hui, les marcheurs partent en moyenne entre huit jours et deux mois pour ceux qui veulent atteindre Saint-Jacques-de-Compostelle.

Au Moyen Âge, pour fêter le départ du pèlerin vers « la purification spirituelle », on organisait une grande cérémonie au cours de laquelle le postulant recevait de la sainte mère l'Église un sac et un bourdon – compagnons indispensables – ainsi qu'une calebasse pour conserver l'eau si précieuse dans la fournaise de l'été en Espagne. En contrepartie, le pèlerin faisait don au clergé par testament de tous ses biens si par malheur il perdait la vie en chemin, ce qui était fréquent.

Les pèlerins ignoraient combien de temps durerait le voyage et quand ils rentreraient. Selon le point de départ, il leur faudrait plusieurs mois voire une année et plus pour accomplir leur pèlerinage. Portés par leurs convictions et leurs forces physiques, certains réalisaient des étapes de 50 à 80 kilomètres par jour.

Sur la route, ils mendiaient souvent le gîte et le couvert mais pour leurs hôtes c'était un honneur de réconforter les marcheurs car cette action d'amour permettrait aux pèlerins d'atteindre le paradis et la vie éternelle. Les plus chanceux trouvaient refuge dans les hôpitaux ou un couvent où on voulait bien les soigner et leur offrir un bol de soupe et un lit. Leur vie était empreinte d'austérité et de spiritualité à l'image de l'Ordre de Saint-Benoît.

Lorsqu'ils arrivaient enfin au Finisterre, le terme du chemin, les pèlerins brûlaient leurs habits sur la plage face à l'océan Atlantique et ramassaient la fameuse coquille, symbole de la réussite de leur pèlerinage. La différence entre les pèlerins de cette époque et ceux d'aujourd'hui c'est que les premiers, après avoir parfois traversé l'Europe, repartaient à pied pour rentrer chez eux malgré les risques permanents de se faire attaquer par des brigands ou des loups : mais ils n'avaient pas d'autre possibilité !

Les pèlerins qui avaient la chance de revenir sains et saufs de Saint-Jacques rapportaient dans leurs sacs des tissus précieux et des dentelles qui avaient, disaient-ils, touché les statues des saints sur leur lieu de sépulture, ce qui leur permettait d'en négocier le prix en conséquence : ceux en provenance de Compostelle étaient évidemment particulièrement recherchés.

Ma visite de la cathédrale se termine en compagnie de Fanny. Je la remercie de m'avoir consacré autant de temps et comme si elle était une de mes petites-filles, je lui offre une bonne rétribution pour ses futures vacances : elle n'en revient pas et sa joie ravit mon cœur !

Fanny m'a posé des questions sur mon équipement et en discutant avec elle, je me rends compte que la plupart des pèlerins sont souvent attachés à leur besace et à leur bourdon par une grande « amitié ». Pourtant, combien de fois nous sommes-nous plaints du poids de cette « compagne », de ses épaulières qui scient à chaque pas nos clavicules, la peau rougissant sous les sangles souvent mal réglées. C'est une sorte de corset qui redresse le pèlerin et finira par faire partie de nous ! Nous l'aimons cette « compagne » et la bichonnons à chaque étape. Lorsque je marchais sous une pluie diluvienne, je l'ai toujours mise à l'abri sous ma cape et j'aurais pu lui murmurer : « Tu vois que je prends soin de toi ! » Quant à mon bourdon, c'est carrément un attachement passionnel !

Je me souviens qu'un matin, après avoir visité la très belle église de Lectoure, je me suis présenté à la cure pour faire tamponner ma *credencial*... Malheur ! Où avais-je la tête ? Mon bâton n'était plus dans ma main gauche ! M'excusant auprès du prêtre, je lui dis simplement : « Mon Père, j'ai perdu mon “compagnon” dans votre église... je reviens tout de suite ! » Il a dû me trouver bien léger en amitié. J'ai foncé à l'église, heureusement déserte : je pensais qu'il était si beau mon bourdon qu'un visiteur compatissant allait certainement l'adopter.

Quand il m'a vu l'abandonner, mon « compagnon » a du se dire : « Il me laisse, il m'oublie : Gérard, où vas-tu ? Que ferons-nous l'un sans l'autre ? Tu t'es laissé distraire par cette *credencial* et ses tampons ! »

Lui seul sait l'attachement qui nous lie à jamais.

Te souviens-tu, cher bourdon, que dans les moments difficiles tu donnais la cadence à mes pas ? Comme tu aurais pu me le dire, je sentais parfois que je devais éviter de te balancer de bas en haut et de confondre tes deux extrémités – un comble ! – malgré cette petite dragonne qui orne ton cou et me permettait de te garder lié à moi dans les instants d'efforts ou lors des arrêts. Est-ce que tu te rappelles ces passages difficiles dans les pierrailles où je te considérais comme mon « sauveur », ma troisième jambe qui sécurisait ma descente ? J'ai même une fois manqué de te casser en deux dans un trou près de Honto : ce jour-là, la fatigue se faisant sentir, j'avais vraiment besoin de ton aide. Sans broncher, sans te plaindre, tu étais là comme toujours au service : quelle belle preuve d'amitié ! Par contre, ce que tu n'aimais guère c'est lorsqu'en Espagne je jouais avec toi pour évacuer du sentier les canettes de bière ou les paquets de cigarettes dans un grand swing de golf : là tu trouvais que j'exagérais ! Mais tu sais cher « compagnon » qu'en contrepartie de ton attachement à mes petits jeux, je t'ai fait faire une chaussure en fer sur mesure pour éviter que tu ne te blesses ou que tu ne te tasses : tu vois que je suis attentif à ton confort ! Parfois lorsqu'un chien menaçant s'est approché trop près de moi, c'est toi qui m'as protégé, courageusement et sans hésiter. Tu es très dissuasif dans ces moments-là, ton « corps » en éveil pour repousser l'assaillant. Le danger passé, je te remerciais d'une caresse amicale.

Je tiens ici à reconnaître votre valeur, mes « compagnon » et « compagne » qui avez vécu avec moi de si belles et fantastiques aventures sous le soleil et sous la pluie pendant ces longues journées de pèlerinage. Sans vous, j'aurais été si seul et si petit sur le Chemin. Aujourd'hui je veux vous rendre un hommage qui sera partagé, j'en suis certain, par les milliers de pèlerins qui marchent chaque année sur les routes de Saint-Jacques ou du monde.

Dans le fond, le pèlerin n'est jamais seul sur le Chemin : son sac sur le dos et son bourdon à la main, il est armé pour réussir, avec l'aide de Dieu, ce long périple.

De nombreux pèlerins sont venus au Puy-en-Velay ce 15 août pour la fête de la Vierge. En cette fin d'après-midi, une grande procession se prépare : les pèlerins portent au cou des écharpes blanches et vertes. On a allumé des cierges et des chants montent de toutes parts dans le silence du soir : la nuit prend place et offre un cadre unique pour le recueillement de plusieurs milliers de personnes qui ont envahi la vieille ville.

Au détour d'une rue, je croise René, ce frère des écoles chrétiennes dont le calme et la sérénité m'avaient tellement impressionné dans l'église de Saugues : lui aussi paraît content de me revoir. Il est avec des amis dans la procession qui durera toute la soirée. Je suis heureux de cette convivialité fraternelle, loin de la solitude des grands espaces que j'ai traversés : j'ai le sentiment que rien ne peut gâcher ces moments forts avec les prières de tous ces gens qui arrivent des quatre coins de la région (et même de plus loin) pour partager cette foi spirituelle. Je suis en admiration devant ce qui m'est offert de vivre ce soir et transporté par un grand élan d'espérance !

Revenant vers le gîte des Capucins, je me dis qu'une fois de plus, je suis un privilégié et que les images de cette journée resteront, comme tant d'autres, gravées dans ma mémoire et dans mon cœur.

Klaus m'attend sur la terrasse de sa maison et me présente son livre d'or : « Avant que tu partes Gérard, j'aimerais que tu écrives la toute première dédicace… » C'est pour moi un honneur et je suis très ému par ce geste d'amitié et de reconnaissance.

94e jour : Le Puy-en-Velay – Les Boiroux
Jeudi 16 août :
14 km en 7 heures
soit 1 652 km en 790 heures

17 Août 2001
MASSEBŒUF Bernard
"EXPLOITANT AGRICOLE"
- LES BOIROUX -
43700 ARSAC EN VELAY
Tél. 71.05.15.73
N° SIRET 403 189 194 00018
N° TVA 48 Y.V.B.

Au petit matin, après un succulent petit déjeuner servi au gîte et partagé avec mes nouveaux amis du Puy, Paule-Émilie et Klaus, je traverse la ville encore endormie : seul le bruit de mon bourdon résonne sur les escaliers qui montent à la cathédrale où je suis venu me recueillir devant la statue de saint Jacques qui veille sur les pèlerins depuis plus de 1000 ans.

Pour revenir à cette première étape hors de la *via Podiensis*, je croise de nombreux pèlerins suisses qui arrivent de Genève et aussi quelques Savoyards. Je suis très confiant car tous sont unanimes : le chemin est correctement balisé et les lieux d'accueil bien répartis. Mais pour moi qui suis sur le retour, cela me semble un peu plus difficile, même avec l'aide du guide des chemins de Compostelle en Rhône-Alpes[1]. Une fois encore, je me suis embrouillé et au départ du Puy, j'ai pris un GR rouge et blanc qui m'a amené à Coubon, au sud du Puy. Au bout de 10 kilomètres, je réalise que les marquages de ce GR ne correspondent pas à ceux qui sont indiqués sur mon guide, et pour cause : plusieurs chemins de grandes randonnées se rejoignent au Puy (j'aurais dû y penser) !

C'est ainsi que vers 19 heures, Daniel avec ses trois enfants Jonas, Hugo et Thomas, me préparent un nouvel itinéraire à travers des monts d'Auvergne pour me permettre de rejoindre enfin Saint-Julien-Chapteuil que je ne pourrai atteindre ce soir.

Il est très tard et j'ai été suivi par deux gros chiens noirs à Rohac, le berger ne s'inquiétant pas le moins du monde pour moi. Pour combie de malchance, j'ai oublié de sortir ma bombe lacrymogène qui est rangée au fond de mon sac : je marche courageusement – mais à reculons – tout en parlant aux chiens, mon bâton (précieux « compagnon », ce bourdon !) prêt à défendre chèrement les mollets nerveux et peu digestes d'un pèlerin en marche depuis plus de trois mois. Ces maudits chiens n'auraient pas fait bonne chère !

1. Voir la liste des ouvrages à la fin de l'ouvrage.

J'avance seul en pleine campagne sur une petite route goudronnée. Je dois maintenant rapidement trouver un gîte pour la nuit. En passant aux Boiroux, je vois une jeune fille près d'une grande ferme. Elle s'approche de moi et je la reconnais : j'ai discuté le matin même au village de Coubon avec elle et ses copains qui bavardaient, assis sur leurs scooters. Ses parents sont absents et Sylvie n'ose pas me proposer de m'installer dans la grange. Je la comprends mais cela ne m'empêche pas de lui dire : « Tu sais, tes parents seront peut-être déçus que tu n'aies pas proposé l'hospitalité au pèlerin revenant de Saint-Jacques ! Il est 20 h 30 et le prochain village est à quatre kilomètres, je n'y arriverai pas avant 22 heures ! En ce moment, les nuits sont très froides et je suis fragile des poumons... »

J'aurais bien confié ma soirée au Bon Dieu et demandé à la Providence de me prendre en charge : ne suis-je pas un pèlerin égaré ? Mais je conviens que ces arguments-là ne marchent pas toujours. Encore que !

Mais voilà que du fond du champ, Bernard, le papa de Sylvie, revient vers la maison. Il a lâché ses brebis et agneaux dans le pré et s'approche de nous. Très gentiment, il m'écoute et me répond qu'il ne me laissera pas dehors : je n'ai qu'à choisir où je souhaite dormir. Nous allons voir cela avec Emmanuel son apprenti : d'une part, la grange à foin est pleine à ras bord et le garage ne semble pas convenir avec les trois voitures qui l'occupent ; d'autre part, mon matelas (qui n'en a plus que le nom) semble donner des signes de faiblesse et je crains qu'il soit percé malgré mes « époumonements » pour le gonfler ! J'opte donc pour le grand hangar-étable. Au milieu des bouses sèches mêlées à la paille de ce printemps, il y a une charrette pleine de foin : c'est une véritable place forte, un beau château de bottes au milieu de la pièce !

Bernard me conseille de faire attention en montant : il ne manquerait plus que je tombe ! Mais je n'ai pas le choix. « Je t'apporterai du lait chaud de la traite », me propose-t-il gentiment. J'apprends avec surprise qu'il possède une centaine de vaches dont certaines sont destinées à produire les veaux, d'autres le lait.

Je suis heureux car je ne dormirai pas dehors ce soir : merci la Providence ! Il fait un peu frisquet à la nuit tombée et je grimpe au sommet de mon « donjon », emmenant toutes mes affaires pour les avoir à portée de main. J'écarte du centre de la charrette les bottes ficelées et confectionne un rectangle de deux mètres sur trois. C'est super : les bottes du dessous font bien un peu des vagues, mais ça ira ! Je suis presque au niveau du plafond, avec les hirondelles : me voilà devenu un vrai châtelain !

Bernard vient voir si tout va bien et m'apporte un litre de lait chaud que je déguste avec grand plaisir : cela me rappelle ma jeunesse à Oppedette dans les Basses-Alpes avec Gilbert et Modeste, quand nous buvions le lait des chèvres que nous venions de traire. Pour un garçon de la ville, ça ne s'oublie pas !

Bernard est assez bavard et c'est amusant de voir comment nous discutons : lui devant la porte de sa 4L et moi sur ma « tour d'ivoire » !

« Tu viendras prendre le café avec moi demain matin, à sept heures moins le quart ? Tu n'auras qu'à taper à la porte ! » J'acquiesce et le remercie chaleureusement pour sa générosité.

Après un repas très frugal, je me suis installé au mieux pour dormir et je n'ai absolument pas eu froid : j'ai seulement été un peu incommodé par les bosses que faisaient les bottes de paille et je me suis souvent retourné… jusqu'à la sonnerie de mon réveil, à 6 heures !

95e jour : Les Boiroux – Saint-Julien-Chapteuil – Queyrière
Vendredi 17 août :
19 km en 10 heures
soit 1 671 km en 800 heures

C'est Marie-Andrée, la femme de Bernard, qui a préparé le petit déjeuner : elle me remercie pour le bouquet de fleurs et la pierre qu'elle gardera en souvenir du pèlerin revenant de Saint-Jacques. Elle aimerait bien elle aussi faire ce pèlerinage, mais son mari m'explique qu'avec 100 têtes de bétail « on ne part jamais en vacances ! ».

Après avoir quitté Les Boiroux, je prends la route qui me conduit à un bois où je me perds une nouvelle fois : décidément, je suis très distrait ! Lorsque enfin j'en ressors, j'aperçois un pont qui enjambe la Loire. Sur une borne, il est écrit : « Le Puy : 12 km – Saint-Julien-Chapteuil : 7 km ». Entre hier et ce matin, j'ai fait un détour de plus de 20 kilomètres ! Mais comme le disait Marie-Andrée : « Si tu ne t'étais pas perdu, on ne se serait pas rencontrés… »

Je reprends la nationale vers Saint-Julien-Chapteuil sous la pluie qui a redoublé. Voilà l'école : la ville n'est plus très loin. Deux jeunes femmes prennent un peu de repos au bord de la route après avoir fait le ménage dans l'école.

Sylvie me dit :

— C'est terrible : vous avez encore 5 kilomètres

à faire pour arriver à Saint-Julien… C'est très loin ! ajoute-t-elle.

Amicalement, je lui fais remarquer son manque d'optimisme :

— Je viens de faire 1 650 kilomètres à pied : alors 5 kilomètres de plus, ce n'est pas un problème !

Craignant de l'avoir un peu vexée, je m'excuse et lui offre, ainsi qu'à sa copine Hélène, quelques fleurs. Je me renseigne pour savoir s'il y a une poste à Saint-Julien : les petites pierres du chemin commencent à être lourdes. « Trois kilos cinq ! » m'annonce la postière.

Dans le fond, je suis une sorte de Petit Poucet à l'envers qui ne veut pas perdre le chemin du paradis – je plaisante ! – et désire offrir ces petits cœurs d'amour afin que tous comprennent le véritable symbole du Chemin.

En partant du Puy avant-hier, j'étais particulièrement fier d'avoir entamé ma route d'actions de grâce vers la maison familiale de Challes-les-Eaux. Encore 300 kilomètres et quelques 20 ou 25 jours de marche : mais qu'importe ! J'ai dans mon cœur la beauté de ce que j'ai vécu pendant ces six mois passés sur le chemin de Saint-Jacques sur la *via Podiensis*.

C'est incroyable de constater que dès que l'on quitte cette voie qui va du Puy à Saint-Jacques, on rencontre dans les gîtes ruraux toutes sortes de gens : randonneurs, vacanciers, invités d'une noce, etc. Les responsables voient tout de même arriver de temps à autre un pèlerin qu'ils reconnaissent à la coquille cousue sur le haut de son sac et tamponnent sa *credencial* pour valider son cheminement vers Saint-Jacques à pied, à cheval, à bicyclette ou même en voiture !

Tranquillement attablé dans une pizzeria de Saint-Julien-Chapteuil, je savoure l'excellente et copieuse pizza que j'ai commandée, le repas d'hier soir s'étant limité à un *panini* et quelques fruits ! Après m'être restauré, j'attends que mon linge sèche. La patronne et son mari le *pizzaiolo* m'ont proposé d'installer ma polaire, mon tricot et une paire de chaussettes sur une chaise devant le four à pain. Depuis mon départ de la ferme des Boiroux ce matin, il tombe une pluie fine et ininterrompue qui me pénètre jusqu'aux os : mes affaires sont trempées.

La radio de la pizzeria diffuse une très belle chanson du clip de Daniel Lévi *Les Dix Commandements* :

C'est tellement fort, c'est tellement tout, l'amour...
Depuis la fin des temps...
Ayons l'envie d'aimer, l'amour que l'on aura partagé nous donnera l'envie d'aimer...

Cette grande fresque écrite et mise en scène par Élie Chouraqui et Pascal Obispo fera l'objet d'une magnifique comédie musicale dans les années à venir, qui mettra en scène la bible au XXIe siècle : c'est « cool » ! Tout ça est si beau, j'en ai des frissons. *Les Dix Commandements*, le Chemin, tout se mélange en moi. En me laissant bercer par cette superbe mélodie, j'ai la certitude d'être dans le vrai : ce réel échange entre moi et l'autre, et avec l'Être suprême. Je mets une main sur mes yeux pour cacher mes larmes. Les clients autour de moi déjeunent sans y prêter attention et seule Josiane qui a fait le Chemin à bicyclette en 92 jours depuis le Mont-Saint-Michel en Normandie a compris et ressent la solitude qui m'étreint. Elle me sourit avec compassion.

Avant de quitter la pizzeria, elle vient m'embrasser : je lui offre une petite pierre « cueillie » ce matin. Nous parlons quelques instants de ce chemin de vie et d'amour et nous séparons en nous souhaitant bonne chance.

Il est 15 h 30 et je repars confiant. Le soleil vient de sortir timidement des nuages. Optimiste, j'ai installé mes chaussettes sur mon sac pour qu'elles finissent de sécher. Quoi qu'il en soit, soleil ou pas, mon cœur est rempli d'allégresse : je suis sur mon chemin de retour et je bénis le ciel de m'avoir permis de réussir ce pèlerinage jusqu'à présent. Vous me trouverez sûrement un peu trop exalté mais je décompresse d'avoir réussi à rejoindre Le Puy : maintenant, c'est du bonus ! Je suis en actions de grâce, mais il faut quand même rentrer.

J'ai repéré mon GR 65 et j'espère ne plus me perdre. Mon erreur d'hier m'a mis en retard d'une journée et je veux absolument être rentré le 31 août pour participer avec Nicole à une semaine sur Saint-Jacques : nous avons été invités dans la Drôme par Yves le sous-marinier et son épouse Dominique. Le but de cette session est de poursuivre l'action de notre chemin et je tiens à y participer. Mais où serai-je le 31 août ? Dieu seul le sait… et c'est Lui qui décide !

Alors que je traverse un petit village nommé Monedeyres-le-Vieil, un violent orage éclate et je n'ai que le temps de m'abriter dans un garage pour éviter d'être trempé.

Vers 19 heures, la pluie cesse enfin et j'entends une cloche tinter, bien que je n'aie pas remarqué de clocher dans ce petit hameau. C'est alors que je vois plusieurs personnes endimanchées venir vers moi :

— Que se passe-t-il ? demandé-je.

— Nous allons à la célébration de l'assemblée !

Je pense que c'est peut-être une secte. Michel éclate de rire en me donnant l'explication :

— Une fois par an, nous célébrons une messe en souvenir des assemblées qui, par le passé, permettaient aux villageois de se retrouver le soir à la veillée dans la maison des Béates.

— Pensez-vous que je puisse me joindre à vous ?

Moi qui me sentais un peu coupable de ne pas avoir assisté à la messe des pèlerins au Puy, voilà que la Providence m'offre un office en pleine nature ! Michel me propose de le suivre : il me présente les personnes qui se serrent dans la petite pièce au premier étage de la maison.

Pierrette mène l'assemblée d'une main de maître et elle est manifestement heureuse de voir un pèlerin revenant de Saint-Jacques. Les autres villageois également : certains d'entre eux n'ont même jamais vu un pèlerin ! Elle me propose de déposer mes affaires dans la pièce du bas et de leur raconter mes aventures. Je suis en admiration devant une petite cheminée qui trône dans une pièce où l'on faisait jadis le catéchisme. Cette maison fut habitée par des Béates à partir du XVIIe siècle. Ces femmes consacraient leur vie aux enfants et aux jeunes filles : elles leur donnaient une instruction religieuse et leur apprenaient la couture, la dentelle et le ménage. Elles assistaient également les agonisants. Dans chaque village, il y avait une de ces maisons où l'on se retrouvait à l'étage pour prier et discuter autour d'un verre. Au mois de mai, l'assemblée se réunissait chaque soir. Dans ce temps-là, il y avait un prêtre à demeure au village. Tout cela a bien changé ! Les Béates ont disparu de tous les petits villages de la région. À Monedeyres, il reste la bâtisse et cette cérémonie une fois par an qui rappelle cet ordre religieux.

Pierrette m'apprend que la mairie aurait souhaité orienter cette maison communale vers une autre activité, ce qui est vraiment dommage, mais la commune n'avait pas suffisamment d'argent pour financer les réparations entraînées par une importante fuite sur le toit. Convaincue qu'il fallait sauver la maison des Béates, Pierrette a organisé un repas avec les gens du village et ils ont récolté 800 euros pour sauver leur chère assemblée : quelle motivation ! C'est très touchant, tout comme cette messe célébrée par le père Daniel, monté spécialement de Saint-Julien-Chapteuil.

En passant dans le pré devant la maison, et désireux de laisser le passage à une dame, j'ai glissé sur une grosse pierre et perdu l'équilibre avec tout mon équipement. Heureusement que Marcel, un homme de mon âge, fut très vif : il a saisi mon bras et m'a évité la chute. Nous avons ri car j'aurais pu me casser le cou : si j'étais parti sur le dos en vol plané, j'aurais atterri sur le sol pavé à plus de trois mètres en contrebas ! Je n'ai pas eu le temps d'avoir peur. « Merci Mon Dieu ! »

Pendant la préparation de l'office, Marcel et moi faisons plus ample connaissance : beaucoup de personnes sont venues pour cette occasion, nous sommes une bonne quarantaine. En été, le village accueille les enfants des alentours.

La cérémonie est plutôt sobre avec des chants un peu difficiles à entonner pour moi et qui égaient malgré tout l'assemblée. Dans son homélie, le père n'a pas oublié de parler de l'agriculture, des moissons… Cette petite pièce ressemble à une ancienne chapelle avec ses statues, ses dentelles, les cadres aux murs avec sainte Thérèse de l'Enfant-Jésus et le Christ : on se croirait revenus un siècle en arrière ! Après la bénédiction du père, Pierrette qui porte fièrement ses 70 ans dit avec un sourire timide :

— Ne partez pas, nous allons prendre un verre et le gâteau de l'amitié.

Puis elle se tourne vers moi ayant deviné mon inquiétude car il est déjà 20 heures et je veux reprendre la route de Queyrière où m'attendent d'autres aventures…

— Je vais vous servir en premier si vous voulez partir…

— Un pèlerin doit toujours avancer. Et je ne sais pas encore où je vais dormir ce soir ! Je n'ai fait que 9 kilomètres depuis ce matin et il se fait tard.

Marcel qui s'est approché de moi me propose de passer la nuit au village : je le remercie chaleureusement mais lui explique que je préfère m'avancer un peu.

Pendant que les dames s'activent à la préparation de la collation, Pierrette me demande si j'accepte de parler de Saint-Jacques-de-Compostelle. Je suis touché et très heureux car ici je peux partager mes expériences avec les habitants du village qui sont très attentifs. J'essaie simplement, et sans trop de détails, d'expliquer ce qu'est le Chemin, mon cheminement depuis l'année dernière, mon initiation et ce que m'a apporté le retour : le temps d'écouter et de partager, le temps de vivre sans stress et d'aimer. Je vois de l'admiration dans les yeux de certains et je leur explique que tout le monde peut, comme moi, réaliser une partie de ce pèlerinage. Le chemin de Saint-Jacques n'est-il pas identique à notre chemin de vie ? Chaque jour il est possible, par des petits gestes, de donner de l'amour et d'être – comme je le pense – en prise directe avec le Très-Haut.

Avant de partir, j'offre avec plaisir un petit cœur d'amour à Pierrette pour l'assemblée : elle va le mettre à l'abri car elle craint, me dit-elle, que si elle le dépose aux pieds de la belle statue de la Vierge dorée, il ne soit « balayé » par la personne chargée de faire le ménage. C'est un symbole et un souvenir qui leur rappellera le passage de leur ami pèlerin Gérard *La Tortue*.

Discrètement, Pierrette me confie dans le creux de l'oreille ses soucis de toutes sortes. Je lui conseille de s'en remettre à Dieu sans intermédiaire. Elle reprend ma phrase et me dit qu'elle préfère effectivement s'adresser à lui en direct ! C'est très bien ainsi.

Je quitte mes nouveaux amis à regret et une fois encore, alors que la pluie s'est remise à tomber, mes larmes se mêlent à l'eau qui coule sur mon visage. Le bras levé, la main ouverte, j'adresse un au revoir aux habitants du village de Monedeyres-le-Vieil qui me saluent à leur tour. J'ai reçu un beau moment de bonheur et de joie. Thierry, un jeune homme d'une vingtaine d'année, m'a embrassé disant que mon témoignage l'a touché. J'ai reçu les prénoms de tous ces « frères » et des poignées de main qui, je l'espère, leur ont permis de sentir combien mon estime était grande pour eux.

Après deux heures de montée sur un vieux chemin caillouteux semblable à ceux d'autrefois, je pense à tous ces pèlerins qui le descendaient au Moyen Âge, offrant leur cheminement à l'Éternel. Je les vois là, fouler l'herbe humide, les pierres roulant sous leurs pieds mouillés, leurs vêtements trempés : ils avancent toujours et se demandent, comme moi, où ils vont pouvoir s'arrêter pour manger et dormir. Certes les temps ont changé mais les besoins primaires de l'homme sont toujours d'actualité !

Le ciel est si chargé qu'on dirait que la nuit tombe plus vite que d'habitude. Une percée dans les nuages laisse apparaître le soleil qui va se coucher derrière un massif granitique probablement issu d'un volcan et qui surplombe Queyrière : c'est très impressionnant ! Le village est blotti derrière cette muraille de pierre dont le sommet cache le clocher. Peut-être est-ce la raison pour laquelle une croix a été érigée en haut du rocher ?

L'aubergiste du village est en train de fermer boutique : il est 21 h 30 et il m'annonce qu'il ne peut m'accueillir pour la nuit. Il m'indique le prochain gîte qui, dit-il, peut recevoir une vingtaine de personnes. Pour m'y rendre, je dois parcourir deux ou trois kilomètres sur une petite route à travers bois : l'endroit est assez sinistre. Je fais un effort pour avancer plus vite, j'ai les jambes qui flageolent et ma cheville gauche est douloureuse… mais pour faire diversion, je chante ! Pas de chance : il s'est remis à pleuvoir… Je marche au milieu de la route entre les arbres, le crépuscule descend rapidement ; seul résonne le son de mon bâton sur l'asphalte mouillé.

Il est 22 h 30. La nuit est totalement tombée lorsque j'entends de la musique : une belle effervescence règne dans cette auberge, au cœur de la forêt, qui gère aussi le gîte de Queyrière. Mais la jeune fille qui me reçoit ne me laisse pas le temps de m'asseoir :

— Nous sommes complets !

Je tente d'expliquer que je suis un pèlerin et j'essaie de la convaincre mais en vain ! Elle ne sait pas quoi faire, son patron n'est pas là ce soir : elle dit qu'elle va voir le « chef » !

Je suis en nage et je me déleste de mon sac dans l'entrée du restaurant. J'aperçois une trentaine de personnes qui soupent : il y a trois tables dans la première pièce et au fond, une grande table occupée par une vingtaine de convives.

La jeune fille revient :

— Le chef a du travail et il confirme que nous sommes complets !

Curieusement, avant d'entrer à l'auberge, je m'étais préparé au pire. Pourquoi ? Je ne sais pas, mais je me souviens avoir dit au Très-Haut : « Mon Dieu, je comprendrai que tu ne puisses toujours subvenir aux besoins de ton pèlerin, mais quand même… s'il te plaît : aide-moi encore ce soir car il fait froid et il pleut ! »

En venant, j'ai bien repéré à travers les arbres une maison en construction où je pourrai éventuellement trouver refuge s'il n'y a pas d'autre solution. Pourtant, je persiste à penser que dans un établissement de cette taille, il est étonnant qu'il n'y ait pas un lit disponible ou du moins une possibilité pour installer un couchage de fortune dans un coin afin que je puisse passer la nuit sous un toit car dehors, c'est la galère !

— Mademoiselle !... Pouvez-vous joindre votre patron sur son portable ?

— Non, il a laissé son téléphone ici !

Je sens que je commence à perdre patience, surtout de ne pouvoir discuter avec le propriétaire : je suis persuadé que nous aurions trouvé une solution. J'insiste pourtant et elle repart trouver le chef cuisinier qui n'a pas l'air d'être plus coopératif. Peine perdue : j'obtiens une réponse négative une fois de plus ! Déçu et résigné, je lance à la jeune fille un dernier commentaire pour me défouler avant de partir :

— Mademoiselle, si j'avais été recommandé par un de vos clients, j'imagine que vous m'auriez reçu avec plus d'égards ! Mais je ne suis qu'un pèlerin qui revient de Saint-Jacques et qui marche depuis 94 jours. C'est triste d'être reçu comme cela !

Elle a de beaux yeux bleus mais son regard est froid et distant. Elle marque un temps d'arrêt... mais on l'appelle en cuisine.

— Donnez-moi votre prénom ! lui dis-je.

— Non ! Je ne vous donne pas mon prénom : pour quoi faire ? Et puis, j'ai du travail !

Elle me parle comme on le ferait à un pauvre gueux. Et la voilà repartie. Déconcerté par la situation, j'hésite un instant à aller voir le chef à ses fourneaux, au risque de le déranger : mais il y a les clients, et puis... je suis pèlerin, je ne peux pas « violer » les gens. Tant pis pour moi, je n'avais qu'à arriver plus tôt. La nuit est profonde et il pleut à grands seaux.

Déçu et quelque peu surpris par la réaction épidermique de la jeune fille, je m'approche de la grande table et demande un petit moment d'attention au groupe d'amis qui dînent tranquillement, afin de leur expliquer ma situation, pénible au demeurant, mais pas vraiment dramatique (je suis surtout en colère de n'avoir pas obtenu de réponse de la direction du gîte). L'effet de surprise provoque un grand silence.

— Vous voyez comment on reçoit ici un pèlerin arrivant de Saint-Jacques ! J'ai fait plus de 1 650 kilomètres à pied et je me suis rendu dans plus de 120 gîtes : jamais on ne m'a traité de la sorte ! (Au besoin, j'en rajoute un peu.) Êtes-vous locataires du gîte ?

— Non ! répondent-ils en chœur. Nous sommes clients de l'auberge.

— Alors je ne comprends pas : où sont les gens qui occupent le gîte ?

Un ange passe : les personnes se sont tues et l'ambiance est lourde. J'ai l'impression que les clients ont perçu mon désarroi. Soulagé de m'être exprimé, je salue les convives qui ne peuvent pas faire grand-chose pour moi, mais leurs regards et leurs hochements de tête me suffisent : j'avais peut-être seulement besoin d'un peu de compassion !

Je m'équipe mais avant de partir, je me retourne une dernière fois pour que les clients comprennent bien la déception légitime d'un pèlerin fatigué, déçu et fourbu d'avoir marché aussi loin ce soir pour un si mauvais résultat et aussi peu de sollicitude ! Mais cela devait bien arriver un jour : le Seigneur m'aurait-il abandonné ? Je sens que je vais devoir affronter la nuit froide, pluvieuse et inhospitalière ! Je m'approche du bar où je dépose un petit bouquet de fleurs à l'attention de la demoiselle en lui demandant de bien vouloir l'offrir à son patron : rendre le mal par le bien !...

— Vous lui expliquerez ce qui s'est passé... Bonsoir mademoiselle et merci !

Je prends mon bâton et m'apprête à quitter l'endroit quand un jeune homme assis à une des tables du bar se lève. Il est en compagnie de son amie et d'un autre couple avec un bébé dans un landau.

— Monsieur, ne partez pas ! C'est nous qui avons loué le gîte pour le week-end : nous nous marions demain et nos amis vont arriver, mais nous ne sommes que quatre au gîte ce soir. Si vous le voulez, nous serions heureux de vous accueillir pour la nuit...

Je n'en crois pas mes oreilles : pour un peu, je l'embrasserais ! Je m'approche de la table et découvre le ravissant visage de Valentine, la future épouse de Pierre-François. Lui est tout ébouriffé mais il m'offre un grand sourire. Ils semblent plutôt gênés de ce qui vient de se passer. Je les remercie vivement pour leur gentille attention, très touché par ce geste amical et généreux. Pierre-François réitère ses paroles :

— Nous le désirons vraiment ! Si vous voulez attendre un petit moment, je vais vous emmener.

J'accepte avec joie et me précipite vers le bar pour récupérer les fleurs... et les offrir à Valentine ! Elle a vu mon petit manège et éclate de rire : elle est ravissante.

Pierre-François me dit encore une fois que ça leur fait plaisir et qu'ils ont pris la décision ensemble. Afin qu'ils n'aient pas d'ennuis avec le patron de l'auberge, je vais annoncer à la grande tablée que je serai logé par un client compatissant : les convives semblent soulagés et heureux du dénouement. Les amis du couple me préviennent que le bébé risque de pleurer cette nuit. La Providence a une fois encore entendu mon appel désespéré et malgré toutes ces péripéties, je ne dormirai pas dehors cette nuit.

Pierre-François m'a laissé seul dans ce grand gîte : j'entends l'orage qui gronde et la pluie qui frappe les volets, et soudain j'éclate en sanglots. Des larmes de peine ? Bien sûr que non ! Ce sont des larmes de joie et de gratitude. Il ne me reste qu'à remercier le Bon Dieu qui a mis ce couple de futurs mariés sur ma route.

96e jour : Queyrière – Araules – Saint-Jeures
Samedi 18 août :
13 km en 8 heures
soit 1 684 km en 808 heures

Le réveil sonne : il est 6 heures. Il faut absolument que je fasse au moins 20 kilomètres aujourd'hui.

Une heure plus tard, je suis prêt à partir quand je vois arriver Pierre-François, le futur marié, et son ami d'enfance : le bébé vient de vomir, mais rien de grave. Nous parlons un moment du mariage, de la religion, de la présence de Dieu… Bien qu'ayant eu une enfance chrétienne, Valentine et lui ont décidé de se marier à la mairie. J'essaie de faire comprendre à Pierre-François ce que j'ai écrit pour eux sur la carte rapportée de Santiago : « Présentez votre couple aux forces divines. Sachez Lui parler en direct, cela est possible : encore faut-il accepter de réaliser la démarche… »

Je reste seul dans le gîte, les futurs mariés sont partis

pour préparer la cérémonie. Je prends mon équipement et avec une grande reconnaissance, je remercie par ces quelques mots, et un don substantiel, ces deux tourtereaux qui seront sans doute surpris par mon geste : je veux ainsi leur montrer que leur gentillesse m'a touché et j'espère que la surprise leur sera agréable !

Je vais reprendre ma route pour aller tranquillement vers Saint-Jeures que j'atteindrai ce soir : trouverai-je une place au gîte ? À cette époque, il est rare que les établissements soient complets…

Tout en marchant, il me revient en mémoire une rencontre que j'ai faite au Puy la semaine précédente : Frédéric, jeune cadre dynamique et empreint de foi chrétienne, vit actuellement avec Sonia qui a été victime d'un grave accident de voiture et reste très handicapée. Mais sa foi en Dieu et en la vie l'a sauvée et avec l'aide de Frédéric, elle est venue sur le chemin de Compostelle.

Lors d'un repas en leur compagnie, Frédéric a employé le mot « hérétiques » pour désigner ceux qu'il appelle les « incroyants ». Il a demandé à Catherine et Anita, deux jeunes femmes arrivant de Suisse avec André et leur cheval Rhéa, si elles sont baptisées :

— Oui, ont-elles répondu.

— Et si elles ne l'étaient pas ? ai-je ajouté.

— Le pèlerinage est avant tout un pèlerinage catholique ! répond Frédéric.

J'ai pensé en moi-même : « C'est le bouquet ! Il est bien extrémiste ce garçon… »

Je lui rappelle que chacun doit trouver en son cœur et en son âme la présence de Dieu, qu'il peut donner de l'amour actif autour de lui et que le Chemin n'appartient pas seulement aux croyants, bien au contraire mais à nous tous. C'est en le parcourant que toute personne peut rencontrer Dieu : n'est-ce pas là ce qui est le plus important ?

— Ne penses-tu pas Frédéric que la tolérance est essentielle ?

Voulant sans doute éviter une situation délicate, Catherine ajoute :

— Mais non, Gérard, tu n'as pas compris ce que voulait dire Frédéric !

Pour moi, la question était pourtant claire et la réponse aussi ! Ce jeune chrétien « débordé » par sa foi est malgré tout plein d'altruisme et d'amour pour Sonia, en dépit de son handicap. Il reconnaît finalement que c'est la foi en Dieu qui le porte et je préfère ça. C'est un excessif comme moi mais nous devons être vigilants afin que notre foi ne fasse pas de nous des êtres sectaires et corporatistes. La tolérance peut nous permettre de relativiser et de conserver une bonne harmonie dans notre monde si diversifié : c'est dans le respect de l'autre que nous grandissons.

Je ressasse toutes ces pensées en marchant sur le sol encore trempé par la pluie de la nuit. Vers 10 heures le ciel s'éclaircit enfin, annonçant une belle journée, mais le vent qui souffle sur la campagne reste vif et me rappelle que nous sommes à plus de 1 000 mètres d'altitude.

La route des crêtes est splendide. Au fond de la vallée, une mer de nuages recouvre les champs. Seuls quelques pics rocheux émergent de la brume. À mi-pente sur les coteaux, j'aperçois les petits villages nichés entre les forêts et les champs, reliés entre eux par la route goudronnée qui serpente en montant.

Le soleil éclaire la nature de rayons rasant qui impriment sur le paysage de douces teintes pastel : parfois la campagne s'illumine comme si un énorme projecteur venait de s'allumer pour la mettre en scène. L'ombre des monts se découpe dans le panorama.

À Saint-Régis je découvre avec plaisir une source dont l'eau fraîche me désaltère : il est encore tôt et la montée a été rude, d'autant que pour affronter le vent je me suis peut-être un peu trop couvert. Mes jambes me font mal : sans doute est-ce dû à l'effort d'hier et le manque de sommeil n'arrange rien !

Les premiers randonneurs que je rencontre sont des experts de la marche : Michel et Françoise ne me parlent que du *circuit Saint-Régis* plus connu ici que le chemin de Saint-Jacques ! Ils ont fait une étape sur le GR 65 mais en préfèrent un autre. Ils reviendront une autre fois vers Le Puy car ce sont de vrais randonneurs qui se promènent pour le plaisir de la marche.

Ce matin, j'ai pu me rendre compte que les randonneurs peuvent être charmants mais n'avoir aucun intérêt ni aucune motivation pour venir sur le *Chemin des étoiles*. Leur intérêt est ailleurs : je dois l'accepter et être tolérant : quelle différence d'attitudes à partir du Puy ! D'autres peut-être seraient moins déçus que moi, mais excessif et un brin idéaliste, je m'imaginais tout autre chose. Pendant 1 600 kilomètres, j'ai baigné dans une ambiance particulière empreinte d'humanité, d'entraide et de spiritualité. Maintenant j'ai compris que l'esprit du pèlerinage est bel et bien terminé. Ce qui ne m'empêchera pas de bavarder avec les gens que je rencontre pour témoigner sur tout ce que j'ai reçu durant ces 95 jours de marche sur le Chemin, continuer à offrir mes bouquets de fleurs – puisque j'ai désormais plus de temps pour les confectionner – et persister à chercher mes petits cœurs d'amour car j'en ai en moi tellement à donner !

L'épicière qui s'occupe du gîte de Saint-Jeures me prévient que je suis le seul pèlerin ce soir : dans la nuit, les invités d'un mariage viendront dormir ici. Le gîte est sobre – voire un peu lugubre – et je suis seul au milieu d'une pièce assez vaste, éclairée par une lumière blafarde.

En préparant mon modeste repas, je me sens loin de ma famille : la solitude a fini par me rattraper ! D'un coup, j'en ai perdu l'appétit et la tristesse me submerge comme je ne l'ai jamais ressentie auparavant : mes yeux s'embuent de larmes. Mais je dois réagir et ne pas me laisser entraîner dans cette situation néfaste pour moi.

Dehors, l'orage a fini par éclater violemment et le vent souffle avec force sur le bâtiment : les rafales de pluie qui heurtent les fenêtres créent un crépitement assourdissant qui me rappelle mon enfance à Marseille dans notre petit appartement de la rue du loisir à La Plaine, au 5e étage sous les toits d'un immeuble ancien qui surplombait la vieille ville…

Mes parents dormaient dans la salle à manger, Gisèle et Michèle, mes sœurs, dans une petite chambre. Mes frères Guy, Claude, Alex et moi occupions la grande chambre : nous dormions dans deux grands lits et quand nous nous couchions, nous recouvrions nos visages avec les couvertures pour avoir plus chaud car le radiateur électrique avait été éteint pour faire des économies.

Notre chambre donnait sur le pignon de l'immeuble : le mistral – vent bien connu en Provence – frappait les façades en grandes rafales et sifflait entre les volets ajourés. Les craquements des murs nous terrorisaient mais nous étions au chaud et en sécurité sous les couvertures et lorsqu'il faisait trop frisquet, nous renfilions en cachette nos vêtements par-dessus nos pyjamas.

Je ne me souviens pas si nous pensions alors à ceux qui vivaient dehors par ces temps froids et ventés ? Nos parents nous avaient éduqués dans le respect des autres : nous avions la chance de partager une vie familiale simple et chaleureuse, et nous savions le bonheur d'être unis et aimés. Même si nous ne roulions pas sur l'or, nous avions appris à ne pas nous plaindre. Ma place de quatrième de cette fratrie de six ne facilitait pas toujours nos relations !

Vers l'âge de 14 ans, j'ai eu ma période « forte tête » et il m'est arrivé de menacer ma maman en hurlant que j'allais quitter la maison. Elle ouvrait alors toute grande la porte sur le palier en me disant : « Regarde ! Elle est ouverte. Si tu veux partir, vas-y ! » Dans un élan de colère, je suis bien parti une fois ou deux mais je ne suis même jamais descendu jusqu'au rez-de-chaussée ! Penaud, je restais derrière la porte, attendant le bon moment pour venir m'excuser. C'était une autre époque et je remercie ma maman d'avoir su se faire respecter : nous l'avions surnommée *La Baronne* en l'honneur d'un parent anobli. Son unique souhait était la réussite de ses enfants. Quelle extraordinaire maman nous avons eue !

Mon papa travaillait dur : nous étions nombreux et il fallait nourrir tout ce petit monde. Je pense en avoir peu souffert. Nos parents n'hésitaient pas à se priver pour que nous puissions manger à notre faim. C'était très différent de la vie actuelle : nous ne laissions jamais traîner un bout de pain sur la table ni des restes dans nos assiettes. Que peut-on en penser aujourd'hui ? Papa était un homme très actif et courageux, souvent absent à l'heure où nous nous endormions : il travaillait au marché le matin, faisait le représentant de commerce l'après-midi et opérateur de cinéma le soir. C'était un merveilleux papa !

Nous étions toujours impeccablement vêtus, même si étant le quatrième garçon, je n'ai eu mon premier pantalon qu'à l'âge de 14 ans ! Avant, je récupérais les affaires de mes frères dont chaque culotte était rénovée avec un fond de la couleur la plus approchante du vêtement, ce qui me faisait un peu honte à l'école.

Une péritonite aiguë m'a enlevé mon frère Alex que nous appelions *Le Sage*. Nous étions dans la même classe et notre complicité fut brisée. Je me souviens davantage de la peine de mes chers parents que de la mienne que j'ai enfouie en moi.

Je n'étais pas un élève brillant, je courais après mes études ou plutôt, ce sont elles qui cherchaient à me rattraper : qu'importe la formule ! J'étais un sujet d'inquiétude quasi-permanent pour mes parents : après deux renvois de l'école, j'ai suivi des cours par correspondance pour qu'ils puissent continuer à recevoir les allocations familiales. Je préférais la vie au grand air que préparer ce fichu baccalauréat : j'étais mauvais en orthographe et je manquais de bases dans de nombreuses matières. En revanche, j'avais tout pour devenir un superbe délinquant ! Et surtout, j'étais gonflé, ah ça oui ! Il suffisait de me dire qu'une personne avait réussi telle ou telle performance et hop, je fonçais… L'esprit de compétition était déjà latent en moi !

Fort heureusement il y a eu l'influence bénéfique du patronage Timon David et l'enseignement de l'école Saint-Jean-Baptiste-de-la-Salle qui ont fait contrepoids. Les camps de la JEC[1] et ceux des scouts m'ont en partie appris la vie en société et donné une conscience ainsi qu'une morale chrétienne. Je me rends compte aujourd'hui de tout ce que cela m'a apporté et de l'extrême chance que j'ai eue. Je crois que je suis parfois passé près de la catastrophe mais il faut croire que mon ange gardien veillait !

À 15 ans, j'ai découvert le parachutisme sportif avec mes frères. Cette activité a occupé une grande partie de mon adolescence et fait de moi un homme. Je pensais me lancer dans une carrière sportive avec mon diplôme d'instructeur parachutiste professionnel mais c'est vers le commerce que je me suis tourné… et j'y suis encore ! Cette activité professionnelle très saisonnière m'a permis de me libérer pendant trois mois d'été pour marcher sur le Chemin.

Il se fait tard : ce retour sur mon enfance et cette vie familiale si chaleureuse et empreinte d'amour m'a permis de comprendre que ce n'est que bien longtemps après avoir quitté la maison que l'on peut se rendre compte de la chance que l'on a eue pendant ces années déterminantes pour notre avenir…

Il est bientôt minuit et je dois me reposer. Je dormirai bien ce soir car ce long retour sur mon enfance m'a apaisé.

---

1. Jeunesse Étudiante Catholique

97e jour : Saint-Jeures – Montfaucon
Dimanche 19 août :
19 km en 8 heures
soit 1 703 km en 816 heures

Parmi les rares pèlerins que j'ai croisés depuis quelques jours, il y a Josiane qui descend de Genève au Puy, appareillée avec deux impressionnantes genouillères : on la croirait sur des rotules ! Elle s'est fait une entorse juste après son départ de Suisse et c'est un jacquaire providentiel, kinésithérapeute à Chambéry, qui l'a soignée et remise sur le Chemin. Ayant retrouvé le moral, elle peut désormais poursuivre son pèlerinage.

J'ai également croisé quatre pèlerins marseillais, anneciens et allemands : Michèle et Wolf qui vivent près du lac de Constance, ainsi que Paul et Marie-France son épouse qui sont de la Pointe-Rouge à Marseille, à qui je raconte mes anecdotes d'adolescent marseillais ! C'est chez eux, à l'île Maïre, que j'ai appris la pêche sous-marine. Il leur a fallu une douzaine de jours pour venir à pied d'Annecy et ils ont prévu de s'arrêter au Puy.

Ce matin, dans un petit village de la Haute-Loire au lieu-dit Pouzols, j'ai rencontré Michel et Simone qui prenaient le petit déjeuner sur leur terrasse. Ils passent huit mois de l'année ici et lorsqu'il commence à faire froid, redescendent à Saint-Étienne. C'est incroyable le nombre de Stéphanois et de Marseillais que l'on peut rencontrer dans cette région !

Michel, qui se veut réconfortant, me dit en souriant :

— Aujourd'hui, il faudra vous couvrir la tête, il va faire très chaud !... avec un air de dire qu'il me souhaite bien du plaisir sous cette canicule.

L'habitude des rencontres sur le Chemin me permet de distinguer assez vite les pessimistes des optimistes, et je lui réponds gentiment :

— Tu sais, Michel, s'il fait très chaud, je boirai beaucoup et marcherai en tee-shirt. Et s'il pleut, je me cacherai sous mon poncho pour être à l'abri. Vos sourires et vos visages heureux ont mis le soleil nécessaire en mon cœur !

Michel regarde sa femme, ayant compris que j'ai un moral à toutes épreuves !

— Tu as acquis une belle philosophie, Gérard, je t'en félicite.

— Mais bien sûr, Michel et Simone, le Chemin est un chemin de vie et de joie : il nous façonne chaque jour et nous apprend la patience, la tolérance, le respect de soi et des autres ; mais aussi la simplicité des contacts et de la vie, la recherche de l'humilité et il nous invite, dans le partage avec les autres, à trouver la tendresse et la compassion. Tu vois Michel, il suffit de se laisser porter et de confier notre journée au Créateur en actions de grâce sur tout ce qu'Il nous a donné et qu'Il va encore nous offrir !...

Si la pensée nous élève, mon corps meurtri par les efforts de la veille me rappelle que je suis debout depuis plus de vingt minutes, appuyé à un petit muret en devers de la route.

Des enfants jouent au football à quelques mètres : leurs coups de pieds répétés sur le ballon attirent mon attention. Les enfants – encore et toujours eux – sont notre richesse, celle qui changera le monde et qui nous permet d'être vigilants pour leur devenir. Ces enfants qui m'ont touché tout au long du chemin : je porte autour du cou le foulard rouge d'Agnès, la jeune fille qui, à Estaing, m'a donné l'emblème de son groupe des *Témoins et bâtisseurs*.

Je pense qu'il n'y a pas de rencontres fortuites et j'ai compris cet après-midi-là que la réponse à mes demandes au Très-Haut concernant ma vie de retraité passerait par les enfants. J'irai vers eux et consacrerai ma fin de vie à l'enfance malheureuse. Je ferai de mon mieux avec passion et enthousiasme, en souhaitant que le Seigneur m'apporte la force pour agir, entreprendre, réussir, et surtout l'humilité dont j'ai tellement besoin ! Je suis convaincu de créer dès mon retour cette association pour les enfants déshérités. Je le souhaite ardemment… et que la Providence fasse le reste !

Mais revenons, si vous le voulez bien, à ces trois enfants qui jouent devant leur maison. Je me suis assis sur une grosse pierre de taille : je leur offre mon bonjour et leur demande si je peux me reposer un instant ici. Ils acceptent en me regardant un peu comme un animal bizarre. Marie, la grande de 15 ans, est très curieuse et souriante ; Pierre le cadet est plus réservé. Il s'est caché derrière moi :

— Ça ne t'intéresse pas ? lui dis-je.

— Mais si !

Il se rapproche de nous. Antoine, le plus petit qui n'a sans doute pas plus de 8 ans, n'hésite pas à poser des questions. Ils sont venus en vacances avec leur famille dans ce village où ils ont loué une maison et repartent aujourd'hui pour Paris. J'essaie de leur raconter le plus simplement possible ma vie de pèlerin sur le chemin de Saint-Jacques dont ils ignorent tout. Nous parlons aussi des petites attentions de tous les jours et des cadeaux que l'on reçoit en échange. Antoine me demande pourquoi j'ai une petite poupée sur mon sac :

— Ce n'est pas une simple poupée ! C'est Framboise, mon « arrière-petite-fille ». Sidonie, sa « maman » qui a 4 ans et demi, s'inquiète beaucoup pour elle. À chaque conversation téléphonique, elle me demande comment va Framboise. Je la rassure en lui disant qu'elle est bien sage et je lui raconte nos journées ensemble… Tu vois Antoine, Framboise s'est salie : son bel ensemble turquoise est couvert de terre. Il faut que je lui fasse un brin de toilette sans quoi Sidonie va me reprocher de ne pas m'occuper correctement de sa « fille » qui a de si jolis yeux bleus !

En chœur, Pierre et Marie me lancent :

— Tu trouveras à la sortie du village une fontaine où tu pourras laver Framboise !

Je leur donne à chacun un petit cœur en pierre ramassé hier sur le chemin et leur tends le bouquet que j'ai confectionné en vue d'une prochaine croix ou d'une rencontre :

— Vous offrirez ces fleurs à votre maman !

Nous nous séparons car ils doivent maintenant aider à la préparation des bagages pour le retour des vacances.

À l'endroit indiqué, je trouve la fontaine et j'essaie de rafraîchir la tenue de Framboise, mais sans savon c'est un peu difficile car la terre a pénétré le tissu.

Un peu plus tard, j'entends Pierre, Marie et Antoine qui reviennent vers moi en courant sur les graviers. Ils m'interpellent :

— Gérard, regarde ce que maman a donné pour toi !

C'est une barquette remplie de belles framboises.

— Nous les avons cueillies hier après-midi dans une exploitation agricole, me dit fièrement Marie.

Antoine me tend une pochette en papier :

— Maman t'offre cette brioche !

Quels merveilleux cadeaux que ces gestes d'amour ! En écrivant ces lignes, mon corps tressaille et les larmes me montent aux yeux. Je revois ces trois beaux enfants pleins de vie et de sollicitude pour leur nouvel ami : ils me font penser à nos petits-enfants. En quelques minutes, des liens affectifs se sont créés.

Pierre est allé chercher un morceau de savon de Marseille et tous les quatre ensemble, nous avons fait la toilette de Framboise et la lessive de sa combinaison à l'eau fraîche de la Haute-Loire.

Attirés par les cris des enfants, Sophie leur maman et un voisin viennent saluer le pèlerin. Je me présente avec Framboise et Sophie me dit : « Ils ont commencé à me raconter vos anecdotes et en ont gardé quelques-unes pour le voyage de retour à Paris ! » Je suis tellement heureux de ce moment de partage que je leur promets de conserver précieusement le souvenir de notre rencontre dans mon cœur.

Je reprends la route de Tence où je veux acheter une carte IGN de l'Isère avant de gagner Montfaucon pour y passer la nuit.

Arrivé en ville, je trouve une cabine téléphonique pour donner quelques nouvelles à ma famille. C'est Sidonie qui me répond et je lui raconte comment j'ai fait la toilette de Framboise. Elle réfléchit avant de m'interroger :

— Comment les enfants ont-ils pu parler avec elle quand vous l'avez lavée à la fontaine ?

— Ma chérie, tu sais bien que nous la comprenons même si elle est petite. Toi tu lui parles bien, non ? Alors !

— C'est vrai. Bon, Papou je t'embrasse très fort, Framboise aussi et bon chemin !

Rassurée, elle a raccroché le combiné, ce qui génère toujours chez moi une pointe de tristesse.

Devant l'église je rencontre Louis et Dany, un couple avec leur grande fille Cécile. Ils m'ont proposé de garder mon sac le temps que j'aille acheter une carte routière. Ces pèlerins sont partis de Jarrie près de Grenoble : ils vont s'arrêter au Puy-en-Velay et Louis partira seul pour Compostelle. Il vient « d'entrer » dans la retraite.

L'*Hôtel des platanes* à Montfaucon est tenu par Claudine et Jean-Jacques qui accueillent volontiers les pèlerins. J'y rencontre Éric et Edwige, deux Autrichiens qui sont partis le 4 août et ont parcouru plus de 2 000 kilomètres : quel moral ! Je les trouve mignons dans leur tenue kaki : on dirait des professionnels de la marche, de vrais rangers ! Mais le barrage de la langue freine quelque peu la communication verbale ; ce qui n'empêche pas notre bonne humeur de « mettre le feu » à la salle de restaurant ! Autant dire que la discussion sur le chemin de Saint-Jacques est allée bon train ce soir-là : il faut bien que les vacanciers aient une idée de ce qui se passe sur ce chemin extraordinaire…

Nous bavardons très tard à la veillée avec Charlotte et Serge : cette souriante jeune femme est mère de six enfants, lui en a deux. Elle est séparée de son mari depuis peu et pas très à l'aise à cause de cette idylle avec son nouveau compagnon. Je m'autorise à lui conseiller de remettre « en direct » son fardeau à l'Éternel : « Il t'aidera à prendre les bonnes décisions ! »

Je réalise que dans le fond c'est pratique et plus facile pour moi aujourd'hui de n'être qu'un « intermédiaire » avec le Très-Haut : je ne suis qu'un rouage et heureux de l'être ! Mais j'ai envie qu'ils sachent que Dieu est là, près de nous ; qu'il suffit peut-être d'oser Lui parler et de Lui ouvrir notre porte en Lui demandant humblement Son aide. Je le crois sincèrement et j'ai eu la preuve tout au long de ce chemin qu'Il nous apporte assistance et réconfort en nous laissant toujours le choix de la décision finale ! Nous sommes libres de nos mouvements et responsables de nos actes.

98e jour : Montfaucon – Les Setoux
Lundi 20 août : 19 km en 9 heures
soit 1 722 km en 825 heures

Après la pluie torrentielle et l'orage qui se sont abattus sur Montfaucon, le soleil chaud et bienfaisant emplit le ciel de ses rayons. Je suis actuellement au centre d'une immense forêt de conifères hauts et plantés serrés. J'ai trouvé une clairière remplie de fougères pour ma pause du matin : il est tout de même 11 h 30 et mon estomac – véritable sonnette d'alarme – me fait savoir qu'il est grandement temps de « recharger la chaudière » pour continuer ma route.

Devant moi, le chemin de terre est parsemé des flaques d'eau de la dernière averse. Au loin on entend le bruit du vent : la forêt est si dense à cet endroit que je perçois seulement des petits bouts de ciel à travers la cime des arbres. Le sol se réchauffe lentement et il s'en échappe par moments de la buée qui monte vers la lumière. Quel calme ! Parfois j'entends le piaillement d'un petit oiseau dont je ne comprends pas le langage : dommage ! Ceux-là sont sans doute moins loquaces que mes petits amis du chemin d'Espagne. Quelle belle histoire j'ai vécue avec eux...

Tiens, voilà qu'une goutte vient de s'écraser sur ma page : du revers de la main, j'essuie les perles de pluie accrochées au bout des branches du sapin sous lequel je me suis abrité. Comme je suis bien, les doigts de pieds en éventail ! J'ai replié mes jambes pour maintenir mon sac ventral qui me sert d'appui pour écrire, et ma besace (ma compagne) bien calée dans mon dos me permet d'être confortablement installé.

Le soleil tape plus fort maintenant et je me recule un peu. L'herbe mouillée et la mousse gorgée d'eau trempent le bas de mon dos. Ce n'est pas grave : cela me gardera au frais un moment lorsque je repartirai après m'être restauré de gâteaux et de raisins secs, le tout arrosé de quelques gorgées d'eau de Montfaucon. Elle a sûrement autant de qualités que la source Saint-Roch ou celle de Saint-Régis : en tous cas, elle me désaltère et c'est tout ce qui compte pour moi.

Mon rituel de pèlerin heureux est toujours le même, qu'il fasse soleil ou que le temps soit voilé, et même si la pluie frappe les pierres du chemin. Je remercie les forces divines à qui j'ai donné tant d'autres noms : le Seigneur, le Très-Haut, le Bon Dieu quoi ! Ces forces indéfinissables qui ont conçu le ciel et la terre et régissent le monde. Cette main invisible, comme l'appelle Bertrand Piccard, l'homme qui a fait le tour du monde en ballon l'an dernier. Elles nous guident dans notre vie si l'on accepte humblement, dans notre cœur et notre âme, de leur parler, de solliciter leur aide, de leur confier notre journée, notre santé et la beauté de nos rencontres…

Il est 16 heures et je ne me suis pas encore arrêté pour manger : je veux m'avancer, soucieux de réussir la longue étape vers Les Setoux, soit 20 kilomètres de montées et de descentes. N'ayant plus d'eau, je m'arrête à la première ferme du village de La Flachère. Je crains toujours autant les chiens et je garde désormais ma petite bombe lacrymogène à portée de main, même si à force j'ai appris à dominer ma panique lorsque j'entends leurs aboiements et que j'aperçois les portails ouverts. Souvent les paysans me crient : « Ils ne sont pas méchants : c'est votre bâton qui les rend nerveux ! » Tu parles !

Sur cette route communale où je marche, je ne vois pas pourquoi ils ne tiennent par leurs animaux attachés, d'autant plus qu'il est bien connu que les chiens sentent quand on a peur : et chez moi, ça frise la panique ! Assez mal à l'aise, je passe comme je peux en faisant face à l'assaillant. Mais quand les molosses sont en bande, cela devient quasiment impossible sans l'aide du propriétaire !

De la grille ouverte, j'appelle pour savoir s'il y a

quelqu'un : « Je suis pèlerin de Saint-Jacques… je voudrais juste un peu d'eau ! »

Deux chiens viennent me flairer. « Allez, prends courage : si la grille est entrouverte, c'est qu'ils ne sont pas si méchants que ça ! »

La porte de la maison principale est également ouverte. C'est une belle bâtisse, doublée d'un corps de ferme qui équilibre l'ensemble. Le jardin est savamment organisé avec toutes sortes de légumes dont certains me sont inconnus.

Jean sort de chez lui et vient à ma rencontre. C'est un brave homme, agriculteur à la retraite et célibataire qui vit apparemment tout seul dans cette grande ferme. Il me montre la fontaine où je prends de l'eau fraîche et s'assoit un moment pour bavarder :

— Tiens, je t'offre ce bouquet de fleurs ! lui dis-je.

Mais il n'en veut pas. Je le sens sur ses gardes et pourtant pas mécontent de mon passage. J'apprends ainsi qu'il loue ses terres et a cessé toute activité agricole. Il a perdu ses deux frères et ses parents. Parfois, un ami vient se faire offrir un coup à boire. Je n'ose pas encore entrer chez lui, même quand il me propose après un bon quart d'heure de discussion :

— Viens, on va prendre un petit canon !

Il me raconte qu'il a été malade et ne doit pas boire d'alcool mais il insiste et me laissant aller au simple plaisir de notre rencontre, je pénètre dans la cuisine.

— Tu vois de l'autre côté de la table, à l'angle près de la fenêtre, c'est la place que j'occupe depuis que je suis tout petit…

La cuisine est vaste mais dépourvue de meubles et les murs sont recouverts de panneaux en noyer, ce qui assombrit énormément la pièce.

Il a le téléphone et la télévision – donc l'électricité –

mais pas l'eau courante. Nous trinquons et tout en blaguant, buvons le rouge coupé d'eau claire qu'il a versé dans de petits verres. Je souhaite qu'il soit réconcilié avec les visiteurs et qu'il garde un bon souvenir de mon passage. Je cherche dans mes affaires et trouve une image de l'archange saint Michel : je lui offre avec une dédicace de quelques mots pour qu'il puisse témoigner à ses amis ou aux pèlerins qui viendront frapper à sa porte. Il est très fier et heureux. Je lui demande son adresse afin de lui écrire plus tard mais il ne connaît pas bien son code postal et me confie :

— Tu vois Gérard, je ne reçois jamais de lettre...

— Eh bien Jean, je t'écrirai moi pour que tu ne te sentes pas tout seul !

Nous nous congratulons. Il rit et pourtant ses yeux rouges se remplissent de larmes alors qu'il me dit à plusieurs reprises :

— Bon voyage, mon Gérard !... Bonne route, mon Gérard !

Ces marques d'amitié remplissent mon cœur de joie. N'est-ce pas là encore le signe de la présence de Dieu en nous dans le partage de ce moment exceptionnel ? Jean ajoute avec sérieux :

— Je te promets de bien faire mes prières et de demander l'aide de Dieu !

Que de belles paroles et quelle joie pour moi qui m'apprête à reprendre ma route !

« Mon Dieu, merci pour ce que vous faites en guidant mes pas : venez en aide à Jean, c'est vraiment un brave homme ! »

Je lui tends à nouveau mes fleurs :

— Si tu me les avais une nouvelle fois refusées, Jean, tu aurais été le premier de mon pèlerinage à me faire de la peine !

Je le vois qui suspend le bouquet à l'envers pour le faire sécher et ainsi le garder en souvenir de mon passage.

— Toi, me dit-il, je ne t'oublierai jamais !

J'ai déjà entendu cette phrase sur mon chemin comme dans la bouche de Fanny, là-bas, au Puy.

— Et moi de même, je ne t'oublierai pas : un jour, je reviendrai peut-être te rendre visite !

Je lui montre la croix du calvaire plantée à l'angle de la ferme, il me dit l'avoir toujours connue.

— Eh bien, aujourd'hui je l'ai fleurie en arrivant et c'est en ton honneur !

Nous nous embrassons et je repars le cœur serré. Je m'arrête quelques mètres plus loin pour déjeuner : il est 17 heures et j'ai encore huit kilomètres à faire.

Je termine mon frugal repas et vois arriver, à grandes enjambées dans le virage du sentier, Ferranda en tenue de jogging avec un bandana rouge sur le front. Cette fermière de 50 ans respire la santé ! C'est une femme plantureuse qui me fait penser à une de ces championnes de *body-building* : elle avale 30 à 35 kilomètres par jour, une vraie force de la nature !

Elle n'arrête pas de rire et m'explique qu'elle est partie le 25 juillet de sa Suisse natale. Je l'invite à se reposer un moment pour que nous puissions échanger et mieux nous connaître. Elle pose ses affaires, s'installe près de moi et nous voilà partis à nous raconter nos vies : elle a quatre enfants et deux petits-enfants. Un brin charmeur, je lui fais compliment sur son allant et sa forme athlétique, ainsi que sur sa jeunesse ! Flattée, elle me questionne à son tour, notamment sur mon âge : « Je suis sur le retour de Compostelle… et le retour d'âge aussi ! J'ai 59 ans. » C'est à moi de recevoir ses compliments.

Nous rions encore quand Ferranda me raconte que les Suisses sont toujours pris pour des nantis. Sa vie à elle a été plutôt difficile : pour élever ses quatre enfants, elle a exercé le métier d'infirmière en plus de son activité d'agricultrice !

Nous parlons beaucoup du Chemin mais le temps passe et la route reste longue pour nous deux. Nous nous équipons pour partir chacun de notre côté et je lui indique la ferme de Jean en haut du chemin où elle trouvera de l'eau, persuadé qu'il sera très heureux de voir arriver une telle femme, lui qui me confiait il y a un moment « qu'il aurait dû oser quand il était jeune ! ». Mais il était trop timide et surtout vivait à la campagne alors que « les jeunes filles ne pensent qu'à partir à la ville », c'est bien connu !

Je chante à Ferranda la chanson des pèlerins puis nous nous embrassons et d'un pas rapide et sûr, elle repart vers Saint-Jacques alors que je me mets à « courir » vers Les Setoux… jusqu'en bas du chemin où un gros chien m'attend, ce qui m'arrête net ! Heureusement Bernard sort de son champ et rappelle son fauve. J'aperçois une grande maison, semblable à un château du XVIIIe siècle et je me demande si c'est une colonie de vacances.

Bernard et moi engageons la conversation et Jean-Yves, un de ses amis habillé en costume trois pièces, se joint à nous : « Que faites-vous sur ce chemin de Compostelle ? Est-ce un pèlerinage religieux ? »

Apparemment, il n'envisage pas d'autre hypothèse. Dans nos échanges, tout y passe : Divin ou pas divin, religieux ou athée… Jean-Yves est semble-t-il très remonté contre les religieux. Il évoque le cas d'un prêtre pédophile et parle de fouilles qui auraient été faites à l'emplacement d'un couvent au Puy où on aurait retrouvé des souterrains utilisés par des religieux et religieuses pour se rencontrer (*sic*). Je trouve Jean-Yves un peu romanesque et tout en l'écoutant d'une oreille, je repense à ce que « ma » belle fermière suisse et moi nous sommes confiés de façon un peu intime en évoquant la longueur du parcours et ces longs mois d'abstinence : c'est sans doute le prix à payer.

J'imagine comme il doit être difficile de vivre une vie entière en ayant fait vœu de chasteté. Comment des hommes et des femmes peuvent-ils annihiler cette fonction essentielle de l'être humain ? Comment peut-on aimer sans vivre charnellement cet amour ? L'effusion de l'âme et du cœur ne passe-t-elle pas par celle du corps ? C'est pour moi un grand mystère et j'avoue qu'ayant eu une éducation religieuse catholique, je me suis souvent posé la question. Certains religieux que j'ai côtoyés étaient souvent très sévères et un peu excessifs dans les traitements corporels qu'ils nous infligeaient : peut-être étaient-ils frustrés par ce vœu de chasteté ? J'ai encore le souvenir des vigoureux coups de pied au derrière que j'ai reçus et que j'avais sans doute mérités, mais qui m'empêchaient de m'asseoir, ou encore des claques ramassées au patronage qui m'avaient privé de mon ouïe pendant plusieurs jours : de quoi vous en faire voir trente-six chandelles ! À cette époque, nous n'allions pas nous plaindre à nos parents, ça ne se faisait pas… et c'était surtout prendre le risque d'une punition supplémentaire.

J'ai longtemps hésité à raconter un traumatisme vécu dans ma jeunesse et qui est resté enfoui au plus profond de moi. Mais le Chemin n'est-il pas un exutoire, une manière de panser ses blessures, même les plus anciennes ? !

Je ne veux pas incriminer l'ensemble des religieux que j'ai rencontrés durant mon enfance : j'ai accepté leurs sévices corporels et ils m'ont peut-être évité de devenir un délinquant ! Cependant le plus grave pour moi fut le jour où le directeur de l'école La Salle à Marseille me demanda de faire visiter la ville à un frère canadien. J'avais une douzaine d'années. Nous sommes partis le matin voir la Vierge de la Garde : l'après-midi, il était prévu que je lui fasse visiter la cathédrale. J'étais très fier de la mission de confiance que l'on m'avait attribuée !

Lorsque nous sommes arrivés au pied de la statue, au sommet de la tour, nous étions seuls. Le frère s'est approché de moi et j'ai pensé qu'il voulait me montrer le paysage mais il m'a pris la tête entre ses mains et mis ses lèvres sur les miennes. J'ai senti sa langue qui cherchait à entrer dans ma bouche : je ne voyais plus rien, étouffé par sa grande robe noire, sa bavette en plastique blanche et rigide appuyée sur ma poitrine. J'étais terrorisé mais je n'ai pas cédé et j'ai dû rougir comme une tomate. Totalement sous le choc, j'ai tout de même réussi à me dégager et pour me sauver (dans tous les sens du terme), j'ai dévalé quatre à quatre les marches de l'escalier qui n'en finissait plus.

Nous avons rejoint le groupe, je ne savais que dire ni que faire : le frère n'arrêtait pas de me sourire ! Je détournais mon regard et suis allé trouver le directeur sans me plaindre de ce qui s'était passé : je lui ai juste dit que j'étais occupé l'après-midi et que je ne pourrais donc pas m'occuper du frère canadien…

Qui l'a accompagné à ma place ? Je n'ai pas cherché à le savoir !

Il m'arrive encore parfois de ressentir cette blessure que je livre pour la première fois : le Chemin est un révélateur !

Pendant les jours qui ont suivi cette agression, je n'arrêtais pas d'essuyer mes lèvres avec ma main en pensant à cet infâme pédophile qui a imprimé à tout jamais sur l'enfant que j'étais une grave blessure. Avec les années, cela a certainement mûri en moi.

Aujourd'hui, tout en respectant le clergé et l'Église catholique, je ne comprends toujours pas pourquoi on refuse le mariage des prêtres. Pourtant, jusqu'au XIe siècle cela était possible. Depuis l'an 900, il existe en Israël une dérogation qui autorise les prêtres maronites à se marier, ce qui ne les empêche pas d'être attachés au Vatican et au Pape. Peut-être ne le saviez-vous pas ? Pourquoi ne pas laisser le choix aux religieux, ce qui règlerait la question de ce vœu de chasteté si difficile à assumer pour certaines personnes qui veulent simplement vivre leur sacerdoce de la prêtrise et de la vie religieuse. Les Protestants ont tranché cette problématique du célibat : les pasteurs se marient et peuvent fonder une famille.

C'est vraiment ce que je ressens ce soir. Nous devons respecter chaque individu dans ses croyances : chrétiens, musulmans, juifs, hindouistes, etc. Tous les croyants ont pour moi un point commun : c'est la présence de Dieu que l'on nomme le Seigneur, Allah ou d'un autre nom. Ces forces divines sont descendues en l'homme pour en faire un être d'amour, de tendresse et de compassion, sensible et généreux : je pense très humblement que chacun peut et doit trouver en lui la présence de Dieu sans intermédiaire. Les églises, les mosquées, les synagogues sont les maisons de Dieu. Elles devraient, comme le chemin de Compostelle, appartenir à tous et être des lieux ouverts aux personnes qui souhaitent se recueillir et prier pour méditer et entrer plus facilement en contact avec l'Être suprême. Les religieux de ces différentes confessions doivent être le lien entre Dieu et les hommes, avec le même esprit d'ouverture et de compassion que l'on vit sur le chemin de Saint-Jacques. Les forces divines peuvent plus facilement nous atteindre si nous sommes réceptifs : notre attitude à donner et à recevoir doit être simple, sincère et empreinte d'humilité. C'est ce que je ressens aujourd'hui. À mon sens, ces lieux aident à la communion de pensées de nos âmes tout comme la religion de notre enfance laisse en nous des traces indélébiles. Chaque être a une âme, une sensibilité, une conscience, une raison et peu importe qu'il soit baptisé ou non : Jean-Paul II ne disait-il pas que chaque être est un tabernacle ?

Ce qui compte pour moi – et je l'ai vécu encore pendant 98 jours sur ce chemin – ce sont les qualités de cœur, de partage, de charité, d'écoute, de tendresse, de tolérance, de respect, de patience et la compassion qui font la différence. Nous pouvons être sujets à des pensées négatives qui nous entraînent vers le mal mais nous pouvons aussi être des êtres d'amour avec la volonté de le rester. C'est cela qui doit nous animer ! Si parfois nous mettons un genou à terre, nous devons nous relever et faire amende honorable, tenter de réparer nos fautes et tout faire pour ne plus recommencer, dans la limite de nos possibilités individuelles. Dans les cas extrêmes, la société et la justice prennent le relais des règles morales et civiles établies dans notre société.

Le travail que nous avons à réaliser sur nous-mêmes doit être quotidien. Nous n'avons pas besoin de nous culpabiliser comme on nous l'a parfois enseigné dans notre jeunesse. Nous avons besoin de règles de vie, nous avons des devoirs et des droits et il est important de faire des efforts pour nous accepter avec nos défauts et mettre en valeur nos qualités. Savoir toujours comparer avec ceux qui souffrent plus que nous ou qui n'ont pas la chance de vivre une vie harmonieuse. Lorsque nous n'allons pas bien, il serait judicieux d'aller dans un hôpital voir ceux que la maladie a amenés ici et qui souffrent. Ils se rattachent par tous les moyens à la vie. Je suis persuadé que cette prise de conscience nous rendrait plus humbles et moins axés sur nos petites misères, tout en nous permettant d'avoir un autre regard sur notre vie.

Cette réflexion m'inspire cette courte prière : « Mon Dieu, aide-nous à être meilleurs et dirige nos pas, apprends-nous à relativiser et donne-nous la force de nous relever et d'aimer. »

Ce soir, j'avais vraiment besoin de me confier. Ces réflexions sont là dans mon carnet de route comme une preuve de ce que nous offrent ces longues journées de marche, avec parfois la compréhension des blessures qui dorment dans notre inconscient depuis de nombreuses années !

J'ai croisé Hubert, mon dernier pèlerin avant les Setoux où j'ai choisi de m'arrêter sachant qu'il y a un gîte là-bas. Il a une quarantaine d'années, le cheveu ras, un large sourire, des yeux bleus, une tenue impeccable et un sac très volumineux. Il est près de 20 heures et bien que je sois encore une fois en retard, je propose à Hubert de nous asseoir un moment. Je sens qu'il a besoin de parler : je suis en effet le premier pèlerin qu'il rencontre depuis Annecy. Je lui donne des nouvelles de ceux qui sont devant lui et qu'il n'aura aucune difficulté à rattraper car il parcourt 35 à 40 kilomètres par jour : sept jours entre Annecy et les Setoux, c'est très impressionnant pour moi !

Cet homme est venu sur le Chemin après une grave dépression due au surmenage professionnel : un de plus ! Hubert est le patron de sa société, il a deux fils blonds qu'il aime : sa compagne Delphine a deux filles brunes, précise-t-il en souriant !

Depuis qu'il a entamé son pèlerinage, il a décidé de réduire les doses de ses médicaments. Il vit sous la tente et avance « en croquant le chemin à belles dents » : il lui tardait de rencontrer d'autres pèlerins. Nous bavardons un long moment. Ayant vécu plus de trois mois ce chemin de retour, je lui donne quelques avis et pense en l'écoutant : « C'est formidable de mener une entreprise mais si le surmenage et les responsabilités te rongent et t'éloignent de ta femme et de tes enfants, alors le danger te guette ! » J'essaie également de le rassurer car je suis persuadé que Delphine, que j'appellerai dès que je serai rentré à Challes, retrouvera un Hubert étincelant d'amour, ce que je lui souhaite !

J'espère avoir été suffisamment à l'écoute de ce compagnon et lui confie que pour moi, seules les forces divines peuvent nous aider et qu'il est bon de nous laisser porter. C'est mon avis : il m'écoute et me sourit.

Je ne sais si nous nous reverrons mais je souhaite

à Hubert de trouver à travers les témoignages qu'il recevra tout au long de son parcours la compréhension de ce qui est essentiel dans sa vie.

C'est pour cela que l'on va vers Compostelle et si par malchance l'aller ne suffit pas, on peut toujours envisager le retour ! Je ne me vois pas devenir pour autant un professionnel du *Camino* comme Pedro que j'avais rencontré en Espagne et qui avait indiqué sur sa carte de visite le nombre de kilomètres de ses allers et retours : 8 700 kilomètres. Qui dit mieux ?

Hubert et moi nous embrassons fraternellement et je reprends mon ascension dans la forêt après lui avoir lancé un joyeux « *Ultreïa !* ».

J'arrive enfin vers 22 heures au gîte des Setoux où une équipe de jeunes est hébergée pour un stage linguistique. La chambre des pèlerins est fermée, ce qui m'oblige à monter jusqu'à la ferme près de l'église pour voir Julienne Vial, la responsable du gîte. Je marche dans la pénombre jusqu'à une petite maison éclairée : je grimpe trois marches et frappe à la porte. Une personne fort sympathique m'invite à entrer : c'est Julienne, un petit bout de femme avec un visage rond et souriant, on ne sait pas lui donner d'âge. Son mari est assis à table dans la cuisine et les enfants regardent la télévision. Je suis très gêné de les déranger, surtout quand Julienne leur demande d'éteindre le poste.

— N'es-tu pas Gérard *La Tortue* ?

— Si ! lui dis-je intrigué.

— Cet après-midi, j'ai reçu un appel téléphonique d'un pèlerin qui revient de Saint-Jacques et tient absolument à te voir : il est à Queyrière, à deux jours d'ici derrière toi !

Je réfléchis : c'est peut-être Jacques *Le Bolide*, un Genevois que j'avais rencontré le matin de mon départ de Santiago et qui m'avait dit : « Gérard, je vais marcher comme toi 20 kilomètres maximum par jour : rendez-vous ce soir à Arzúa ! » Je m'étais arrêté à Santa Irene et je ne l'ai malheureusement jamais revu. J'ai appris plus tard qu'après son exploit Genève-Le Finisterre, il a pris la direction de Rome et qu'il rentrera à Genève fin septembre.

Comment peut-il être si près de moi ? Je ne comprends pas. Julienne me dit que Jacques est arrivé au Puy une heure après mon départ. C'est Klaus du gîte des Capucins qui l'a informé de mon passage. Nous essayons de joindre Jacques par téléphone à l'auberge de Queyrière mais la Providence n'a pas favorisé ce contact ce soir.

Julienne m'offre très aimablement à souper : son mari, un brave homme, me regarde souvent. Il est très réservé mais son petit sourire en coin montre l'intérêt et le plaisir qu'il prend à entendre raconter les histoires du Chemin… et avec moi, il est servi !

Cette femme fait partie des « grandes » hospitalières que j'ai rencontrées durant mon pèlerinage sur le sol français, comme Thérèse à Miradoux, Mireille à la ferme Barrachin de Lectoure, madame Caumont à Escayrac ou madame Daudé à l'Hospitalet, Lucie à Ostabat, Marie-Renée à Aroue, ainsi que toutes celles qui m'ont accueilli en Espagne. Elle aime les gens et surtout les pèlerins. Je lui parle de mes rencontres de la journée, particulièrement celle avec Jean de La Flachère qui vit tout seul là-haut dans sa vieille ferme et qui m'a offert sa générosité toute simple. Elle me dit : « Je connais bien Jean car je suis originaire de La Flachère et je te promets d'aller le voir ! »

Je suis content pour lui d'autant que j'ai rencontré Franck et Sylvie qui m'ont promis eux aussi de s'arrêter un moment à La Flachère lors d'une prochaine ballade à cheval. La chaîne de l'amitié se met en place : Jean sera moins isolé désormais.

99e jour : Les Setoux – Bourg-Argental
Mardi 21 août : 19 km en 9 heures
soit 1 741 km en 834 heures

Je repars ce matin après un bon petit déjeuner pris avec mes merveilleux hospitaliers. Nous faisons deux ou trois photos, ils rient quand je leur montre la technique que j'ai employée l'an dernier pour faire des photos en gros plans en tenant l'appareil à bout de bras : avec un peu de chance, nos trois têtes ensoleillées seront peut-être au centre de la photo !

Sur la route, je croise des vacanciers et un groupe d'une dizaine d'enfants. Je leur demande s'ils savent où se trouve le Mont-Blanc et depuis combien de mois j'en suis parti, sachant que j'en suis à mon 99e jour de marche. Mais aussitôt je réalise avec stupeur qu'il ne s'agit pas d'une colonie de vacances mais d'un groupe d'enfants handicapés mentaux : le couple qui les encadre m'explique leurs difficultés. Je change de registre et leur présente Framboise, ce qui les fait rire : je suis soulagé. Ces petits sont très attachants et pas si différents des autres enfants, même s'ils ont de graves difficultés de compréhension. L'un d'eux vient me donner sa balle et un autre veut me donner son tee-shirt mais je ne peux accepter ces cadeaux offerts avec tant de spontanéité et de naturel.

L'éducateur leur dit de se presser : pourtant, ils

continuent à me demander où je vais et comment je mange. Quand nous nous quittons enfin, je me demande quel sera leur avenir dans notre société actuelle.

Plus tard, je rencontre à la terrasse d'un restaurant Michèle et Monique, respectivement médecin et infirmière en hôpital psychiatrique. Michèle est originaire d'Amiens et elle connaît mon grand ami Jean-Philippe, homme de cœur et de foi, qui est professeur de cardiologie. Elle promet de lui donner des nouvelles du pèlerin.

J'évoque ma rencontre de ce matin avec les jeunes handicapés : Monique pense qu'ils risquent de rester dans ce centre psychiatrique car il n'existe pas de structures d'accueil spécifiques pour eux. J'en suis étonné. « S'ils n'ont pas de parents fortunés, ils ont peu de chance de s'en sortir, me dit-elle, ils doivent continuellement être assistés. »

Je repense à mon entretien avec Hubert hier au soir. Deux rencontres, deux mondes opposés : l'un a fait une dépression à cause d'un surmenage intellectuel et les autres sont dans un état « d'ange » inquiétant pour leur avenir. Ce sujet de réflexion renforce mon désir de créer et d'animer une fondation pour les enfants : peut-être pourra-t-elle modestement apporter un peu d'aide aux projets d'innovation que nous mènerons pour aider des enfants défavorisés comme ces petits-là ?

Il y a du pain sur la planche mais je n'ai qu'une idée en tête : rentrer pour mettre en place mes projets car, même minimes, ils participeront à cet élan d'amour que l'on sent monter du Chemin.

Je me suis assis sur un des troncs de sapins écorcés, adossé à une grosse bille de bois qui me fait un confortable dosseret pour déjeuner et écrire.

Que de belles rencontres ces jours derniers ! Actuellement, le chemin serpente à travers d'immenses forêts pour déboucher soudain en haut des crêtes, ce qui offre souvent des points de vue superbes. Cette ligne est très importante pour le réseau hydraulique des fleuves français : les ruisseaux prennent leur source sur les deux versants de cette séparation tracée par le chemin que foulent les pèlerins et coulent soit vers le sud-est et la mer Méditerranée, soit vers l'ouest et le nord-ouest pour se jeter dans l'océan Atlantique… C'est un endroit magique et je suis impressionné à la simple idée d'être arrivé au sommet de cette montagne.

Le fléchage du GR 65 est parfaitement visible et sauf quand je me laisse distraire (et me fait rappeler à l'ordre par Framboise), je remercie mes amis les « baliseurs » comme je les appelle, qui sont compétents et très consciencieux. Ce sont pour la plupart des adhérents de la FFRP. Sur le GR, les amis de l'association de Saint Jacques en Rhône-Alpes ont peint à l'attention des jacquets – en plus des signes rouges et blancs habituels – de petites coquilles jaunes sur fond bleu, le centre de la coquille montrant la direction à suivre. C'est un petit clin d'œil à tous les randonneurs ou pèlerins qui partent seuls de chez eux, de Savoie, d'Isère ou de Suisse, mais aussi d'Autriche et d'Allemagne, et qui choisissent d'emprunter cet itinéraire.

Descendant un long chemin en pente, j'aperçois une famille attablée sous un arbre près de sa maison : ils ont la gentillesse de me recevoir dans leur jardin et m'offrent de l'eau avec du jus d'ananas. Jacques et son épouse ont sensiblement quelques années de plus que moi. Ils ont huit enfants, vingt-cinq petits-enfants et deux arrière-petits-enfants ! Nous en venons rapidement à partager les anecdotes vécues sur le Chemin car leur propriété est en bordure du GR 65 et ils rencontrent souvent des pèlerins assoiffés par la montée de Chavanay qui viennent demander un peu d'eau comme je le fais moi-même cet après-midi.

Jacques est un homme jovial : ses grosses lunettes lui donnent un air intellectuel. J'apprendrai par la suite qu'il écrit des livres pour enfants. C'est un véritable enseignement que je reçois de sa part sur les religions juives, chrétiennes et musulmanes. J'en profite pour l'interroger sur ces sujets qu'il semble bien connaître. Les questions qui ont envahi mon esprit et mon âme de pèlerin tout le long du chemin, et le fait que je sente la présence de Dieu dans ma vie touchent mon nouvel ami…

Jacques m'impressionne par sa dialectique mais j'avoue que je me sens parfois un peu « lâché » et ne comprends que la moitié de ce qu'il essaie de m'expliquer ! Confus, je me retourne vers ses petites-filles qui sont assises autour de la table et ne cessent de sourire. Sakina et Zaynab doivent avoir 13 ou 14 ans. Je suis surpris de ces prénoms :

— Sakina signifie « la présence de Dieu » chez les musulmans, me dit la maman.

Jacques précise que sa famille est musulmane comme l'était son papa. Sur le coup, je me demande s'il plaisante : mais non ! Avec un petit sourire, il ajoute :

— Tu comprends pourquoi nous avons choisi ces prénoms ? Tous nos enfants, de même, sont musulmans.

J'essaie de ramener notre entretien sur la spiritualité, le divin et l'amour que nous devons Lui porter afin de mieux vivre notre vie quotidienne. J'explique à cette famille mon cheminement sur le chemin de Saint-Jacques : je suis heureux de voir que dans la religion musulmane il y a le même attachement à un Dieu unique et mystérieux, plein de sollicitude envers celui qui accepte humblement de s'adresser à lui pour Lui demander son aide.

— Les musulmans se baissent jusqu'à terre pour entrer par « la petite porte », m'explique Jacques.

Comme cette image est belle ! Son visage s'éclaire d'un large sourire. Je lui offre un petit cœur d'amour : il m'entraîne dans la maison et prend sur la cheminée un oursin en pierre, un objet archéologique de grande valeur. Jacques insiste pour que j'accepte ce cadeau, ce que je fais pour ne pas le vexer, avant de retourner nous asseoir.

Avec cette belle famille, c'est un véritable émerveillement pour le Papou pèlerin, grand enfant et heureux de l'être, qui raconte ses histoires aux petites-filles de Jacques.

Nous tombons d'accord pour reconnaître que dans nos vies, cette présence de l'âme d'enfant est souvent oubliée. Nous revenons à parler bien sûr de la force de la foi, quelle que soit notre religion. Jacques m'offre un émouvant poème écrit par son papa, un homme sage et très profond qui savait toujours mettre à sa table un couvert pour le pauvre :

Mon cœur a traversé le monde comme une étincelle de feu, l'oiseau chante, le torrent gronde.

Tout a son cri...

Dieu, quelle beauté ! Moi aussi, je veux crier « Dieu ! », Le remercier de m'avoir touché par la prière et m'engager auprès de Lui…

Tout au long de ces journées sur les sentiers du Chemin, je me sens heureux et libéré : j'ai enfin compris l'importance de mettre Dieu au centre de ma vie, de Lui offrir mes journées, de Le remercier pour le jour qui se lève, les rencontres qu'Il m'offrira, d'essayer de ne plus porter de jugement hâtif et de proposer à mes interlocuteurs d'essayer, eux aussi, de se mettre en attitude de demandeur, d'ouvrir la « petite porte » de leur cœur et de leur âme… tout cela m'apporte une réponse à cette recherche que je mène depuis si longtemps !

Si je sais enfin mettre ma destinée entre les mains du Très-Haut, c'est par Lui que j'avance. Je Lui offre mes journées et je sens sa présence grandissante puisqu'Il est là, au-dessus de nous et au fond de notre âme. La référence de mon chemin, c'est Lui !

100ᵉ jour : Bourg-Argental – Bessey – Goely-Salle-Croix
Mercredi 22 août :
20 km en 10 heures
soit 1 761 km en 844 heures

J'ai passé la barre de mon 100ᵉ jour de pèlerinage ! Au loin la cloche d'une église qui sonne ses huit coups me rappelle qu'il est temps de partir. Mais après une belle grasse matinée, je ne résiste pas à l'envie de vous raconter ce qui m'est arrivé cette nuit à Goely-Salle-Croix ! C'est pourquoi j'ai pris la plume plus tôt que d'habitude. Je savoure ce moment du réveil, mes affaires éparpillées autour de moi, calé sur mon sac à dos, mes jambes couvertes par mon duvet d'oie… qui commence à sentir le fauve ! Rien de plus normal après avoir vécu les « campagnes » d'Espagne et de France, mais il fera bien encore l'affaire une dizaine de jours !

Je suis arrivé dans la pénombre à la maison d'hôtes de Roland et Élisée. La discussion pour obtenir un abri est serrée, et pour cause : les deux chambres du gîte sont occupées et Roland, un brave homme, déplore de ne pouvoir me loger.

Je suis fatigué et mes pieds me rappellent cruellement que les 20 kilomètres parcourus sur le macadam des petites routes départementales ont dépassé mes possibilités. Enfin, je suis là et la soirée est douce.

— J'aurais bien dormi dehors, dis-je à Roland, mais j'ai peur d'être saisi par le froid de la nuit et attraper mal. N'avez-vous pas un endroit où je puisse installer mon matelas ? Un bûcher, une grange ou un garage ? Juste pour être à l'abri…

Il est 22 h 30, il fait nuit noire et ma lampe de poche donne elle aussi des signes de fatigue. Roland qui se tient sur les marches de sa maison ne peut pas voir mon inquiétude. Il faudrait bien que je puisse m'arrêter ici. Il va demander à sa femme. J'attends, appuyé sur mon bâton, ma tête reposant sur mes deux mains et je m'adresse aux puissances divines comme je l'ai souvent fait : « Mon Dieu, j'ai tant besoin de Toi, mais si Tu ne m'aides pas à trouver un lit, je ne T'en voudrai pas… ce qui n'empêche que si Tu peux intercéder pour Ton pèlerin, je préférerais ! » Je me trouve un peu culotté d'essayer de « séduire » le Très-Haut !

Roland revient, il est torse nu : lui au moins ne craint pas la fraîcheur du soir.

— Désolé, nous n'avons plus de place, mais allez voir mon fils dans la maison à côté, peut-être qu'il pourra vous aider…

J'ignore pourquoi mais je me dis que sans l'appui du papa, je vais avoir des difficultés avec le fils que je ne connais pas.

— Auriez-vous la gentillesse de venir avec moi ?

Je le sens un peu gêné et je m'en voudrais de créer un incident familial, tout en me demandant si Roland ne craindrait pas un peu la réaction de son fils : peut-être que je le dérange tout simplement ou qu'il était en train de regarder la télévision ?

Nous faisons le tour de la maison et nous approchons d'un entrepôt éclairé, rempli de caisses de pommes : c'est une exploitation familiale. Roland appelle mais personne ne répond. J'en profite pour lui expliquer la simplicité – voire le côté spartiate quelquefois – de la vie du pèlerin :

— Je pourrais installer mon matelas dans ce hangar, il ne me faut pas beaucoup de place…

Sortant de l'ombre, le fils apparaît : c'est un homme d'une trentaine d'années, pas très grand, apparemment pas décidé à perdre son temps ! Il écoute pourtant son père mais sa réponse est claire et directe :

— Non, je n'ai rien ! Enfin, tu le sais…

Et s'adressant à moi :

— Et puis j'attends des amis, je ne peux rien faire pour vous !

Sur ce, il tourne les talons.

— Attendez jeune homme, je suis un pèlerin revenant de Saint-Jacques, lui dis-je avec insistance. Je suis parti il y a 99 jours et je suis confus d'arriver si tard mais l'état de mes jambes ne me permet pas de prévoir mes étapes à l'avance, comprenez-vous ?

Il se retourne et en me regardant à travers le rayon de lumière qui vient de l'entrepôt, il me dit :

— Je ne vous connais pas. Nous avons eu des ennuis avec des gens qui, comme vous, sont arrivés tard.

— Si vous le permettez, je vais vous montrer mon carnet de pèlerin, ce qui vous confirmera que je me déplace tous les jours.

Les amis du fils de Roland viennent justement d'arriver et il est allé les accueillir, me laissant avec son père.

— Roland, venez voir ma *credencial* !

Je sors mon carnet et me dirige vers l'entrepôt pour être en pleine lumière afin que le papa puisse examiner ce document irréfutable. Il s'approche et je m'applique à lui montrer les nombreux tampons et témoignages de mon pèlerinage. Il regarde sans rien dire.

Le fils revient vers nous et regarde lui aussi ma *credencial* : étalée, elle fait plus de cinq mètres ! Je la replie pour leur faire voir les tampons de Compostelle : celui de l'arrivée et celui du départ, et aussi ceux des jours derniers.

— Vous voyez que je suis un « vrai » pèlerin !

Je ne suis pas très fier de mes derniers mots, moi qui essaie malgré quelques mouvements d'humeur parfois, de considérer que nous sommes tous des pèlerins sur ce chemin pour peu que nous cherchions les moyens de changer nos mauvaises attitudes...

Le fils réfléchit un instant puis s'adresse à nouveau à son père :

— Il reste le J7 !

Le père semble dubitatif :

— Le J7, te dis-je ! tu comprends ?
— Ah oui, celui qui est là-bas derrière les arbres…
Heureux de l'aubaine, je renchéris sans savoir exactement ce qu'est un J7.
— Oui, cela me conviendra parfaitement !
— Il faut enlever les caisses qui sont à l'intérieur…
Je remercie le garçon qui s'est laissé attendrir et nous partons, son père et moi, pour découvrir, à la lueur de ma lampe de poche, un vieux véhicule sur cales. La porte est maintenue grande ouverte par des matériaux divers. Nous enlevons les tuyaux et des ustensiles qui bouchent l'entrée de cette camionnette.
— C'est parfait ! dis-je à Roland.
— Cela vous convient, vraiment ?
— Mais bien sûr ! Si vous aviez un petit bout de moquette pour éviter que les cannelures du sol passent à travers mon matelas qui ne fait que trois centimètres…
Cette fois je sens que j'abuse, c'est sûr ! Pour atténuer ma demande, j'ajoute d'une petite voix que
— … si ce n'est pas possible, alors tant pis !
J'ai pour ce soir mon essentiel et je m'empresse d'en remercier le Seigneur… sans oublier Roland ! Il est décidément d'une patience d'ange et il m'emmène jusqu'à une remise où sont entreposés une collection d'objets de récupération : un vieil édredon est là, qui m'attend.
— Quelle chance ! Je peux le prendre ?
— Bien sûr !
Roland m'aide à le plier. Je ne peux m'empêcher, tout en le remerciant encore une fois, d'admettre la méfiance de son fils. Comment aurais-je réagi si une personne était venue frapper chez nous un soir en demandant d'être hébergé ? Muni de mon matelas pro-

videntiel, je vais m'installer dans le J7. Il fait nuit noire.

« Merci Mon Dieu »… et bonne nuit !

101e jour : Goely-Salle-Croix – Assieu
Jeudi 23 août : 24 km en 12 heures soit 1 785 km en 850 heures

Le 23.08.2001
Ce chemin est
peut être difficile
mais tellement
beau - Amitiés
Georges BOUTEILLON
38 = ASSIEU

Il est 7 heures. Je suis réveillé depuis un bon moment et je relate mes aventures dans mon petit carnet quand j'entends frapper à la porte du fourgon : c'est Albert, le fils de Roland, qui vient prendre de mes nouvelles et me prévenir qu'il s'en va. Je m'excuse d'être encore là et lui dis que j'ai passé une excellente nuit, promettant que je serai prêt à partir dans cinq minutes. Je n'ai pas le temps d'en dire plus : il a déjà disparu ! Peut-être est-il vraiment pressé ou un peu gêné de voir à la lumière du jour dans quel abri de fortune j'ai dû passer la nuit. Quoi qu'il en soit, je suis satisfait et je range mes affaires. Je peux alors contempler ce lieu qui m'a permis de passer malgré tout une excellente nuit. Il y a deux ballots de paille dans le fond du fourgon si usagé et rouillé que de grands trous laissent voir le jour : par la vitre arrière, un chaud soleil m'éblouit. Des toiles d'araignée couvrent toute la cabine. Elles ont été sympas et seuls les moustiques sont venus me chanter leur mélodie ! Que demander de plus pour être heureux…

La porte du véhicule ne s'ouvre pas entièrement et pour en sortir, je dois d'abord passer avec mon sac et ensuite l'édredon.

Le J7 repose au cœur d'une petite clairière derrière

la maison que je rejoins après avoir remis en place ce vieil édredon qui a peut-être définitivement terminé sa courte carrière de matelas. Les taches et la poussière qui le recouvrent n'ont eu pour moi aucune importance : au contraire, j'ai retrouvé cette simplicité de vie qui nous forge et nous permet d'éviter de toujours nous plaindre. Saurai-je me le rappeler dans quelques mois lorsque je serai rentré dans nos montagnes ?

En lisant ces lignes, certains de vous se demanderont si je ne suis pas un peu masochiste : c'est vrai que si mon épouse et mes enfants me voyaient, ils ne comprendraient pas ce souhait de me détacher des choses matérielles. Je suis moi-même étonné de ressentir une telle joie intérieure !

Avant mon départ de la ferme de Roland, je discute quelques instants avec Constance, sa belle-mère : cette femme généreuse et charitable m'offre des fruits et m'explique qu'elle va repartir en Italie où elle mène une vie de bonne chrétienne. Je lui fais cadeau d'un petit cœur et l'embrasse. Fermant les yeux, je revois ma maman avec ses cheveux argentés et son sourire qu'elle accompagnait toujours d'un petit haussement d'épaules. Constance, cette bonne grand-mère, s'est brusquement mise à pleurer en apprenant que j'ai dormi dans le pré : son chagrin m'émeut ! Elle a ressenti en moi tout cet amour non exprimé pendant tant d'années et combien je suis malheureux de ne pas avoir plus souvent serré ma maman ou mon papa dans mes bras pour oser leur dire : « Maman, papa, je vous aime ! » Aujourd'hui, je ne peux que m'adresser ainsi à eux qui sont au ciel : « Si vous saviez combien je vous aime et comme je voudrais vous le prouver ! » Ce regret lancinant me met du vague à l'âme et je m'aperçois que ce chemin initiatique de Saint-Jacques me met les sens à vif tout en me faisant prendre conscience de mes manquements.

Amis qui avez encore vos parents, n'hésitez pas, même si cela vous oblige à forcer un peu votre nature pudique, à vous laisser aller ; pensez qu'ainsi vous donnerez beaucoup de joie à celui qui recevra votre étreinte et vous vous sentirez tellement bien ! Offrez ce geste à Dieu en le remerciant de vous avoir donné des parents aussi extraordinaires qui sont, même avec quelques petits défauts, des êtres exceptionnels pour nous, pour vous ! Et pour toujours dans notre cœur.

En quittant Constance et avant de reprendre mon chemin, je salue les vacanciers qui logent dans les chambres d'hôte de Roland et Élisée. Nous parlons quelques minutes : j'évite bien sûr de dire où j'ai dormi mais je raconte le Chemin, mes attentes et ce que doit être notre vie.

C'est alors que je suis frappé par la question très touchante d'un de mes interlocuteurs :

— Êtes-vous prêtre ?

— Non, lui dis-je, mais tout être humain peut parler d'amour, de partage et de spiritualité sans pour cela être un religieux !

Ils comprennent alors ce que m'ont apporté ces 100 jours de pèlerinage.

Un peu plus loin, cherchant mon passage pour descendre vers Chavanay, je croise sur la route deux enfants, Charline 8 ans et Lorann 12 ans, à qui je demande s'ils connaissent un raccourci vers la vallée : ne sachant répondre, ils appellent leurs parents qui me confirment que les anciens utilisaient un chemin plus direct qui se trouve en contrebas de leur jardin potager.

— Tu peux traverser notre propriété, ajoutent-ils en chœur.

Les enfants sont très curieux, je les trouve si beaux et si heureux de vivre ! Ils me racontent qu'ils vont partir aider le grand-père à sortir les pommes de terre avec leur grand frère Jérémy et veulent m'accompagner. Lorann va chercher de l'eau fraîche, il fait très chaud ce matin. Ils me rapportent un sac de poires et Charline, ouvrant sa petite main d'enfant, m'offre un très beau coquillage :

— C'est pour toi ! me dit-elle, je garderai sur ma table de nuit le petit cœur de pierre que tu m'as donné.

Je suis si ému ! Je les salue mais je n'ose pas les embrasser car je n'ai pu me laver ce matin et j'ai peur que leurs parents s'imaginent que j'ai de mauvaises intentions. Vous rendez-vous compte où j'en suis arrivé : j'ai honte de moi ! Et pourtant, je me sens si proche de ces enfants dont je pourrais être le grand-père. C'est ce que je me dis en traversant les rangées de pommiers et en m'éloignant de mes jeunes amis pour rejoindre le GR.

Plus d'un kilomètre nous sépare quand je leur crie au revoir. Ici, l'écho est très puissant et j'entends en retour, imperceptiblement :

— Oh, oh !... Au revoir Gérard, bonne route !

Un peu plus loin, je ne vois plus que le parasol de la terrasse mais je sais que les enfants sont là, comme moi, les bras ouverts en signe d'adieu.

Je voudrais vous relater mon arrivée dans la petite commune d'Assieu. Dans l'après-midi vers 15 heures j'ai appelé par téléphone depuis Chavanay un gîte jacquaire[1] à Assieu, en Isère. J'espérais y être dans la soirée en couvrant les 13 ou 14 kilomètres qui m'en séparent…

Le moral est bon et pour une fois, je peux prévenir le propriétaire de la chambre d'hôtes de mon arrivée. J'appelle madame Bernard et c'est un ami de la famille qui me répond : « Nous avons du monde, nous ne pouvons pas vous recevoir ! »

J'explique à mon interlocuteur que souvent dans ces cas-là, et pour être en conformité avec la volonté d'hospitalité, l'accueil jacquaire recherche dans son entourage quelqu'un qui habite à proximité et peut accueillir celui qui est sur le Chemin. Mais ce monsieur n'est pas très sensible à mon discours et je sens bien que je l'ennuie ! Bien décidé à arriver à Assieu dans la soirée, je lui demande s'il sait à quel moment je pourrai parler avec les responsables de l'accueil jacquaire : dans le fond, ce sont eux les amis de Saint-Jacques et non lui ! Gêné, l'homme me conseille de rappeler à 19 heures précises : il doit s'imaginer que j'ai un portable ou une secrétaire à disposition : « Bien sûr ! » lui dis-je. Et je raccroche en me disant que malgré mes appréhensions, il vaut mieux que je continue à avancer à la grâce de Dieu. Cela m'a plutôt bien réussi lorsque je me suis laissé porter par Lui : je repars

1. Lieu (chambre d'hôtes le plus souvent) où l'on accepte de loger des pèlerins avec parfois la possibilité de partager le repas familial. Les accueils jacquaires et le balisage du Chemin entre Genève et Le Puy-en-Velay sont organisés par les bénévoles de l'association Rhône-Alpes des amis de Saint-Jacques sous la houlette du dynamique et infatigable Henri Jarnier.

donc, pas plus inquiet que cela, portant ma carapace sur le dos, une coquille autour du cou et mon sac de victuailles pour un ou deux repas. *La Tortue* n'a pas à s'inquiéter de son sort : elle avance toujours... sauf exception lorsqu'elle doit s'arrêter net, ce qui est le cas à deux kilomètres d'Assieu !

M'étant assis quelques minutes au milieu des champs pour me reposer et contempler le coucher de soleil sur les collines que j'ai parcourues ces jours derniers, voilà que je n'arrive plus à me relever : ma cheville gauche s'est brusquement « grippée » ! Un peu inquiet, je cherche à me remettre sur mes jambes, mon sac toujours accroché sur le dos. C'est toute une gymnastique : d'abord je dois me retourner puis basculer sur le côté, venir me mettre à genou et avec l'aide du bourdon, me lever sur un pied, puis sur l'autre, et enfin me mettre en marche ! Mais là, impossible de mettre le pied gauche par terre car une violente douleur m'en empêche. Je réfléchis et regarde aux alentours : les maisons d'Assieu sont encore loin ; si j'avais un deuxième bâton, me dis-je, je pourrais peut-être avancer à cloche-pied !

À l'ouest, le soleil qui se couche met dans le ciel de belles couleurs orangées et les nuages, de très jolis cirrus composés de longues aiguilles de glace, soulignent la beauté du firmament de cette fin de journée.

J'avais précédemment été victime d'un incident semblable mais cela n'avait duré que quelques minutes et à chaque fois, j'étais reparti après avoir pris un comprimé contre la douleur. Mais depuis plus de deux mois, je n'ai plus touché à un anti-inflammatoire, ni à un cachet d'aspirine. J'aimerais pouvoir continuer dans ce sens : c'est en effet pour moi une sorte de petite victoire sur l'année dernière où je vivais avec une collection de médicaments pour traiter mes problèmes de santé. C'était à l'époque où je n'étais pas encore initié à la philosophie du *Camino* !

J'essaie de me raisonner et de marcher en posant délicatement un pied devant l'autre. Mon bâton m'est ici encore d'une grande utilité. Heureusement que personne ne me voit car ma position est assez comique : on dirait que je marche sur des œufs ! Il faut pourtant que j'aille jusqu'à la ville et à cette allure, je n'y arriverai que dans deux ou trois heures. Que faire, sinon espérer et prier… et j'ai tout le temps pour ça ! J'essaie de retrouver ma motivation et m'adresse au Très-Haut : « Mon Dieu, allez-vous m'arrêter là, si près du but ? Il faut encore que je trouve un endroit pour dormir car la nuit va tomber et nous ne sommes plus en plein été ! »

J'en suis là de mes réflexions tout en avançant petit à petit quand je perçois que mon articulation montre quelques signes d'amélioration. Si cela continue à ce rythme, je pourrai peut-être gagner une demi-heure. Mon moral s'améliore un peu.

La plaine est déserte et je ne sais vraiment pas où je vais dormir. J'aperçois le clocher du village qui est encore loin.

Malgré ces ennuis que j'espère passagers, je ne cesse de me retourner pour contempler le magnifique coucher du soleil. Depuis quelques minutes, l'astre a disparu mais les couleurs de l'horizon se reflètent très haut sur les nuages, changeant à chaque instant de teinte. La nuit tombe vite et ne sachant plus à quel saint me vouer, je réitère ma demande. Comme j'en ai pris désormais l'habitude, je m'adresse à la « direction générale » en levant les yeux au ciel : « Mon Dieu, une fois encore, je Te confie Ton pèlerin. Fais ce que Tu désires pour lui et dans le cas extrême, si Tu estimes ne pas devoir l'aider, c'est que Tu auras Tes raisons et je ne T'en voudrai pas. Mais, si Tu pouvais me donner un coup de pouce… franchement, Tu me ferais plaisir ! »

Cette prière renouvelée chaque soir me surprend car elle m'engage à une grande confiance.

J'avance prudemment : le chemin herbeux se termine par une petite voie en asphalte et ce sol dur ne va pas arranger mes pieds ni mes chevilles. Mais au point où j'en suis, ce n'est pas ce qui m'arrêtera !

Trois silhouettes émergent dans le virage, au fond près du village : l'une d'elle est montée sur un cheval et elles s'approchent rapidement de moi. Je m'arrête à bonne distance pour éviter de montrer que je boite, ce qui me donne l'air d'un pantin qui risque à tout instant de perdre l'équilibre et de tomber par terre. Tentant un sourire malgré la douleur qui persiste, je salue les randonneuses :

— Bonsoir, Mesdames ! Comment allez-vous ?

Catherine est avec ses deux jolies jeunes filles. Lorraine s'active sur son cheval et Julie suit derrière : une monture pour deux, ça n'est pas très commode. La conversation qui s'engage à propos du chemin de Saint-Jacques et du retour du pèlerin me montre que Catherine est bien au fait de ce pèlerinage.

— On vient d'inaugurer en grande pompe cette portion et l'un des initiateurs rentre justement de Saint-Jacques : il s'appelle Georges Bouteillon, me dit-elle.

Ce nom, je le connais : il me rappelle ma rencontre de l'après-midi avec Joseph, un charmant retraité qui portait un beau chapeau de paille et cueillait des prunes, juché sur une échelle derrière sa haie.

Entre deux thuyas, nous faisons un brin de causette.

Joseph descend de son échelle les mains remplies de fruits :

— C'est pour toi, pèlerin : prends-les, cela me fait plaisir. Il fait si chaud, elles vont te désaltérer.

Je les déguste tranquillement et dès que je commence à parler du Chemin, je vois briller les yeux de Joseph.

— J'aimerais bien faire comme toi mais je ne sais pas si j'aurai l'autorisation de mon épouse, dit-il en m'adressant un clin d'œil.

Je devine que la dame écoute notre conversation. Mais toujours aussi direct et sans doute un peu maladroit, je réponds :

— Tu sais Joseph, si tu reçois « l'appel » il faut partir ! Surtout si tu as déjà fait des sorties de 60 kilomètres ! Regarde comme je suis heureux d'être aujourd'hui en actions de grâce pour ce retour à la maison.

Joseph s'est rapproché de moi et nous parlons en écartant le haut des arbustes de la haie avec nos mains :

— Mon ami Georges Bouteillon voulait m'emmener : il habite le village d'à côté, j'aurais dû partir avec lui ! Quel âge me donnes-tu ?

Je le regarde un instant, il a l'air très en forme :

— Soixante-cinq, soixante-dix ans maximum…

Il lève son chapeau et me montre sa belle chevelure blanche.

— Nous venons de fêter mes quatre fois 20 ans !

— C'est formidable !

Je lui raconte qu'en chemin j'ai rencontré Lydie, une chamoniarde de 83 ans et sa sœur Francine, qui en a 75, ses conscrites qui avancent à pied vers l'Espagne !

Revenons à mes cavalières. Catherine à qui j'ai raconté mon histoire de l'accueil jacquaire, me dit :

— Va voir Georges Bouteillon, je suis sûre qu'il trouvera une solution.

— Pourquoi pas ?

— Nous allons faire le tour par les champs pour t'accompagner chez lui.

— D'accord, et merci d'avance !

Après le rituel du bouquet de fleurs et des cœurs, nous partons mais le pas de ces « charmantes » est bien trop rapide pour moi. Elles s'en aperçoivent et me proposent de ralentir l'allure… mais c'est le cheval qui se met alors à galoper !

Enfin, nous voilà arrivés près de la maison. Il fait maintenant nuit noire et les volets sont fermés. Mes trois guides, déjà en retard et sûrement pressées de rentrer, m'ont laissé à l'angle de la rue. Je suis à nouveau seul, avec ma petite lampe de poche. Je regarde le nom inscrit sur la sonnette : c'est bien celui de monsieur Bouteillon Georges… Sur le Chemin, les pèlerins se tutoient et s'appellent par leur prénom. Je sonne et j'attends, en vérifiant une deuxième fois l'inscription sur la boîte aux lettres. Un volet s'ouvre à demi :

— Qu'est-ce que c'est ?

Je mets toutes mes connaissances linguistiques pour châtier mon langage.

— N'ayez pas d'inquiétude, Madame Bouteillon, je suis un pèlerin rentrant de Saint-Jacques : c'est votre amie Catherine et ses filles, Julie et Lorraine, qui m'ont amené jusqu'à vous pour rencontrer votre mari.

J'attends la réponse pendant que la dame explique à son mari qui est dans la pièce à l'intérieur, ce que je viens de dire. Soudain apparaît une magnifiques paire de moustaches blanches : c'est Georges. Je le salue et lui répète ce que je viens de dire à son épouse.

— Un instant, je descends !

Nous voilà en pays de connaissance. Et de quoi parlons-nous ? Mais du Chemin, naturellement ! Georges est parti le 4 juin (date de mon anniversaire) et a réussi le prodige d'arriver à Saint-Jacques le 25 juillet, soit 48 jours plus tard ! Je suis très impressionné et lui dis en riant :

— Nous sommes les deux extrêmes : pour le même parcours, et arriver chez toi ce soir, j'ai mis 103 jours, tu te rends compte ? !

Georges et sa femme sont très accueillants et la glace est immédiatement rompue. Il me fait entrer dans son bureau : sur la table, il y a pêle-mêle les cartes, la *credencial*, le livre de bord et tout ce qui lui faut pour écrire ses souvenirs. Il y travaille tous les jours, me dit-il.

Je lui parle de Joseph qu'il connaît bien et leur explique à tous deux mes difficultés pour trouver un hébergement à Assieu ce soir, en précisant que je cherche juste un coin pour dormir puisque je possède un matelas et un duvet.

— Pas question ! Tu vas dormir dans la chambre d'amis ! déclarent-ils en chœur. As-tu mangé ?

— J'ai acheté des pizzas ce matin, elles sont dans mon sac…

— Viens !

L'esprit du Chemin est là et je ressens avec plaisir encore une fois cet élan de sympathie et de fraternité.

Mes bagages posés, nous échangeons nos souvenirs de ce chemin sur lequel nous avons fatalement dû nous croiser ou passer très près l'un de l'autre sans le savoir.

— À Sauvelade, j'ai logé chez le maire car le gîte avait été réservé pour un baptême.

Je réfléchis et je me souviens que dans cette abbaye, j'ai rencontré des jeunes filles qui arrivaient de l'étranger, pour un baptême justement ! Nous avions parlé un long moment et chanté ensemble. Je reprends mes notes pour vérifier les dates de cette rencontre.

Pendant plus d'une heure, Georges et moi retraçons à tour de rôle notre chemin. Je suis frappé par la simplicité de sa démarche : un de ses amis avait parié avec lui qu'à moins de 30 euros par jour, on ne pouvait pas faire le pèlerinage ! Georges a démarré avec sa tente, dont il s'est vite débarrassé, ne gardant que son « sac à viande[1] » : il a proscrit les hôtels et vécu chez l'habitant, n'allant que rarement au restaurant. Son tour de force, il l'a réalisé avec 300 euros pour un mois, soit 10 euros par jour : incroyable !

C'est pour moi une prise de conscience importante car très souvent j'ai pensé à ce problème de subsistance et si j'ai moi-même essayé de vivre la vie du pèlerinage, je n'ai pas atteint ce niveau d'abandon : vivre sans aucun moyen et uniquement de la charité des gens est une autre affaire !

À travers l'expérience de Georges, je revis la mienne et je suis très admiratif de sa réussite. Par contre, je ne comprends toujours pas comment il a pu réaliser des étapes de 40 à 55 kilomètres par jour tout en discutant avec les gens : en prime, il a réalisé six heures de films ! Son témoignage me laisse perplexe et m'impressionne encore une fois.

Nous discutons de la présentation de son film : il souhaite réaliser une grande soirée à l'automne. Georges est ici connu « comme le loup blanc » et cette manifestation jacquaire sera, j'en suis persuadé, une grande réussite !

Vers minuit, nous partons enfin nous coucher et je

1. Tissu léger que l'on met à l'intérieur du duvet.

m'endors sur le lit, tout habillé. Ce n'est qu'à 2 heures du matin que je me décide enfin à me glisser sous les couvertures, dans des draps soyeux.

102e jour : Assieu – La Chapelle-de-Surieu – Le Bornet
Vendredi 24 août :
17 km en 10 heures
soit 1 802 km en 860 heures

Au petit déjeuner, je retrouve Georges et Gisèle avec leurs grandes filles, Annie et Claude : il ne manque que Christine. Les discussions vont bon train mais il est temps pour moi de partir Mes nouveaux amis viennent parfois skier à Longefoy et à Valmorel : c'est donc avec l'espoir de nous revoir prochainement en notre belle Savoie que je les quitte. *Ultreïa !*

Georges a sorti sa caméra pour filmer notre rencontre, l'image est dans la boîte. Toute la famille m'accompagne jusqu'à la route : à cet hiver, les amis !

Je m'arrête à la poste d'Assieu pour expédier à la maison mes cinq kilos de cœurs : me voilà allégé pour la journée ! Je comprends pourquoi hier au soir je n'arrivais plus à avancer avec mes 17 kilos de charge : ce que c'est que d'être excessif ! Et l'essentiel alors ? Mais une petite « entorse » se conçoit, surtout si c'est pour la bonne cause !

Il est 15 h 30. Depuis plus d'une heure, je suis comme Framboise, en « état de sieste » sous un énorme chêne en lisière d'un champ. Au loin les cumulus du beau temps s'installent sur une chaîne de montagne qui pourrait être la Chartreuse ou le Vercors…

Je m'économise parce qu'hier j'ai une fois de plus perdu le GR. « Ah ! Framboise, qu'allons-nous devenir ? » me lamentais-je. Voulant profiter de mon infortune pour faire un beau bouquet de fleurs des champs qui ornera mon chapeau, mon pied a glissé et je me suis tordu la cheville droite, celle qui était encore valide ! Fort heureusement, mon corps a amorti la chute mais une vive douleur m'a arrêté net. « Quel imbécile, me suis-je dit, tu sais bien que quand tu es fatigué, ton attention s'échappe et que c'est le meilleur moyen de te faire une entorse ou de chuter. Si près du but, le pèlerinage risque de mal finir ! »

Je suis tellement absorbé par mes écrits que je n'ai pas entendu arriver Michel qui est là, devant moi, avec son beau sourire à travers ses longs cheveux : on dirait Jésus-Christ !

« Bonjour ! » me dit-il en s'approchant du gros chêne sous lequel je me suis allongé. Les glands tombent de temps à autre et ses chèvres sont très heureuses de venir les croquer au milieu de mes affaires. Sa chienne Belle, de robe noire unie, a senti mon sac de nourriture.

Sans se départir de son sourire, Michel me raconte sa vie à la ferme avec ses quinze chèvres, trois moutons, deux vaches et son âne. Ce célibataire a un moral d'acier ! Plusieurs fois, il a récupéré des pèlerins en perdition. Il est surpris d'apprendre que je connais Catherine, Anita et André qui, avec leur cheval Rhéa, sont passés chez lui la semaine dernière : je les avais rencontrés au Puy. Nous parlons de nos connaissances communes car le Chemin tisse de nombreux liens.

À 17 h 30 et avant de repartir, Michel m'invite chez lui à prendre un rafraîchissement et de l'eau pour mon voyage. La chaleur a enfin baissé et je suis décidé à marcher ce soir jusqu'à la nuit. Advienne que pourra : *Ultreïa !* Après tout, je suis un pèlerin qui n'a pas peur de dormir là où il peut et de vivre au jour le jour comme le faisaient les pèlerins du Moyen Âge.

Je dévale le chemin : j'ai tout mon temps pour réfléchir…

Le temps est superbe, le chaud soleil de l'été est revenu, mais les nuits restent froides malgré tout. Je ne veux pas risquer d'attraper froid et je tiens surtout à rentrer à la maison en bonne santé. En avançant dans la saison, je préfère rester prudent même si mes équipements de randonneur me permettent de rester toute une nuit dans le froid ou sous la pluie.

C'est pourquoi vers 20 h 30, je cherche un gîte chez l'habitant, une grange ou un simple local pour me protéger du froid. Il est certain que dans ces conditions, je devrai me débrouiller le lendemain matin afin de trouver un endroit pour laver mon linge, sans oublier le petit coup de rasoir pour rester présentable : un pèlerin se doit d'être propre et engageant ! Tout au long du chemin, les gérants de cafés ou de restaurants ont été très compréhensifs, certains allant jusqu'à me permettre de m'installer sur leur terrasse et d'étaler mes affaires au soleil lorsqu'en début d'après-midi les clients, repus par un bon repas, étaient repartis. Une organisation simple et très facile à mettre en place avec un peu d'inspiration et la gentillesse compréhensive des riverains du chemin.

C'est en cheminant que le pèlerin acquiert soit par lui-même, soit avec les avis et conseils d'autres pèlerins, la technicité et les astuces pour préserver sa santé et son paquetage. Petit à petit, il prend de l'assurance et l'expérience aide à la compréhension du pèlerinage. Rendez-vous compte qu'aujourd'hui, après 101 jours (auxquels s'ajoutent les 84 de l'an dernier), cela représente pour moi près de six mois de pérégrination ! Sur le Chemin on acquiert une forme de sagesse bien qu'au vu de mes aventures, ce ne soit pas encore gagné ! Peut-être que mes difficultés relatées ici aideront les lecteurs à prendre les précautions nécessaires pour le bon déroulement de leur futur pèlerinage !

En partant ce matin, je pensais pouvoir atteindre Pommier-de-Beaurepaire où j'aurais déjà dû arriver hier. Mais une énorme ampoule s'est formée sous la voûte plantaire de mon pied gauche. Vers 20 heures, je prends la décision de m'en tenir là pour aujourd'hui. Je trouve une fontaine : elle est envahie par une kyrielle d'abeilles excitées par l'eau et le temps orageux mais j'ai tellement soif qu'il faut bien composer avec elles et finalement, elles me laissent me désaltérer sans me piquer !

À côté de cette fontaine providentielle, à la croisée des chemins de terre et du GR, je découvre une baraque de randonnée ou de chasseurs, modeste mais bien pratique en cas d'orage. Elle fait tout à fait l'affaire pour y déposer mes affaires, faire ma lessive et me débarbouiller. J'irai dormir ensuite à la belle étoile dans une petite clairière que j'ai repérée à 100 mètres de là.

Assis sur une grosse pierre, je fais tremper mes pieds dans une bassine en plastique tout en lavant mes chaussettes, mon tee-shirt et même mon chapeau. L'eau savonneuse coule sur mes jambes et j'actionne la manette de la fontaine pour en faire jaillir l'eau claire et fraîche qui soulage mes membres endoloris : ma cheville a doublé de volume et je me demande si elle ne va pas continuer à enfler. Il faut pourtant qu'elle tienne encore le coup six ou sept jours pour terminer ce pèlerinage au sanctuaire marial de Myans en Savoie.

Installé pour la nuit, je me ravise et vais récupérer mes affaires dans la maison des chasseurs, on ne sait jamais ! Bien m'en a pris car vers minuit un groupe de motards envahit les lieux. J'entends des cris, des rires... Heureusement, j'ai le temps de me cacher derrière les arbres dans une petite clairière et, tout content de mon initiative, je m'endors rapidement.

Je suis réveillé par le froid et l'humidité de la nuit vers 4 heures : le calme est revenu sur le site. Je me lève et pars en investigation voir ce qui se passe du côté de la maison des chasseurs. Quelques canettes de bière jonchent le sol mais l'endroit maintenant déserté est toujours plus accueillant que ma « litière ». C'est du moins l'impression que me procurent les murs en bois et je décide de finir la nuit au chaud : je m'enferme dans la cabane et advienne que pourra !

Il est 7 heures : le jour est déjà levé et je vais à la fontaine faire mes ablutions. Dans le fond, je m'en sors encore bien cette fois-ci et par une courte prière, je remercie la Providence qui me suit pas à pas chaque jour comme mon ange gardien : « Je suis là devant Toi, Mon Dieu, fais de moi ce qu'il Te plaît, donne-moi la force d'aimer en agissant, mon cœur est ouvert. Guide-moi vers la lumière de cet amour pour les hommes, en Ta gloire ou pour Ta gloire par les hommes. L'essentiel, c'est que Tu sois là, près de moi. Donne-moi l'humilité et permets-moi de m'accepter comme je suis. Fais fructifier mes qualités et permets-moi de transformer mes défauts pour que je vive intensément une vie d'amour sur Terre avec mon entourage direct : mon épouse Nicole, mes enfants et leurs conjoints, mes petits-enfants et tous ceux que tu mettras à mes côtés. »

Matin et soir, mon rituel spirituel est le même : me mettre en attitude de prière pour dire merci ou demander l'aide divine. On en prend vite l'habitude et cela me convient parfaitement. Alors pourquoi m'en passer ?

103e jour : Le Bornet – Pommier-de-Beaurepaire Samedi 25 août : 14 km en 8 heures soit 1 816 km en 868 heures

Il fait bon ce matin et j'avance à une allure soutenue pour une fois : je vais pouvoir m'offrir une petite halte au village de Revel-Tourdan où l'unique bar du village est tenu par Lucette qui me reçoit gentiment au comptoir. Trois clients sirotent un « pastagas » (le pastis marseillais). Les discussions vont bon train et je sens que mon arrivée les interpelle tout autant que ma dégaine, mon chapeau saharien avec son bouquet de fleurs, le foulard rouge sur mon tee-shirt bleu et cette coquille Saint-Jacques qui montre mon attachement au pèlerinage que je suis en passe de terminer.

Les présentations faites, Lucette me sert un Coca-Cola, une boisson indispensable pour éviter les surprises d'une nourriture parfois précaire, notamment les tranches de jambon de deux ou trois jours ou l'eau des fontaines pas toujours potable ! Mais cela fait partie des risques du pèlerinage et jusque-là, à quelques exceptions près, la Providence a toujours veillé sur ma santé !

Roland, André et Claude rigolent : ils me posent quelques questions apparemment anodines et, sans attendre ma réponse, font leur propre commentaire, ce qui fait rire deux autres « compères » installés à l'autre bout du comptoir.

Après avoir raconté l'histoire du Chemin de Saint-Jacques et pourquoi les gens y viennent, je me livre d'une manière plus intime et leur explique mes motivations de l'aller et du retour. Je leur parle aussi de ces rencontres qui m'ont si souvent ému et même parfois laissé sans voix.

André le plus âgé, qui est aussi le plus petit et le plus bruyant, s'est arrêté de parler. Il me fixe de son regard vif : mes propos l'ont surpris. Je sors de mes poches des petits cœurs d'amour que j'offre à chacun. Le plus gros – à mon avis le plus beau – est pour Lucette : elle le contemple en le montrant à ses amis et à sa famille derrière le bar.

Des gens entrent pour acheter le journal ou des cigarettes. Mes voisins qui connaissent évidemment tout le monde, mettent un point d'honneur à me présenter chaque personne.

— Tu ne leur donnes pas un petit cœur à eux aussi ?

— Mais si !

Et je sors les petites pierres de mon sac chaque fois qu'André, Claude ou Roland expliquent pourquoi, à leur connaissance, j'offre ces cœurs et d'où je viens. Quelques personnes me questionnent et bientôt, on se croirait au Café du commerce de Marcel Bleustein-Blanchet[1] !

— Je t'avais dit de rester, Gérard : je savais que Jean-Claude viendrait avec ses escargots. Eh bien, le voilà ! me dit fièrement Roland, satisfait de m'avoir retenu.

Un grand gaillard vient d'entrer : Lucette récupère son petit seau et quelques minutes plus tard, elle nous offre de succulents escargots à l'ail avec du pain. Je suis comblé par tant de sollicitude. André veut absolument que je trinque avec tout le monde. Pourtant, il me semble qu'il est soudain bien silencieux. Il s'approche de moi :

— Tu ne rigoles plus ? lui demandé-je.

— Il faut parfois savoir se taire quand certaines paroles te touchent. Ton discours nous a fait chaud au cœur. Tu as élevé le débat et nous sommes un peu honteux de t'avoir plaisanté…

Je pense aux événements de ces jours derniers et je réalise que lorsqu'on parle d'amour et de spiritualité en tutoyant les gens et en les appelant par leur prénom, on vous prend soit pour un curé, soit pour un gourou ! D'où ma réflexion à André :

— Si les hommes voulaient plus souvent offrir des

1. À l'époque de Marcel Bleustein-Blanchet, le « pape » de la communication, les gens se réunissaient dans des cafés pour discuter et refaire le monde, une attitude intellectuelle et très parisienne, loin de la simplicité.

gestes d'amour, la vie serait tellement différente, ne crois-tu pas ?

Il acquiesce et nous nous congratulons : ses yeux brillent et nous nous serrons les mains très longuement. Comment oublier le bar de Revel-Tourdan où le temps a passé si vite ! D'autres clients sont passés et repartis, tout contents, avec leur souvenir du pèlerin :

— Il va me porter chance : merci pèlerin de Saint-Jacques, merci Gérard *La Tortue* !

— Que ce petit cœur te rappelle ce don d'amour par des gestes simples de tous les jours.

Heureusement que j'ai fait provision de petites pierres avant de pousser la porte du bar de Lucette sur la place du village ! Sur le chemin, il m'est arrivé de les ramasser au pied de celui à qui je les ai offerts : même en pleine lumière, il ne les avait pas remarqués et cela aussi surprend mon auditoire. Des pierres en forme de cœur, il y en a partout dans le monde, encore faut-il les voir ! C'est pareil dans la vie : on peut facilement passer à côté de l'autre, des autres. Une démarche de partage avec le désir de la rencontre permet d'écouter, de donner et de recevoir, ce qui paraît si simple et parfois tellement inaccessible dans notre vie quotidienne. Avoir de l'empathie et de la compassion s'apprend : encore faut-il le désirer fortement... Le pèlerinage nous amène à ces belles et importantes attitudes envers notre prochain.

À midi, je m'esquive malgré les protestations de mes nouveaux amis. Mais le pèlerin, vous le savez, doit rentrer à la maison et à raison de 15 kilomètres par jour, je n'y suis pas encore !

Dans la pile des lettres qui m'attendaient à mon retour à Challes, j'ai trouvé une très jolie carte de Revel-Tourdan qui a mis mon cœur en émoi : elle était signée de Lucette, Roland, Claude et André et ce témoignage de sympathie me prouve l'effet positif du Chemin sur les hommes, même autour d'un comptoir !

J'ai repris ma cadence habituelle. Il est déjà 14 heures et ma gourde est quasiment vide : Aurélia appelle sa maman Marie-Pierre qui m'apporte de l'eau fraîche et me propose de m'asseoir un moment sur les marches de sa terrasse en contrebas de la route. Mon tee-shirt est trempé et j'ai l'impression que mes pieds ont doublé de volume dans mes chaussures de montagne. Danièle, la propriétaire de la maison, me demande si j'ai mangé.

— Non, je vais m'arrêter dans un moment.

— Veux-tu goûter mon bœuf aux carottes ?

J'imagine déjà l'assiette fumante et n'hésite pas un instant ; mes yeux reflètent ma gratitude : merci Danièle, tu es ma providence !

Je suis invité à entrer dans la maison où Roland et son fils aîné, Jean-Cédric, sont en train de monter leur cuisine : c'est un véritable chantier car ils viennent d'emménager. Par peur de les gêner, je propose de rester dehors, installé à la table de jardin.

Ce repas à la fortune du pot comme ils disent est un régal ! Le bœuf aux carottes mijoté par Danièle me rappelle nos repas en famille. Les enfants, Virgile et sa cousine Aurélia, sont très intéressés par Framboise, la petite poupée de Sidonie qui trône sur mon sac. Martial, le quatrième garçon de la famille, me semble plus timide et un peu en retrait mais il est attentif à mes aventures.

Avec Roland, j'étudie la carte pour trouver la meilleure route jusqu'à Myans et rentrer à Challes-les-Eaux. Le plus court chemin semble être celui qui passe par la Chartreuse, ce contrefort du Dauphiné qui paraît bien infranchissable ! Il me faudra quitter le GR 65 au Grand-Lemps et bifurquer vers Colombe puis Voiron où j'irai faire une petite visite à nos tantes Denise et Marie-Thérèse, et à son mari Lucien, au Picheras. Je dois pour cela trouver une autre carte afin d'éviter le macadam des routes départementales. Je vais donc demain quitter la voie tracée de Genève à Saint-Jacques... mais peu importe ! Je désire maintenant rejoindre par le plus court chemin ma famille et ma maison que j'ai quittées voilà plus de trois mois. J'ai hâte de serrer dans mes bras tout ce petit monde qui me manque énormément.

104e jour : Pommier-de-Beaurepaire – La Côte-Saint-André
Dimanche 26 août :
14 km en 8 heures
soit 1 830 km en 876 heures

26 Août 2001

FONDATION O.A.A.
L.P.P. Jean-Marie VIANNEY
22, avenue Hector Berlioz
38260 LA COTE SAINT ANDRÉ
Tél. : 04 74 20 22 30
Fax : 04 74 20 22 64
SIRET 775 686 799 00524

Je suis assis dans l'herbe fraîche, sous un orme attaqué par le gui et dont les feuilles sont percées de mille trous : l'eau qui s'écoule dans le ruisseau apaise mes pieds endoloris.

Il est 12 h 30. Je suis parti ce matin à l'aube de l'auberge de Pommier où Josiane m'a reçu la veille comme un prince : repas familial en compagnie de Jean, un pèlerin allemand qui habite à 200 kilomètres au sud de Münich. Nous avons communiqué par mimiques et sourires car il ne parlait pas plus le français ou l'anglais que moi l'allemand. Habituellement je me débrouille avec les mains mais compte tenu de mon heure d'arrivée tardive (20 h 30) et la fatigue se faisant sentir, j'ai abdiqué au bout d'un quart d'heure. Jean voulait préparer ses prochaines étapes et moi prendre un peu de repos après ma nuit précédente dans la cabane des chasseurs.

À regret, j'avais quitté Michel le sympathique berger vers 19 heures : il aurait aimé que je reste chez lui pour la soirée mais l'appel du Chemin était le plus fort !

Nous avons échangé nos points de vue sur la vie souvent plus calme à la campagne, surtout comparée à celle de la ville ou dans les stations. Cet homme fort intéressant est un sage doté d'un talent d'artiste et son jardin est superbe : il y a planté de façon tout à fait harmonieuse de nombreuses variétés de fleurs de chaque côté du chemin qui mène à la porte de sa ferme. Ses parents sont âgés, ils habitent le pignon est. Dans sa cuisine qui lui sert aussi de salle à manger, plus de 300 vaches nous contemplaient… parmi une impressionnante collection de figurines en bois représentant des animaux, des personnages, tout un village réalisé à partir de souches d'arbres morts ou de ceps de vigne. Michel a souligné au feutre certains traits des visages ou des corps pour que le visiteur comprenne plus facilement le sens qu'il a voulu donner à ses créations.

Je lui ai offert un cœur en pierre sur lequel il a inscrit la date du jour au feutre noir : en échange, il a choisi un petit mouflon « qui ne sera pas trop lourd dans ton sac », a-t-il dit en me recommandant de bien faire attention à ne pas casser les cornes. Nous l'avons délicatement placé dans ma besace et avons échangé nos adresses : Michel a insisté pour que j'emporte une brioche et il m'a accompagné jusqu'à l'entrée du chemin où nous sommes allés vérifier si la légende du *décapité* était vraie.

En voici l'histoire...

Dans un lointain passé, un seigneur très jaloux avait fait décapiter l'amant de sa femme. En tombant, la tête avait fait un trou dans le sol à l'entrée du bois.

Aujourd'hui, une grosse pierre remplace la tête et celui qui connaît la légende peut venir voir si elle est bien à sa place dans le trou. Michel m'a expliqué qu'il est souvent obligé de la repositionner. Nous avons fait 500 mètres et j'ai découvert un énorme galet en forme de boule posé près d'un arbre, au croisement des chemins. Michel s'est baissé et a soulevé la pierre qu'il a déposée à côté du trou afin qu'elle puisse être replacée au bon endroit par le prochain visiteur initié : j'ai alors compris tout le symbole de cette histoire un peu bizarre.

— Regarde Michel ! En parlant de cœur et de geste d'amour, ces deux pierres près de l'arbre représentent chacune un très beau cœur : tu viens tous les jours ici et tu n'avais pas remarqué ces belles pierres ? !

Michel avait l'air surpris : il n'a jamais fait attention à leur forme pourtant si évidente.

— Tu vois, Michel, depuis quelques jours, j'ai tellement d'amour à donner que je vois des cœurs partout ! dis-je à mon compagnon.

— J'ai un gros caillou semblable dans mon jardin : avec le temps, il s'est peu à peu enfoncé dans la terre.

Michel aurait bien voulu que je l'emporte mais j'ai eu peur qu'il ne soit trop lourd.

— En attendant que je revienne le chercher, prends donc ceux-là, je te les offre avec plaisir !

Michel venait de comprendre que ces cœurs de pierre que je ramasse par dizaines tous les jours sont des messages symboliques d'amour. Et prenant mes « cadeaux », il m'a répondu qu'il les garderait précieusement…

— Tu viendras bien un jour les chercher ! m'a-t-il dit en riant.

Un petit garçon et sa maman se sont arrêtés : ils descendent de leur vélo et nous regardent, amusés. Michel a regagné sa maison avec ses cœurs et j'ai entonné le chant des pèlerins en signe d'au revoir. Ces deux spectateurs ne seront pas venus pour rien : ils sont repartis, eux aussi, avec un cœur d'amour tiré de la « réserve » du pèlerin !

Je me présente au foyer de la fondation des Orphelins apprentis d'Auteuil à La Côte-Saint-André. L'intendant m'accueille fort aimablement et il va demander si on peut me recevoir. Cette institution fait partie des 170 établissements en France qui reçoivent plus de 10 000 enfants ou jeunes en difficultés.

Au bout de quelques minutes, un animateur me conduit dans un dortoir où il me propose de m'installer. J'ai l'impression que je serai seul cette nuit.

Le lendemain matin, après le petit déjeuner, je me rends au bureau du directeur où je suis reçu par son épouse. Je la remercie chaleureusement et l'incite à créer un gîte pour les pèlerins. Elle me dit qu'elle trouve l'idée intéressante et qu'elle en parlera à son mari. Je suis étonné d'apprendre que cette fondation existe depuis 1866 : le premier orphelinat a été créé par l'abbé Louis Roussel et c'est le père Daniel Brottier, surnommé *L'Audacieux*, qui a contribué, à partir de 1923, au développement de cette œuvre dans toute la France.

105e jour : La Côte-Saint-André – Le Grand-Lemps
Lundi 27 août : 15 km en 8 heures soit 1 845 km en 884 heures

LE PETIT PARIS
HOTEL BAR RESTAURANT
Patrick PIEQUE
21, Rue de la République
38690 LE GRAND LEMPS
Tél. 76 55 80 25

Dans le Dauphiné, le chemin de Compostelle quitte la plaine pour une chaîne de petites collines parsemées de charmants hameaux que je parcours avec beaucoup de plaisir. On y découvre de temps en temps une église – le plus souvent fermée malheureusement – ou quelques grands entrepôts modernes avec le corps de ferme et à côté la maison d'habitation construits en pisé, un mode de construction typique de la région : ce sont des rangées de galets superposés dans un sens, puis dans l'autre, qui font un beau dessin géométrique. Entre chaque couche de galets, des morceaux de tuiles séparent les rangées. La plupart des maisons sont fleuries et la nature ne semble pas avoir été affectée par la canicule qui sévit à nouveau depuis plusieurs jours : à preuve les immenses champs entourés de forêts où paissent tranquillement des vaches blanches et noires. Parfois on voit dans les enclos des chevaux qui vont toujours par deux : eux aussi aiment la compagnie ! J'attire leur attention avec quelques biscuits puis ils repartent en hochant la tête en guise de contentement.

Je trouve une cabine téléphonique et j'appelle Nicole pour la prévenir de mon changement d'itinéraire : elle est inquiète, me dit-elle, car les routes près de Grenoble ne sont pas sûres. Mon épouse doit avoir peur que dans les gorges des Échelles, je sois attaqué comme cela était fréquent au Moyen Âge ou à l'époque de Mandrin ! Je la rassure tout en pensant que même aujourd'hui, il faut être prudent, surtout quand on voyage seul. Je prends donc la décision d'expédier dès le lendemain par la poste, et en recommandé, mon premier carnet de route : plus de 100 heures d'écrits, de réflexions, de souvenirs, d'anecdotes. C'est pour moi un précieux trésor, sans valeur pécuniaire pourtant, mais que je ne saurais refaire de tête ! Ce carnet à petits carreaux retrace toute ma vie durant ce pèlerinage de retour. Pour quelqu'un comme moi qui n'écris pas habituellement, j'ignore ce qui m'a poussé à retracer ce témoignage. Je m'y suis pourtant astreint le plus souvent possible, malgré le manque de temps ou la fatigue, ne pouvant consacrer qu'une demi-heure ou une heure à relater les faits et les impressions de ce que je vivais chaque jour. Je pense avoir conservé les événements essentiels de ce voyage de plus de trois mois sur les routes d'Espagne, de France et surtout celles du cœur et de l'âme. J'ai tellement de choses à raconter mais il me semble que les souvenirs, en dehors du contexte, ont tendance à se transformer si on ne les raconte pas sur-le-champ. Et dans ces cas-là, la valeur du témoignage n'est plus la même. Tout ce que j'ai écrit sur mes carnets sont mes ressentis du moment, spontanés et sans artifice. Ma franchise et ma naïveté pourront interpeller certains lecteurs mais c'est ainsi et je ne peux changer ni les faits ni mes états d'âme et encore moins l'expression de ma solitude. Ce texte a pour moi valeur de témoignage ce qui m'oblige à être au plus près de la réalité que fut mon quotidien : il a été écrit sur des coins de table, dans les champs, assis sur des murs ou sous les arbres, dans un vieux J7... Et il m'encourage à continuer de témoigner.

Jane la Hollandaise me disait en me voyant à mon départ de Santiago début mai : « Gérard, vide ton sac et allège ton âme ! » J'ai vite compris que ce message accompagnerait mon retour. C'est donc ce que j'ai fait tout au long de ce petit carnet, sans trop savoir si ce que je ressentais et vous confie a sa raison d'être. Mais je suis libre et n'ai pas de contrainte sinon celle d'être moi-même franc et honnête dans mes propos et surtout, j'espère ne blesser personne par maladresse : si tel était le cas, j'en serai vraiment désolé. Sur le Chemin, j'ai toujours conservé un moral positif et je tente désormais de mieux regarder autour de moi ceux qui souffrent et qui ont plus de difficultés, ou qui par leur expérience et leur témoignage nous obligent à plus de compassion.

Je suis vraiment venu sur ce chemin de retour pour m'accepter d'abord, transformer ma vision des choses et faire une sorte de thérapie pour changer, devenir pleinement et véritablement un être avec la volonté d'aimer. Je suis enfin disponible, du moins je l'espère vivement. Mon désir de servir est réel et profond. « Mon espérance est enracinée dans mon cœur », comme disait Sœur Emmanuelle. L'important, c'est d'aimer. L'amour est plus fort que tout !

Ce soir, dans ma petite chambre monacale du Grand-Lemps, il se fait tard mais je voulais écrire ce que j'ai sur le cœur et ne pas attendre d'être rentré pour le dire. À chaud, le témoignage sera pris au sérieux car il est plus sincère et authentique, même si cela peut m'amener quelques reproches et observations. C'est la règle et je l'accepte simplement. La Providence veille sur moi, je le sais, et j'ai confiance. Demain, il fera jour.

« Merci Seigneur. Alléluia. » Et bonne nuit !

106e jour : Le Grand-Lemps – Apprieu – Voiron
Mardi 28 août : 20 km en 10 heures soit 1 865 km en 894 heures

Je suis parti de bonne heure ce matin de l'auberge *Le Grand Home* au Grand-Lemps où j'ai trouvé refuge pour ma dernière nuit sur le Chemin… Oui, vous avez bien lu : je quitte le *Camino de Santiago* ce soir et j'abandonne mon retour à pied. Si près du but, ce n'est pas pensable me direz-vous ! J'étais jusqu'à hier au soir si heureux d'entamer ma dernière semaine… En passant devant une cabine téléphonique, j'ai pris la décision malgré l'heure tardive d'appeler la maison. Je sentais que plus je m'en rapprochais, plus j'avais hâte de rentrer ! Les jours et les kilomètres ont forgé ma solitude mais j'imaginais à ce moment-là que cet appel téléphonique serait une petite attention appréciée. En effet, Nicole sembla ravie d'entendre ma voix et pourtant je sentis dans la sienne comme une gêne : elle répondait un peu trop vite à mes questions, que se passait-il ? « Gérard, il faut que tu sois fort : hier matin, ton ami Roger Fugier a eu un grave accident de montgolfière, il y avait cinq passagers à bord… On ne sait pas encore ce qui s'est réellement passé mais ils sont malheureusement tous morts : toutes les télévisions en parlent ! »

Je me mets à pleurer, effondré par cette terrible nouvelle. J'ai appris par la suite que Roger avait emmené ces personnes dans sa montgolfière de 4 000 m^3, un des plus grands ballons d'Europe, pour faire un baptême de l'air.

Nicole m'a conseillé d'acheter *Le Dauphiné libéré* dans lequel un article en première page est consacré à ce dramatique fait divers. Nous avons parlé longtemps et mon épouse m'a proposé de venir me chercher chez nos tantes au Picheras, à côté de Voiron, afin que je puisse être présent à l'enterrement de mon ami Roger qui est prévu à Albertville le lendemain, à 11 heures.

Hier au soir, la mort dans l'âme, je ne voulais pas parler de Roger avec les pèlerins : j'ai trop de respect pour lui, pour sa famille.

Ce matin, j'ai rappelé Nicole d'une petite cabine téléphonique d'un village nommé Colombe (quel beau symbole pour représenter Roger) : j'avais besoin de lui parler de mon chagrin. Je me sens, par le cœur et l'âme, tellement proche de ces familles qui souffrent aujourd'hui du départ de leurs êtres chers.

Roger était un gaillard puissant au grand cœur, dynamique et sportif. Son amour actif pour les autres était naturel. Nous ne l'avons jamais vu désemparé ni paniqué, même dans les moments difficiles de mauvaise météo lorsqu'il fallait atterrir en catastrophe dans un champ. De sa petite voix douce et fluette, il nous rassurait d'un simple mot en souriant. Il portait toujours une casquette et son sourire reflétait une grande sensibilité derrière sa petite moustache.

Lorsque les brûleurs s'arrêtent un moment et que l'on descend lentement, simplement poussés par le vent, on dirait que le sol se dérobe. Combien de fois avons-nous réveillé tout un village au seul bruit des brûleurs ! Surpris, les gens se mettaient aux fenêtres pour nous saluer chaleureusement et découvrir la joie des passagers, joie qui était chez toi un véritable bonheur.

« Oui Roger : je n'ai pas peur de l'écrire là sur le bord du chemin de Saint-Jacques, tu es certainement l'un des hommes qui m'a le plus marqué car tu possédais ce qui est très rare de nos jours : la présence infinie de Dieu en toi, vivante et communicative. Je conserve pour toujours le souvenir de nos vols. Quelle joie de les avoir partagés ! Tu aimais tellement me raconter tes nombreuses aventures quand nous nous rencontrions. La dernière fois, c'était lors d'une soirée organisée à Chambéry en l'honneur de Bertrand Piccard, l'homme qui a fait le tour du monde en ballon avec Brian Jones : j'étais descendu de Courchevel et je me réjouissais de te retrouver avec André Chambon. Dès que je suis arrivé, tu as tenu à me présenter Bertrand Piccard. Vous étiez entre vous, les aérostiers, et pourtant tu n'avais à la bouche que des gentillesses à mon égard, pour moi le néophyte, ton moussaillon, expliquant à Bertrand ma brève mais non moins intense carrière dans ces sports aériens que nous aimions pratiquer ensemble : le parachutisme, la chute libre, la compétition et l'enseignement. J'étais très gêné de tant de compliments. »

Installé pour la dernière fois sous un arbre, au pied du Vercors qui se découpe dans la brume de La Murette, j'ai laissé mon esprit vagabonder et revu tous les merveilleux moments partagés avec mon ami disparu… Mais le temps passe.

Sur la colline que j'aperçois à 5 ou 6 kilomètres de là habitent Denise et Marie-Thérèse, les tantes de Nicole, et c'est ici que je finirai prématurément ce retour que je souhaitais offrir en actions de grâce jusqu'à Myans, ce qui ne se fera pas. Ce n'est pas grave car l'essentiel, je crois, m'a comblé et je reviendrai finir mon Chemin plus tard, c'est promis !

Une névralgie m'a pris hier à l'épaule. Dans ma vie, je n'ai jamais pu passer plus d'une demi-heure à écrire et je crois que le carnet de route doit friser les 100 heures de rédaction pour 894 heures de marche et près de 1 865 kilomètres. Avec le départ brutal de Roger, ce 106e jour ne sera pas celui de la joie malgré l'impatience de retrouver Sidonie et Nicole qui me disait ce matin au téléphone :

— Te voilà revenu à la vie active.

Ce à quoi j'ai répondu :

— J'ai hâte de vous serrer dans mes bras : je vous aime !

Tout en marchant vers Voiron, je pense que tel que je connais Roger, il ne restera pas seul au paradis ! Il y retrouvera mes frères : Alex, parti à 16 ans d'une péritonite après avoir réussi les championnats de France d'athlétisme, et Claude disparu dans un stupide accident de parachute ascensionnel alors qu'il était champion d'Europe des paraskieurs ; nos deux moniteurs de parachutisme de notre jeunesse : Jacques Rode qui nous a quittés à la même époque terrassé par un cancer, et Dédé Beaussant alias *Igor*, décédé d'une crise cardiaque cet hiver, ainsi qu'Anna Collet, cet autre « phénomène » de la montagne, troisième femme française à conquérir l'Everest, qui a été victime d'un accident d'avion au décollage il y a deux mois… Tout ce petit monde attendait sûrement un leader pour permettre à saint Pierre et à ses saints – dont saint Jacques – d'apprécier les joies des sports aériens ! Ils doivent bien s'amuser en nous attendant désormais aux côtés du Père pour la vie éternelle. Il me semble que si comme eux je partais prématurément, ce serait sans regrets car ma vie a été jalonnée d'aventures exceptionnelles.

Mon esprit vagabonde en cette dernière journée et il me revient en mémoire une étrange rencontre que j'ai faite après avoir quitté le village de Pommier-de-Beaurepaire ce dimanche 26 août…

Je viens d'entrer dans un bois sombre quand j'aperçois un homme à genoux qui se couche face contre terre.

Je m'approche et l'interpelle :

— Qu'as-tu ?

Il ne répond pas.

— Attends, lui dis-je, je vais t'aider à te relever !

— Non ! Je n'en vaux pas la peine, laisse-moi mourir…

Mon sang ne fait qu'un tour : autour de lui, d'autres hommes tiennent le même langage. En silence, j'implore le Très-Haut : « Mon Dieu permets-moi d'aider ces pauvres gens à se relever : je ne pourrai le faire seul. » Et la voix de Dieu murmure dans mon cœur : « Tu sais bien que s'ils me le demandent comme tu le fais chaque matin, je serai là près d'eux. Fais-moi confiance ! »

Je m'approche de l'homme pour l'aider à se redresser :

— Dieu est bon : Lui as-tu demandé Son aide ?

Il fait non avec la tête.

Je continue :

— Fais-moi confiance ! Moi aussi, j'ai mis un genou à terre et j'ai rencontré Dieu. J'aurais pu simplement me coucher mais je me suis jeté à l'eau ! Que risquais-je ? Ne m'avait-on pas dit que Dieu n'existait pas ? Et pourtant, Il est venu me visiter. Il m'a aidé à chaque fois que je Lui ai humblement demandé Son assistance. Il était là au rendez-vous et si parfois j'avais l'impression que rien ne se passait, le lendemain ou deux jours plus tard, je comprenais que Son désir pour moi était ailleurs. Mon témoignage doit te convaincre. Sois fort et demande au Seigneur qu'Il entre dans ton cœur et te guérisse de tes maux. Offre-Lui ta journée comme je l'ai fait aujourd'hui.

Le vent secoue les feuilles des arbres et le soleil passe au travers comme s'il répondait à un appel. L'homme prie et je pense qu'il a été sensible à mes paroles. Il se redresse lentement et je lui parle à nouveau pendant que ses compagnons se lèvent les uns après les autres. Certains se dirigent vers la lumière. J'aperçois un ruisseau d'eau claire et nous nous y arrêtons pour nous désaltérer. Je continue à lui parler de cette espérance profonde qu'il faut garder même si tout semble impossible. L'essentiel est de toujours conserver le respect de soi-même.

En le soutenant, je lui murmure au creux de l'oreille cette merveilleuse poésie de Rudyard Kipling :

Si tu peux voir détruit l'ouvrage de ta vie
Et sans dire un seul mot te mettre à rebâtir,

Ou, perdre d'un seul coup le gain de cent parties
Sans un geste et sans un soupir...

... Tu seras un Homme, mon fils.

et j'ajoute : « ... avec l'aide de Dieu qui est maintenant présent dans ton cœur. »

L'homme m'a écouté sans broncher, touché dans son cœur par ce si beau poème qui m'a suivi tout au long de ma vie.

Il me regarde intensément, ne dit rien, prend son bâton et s'éloigne. Avant d'atteindre la zone de lumière à la lisière du bois, il se retourne, les doigts écartés et la main gauche sur le cœur : je vois ses lèvres remuer et je comprends qu'il dit merci. Puis il disparaît dans la lumière étincelante du soleil puissant, signe pour moi de la présence de la Dieu.

Je reste seul un moment, ma main gauche tenant mon bourdon, ma main droite fermée avec le poing serré sur un cœur d'amour « cueilli » sur le chemin et je pleure. Je me vois soudain avec d'autres personnes arrêtées au bord du chemin : elles regardent cette scène étrange sans bouger, droites et raides comme des statues de sel, totalement indifférentes aux plaintes des personnes allongées sur le sol. Je ne peux me cacher que parfois j'ai fait partie de ces personnes-là, sans aucune compassion, ce qui me fait honte, ne serait-ce que d'y penser !

Je repars seul à travers bois puis je prends un chemin caillouteux qui serpente entre les champs moissonnés. Était-ce un songe ou ai-je vraiment vécu ce moment ? J'aperçois au sol un gros cœur en pierre : je m'agenouille et ouvre ma main restée crispée depuis tout à l'heure. Mes larmes cessent de couler quand la chaleur du cœur d'amour envahit la paume de ma main. Je sais que c'est la représentation du cœur de l'homme qui s'est relevé et fut sauvé, et qu'ainsi le Très-Haut veut nous montrer sa reconnaissance.

Ayant repris ma route, par quatre fois je me baisse pour ramasser des cœurs de plus en plus petits, que je conserve dans ma main droite. Près du cœur de l'homme, d'autres cœurs viennent se réchauffer.

J'ai compris alors en cet instant que chacun de nous doit garder l'espoir et qu'avec l'aide de notre prochain, accompagné des forces divines, nous pouvons nous remettre en marche et avancer vers un monde où il sera possible de vivre différemment, si telle est notre volonté.

Heureux, je commence à chanter des cantiques de louanges. Je sais que je vais vers mon destin, là où Dieu souhaite m'emmener. Je pense une fois encore que la confiance en cette providence est pour moi le « bouclier » aux vicissitudes de ma vie et je suis fermement convaincu que cette foi, si timide souvent, m'apportera toujours le réconfort dans les moments difficiles que je vivrai, ce qui se confirmera par la suite.

Nicole et Sidonie m'attendent au Picheras chez l'oncle Lucien et la tante Marie-Thérèse : connaissant bien le plateau voironnais, j'ai voulu prendre un raccourci et me suis orienté un peu au hasard…

À 14 heures, je m'arrête pour me désaltérer chez Christophe et Nathalie et j'appelle Nicole : « Ne t'inquiète pas, je serai là dans une heure. Et si tu veux venir me chercher pour faire avec moi ce dernier parcours à pied, je suis à Saint-Blaise-du-Buis chez un amateur de tortues comme moi ! »

Lui aussi collectionne les petits cœurs d'amour et j'en ai trouvé une dizaine devant chez lui, ce qui n'est pas étonnant car Christophe travaille dans une carrière. Avec son ami Guy, il m'a accompagné sur la route pour prendre des photos mais malgré leurs recommandations, je me suis retrouvé sur de petites routes non indiquées sur ma carte et je me suis perdu une fois de plus !

Aujourd'hui la chaleur est particulièrement étouffante. Je ne me plains pas mais sachant que je vais finir mon chemin de retour ce soir, je n'hésite pas à me charger d'un superbe galet de deux kilos en granit très coloré, coupé sur la tranche et plein d'éclats brillants. Depuis ce matin, ma recherche a été particulièrement fructueuse mais les dizaines de petits cœurs collectés commencent à peser lourd dans mon sac. Je peste un peu après moi mais je ne m'en délesterai pas : je n'ai pas fait autant de kilomètres et d'heures de marche pour changer mes habitudes et je dois m'assumer !

Après avoir traversé un grand bois, j'aperçois Bernard devant sa villa : il me propose de m'emmener en voiture car je suis à l'opposé du Picheras. Il m'offre à boire et me fait un plan. Deux heures plus tard, à 19 h 30, après avoir rallongé mon étape de 6 kilomètres (bravo pour les raccourcis !) j'entonne la chanson des pèlerins en entrant chez les tantes. Dès qu'elle me voit, Sidonie court vers moi et me saute dans les bras mais je suis tellement chargé que je manque de tomber. Quelle joie de retrouver Nicole et la famille ! Sidonie heureuse de retrouver Framboise, réclame sa « fille ». Nicole reçoit l'énorme bouquet de fleurs que j'ai préparé spécialement pour elle et celui avec une jolie clochette qui orne mon chapeau est pour Marie-Thérèse. Ses amis Françoise et Eddy reçoivent, comme Lucien, une kyrielle de petits cœurs. Sidonie se fait un plaisir de venir les prendre dans mes poches pour les distribuer. Après une douche bien méritée, je rejoins tout le monde pour une excellente soirée où je suis si heureux de leur conter mes nombreuses aventures.

Mais bientôt il nous faut songer à rentrer pour l'inhumation et la messe en l'honneur de Roger.

107e jour : Le Chaffard – Challes-les-Eaux
Mercredi 29 août

Me voici rentré à la maison de Challes-les-Eaux. Qu'il est bon de retrouver son chez-soi, son épouse, ses enfants et petits-enfants !

Ce matin, nous sommes partis accompagner Roger l'aéronaute vers sa dernière demeure. Comme le disait un de ses amis : « Il est monté là-haut sur La Belle Étoile (nom d'une montagne d'Albertville) afin d'accrocher sa montgolfière au sommet. » Plus de 1 500 personnes assistaient à cette émouvante cérémonie.

L'après-midi fut consacré à rendre visite à nos enfants qui habitent Annecy : Marion et Joffray avec leurs jumeaux de 3 ans, Mathis et Berril, les frères de Sidonie ; Jeanine et Florian avec leur petite Ninon de 7 ans.

Ce qui m'a surpris, c'est que déjà le Chemin fait son œuvre car nous avons pu échanger tous ensemble – et sereinement – nos points de vue et j'ai essayé d'avoir une meilleure écoute lors de ce partage. Les enfants jouaient près de nous et notre conversation fut pour moi révélatrice d'un réel progrès : j'en étais heureux !

Marion me fit soudain remarquer que je n'étais pas obligé de partir trois mois et demi pour découvrir et comprendre ce qu'est l'amour actif et le désir de le donner : pour elle, il est plus simple de le réaliser sans être obligée de quitter sa maison.

Je m'entendis alors lui répondre devant Nicole, Jeanine et Florian : « Tu sais ma chère Marion, je vis depuis 105 jours en écoutant les témoignages des pèlerins, cheminant chaque jour en moi-même et avec l'aide de Dieu que j'ai rencontré. J'ai offert également à tous ceux qui ont bien voulu m'écouter ma propre motivation pour réaliser ce retour. Je sais maintenant ce que je veux faire dans les mois et les années à venir et je vais surtout essayer de mieux vous aimer, de vous consacrer plus de temps, avec la ferme intention de vivre cet amour actif dont nous venons de parler. »

Pressé de questions sur mon futur challenge, j'ai expliqué à mes enfants mon souhait de consacrer une partie de ma vie aux enfants défavorisés en créant une association dont j'ai hâte de mettre en place les statuts.

Je suis très heureux de leurs observations qui orienteront certainement mes choix futurs. Je ne serai pas seul : ma mission consistera à organiser, à sensibiliser et à fédérer des amis, à m'entourer de compétences, à trouver des fonds pour que cette association apporte son soutien à ceux qui auront des projets similaires. Un point essentiel sera la collecte de fonds que nous leur remettrons pour que les enfants trouvent dans cette providence une aide substantielle, tant matérielle que morale, et qu'ils retrouvent la joie de chanter et de rire.

Chaque action nouvelle sera un petit geste d'amour pour ceux qui souffrent et n'ont pas eu de chance.

L'œuvre sera longue et laborieuse. Mais vous êtes ici témoin de la volonté qui m'anime et je compte sur vous pour m'aider, comme sur les milliers d'amis rencontrés au long du chemin : pèlerins, hospitaliers, vacanciers, randonneurs, paysans, agriculteurs, postiers et vous tous que je remercie vraiment pour m'avoir ouvert les yeux.

Mes enfants et parfois des amis m'ont demandé si pendant ce long retour je n'avais jamais rencontré de difficultés importantes avec d'autres pèlerins. En y réfléchissant, je ne me rappelle aucun souvenir réellement négatif, si ce n'est une fois à Ponferrada où j'avais oublié de fermer le robinet d'eau chaude pendant que je me rasais. Le pèlerin près de moi l'avait fait à ma place en me lançant un regard chargé de reproches pour ce gaspillage : je m'en suis souvenu les fois suivantes !

Le véritable incident que je qualifierais de difficile est celui qui m'est arrivé à l'aller, au gîte d'Isabel Roncal à Cizur Menor. J'avais réservé un lit pour la nuit au gîte municipal de l'Ordre de Malte : après avoir soigné mes pieds, l'hospitalière m'avait conseillé d'aller voir Isabelle : « Elle est un livre vivant du Chemin ! »

Sa maison est à deux pas de l'église : Isabelle me reçut avec une grande gentillesse. Je trouvais sa demeure très accueillante et le beau sourire de mon hôtesse m'engageait au partage. Elle me proposa de prendre une collation au jardin. Un autre pèlerin y était déjà installé : il répondit à peine à mon salut. J'engageai la conversation avec mon hôtesse.

Sa maison et son cœur sont ouverts aux pèlerins depuis de nombreuses années malgré la fatigue que cela implique pour elle. Isabelle dit souvent : « Lorsqu'un pèlerin vient à moi, je le regarde dans les yeux où je vois la longueur de son chemin et je sais d'où il vient ! » En écoutant les histoires captivantes qu'elle raconte, on se rend compte qu'elle a une grande expérience du Chemin.

Je demandais son prénom au pèlerin silencieux :

— Renaud ! répondit-il avec une réticence non feinte.

Puis il se leva et s'adressa à Isabelle :

— Je n'aime pas les pèlerins bavards ni les beaux parleurs !

Et il s'en alla.

Isabelle me sourit en accusant le coup. Il est vrai que ma joie et mon enthousiasme, notamment pour le Chemin, liés à mon tempérament méditerranéen se traduisent souvent chez moi par un flot de paroles. C'est sans doute pourquoi je fus mal à l'aise face au comportement réticent de Renaud. Pour me consoler, Isabelle me dit qu'il n'avait pas cessé de tout critiquer depuis un moment : elle pensait d'ailleurs qu'il ferait peut-être mieux de se reposer un jour ou deux, ou tout simplement de rentrer chez lui.

Le lendemain, je retrouvais avec plaisir Martine et sa fille Karine, des Savoyardes que j'avais rencontrées à Roncevaux.

À Puente la Reina où nous faisions quelques courses, nous croisâmes Renaud et les deux femmes m'entraînèrent brusquement sur le trottoir d'en face ! Martine ajouta : « Ce pèlerin veut absolument marcher avec nous mais il tient des propos bizarres, ça fait même un peu peur ! » Je les rassurai : rien ne les obligeait à rester en sa compagnie, l'essentiel était d'apprécier leur pèlerinage. Martine restait inquiète pour Karine – une ravissante jeune fille de 17 ans – qui partait souvent seule le matin et retrouvait sa mère plus loin sur le chemin. La présence de la *Guardia Civil* espagnole sur la route ne suffisait pas à tranquilliser complètement Martine : pourtant, à ma connaissance, il n'y avait eu aucun incident de cet ordre sur notre parcours.

Le lendemain matin, nous prenions tranquillement notre petit déjeuner dans la cuisine du gîte de Puente la Reina quand Renaud vint nous rejoindre sans nous saluer. Il se servit un café puis s'assit à côté de Martine, presque en face de moi, et commença à faire des remarques désagréables à propos du Chemin. Je le regardai, contrarié par la situation et au bout d'un moment, je lui dis bien fort pour que tout le monde entende :

— Renaud, tu ne cesses de dénigrer le Chemin et les gens qui le foulent. Tu as tes opinions mais tu n'es pas obligé de tout critiquer sans arrêt. Nous ne sommes pas venus ici pour supporter tes sarcasmes : si tu n'es pas bien avec nous, tu peux rentrer chez toi ou aller à l'hôtel !

Le ton était donné car je trouvais qu'il avait dépassé les bornes ! Un lourd silence envahit la pièce. Renaud se leva sans me regarder, marmonna quelque chose d'inaudible et sortit. Les pèlerins présents confirmèrent que cette mise au point était nécessaire même s'ils n'avaient pas eu le courage de s'en charger eux-mêmes. J'étais ce jour-là le pèlerin de service !

Nous reprîmes notre route et pour faire diversion, je proposai à Martine et Karine d'entonner quelques chants de notre répertoire de colonies de vacances, ce qui ne fut pas du goût de Karine qui préféra partir devant : devoir supporter nos chants à deux voix était manifestement pour elle une source d'exaspération insupportable !

Nous arrivâmes à Estella. Malgré les apparences, j'étais un peu déçu par cette altercation avec Renaud et je m'en voulais de ma réaction, même justifiée. Pour chasser ces pensées, je me dis que dans la vie rien n'est simple et que je devais accepter ces difficultés passagères : dans quelques jours, je n'y penserai plus !

Parti en ville pour faire quelques courses, je vis Renaud dans une cabine téléphonique : j'attendis qu'il en sorte pour m'approcher de lui. Le regard qu'il me jeta n'était pas franchement engageant ! Martine m'avait dit qu'il lui faisait penser à un gourou et son regard à celui d'un corbeau, ce triste volatile dont j'ai parfois interprété les cris comme autant de signes que je n'arriverais jamais à Compostelle. Heureusement que mes petits amis les moineaux savaient eux m'encourager à continuer le Chemin !

Tentant un rapprochement avec Renaud, je lui demandai d'excuser ma réaction un peu vive du matin. Il m'écouta sans rien dire et j'en profitai pour ajouter :

— Tes propos et ton agressivité sont sans doute liés à une souffrance et d'importantes blessures intérieures : j'en suis désolé et j'espère que le Chemin te viendra en aide.

C'est mon cœur qui avait parlé avec un réel désir de réconciliation. Renaud n'avait pas bronché, il regardait ailleurs, ce qui ne me permit pas de deviner ses sentiments. Puis il prit une grande inspiration (dont j'espérais qu'elle le libérerait) et son regard croisa le mien : j'eus l'impression que le temps s'était arrêté. Ces quelques instants me permirent pourtant de sentir la tristesse de cet homme qui s'en alla, les yeux baissés à nouveau, après avoir ramassé ses affaires. Cela me navra : j'avais espéré un instant le voir s'ouvrir et pouvoir l'aider.

Rentré au gîte, je racontais à mes deux amies savoyardes ce nouvel épisode : ne voulant pas envenimer la situation, elles ne firent aucun commentaire et j'en conclus qu'elles pensaient également que Renaud devait être très malheureux de traîner ce pessimisme quasi-chronique et proche de la dépression !

Martine et Karine m'ont accompagné jusqu'à Compostelle mais nous n'avons jamais revu Renaud. Était-il parti devant ou avait-il renoncé ? Nous ne le saurons jamais. Nous avons souvent évoqué ce personnage étrange et cherché à savoir si d'autres l'avaient aperçu, mais en vain. Cette rencontre est quasiment la seule qui ait laissé un souvenir amer sur mon chemin.

Il m'arrive parfois de me demander ce que j'aurais pu faire pour aider ce garçon qui était si mal dans sa peau : peut-être simplement lui conseiller de s'en remettre au Très-Haut. Mais je n'avais pas encore rencontré Jesús María Peña qui m'aidera à donner un nouveau sens spirituel à ma vie. Aujourd'hui, il me semble que je dirais à Renaud : « Adresse-toi directement et avec sincérité à Dieu : Il te répondra et t'apportera l'aide dont tu as besoin. Mets-toi dans une attitude de prière, écoute-Le et laisse-toi surprendre. »

Derniers jours de pèlerinage…

108e jour : Voiron – Saint-Laurent-du-Pont
Mercredi 19 septembre :
20 km en 8 heures
soit 1 885 km en 902 heures

Notre fils Florian qui se passionne pour l'aboutissement de mon pèlerinage m'a dit le week-end dernier : « Papa, tu dois terminer ton retour ! Tu es rentré du Picheras en voiture, il faut repartir pour finir les dernières étapes avant l'hiver… »

En effet, je suis rentré précipitamment la semaine dernière pour participer aux obsèques de mon ami Roger mais rien ne m'empêche de reprendre mon chemin où il s'est arrêté pour traverser le massif de la Chartreuse et descendre vers le sanctuaire de la Vierge noire de Myans, à deux pas de la maison familiale.

Avec Florian, nous sommes allés acheter deux cartes et durant tout le week-end, nous avons préparé ce dernier tronçon pour traverser la Grande Chartreuse : certainement le plus difficile de tout le parcours, mais je l'ignore à ce moment-là ! Nicole m'a proposé de m'accompagner : quelle bonne surprise pour moi ! Serai-je à la hauteur de ses attentes pour lui permettre d'apprécier le Chemin ? Florian, lui non plus, ne veut pas être en reste : il s'occupera des réservations dans les petites auberges sur la route et arrivera l'avant-veille de notre arrivée à Challes-les-Eaux avec sa femme Jeanine et leurs deux petites merveilles, Ninon et Flavie.

Les étapes sont définies : Nicole et moi avons préparé nos sacs pour accomplir ces quelques jours de « pèlerinage-randonnée ».

Ce mercredi matin à 8 h 30, notre ami Renaud nous a conduits jusqu'à la cathédrale de Voiron et dès 9 heures, nous partons vers Myans à 60 kilomètres de là. Nous avons prévu quatre jours de marche car le massif de la Chartreuse est très escarpé. « Il fait beau, mais le vent du sud amènera des nuages et la pluie... », nous a dit un riverain. Pas d'inquiétude à ce sujet car nous pensons être bien équipés !

Pour éviter d'emprunter la nationale entre Voiron et Saint-Laurent-du-Pont, nous partons vers l'est, puis vers le sud au niveau de Saint-Julien pour récupérer une petite départementale entrecoupée de sentiers balisés en jaune, un autre circuit de randonnées.

Il fait frais et le temps est très incertain. Afin de nous délester, je n'ai pas osé prendre trop d'affaires, je me crois encore sur mon chemin en Espagne : mais en passant le col de la Sarriette à 1 300 mètres d'altitude, je réalise qu'un pull supplémentaire aurait été le bienvenu : erreur de débutant !

À midi, lors de notre halte pour un déjeuner champêtre, nous faisons un repas digne des meilleures tables : crevette à l'aïoli de Marseille, ratatouille du jardin du Chaffard, cassoulet maison et en dessert une compote de fruits rouges. Un vrai régal pour moi, pauvre pèlerin, qui me suis imposé tous les midis pendant 106 jours le même repas savoyard composé simplement d'une tomate, une tranche de jambon ou du pâté, un morceau de fromage et un fruit. Mais aujourd'hui, c'est Byzance et je félicite mon épouse pour ses talents culinaires !

Nous arrivons au milieu de l'après-midi à Saint-Laurent-du-Pont. Cette première journée s'est terminée sous la pluie, mais Nicole, très heureuse d'inaugurer son poncho rouge, affiche un superbe moral.

En fin de journée, nous nous arrêtons à l'*Auberge des voyageurs* pour y passer la nuit. Nous essayons de nous délasser mais les 20 kilomètres de ce premier jour ont donné quelques soucis à Nicole qui souffre des hanches. Un comprimé d'aspirine et une bonne nuit auront heureusement raison de ses petits maux.

109e jour : Saint-Laurent-du-Pont – La Ruchère
Jeudi 20 septembre :
11 km en 6 heures
soit 1 896 km en 908 heures

L' ETAPE CARTUSIENNE
Les [illegible] La Ruchère
38380 ST CHRISTOPHE SUR GUIERS
Tél./Fax 04 76 66 81 77
RCS Grenoble 403 499 163

Nous partons ragaillardis ce matin et voyant le ciel peu couvert, nous prenons la décision de gravir la chaîne de montagne que l'on croyait infranchissable.

Après un copieux petit déjeuner, nous nous mettons à l'œuvre. Yvon le garde forestier rencontré à trois kilomètres de Saint-Laurent nous regarde comme des « oiseaux rares » : en plein mois de septembre, deux pèlerins de Saint-Jacques qui veulent franchir la Chartreuse pour rentrer chez eux, cela le surprend un peu et rallier en une journée Saint-Laurent-du-Pont à Saint-Pierre-d'Entremont lui semble très risqué :

— Vous allez avoir plus de 600 mètres de dénivelée pour joindre La Ruchère, ça monte fort ! Et ensuite, vous devrez encore passer un autre col pour vous rendre à Saint-Pierre. C'est bien loin, nous dit-il.

Nous réfléchissons en regardant la carte :

— Si vous n'êtes pas arrivés à La Ruchère à 13 heures, ne vous engagez pas dans la forêt mais restez dans cette station où vous y trouverez un gîte et une auberge.

Nous acceptons ce précieux conseil. Nicole n'ayant pas fait son plein d'eau au départ, nous nous arrêtons au monastère de Notre-Dame du Désert où 24 religieuses vivent dans le silence et la prière. Mais que peut faire un pèlerin marseillais sinon tenir en haleine la charmante sœur qui lui a ouvert la porte et remarque la coquille qui pend à son cou : je suis dans ma tenue originale de pèlerin ! La sœur est amérindienne, elle a environ 30 ans et affiche sous sa cornette un très beau sourire et des yeux bleus perçants : elle se montre très curieuse de suivre les aventures de ce pèlerin de Saint-Jacques un peu trop exubérant pour le calme de la vie de ses consœurs, ce dont je m'excuse. Mais elle me met à l'aise : « Vous êtes le bienvenu et nous ne reverrons pas de si tôt un pèlerin de Saint-Jacques ! » Il se pourrait que depuis plusieurs siècles personne ne soit passé par les montagnes des Alpes en Isère pour partir ou revenir de Challes-les-Eaux avec l'intention de rallier l'Espagne. La religieuse trouve ma démarche intéressante. Je vois Nicole qui trépigne un peu au bout du chemin où je vais la rejoindre pour partir ensemble vers la Chartreuse avec notre provision d'eau qui nous sera fort utile, foi de pèlerin !

La congrégation va prier pour nous : quelle gentillesse ! Je cherche dans la poche de mon pantalon deux petits cœurs d'amour que je tends à la sœur sans avoir besoin de lui en expliquer le symbole car elle a tout compris.

Nicole et moi montons doucement parmi les hêtres, les bouleaux et les sapins qui couvrent la montagne. Le sentier pierreux ne laisse pas beaucoup de place au passage. Je me suis calé derrière Nicole qui a fini par accepter mon bourdon. Elle a même trouvé un deuxième bâton pour l'aider à monter. Nous buvons régulièrement. Sur le panneau, il est écrit : « Col de la Sarriette : 2 h 30. »

À l'approche des exploitations forestières, le bruit des tronçonneuses résonne dans la montagne. Un chevreuil vient de sauter juste devant Nicole et les pierres roulent sous ses pattes. Moi, j'ai seulement entendu sa course sans le voir. Je suis trop absorbé pour avancer sans perdre l'équilibre et suivre mon épouse qui accélère : quel moral et quelle cadence !

Au milieu de la montée, nous découvrons un superbe point de vue sur Saint-Laurent-du-Pont et la vallée. Mais Nicole ne veut pas regarder le paysage à cause du vide qui l'angoisse et je reste près d'elle pour parer toute éventualité...

Un peu plus tard, elle me demande si nous n'aurions pas dû suivre le conseil de Florian et passer par la vallée d'à côté. Mais je suis certain que dès que nous serons arrivés en haut, Nicole sera si fière d'elle qu'elle en oubliera la fatigue et la peur occasionnées par la montée. Le passage par la montagne nous aura permis d'éviter la route goudronnée et le passage dangereux dans les gorges.

Nous rencontrons Jérôme et Sébastien, deux jeunes frères bûcherons pleins d'allant qui travaillent dans les bois.

— Faites attention aux arbres couchés sur votre sentier et aux câbles métalliques sur les pistes : ils sont reliés au treuil qui tire ceux qui ont été sélectionnés et découpés par le garde forestier : ça peut être dangereux ! Ce travail est réalisé depuis la nuit des temps, nous explique Yvon le garde forestier qui vient d'arriver sur le col où nous terminons, complètement transis, notre succulent deuxième repas en pleine nature.

Celui-ci ajoute qu'il nous croyait redescendus le moral en berne : c'est mal nous connaître ! Il est vrai que nous sommes tellement peu randonneurs que nous devons faire peine : nous voir installés tranquillement dans cette petite clairière étonne le garde qui nous avoue être remonté pensant nous secourir en cas de défaillance. Nous apprécions sa belle conscience professionnelle ! Il est 13 heures et nous avons plus de deux heures de retard pour rejoindre Saint-Pierre. Ce n'est pas très grave car l'essentiel est de nous ménager pour descendre tranquillement à La Ruchère. Le premier bidon d'eau terminé, Nicole vient m'embrasser : en partant, elle ne voulait pas remplir sa gourde, pensant qu'avec le froid, nous n'aurions pas soif. Mais le pèlerin « vieux routard » a bien fait de prévoir une double ration ! Et en descendant du col, nous avons fait à nouveau le plein à une source.

Nous sommes ce soir dans une petite auberge en plein massif de la Chartreuse. Qui sait pourquoi lorsque jadis nous passions sur la route des Échelles vers Saint-Laurent-du-Pont, notre regard était toujours attiré par cet imposant massif de hautes falaises ? Comment aurions-nous pu imaginer que cette chaîne calcaire cachait une si jolie vallée qui vit au rythme des saisons ?

Mon épouse a emporté son portable : elle est très heureuse de pouvoir discuter un moment avec ses enfants. Moi qui suis réfractaire à cet appareil dont je pense qu'il détruit un peu l'indépendance de chacun, je la regarde avec amusement, simplement heureux d'être sur ce chemin avec elle. Trente-sept ans de vie commune et une renaissance aujourd'hui encore de notre couple : voilà aussi ce que je suis parti chercher sur le chemin du retour et j'ai bien l'intention de profiter de l'aubaine de ces quatre jours passés ensemble.

Nous devons chacun pérégriner dans notre vie conjugale près de nos enfants et petits-enfants, sous le regard du Très-Haut. Chaque matin et chaque soir, nous Le prions pour Le remercier, Lui demander de nous guider et nous aider à conserver cette harmonie familiale si importante pour nous et notre famille.

En cette saison automnale, nous sommes les seuls clients de l'auberge. Nous avons placé un câble d'étendage à travers la pièce afin de mettre à sécher nos affaires mouillées : si Jean-Luc et Monique voyaient cela, ils comprendraient pourquoi les pèlerins doivent avoir un minimum d'organisation s'ils veulent poursuivre leur voyage dans de bonnes conditions !

Il est minuit. Nous allons enfin nous blottir sous la couette car il faut dormir. Après avoir exprimé nos remerciements au Très-Haut, nous nous confions aux bras de Morphée !

110e jour : La Ruchère – La Plagne
Vendredi 21 septembre : 16 km en 9 heures soit 1 912 km en 917 heures

LA FERME DE L'OURS
MONIN Daniel
LA PLAGNE 73670 ENTREMONT LE VIEUX
Tél./ Fax : 04 79 26 20 46
SIRET 330 831 091 00023

Ce matin encore, après un excellent petit déjeuner à *L'Étape cartusienne*, une sympathique auberge de La Ruchère, nous sommes partis à l'assaut du Pas Dinay afin d'atteindre La Plagne près d'Épernay en Savoie, en passant par Saint-Pierre-d'Entremont.

Il est 14 h 30. Nous sommes attablés à *La Pêcherie* qui se trouve entre la route et la rivière, juste en dessous de Saint-Pierre-d'Entremont : nous y sommes venus il y a quinze jours. Sur une idée de Florian, toute la famille s'est réunie pour pêcher les truites qui nagent tranquillement dans une grande mare. Nos petits-enfants sont très heureux et tout excités avec leurs cannes à pêche : et un poisson, et de deux pour les jumeaux Béril et Mathis ! Sous le regard attentif de leurs papas, Flavie et Sidonie ont sorti chacune à leur tour une truite qu'elles regardent gigoter dans l'herbe en attente de leur funeste sort ! Gauthier s'amuse avec eux, Ève s'occupe de Noa qui est dans sa poussette. Vingt-trois truites seront ainsi pêchées : c'est un réel plaisir de voir Laurent et Sandrine, les responsables de l'établissement, nous servir à table les fruits de cette pêche « miraculeuse » !

Ces moments avec trois de nos enfants et six de nos petits-enfants sont très importants pour moi car tout au long du Chemin, j'ai souvent témoigné aux autres pèlerins ma volonté de donner davantage d'amour à ma famille. Cette belle journée d'automne me comble de joie par tous ces gestes d'amour actif partagé avec nos enfants et petits-enfants : n'est-ce pas là l'essentiel ? Je regrette seulement que Sybille, Jean-Paul et leurs trois enfants qui sont à Paris, n'aient pu se joindre à nous mais leurs activités professionnelles les ont empêchés de venir dans notre belle Savoie. Ils sont pour moi de merveilleux « supporters » et je sais que depuis de nombreuses années, ils me portent dans leurs prières pour que le Seigneur entre enfin dans mon cœur.

Laurent, le responsable de *La Pêcherie*, s'est intéressé au pèlerinage de Compostelle et il a regardé longuement la carte afin de nous conseiller le meilleur itinéraire pour réaliser ce parcours final, de la Chartreuse à Challes-les-Eaux via Myans. Nous avons également décidé de participer tous ensemble à la messe de dimanche prochain qui clôturera mon retour : nous arriverons auprès de la Vierge noire de Myans qui m'a « vu » m'entraîner l'an dernier avant mon premier pèlerinage et une seule fois seulement cette année, ma cheville étant très mal en point à ce moment-là. J'avais alors écrit sur le livre d'or de l'église de Myans : « Que le Bon Dieu m'apporte son aide indispensable puisque je ne pourrai pas m'entraîner pendant les 15 jours avant la date de départ ! » C'est ainsi que je suis parti de Saint-Jacques-de-Compostelle à la mi-mai pour entreprendre mon retour… Et vous connaissez la suite !

Aujourd'hui plus qu'hier, je remercie le Très-Haut pour les journées qu'Il nous offre, les trois mois et demi passés sur ce chemin de retour, et aussi les réflexions et décisions pour les projets que je veux mener à bien et qui sont déjà en bonne voie. Ce qui ne m'empêche pas de vivre au jour le jour, en demandant humblement chaque matin aux forces divines de m'éclairer et de m'aider dans ce changement que j'essaie de bâtir. Je souhaite que le Seigneur nous guide aussi bien dans l'harmonie que nous désirons retrouver, Nicole et moi-même, que dans les rapports avec nos enfants.

À mon retour, Nicole m'a dit :

— Il fallait que tu repartes et tu as bien fait : tu es dix fois mieux qu'auparavant !

J'imagine que cela veut dire qu'elle se rend compte que j'ai vraiment essayé de changer. Florian qui n'est pourtant pas très volubile sur ces questions, a exprimé une pensée similaire :

— Papa, tu as changé !

Simplement cela… Quel bonheur ! C'est lui qui a organisé ces derniers jours de pèlerinage d'actions de grâce avec mon épouse Nicole.

Yvon nous a expliqué hier que les gens pensent « moyenne montagne » mais qu'ici la pente est très raide, sans concession, comme en haute montagne : il faut être très prudent !

Je réfléchis un moment à ce que j'ai vécu avec Nicole depuis trois jours : au départ de Voiron, ce fut la découverte, la mise en jambes. Puis nous avons décidé d'un commun accord, nous tenant par la main et mélangeant nos qualités et la chaleur de nos paumes par ces journées froides d'automne, de choisir le chemin des cols et des vallées. Un beau challenge avec notre désir de le réaliser ensemble : nous sommes si forts à deux ! Même si Nicole a très peur de passer sous ces énormes falaises, je sais combien nous serons heureux du résultat car cette épreuve, nous la réussirons en couple !

Vers 16 heures, Nicole et moi quittons *La Pêcherie*. Nous choisissons de suivre le chemin balisé par les carrières pour éviter la route goudronnée dans les goulets de la nationale le long du torrent qui descend du col du Granier. En même temps nous réalisons qu'il nous faudra monter pendant plusieurs centaines de mètres pour atteindre le village de La Plagne.

Ce GR est réservé aux randonneurs expérimentés et nous évitons de faire les malins en avançant lentement mais sûrement !

L'odeur des feuilles qui se décomposent, les pierres qui roulent sous nos pieds, les petits torrents qui coulent vers la vallée et ce beau soleil qui nous réchauffe sont de fabuleux trésors.

« Merci Mon Dieu pour cet instant présent ! Tu es là une nouvelle fois, au rendez-vous. »

Nous sommes essoufflés et nos jambes flageolent un peu. Nous nous donnons la main, je raconte à Nicole des anecdotes de mon pèlerinage pour la motiver. Elle dit qu'elle regrette de s'être arrêtée pour déjeuner : elle se sent en pleine forme et tout à fait capable de rentrer aujourd'hui à Myans ! Je la trouve un peu présomptueuse, mais je me garde bien de la contrarier. Nous avons encore du chemin à faire, l'arrivée est prévue dans deux jours !

Lors d'une pause, Nicole s'est endormie au soleil tandis que, sous l'astre lumineux, j'écris pendant une petite heure. Tiens, une cigogne vient de se poser sur la cime des sapins qui nous entourent : elle me rappelle les merveilleuses aventures vécues en Espagne en compagnie de *Vole plus haut* et *Gazoui*… Rêve ou réalité ? Ces exceptionnels souvenirs vivront toujours en moi !

Quelques minutes après s'être posée, elle est allée dans un bel envol rejoindre des régions plus chaudes. S'était-elle égarée ? Mais une cigogne se perd-elle vraiment ?

111ᵉ jour : La Plagne – Bellecombe
Samedi 22 septembre :
6 km en 5 heures
soit 1 918 km en 922 heures

AUBERGE "AU PAS DE L'ALPETTE"
S.A.R.L. BILET
Bellecombe
38530 CHAPAREILLAN
Tél 04 76 45 22 65 - Fax 04 76 45 22 90

Hier soir, Florian, Jeanine et leurs deux filles sont venus nous retrouver à La Plagne. Les responsables du gîte rural ont gentiment ouvert leur porte à cette famille un peu originale qui a débarqué alors que la saison touristique touche à sa fin, pour gravir le col de l'Alpette sous les falaises du Granier. C'est un énorme massif calcaire qui s'est effondré le 28 novembre 1248, engloutissant plusieurs villages et tuant des milliers de personnes. On raconte que les rochers se sont arrêtés devant le sanctuaire de Myans où les moines étaient en prières !

Pendant le repas, Nicole s'inquiétait, sachant que le sentier qui monte au col et descend sur Bellecombe serpente entre les falaises et les précipices : pour elle c'est un véritable défi et il suffit de l'entendre évoquer ses craintes pour comprendre sa peur. Nous avons donc passé la soirée à chercher une solution pour l'aider pendant que les filles jouaient dans la grande salle à manger du gîte. Florian a finalement eu l'idée d'utiliser une corde comme de vrais alpinistes : pourquoi pas ?

Une paysanne du village nous a bien raconté que dans sa jeunesse elle montait avec ses parents par ce sentier emmenant les chèvres et les brebis au marché dans la vallée de l'Isère : si les chèvres passent par là, nous réussirons nous aussi ! Il nous faut juste convaincre Nicole qui veut rentrer par le col du Granier et non celui de l'Alpette, ce qui occasionnerait un sérieux détour.

La nuit n'a pas dû être facile pour mon épouse qui décide pourtant au petit déjeuner de tenter cette montée : c'est très courageux de sa part et nous sommes tous très fiers d'elle !

Il fait froid ce matin et la bruine recouvre tout le village : dommage car nous ne verrons pas le grand cirque calcaire de La Plagne, mais l'essentiel pour nous est de rejoindre Bellecombe ce soir.

La montée est rude mais personne ne se plaint. Nous encadrons la petite équipe : Florian ouvre la marche et je suis le dernier de ce petit convoi qui ressemble à celui des contrebandiers d'antan qui passaient la ligne de crêtes entre le pays de Savoie et la province du Dauphiné. Le col de l'Alpette était réservé aux plus téméraires !

Sur le plateau en haut du col, le vent redouble. Nous nous abritons derrière un gros rocher pour changer les enfants et repartons après une petite collation bien méritée quand nous sommes dépassés par une vingtaine de jeunes en tenues de sport, crânes rasés, très sympas et volubiles : ils font la course. Qui sont-ils ? Nous n'avons pas le temps de leur demander car ils sont déjà loin devant nous !

Nous entamons maintenant la descente qui est la partie la plus délicate de notre journée. Plusieurs personnes ont perdu la vie sur ce col après avoir glissé dans les éboulis vers le fond des précipices : je me suis bien gardé d'en parler à Nicole qui ne serait jamais venue jusqu'ici ! Nous devons être très vigilants et bien regarder où nous mettons nos pieds. Florian avance avec la prudence d'un premier de cordée. Le soleil se cache par moments entre les nuages et la bruine se transforme bientôt en brouillard. Lorsque nous pénétrons dans les bois, le ciel s'obscurcit comme à la tombée de la nuit et nous pensons être enfin en sécurité.

Nous nous arrêtons pour déjeuner. Ce n'est pas très commode car tout est mouillé alentour, mais notre bonne humeur est intacte. Nicole et Jeanine préparent les sandwichs et chacun s'installe comme il peut, emmitouflé dans son poncho pour se protéger du crachin. Tout se passe bien jusqu'à ce que Ninon se mette brusquement à hurler :

— J'ai été piquée par un serpent !

Nous nous levons, un peu affolés, pour traquer la sale bête. La petite crie plus fort :

— Il vient de me piquer encore là, au ventre !

Nous sommes maintenant tous rassemblés autour de Ninon. Nicole et Florian lui enlèvent ses vêtements pendant que je vais chercher dans ma trousse à pharmacie la seringue spéciale pour retirer le venin : c'est la première fois que je vais l'utiliser. Mais soudain, nous voyons sortir de la manche du gilet de Ninon une, puis deux puis trois guêpes ! Ça alors : d'où viennent-elles ? Ninon a trois grosses marques de piqûres sur le ventre. Mon matériel d'aspiration n'est pas très probant mais la petite semble moins paniquée :

nous avons eu chaud ! Je cherche dans mon sac la crème spéciale pour soulager les piqûres d'insectes... C'est un plaisir d'être un « pèlerin secouriste » avec sa famille ! En définitive, il y a eu plus de peur que de mal et Ninon s'en remettra vite. Nous abrégeons le repas pour reprendre la descente car nous sommes attendus à l'auberge de Bellecombe où nous passerons notre dernière nuit.

Devant l'auberge, des véhicules militaires attendent les jeunes que nous avons croisés au col de l'Alpette : nous nous saluons comme si nous nous connaissions depuis longtemps et je retrouve soudain l'ambiance du Chemin. Ces jeunes délinquants ont accepté de quitter l'établissement pénitentiaire où ils sont incarcérés pour venir pendant un ou deux mois au Fort Barraux, encadrés par des militaires bénévoles qui leur enseignent l'instruction civique et un peu de morale. Leur engagement pour ce séjour leur permet de diminuer leur peine, tout comme les détenus de Besançon qui descendent le Chemin jusqu'à Saint-Jean-Pied-de-Port. Je trouve cette initiative superbe et je ne me gêne pas pour le dire en félicitant les personnes chargées de leur encadrement. Les jeunes sont très intéressés par mon parcours : beaucoup ignorent tout de ce fameux pèlerinage de Saint-Jacques. Je leur explique qu'avant de m'embarquer pour cette aventure, je suis allé chercher une carte pour voir où se trouvait Compostelle. À l'époque, je n'imaginais pas tout ce que j'allais vivre et je partage ces histoires avec ces jeunes gens qui nous ont séduits par leur bonne humeur et leur dynamisme : cela nous conforte pour eux dans l'espoir de leur réinsertion.

Il a plu toute la journée : en cette saison automnale, nous pensions être seuls à l'auberge de Bellecombe ce soir pour nous reposer de nos efforts de ces jours derniers mais c'est samedi et un grand mariage se prépare. On nous a alloué des chambres sous les toits et ne pouvant pas dormir avant que la fête se calme, je suis allé écrire nos aventures du jour, installé dans un petit boudoir près de la salle de bal.

112e jour : Bellecombe – Myans – Challes-les-Eaux
Dimanche 23 septembre : 16 km en 6 heures
soit 1 934 km en 928 heures

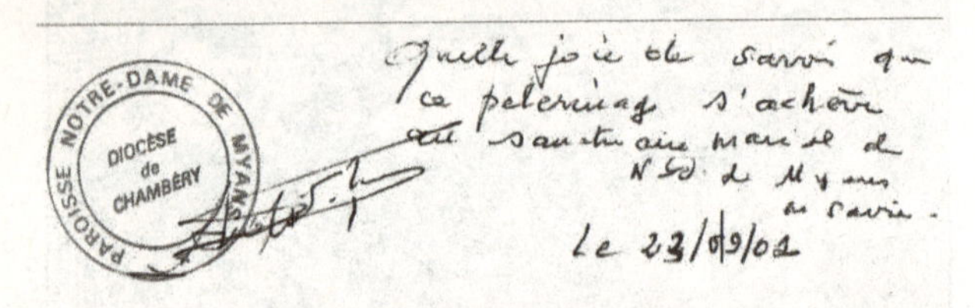

Le réveil du matin à 6 h 30 est un peu difficile mais nous devons assister à la messe de 11 heures au sanctuaire de Myans car notre fils Gauthier s'est engagé à me faire témoigner « en direct » auprès des paroissiens. Les pères Robert et Nanterme sont ravis de cette intervention providentielle : moi aussi ! Mais il nous faut arriver avant la fin de la messe – cela va de soi – et c'est pourquoi nous avons augmenté la cadence dès que nous avons quitté la route en traversant les rangées de vigne à perte de vue. Parfois, il nous faut chercher notre chemin mais ce n'est finalement pas très compliqué et j'ai connu bien pire en Espagne ! La jeune Flavie nous surprend par sa résistance, elle a tenu bon, et Ninon, après sa peur de la veille, avance elle aussi avec beaucoup d'énergie. Nous sommes tous heureux de cette fin d'étape qui met un terme à une si belle aventure pour moi. Le Très-Haut a exaucé ma demande : rentrer à la maison et retrouver l'ambiance familiale tant souhaitée…

« Merci Seigneur de Tes bienfaits ! Alléluia ! »

Le bourdon du sanctuaire de Myans égrène ses onze coups : c'est l'heure de l'office. Nous ne sommes plus qu'à quelques centaines de mètres de cette crypte où je suis venu me recueillir l'an dernier avant mon départ pour Saint-Jacques. J'étais alors dans mes petits souliers car le défi que je m'étais lancé me semblait tellement disproportionné comparé à mes modestes capacités de marcheur : et pourtant, j'ai enfin réussi. Alléluia !

Conclusion

« Il faut que vous naissiez de nouveau. » – Jean 3-7

Nous pénétrons dans le sanctuaire de Myans et descendons vers la crypte : l'office vient de commencer, une odeur d'encens et de cierges brûlés nous invite au recueillement. Nous déposons nos sacs à dos dans la chapelle où une myriade de bougies éclaire Notre-Dame de Myans. Dans l'angle du mur, une petite statue de saint Jacques nous souhaite la bienvenue. Nous nous installons en silence au fond de la crypte. Je m'assois à même la pierre, le dos contre le mur, et je sens une agréable fraîcheur à travers ma chemise. Un chant monte du cœur du sanctuaire en s'amplifiant jusqu'à nous. Je ferme les yeux, ma respiration se calme et je suis simplement bien et heureux d'être là. Que de chemin parcouru ces deux dernières années et quelles merveilleuses aventures j'ai vécues…

Mon pèlerinage vers Saint-Jacques fut une découverte à tous points de vue : pour la première fois j'appréhendais la marche à pied, apprenant à me lever tôt et à gérer mon temps, mes efforts et la longueur de certaines étapes. Sans doute peu de personnes autour de moi pensaient que j'irais jusqu'au bout de ce chemin : j'en ignorais moi-même les conséquences. Sur la route j'ai vite compris qu'il fallait lâcher prise et je me suis laissé porter.

Je me souviens de ce matin du deuxième jour : quelques minutes après mon départ de Tallode, j'ai crié très fort et pleuré pendant plusieurs heures sans pouvoir m'arrêter. Je voulais me libérer de mes liens familiaux et professionnels. Combien de stress accumulé depuis tant d'années ! Enfin j'étais libre et je pouvais me confronter à moi-même. Je sentais que le Chemin allait changer ma vie.

J'ai finalement décidé de m'ouvrir aux autres pèlerins. Nos rencontres m'ont soutenu dans l'épreuve sachant que l'arrivée nous comblerait de joie.

Ces longues heures rythmées au pas lent d'une tortue m'ont ouvert le cœur et mes sens se sont affinés jour après jour : à 2 kilomètres à l'heure, je pouvais enfin prendre le temps de découvrir chaque détail du paysage, le charme d'un petit village blotti au creux d'un vallon ou l'immensité de la forêt qui me protégeait de la canicule de l'été. Il me semblait que pour la première fois j'écoutais le chant des oiseaux ou le bruit de la pluie sur les feuilles des arbres. Le matin j'ai parfois croisé un chevreuil – aussi surpris que moi – au détour d'un chemin et qui s'est empressé de disparaître. Doucement je me laissais envahir par cette lenteur, imaginant ces nombreux marcheurs qui descendent vers le tombeau de l'apôtre depuis des siècles.

Le 25 août vers 11 heures du matin, lorsque j'ai enfin aperçu les flèches de la cathédrale de Santiago, mes yeux se sont remplis de larmes : la fatigue accumulée, les petits maux et les blessures, les inimitiés, les conditions d'hébergement précaires, les repas pris sur le pouce, tout cela s'est effacé avec le plaisir d'avoir atteint le but de mon chemin.

J'ai pourtant souvent douté de mes capacités, constamment à l'écoute de mon corps, de mes muscles et de mes articulations tant je craignais à tout moment que l'un deux ne m'abandonne. Mais j'avais une volonté farouche de réussir et j'imagine que mon obstination a annihilé toute idée d'abandon. Mon esprit a pris le relais de mes capacités physiques défaillantes lors d'efforts soutenus et j'ai découvert jour après jour en moi des réserves insoupçonnées que je sollicitais constamment par crainte d'arrêter prématurément mon aventure.

Au fil du pèlerinage ma conscience analysait mes actions les plus anodines, me rappelant parfois à l'ordre quand mes actes n'étaient pas justes. J'ai ainsi compris la place importante de ce Chemin de Saint-Jacques : il m'a montré que rien n'est acquis et que ma volonté d'aimer pouvait se renforcer au fur et à mesure de mes efforts quotidiens.

Les personnes que j'ai rencontrées sur la route ou dans les gîtes m'ont souvent permis de ressentir mes propres blessures comme lorsqu'on se regarde dans un miroir en espérant s'y voir éternellement jeune… et que la vérité vous saute au yeux ! Je sais maintenant que c'est en prenant conscience de ce que je suis réellement que je pourrai progresser, tout en réfléchissant constamment aux actions qui me permettront de vivre enfin libre et heureux.

Après un hiver de réflexion j'ai ressenti à nouveau le besoin de retrouver les notions de détachement et d'authenticité que le premier pèlerinage avait fait naître en moi, ainsi qu'une forte envie d'améliorer ma vie puisqu'aux dires de mes proches la première descente du Chemin ne m'avait pas suffisamment transformé.

Saint Jean dit : « Il faut que vous naissiez de nouveau. »

À l'aller j'avais reçu la foi : j'imaginais que le retour me permettrait de me reconstruire, d'accepter mes qualités et mes défauts, de mettre en place d'autres attitudes. Tout cela je le voulais vraiment !

Une autre raison importante de faire le retour était liée à ma vie professionnelle. Dans le milieu commercial où j'évolue, rien n'est gratuit, tout s'échange et s'achète : un monde d'apparences auquel je n'ai pas échappé. Je m'y suis souvent senti flatté et séduit… et finalement entraîné dans un engrenage dont je voulais désormais sortir pour vivre des rapports plus authentiques.

J'avais appris sur le Chemin de Saint-Jacques que chacun peut être apprécié à sa juste valeur humaine et spirituelle : l'égoïste rencontrera le généreux, le moqueur sera écouté par le compatissant, l'énervé ou l'excessif trouveront l'aide du patient, du sage. N'était-ce pas cela la vraie vie ? Une véritable remise en question était donc nécessaire si je voulais changer.

C'est ainsi que j'ai décidé de repartir pour faire le retour de Saint-Jacques-de-Compostelle à Challes-les-Eaux : pas moins de 2 000 kilomètres à pied !

En repartant sur le chemin du retour, je pensais

savoir à quoi m'en tenir mais j'ai très vite constaté des différences notoires entre les deux parcours.

Tout d'abord la solitude particulière de ceux (plutôt rares) qui comme moi rentraient chez eux à pied. Si dans la journée je faisais souvent de petites pauses pour bavarder un moment avec ceux qui descendaient vers Compostelle, certains soirs, épuisé par la route, je n'avais pas toujours la force ni le désir d'aborder d'autres pèlerins, même au gîte. Et fort heureusement, lorsque j'étais contraint de passer la nuit dehors ou dans un abri de fortune, seul et transi de froid, je me consolais en ayant conscience de mon profond désir de tester ma résistance physique et morale.

En m'éloignant de Saint-Jacques j'ai été surpris de ne pas retrouver cette envie presque frénétique qui s'empare de nombreux pèlerins désireux d'arriver à destination, ce qui entraîne parfois des comportements préjudiciables aux marcheurs. Sur le retour rien ne me pressait et je pouvais régler mon déplacement en fonction de mon état du moment : il m'est arrivé de mettre deux fois plus de temps que l'année précédente lors d'une étape particulièrement difficile.

Pendant ces quatre mois de marche, j'ai ainsi pu réfléchir et comprendre ce que signifie pour moi « essayer d'apprendre à aimer » et comment s'accepter tel que l'on est, être réceptif aux autres, partager leurs joies et leurs peines.

Chaque homme peut implorer notre Créateur avec humilité comme le ferait un petit enfant : « Aide-moi Mon Dieu, je suis si démuni ! Je voudrais tellement apprendre à donner de l'amour, cet amour actif que je veux éprouver pour mon épouse, pour mes enfants. Je veux, Mon Dieu, que Tu m'éclaires de Ta lumière, que Tu rentres en mon cœur et en mon âme et que

Tu me guides pour réussir à transformer mon cœur de chair en un véritable cœur d'amour. »

La main invisible de Dieu n'attend qu'un geste de notre part pour nous permettre d'éviter les échecs et nous aider à nous relever lorsque nous avons chuté. Combien notre vie devient plus facile lorsqu'on a enfin compris la citation : « Ce que je vous commande, donc, c'est de vous aimer les uns et les autres » (Jean – 15.17) : c'est cette recherche de l'unité qui nous transcende.

Nous devons avoir confiance : notre besoin d'amour nous guérit et nous fait grandir. Voilà enfin ce que j'ai constaté et compris sur le Chemin. Charles de Foucauld lui-même disait : « Aimer le prochain pour arriver par là à l'amour de Dieu, ces deux amours ne vont pas l'un sans l'autre : croître dans l'un c'est croître dans l'autre. »

Le philosophe Gustave Thibon citait le mot de Ciolan : « On aime malgré tout, et ce malgré recouvre un infini. » Cet infini, c'est Dieu dont l'appel se traduit en moi par le défi de l'amour : tout est possible à l'homme qui aime son prochain puisqu'il est près de Dieu. Je crois également que seuls les gestes d'amour et les actions de tendresse réalisées avec compassion et charité montrent la présence du divin en nos cœurs et permettent à l'homme d'élever son âme vers l'Éternel.

La foi en Dieu ne peut être réelle et profonde que si elle passe par l'amour des autres et l'acceptation de soi-même. L'homme possède tout l'amour de Dieu en lui. Saura-t-il un jour comprendre qu'il a besoin de rigueur, de respect, d'éducation, de partage pour enfin vivre en société dans un monde libre et sur une planète extraordinairement surprenante par sa position unique dans l'univers ?

Sachons remercier le Créateur qui nous a donné la vie et nous laisse libres de nos actes. Espérons que la Providence nous préserve du chaos et nous aide à harmoniser nos conditions de vie pour empêcher la disparition de l'homme sur terre. Je crois sincèrement qu'il est indispensable que nous prenions conscience, individuellement et collectivement, de tels risques et que revenir à notre essentiel nous aidera à agir pour réaliser un monde différent.

Soyons communicatifs, enthousiastes, croyons en notre bonne étoile, faisons confiance aux forces divines, sans douter pour être plus forts et vivre avec amour, intensément et dans le partage afin de créer, ensemble et avec l'aide du Très-Haut, un monde meilleur.

Dieu prendra place dans notre cœur et dans notre âme. Il nous aidera à grandir dans le changement que nous souhaitons.

Certains d'entre vous vont sourire à la lecture de ces réflexions personnelles : quelle candeur, quels raisonnements enfantins penseront-ils ! Qu'importe car je sais au fond de moi que si ce soir ou demain une personne est sensible à mon parcours initiatique, si elle aussi a le désir de changer son chemin de vie, mon action aura un vrai sens car elle sera partagée avec une autre personne et plus tard avec d'autres encore jusqu'à former une grande chaîne d'amour. C'est cette espérance qui invite chacun de nous à poursuivre ses efforts…

En cheminant, une de mes difficultés majeures fut de faire le soir mon examen de conscience. Revoir ma journée, mes rencontres, mes actions, les différentes conversations avec mon entourage ; y réfléchir pour voir si j'avais commis un impair ou par mégarde fait quelque action négative et prendre la décision de réparer, si possible, en m'excusant tout d'abord, si difficile soit cette démarche.

Pour mener à bien mon action de « réparation », j'ai besoin de l'aide de la Providence comme de celle d'un ami parfois ou d'un membre de ma famille qui m'aideront à prendre la bonne décision, ce qui n'est en rien un manque de caractère ou d'obstination. Je suis persuadé que le propre de l'intelligence est de savoir juger du bien et du mal en fonction de nos propres critères établis sur la morale, le civisme, la vie sociale à laquelle nous participons. Pour moi qui suis croyant j'y ajoute bien volontiers une dimension spirituelle et chrétienne. J'essaie d'avancer dans ce combat quotidien avec tolérance et réflexion, et aussi d'écouter ma conscience au lieu de l'étouffer ! Il m'arrive de me rappeler ces paroles : « Je ne comprends pas ce que je fais : car je ne fais pas ce que je voudrais faire, mais je fais ce que je déteste… Certes, le désir de faire le bien existe en moi, mais non la capacité de l'accomplir. En effet, je ne fais pas le bien que je veux et je fais le mal que je ne veux pas. Si je fais ce que je ne veux pas, alors ce n'est plus moi qui agis ainsi mais le péché qui habite en moi. » (Paul – Romains – 7.15/20)

Combien de fois suis-je retombé dans mes travers, faisant le mal que je ne voulais pas, susceptible et nerveux. Souvent je réfléchis après avoir agi ! Tout cela me joue des tours et j'en souffre. Ah ! si je pouvais être différent, offrir plus d'écoute et de gestes d'amour à ma famille, à mes proches ou à celui que le Seigneur met sur mon chemin ! C'est difficile mais il faut essayer de changer ses attitudes, d'être plus à l'écoute, de faire attention aux autres, de vivre cette forte spiritualité reçue sur le Chemin… La route est longue mais l'espoir doit vivre en nous pour guérir afin de grandir dans notre amour fraternel.

Voilà les réflexions et les pensées qui ont occupé mes longues journées de marche pendant ce pèlerinage de retour. Depuis, je fais souvent ces courtes prières : « Merci Seigneur pour cette belle journée et ces merveilleuses rencontres. Offre-moi demain une journée remplie d'imprévus, de partage, d'espérance et d'amour. »

Jacques mon ami musulman me faisait prendre conscience que si j'étais venu sur ce chemin de Compostelle, moi qui étais diminué par cette polio, c'était pour me prouver, ainsi qu'à mes enfants et petits-enfants, que le Papou était capable – avec un peu de volonté, de courage et de ténacité – de réussir à marcher ; et que ce n'était pas le fait du hasard mais que le Très-Haut avait décidé, comme pour nous tous, des rencontres qui ne sont jamais ni gratuites ni fortuites.

Sortir de son confort habituel n'est pas une mince affaire mais la volonté du dépassement de soi peut engendrer des résultats surprenants. Une fois rentré à la maison, deux possibilités s'offrent au pèlerin : la plus simple et la plus facile est de conserver les meilleurs moments du Chemin et de reprendre sa vie comme avant. La seconde – que je crois préférable – est d'accepter de continuer à vivre ce pèlerinage dans sa vie quotidienne : c'est en tout cas ce que j'essaie de faire avec simplicité et confiance et quand le chemin devient plus dur, je n'hésite pas à solliciter l'aide de Dieu.

À l'orée de ma retraite, je m'engage solennellement à tenter de devenir un être d'espérance pour tous ceux que je croiserai. J'aimerais que vous acceptiez ce long récit du retour comme le témoignage sincère d'un homme en quête de son devenir et de sa voie, conscient de ses faiblesses et de sa vulnérabilité mais toujours volontaire et obstiné. La présence du spirituel dans ma vie a profondément changé mes attitudes quotidiennes. Vous pourrez tour à tour apprécier et juger mais ne soyez pas trop sévères car je me suis livré tel que je suis – et Dieu sait si c'est difficile – afin que ceux qui seront en communion d'esprit avec moi puissent se relever et marcher vers la lumière qui brille dans leur cœur et ouvre vers l'espérance.

Cher lecteur, nos chemins vont se séparer. Nous avons cheminé ensemble pendant ce long pèlerinage et vous avez peut-être partagé mes joies, mes peines, les moments de solitude ou d'exaltation, mes réflexions. Comme je l'ai souvent dit, le Chemin est un amplificateur de vie dans laquelle nous pouvons nous comporter comme des pèlerins. Rien ne vous empêche, comme je l'ai fait sur mon chemin, d'écrire dans un petit carnet les observations et bonnes résolutions de votre journée.

Je remercie la Providence qui nous a fait nous rencontrer à travers ce témoignage et permis, je l'espère, de nous comprendre et de nous rapprocher.

Nicole qui est près de moi me tire par la manche et me fait sortir de mes rêves. La messe est finie, je ne me suis rendu compte de rien, j'étais loin, si loin… « Gérard, le père Robert te cherche et t'attend dans le cœur pour ton témoignage… »

Je me lève et traverse à nouveau la crypte, mon chapeau à la main et dans l'autre un petit bouquet de fleurs des champs. Les regards compatissants se tournent vers moi pendant que le père me présente aux personnes qui viennent de s'asseoir. Je leur fais face, ému et confiant, et je fais cette dernière prière : « Seigneur, par mon cœur et par ma voix, offre à toutes les personnes présentes cette merveilleuse aventure que j'ai vécue près de Toi pendant ce long retour et à travers mon témoignage, mets au fond de leur cœur ce que tu m'as donné et offre-leur l'envie d'aimer. »

Le sanctuaire de Myans est à six kilomètres de Challes-les-Eaux. Nicole et les enfants sont rentrés en voiture avec Gauthier. J'apprécie de rester seul pour cette dernière étape qui clôt ce long, si long retour…

J'ai le temps, il fait beau et je chante ma joie. Mon regard est attiré par le magnifique massif du Granier que nous venons de « conquérir » ! Je suis un vol de cigognes alors qu'au fond de mon cœur, une petite voix me dit :

« Je t'ai mis sur le Chemin, surveillant tes pas afin que tu puisses rencontrer, partager et aimer ceux que j'ai mis à tes côtés.

« Je connais tes faiblesses et les infirmités de ton corps.

« L'essentiel de ton pèlerinage n'était pas dans le but que tu t'étais fixé mais dans cette recherche que tu as vécue, jour après jour, pendant ces longues journées de marche, à l'aller et au retour.

« Tu as cheminé longtemps pour atteindre le cœur de ton âme.

« Accepte la main que je te tends et n'attends pas d'être parfait pour agir.

« Sois simplement mon serviteur, humble et fidèle, charitable et attentif.

« Celui qui m'offre son amour en aimant son prochain.

« Garde-moi ta confiance et je t'apprendrai à toujours aimer avec compassion.

« Je veux que tu glorifies mon nom, que tu aimes ta famille et devienne pour ton frère un semeur d'espérance et d'amour.

« Conscient de cela, tu pourras continuer la route de ta vie.

« Je t'ai confié une mission particulière auprès des enfants défavorisés : ne te pose plus de questions et n'aie pas peur car je suis là. Tu réussiras car tu as appris l'essentiel : à te connaître et à t'accepter.

« Si parfois tu doutes, si tu es désemparé, je te donnerai la force car tu m'as ouvert ton âme et ton cœur.

« Et je te guiderai quand tu m'appelleras.

« Maintenant que tu as senti ma présence et accepté la confiance que j'ai mise en toi, va où ton cœur t'entraîne.

« Mais n'oublie jamais que ta vie doit être faite de petits gestes d'amour à offrir chaque jour.

« Tu es sur le chemin de la vérité, de l'espérance et de l'amour.

« Dis-toi à chaque instant que l'important, c'est d'aimer. »

Je marche depuis plus de deux heures sur le plateau de Charmillon en arpentant l'ancienne voie romaine des Marches à La Ravoire. Bien qu'il soit au zénith, le soleil d'automne est moins torride : je sens que j'arrive au bout de mon aventure.

Je descends et traverse notre coquette station thermale de Challes-les-Eaux, localité bien connue pour sa source d'eau sulfureuse. Je passe sous les murs d'enceinte du château des Comtes de Challes : Jean, un des écuyers du château, est allé à Saint-Jacques quelques siècles avant moi.

En haut de la côte qui mène au hameau du Chaffard, j'aperçois les hautes façades en pierre de notre maison et j'entends les cris des enfants qui jouent dans le jardin.

Soudain, je me rappelle ces vers illustres :

Heureux qui, comme Ulysse, a fait un beau voyage,
Ou comme celui-ci qui conquît la Toison,
Et puis est retourné, plein d'usage et raison,
Vivre entre ses parents le reste de son âge !

Non loin de la porte en fer de l'allée piétonnière, je m'arrête pour déguster les dernières gorgées d'eau de ma gourde. Puis je sonne à la cloche et j'entends la voix de Nicole : « C'est Papou qui arrive ! Ninon, va vite lui ouvrir ! »

Deux petits oiseaux virevoltent autour de moi et viennent se poser sur la glycine au-dessus du mur : c'est pour moi un signe de bienvenue comme s'ils voulaient me dire : « Ça y est, tu es arrivé ! » Je reconnais en ces deux compères mes petits amis hospitaliers d'Acebo et de la Croix de Fer : *Vole plus haut* et *Gazoui*. Leurs belles robes marron et leurs taches sur la queue et le bec sont très reconnaissables. Quelle jolie surprise ils me font d'être là aujourd'hui !

La porte du jardin s'ouvre doucement sur le petit

visage de Ninon qui me sourit : « Papou, ne fais pas de bruit… nous avons des visiteurs ! » Les deux petits oiseaux viennent de pénétrer par la fente de la boîte aux lettres taillée dans le venteau de la porte en fer. Ninon entrouvre avec délicatesse la boîte dans laquelle il y a un nid où piaillent cinq oisillons qui réclament leur pitance.

Je suis très ému par cet accueil et je décroche de mon chapeau saharien le petit bouquet que je dépose au bord du nid. Je confie ensuite mon bourdon à Flavie qui vient de nous rejoindre. « Regardez les filles ! Je connais bien ces oiseaux et je suis si content de les revoir ! » Les petites sont tout étonnées de m'entendre parler ainsi à mes petits compagnons et ça les fait rire. Je ne reçois aucune réponse des oiseaux, même s'ils hochent la tête en me regardant, et je reste là un moment, un peu déçu : me serais-je trompé d'oiseaux ? La magie du Chemin vient-elle de me quitter ? Je comprends alors ce qui se passe : je suis hélas contraint d'accepter que mon pèlerinage est bien fini ! Avec un léger pincement au cœur, je dois maintenant quitter la vie au grand air, le monde de l'imagination, du rêve et de la méditation, la liberté et la vie hors du temps. J'abandonne le monde de l'enfance pour celui plus rationnel des adultes, les contraintes professionnelles et les obligations de la vie en société organisée et hiérarchisée : en un mot le train-train quotidien !

Les pèlerins qui ont vécu avec passion ce fantastique Chemin me comprendront ! Cela me rappelle ceux que j'ai rencontrés à Saint-Jacques : comme moi, ils sillonnaient la ville en pleine « dépression spirituelle », arpentant la place de la cathédrale dans l'espoir de trouver auprès de leurs pairs une réponse à leur mélancolie bien compréhensible et au désir de marcher encore et encore ! Heureusement que cet état est provisoire : pénétrés d'amour pour leur prochain, ces pèlerins sauront se reprendre dès qu'ils seront rentrés chez eux pour vivre leur chemin de vie différemment désormais, si tel est leur désir.

Florian, Jeanine, Gauthier, Ève avec Noa dans les bras et Nicole m'entourent. Je sors de ma réflexion : malgré ces instants de nostalgie, je leur souris en disant : « Passons à table, il est déjà 15 heures et vous devez avoir faim ! Je suis désolé de vous avoir mis en retard mais vous savez que votre père et Papou est une véritable tortue qui a besoin de votre indulgence ! »

Mes enfants comprennent à leur tour que je viens de poser mon sac, ma besace (ma compagne) et mon bourdon (mon compagnon), pour un long moment sans doute, laissant au Très-Haut le choix de la suite qu'il souhaite donner à ma destinée...

Épilogue

« Une bouteille jetée à la mer... »

Lorsque je suis rentré à la maison après 4 mois d'absence, j'ai découvert avec surprise sur mon bureau une centaine de cartes et de lettres envoyées par les pèlerins que j'avais rencontrés pendant ce long retour. Beaucoup avaient été expédiées de Compostelle et il y en avait de très émouvantes. Certains pèlerins ont rencontré de sérieuses difficultés qui les ont empêchés d'atteindre le but ultime mais le désir de repartir reste ancré dans leur cœur. Deux mois après, j'ai reçu un pli sur lequel il était écrit :

Gérard dit *La Tortue*
Pèlerin de Saint-Jacques-de-Compostelle
Challes-les-Eaux 73190

À l'arrière de l'enveloppe, on avait noté : « C'est une bouteille jetée à la mer mais, facteur, on sait que tu fais des merveilles ! »

Comment cette lettre est-elle arrivée jusqu'à moi : mystère ? Challes-les-Eaux compte 4 000 habitants : quelle belle surprise de la Providence !

J'ouvrais délicatement l'enveloppe qui contenait une carte représentant un beau lever de soleil sur la montée de Jérusalem, avec des messages d'amitié et d'amour écrits par les jeunes *Témoins et bâtisseurs* rencontrés au-dessus d'Estaing dans le Lot. Un moment extrêmement touchant pour moi et que Sylvie a si bien décrit : « Cette rencontre inattendue, hors du temps, reste gravée dans l'esprit de chacun. Notre cœur n'est-il pas tout brûlant ! »

J'étais bouleversé à la lecture de ces marques fraternelles d'amitié. Deux grosses larmes coulaient sur mes joues. Je remerciais le ciel qui m'avait une fois encore permis de renouer avec la vie du Chemin et ces adolescents pleins de joie et d'enthousiasme pour bâtir leur vie dans l'amour fraternel et spirituel. Ce soir-là je pris la décision de leur écrire et d'aller leur rendre visite dès que possible à Quézac dans le Massif central.

Un peu plus tard, à l'occasion d'une fête mariale, je me suis rendu là-bas sans les avoir prévenus : je voulais leur en faire la surprise et qu'ils se rendent compte que Gérard *La Tortue* n'est pas un homme exceptionnel parce qu'il a fait le chemin de retour mais une personne comme eux, en recherche de paix, d'espérance et d'amour…

Les retrouvailles furent à la hauteur de mes désirs : fantastiques, conviviales et spirituelles. J'étais fier de pouvoir nommer chacun : Agnès, Aline, Anne-Laure, Benoist, Bruno, Clothilde, Delphine, Elise, Fanny,

Flore, Gaëlle, Jean-Baptiste, Lucie, Magali, Mathilde, Maury, Nicolas, Olivier, Rémy, Sandra, Thibaud et Vincent ; les organisateurs Hélène, Odile, Georgette, Sylvie, Didier, Emmanuel, Philippe ; et enfin le père Claude « conspirant » avec moi pour que notre amitié perdure. C'est ainsi que j'organisai secrètement avec eux un rassemblement de tous ces jeunes en Savoie pour le grand week-end de la Toussaint. Je voulais que la surprise soit à la hauteur de l'affection que je leur porte.

Les *Témoins et bâtisseurs* ont donc quitté leur Massif central et sont partis un matin, toujours ignorants de leur destination : Myans, près de Chambéry, et son sanctuaire au cœur de la combe de Savoie. Nous les y attendions avec un comité d'accueil composé de paroissiens myannais.

Ils sont arrivés le soir sous la pluie et nous les avons conviés, avec les pères Nanterme et Robert, à une soirée organisée spécialement pour eux avec projection de mon diaporama numérisé *Fleurir le Chemin de Saint-Jacques par des gestes d'amour.*

Quelle ne fut pas leur surprise lorsque je les ai fait monter sur scène pour témoigner de leur pèlerinage aux 150 personnes présentes. Ce fut une merveilleuse soirée pleine d'émotion.

Le lendemain soir les jeunes de la paroisse de Myans sont venus avec leurs instruments de musique pour partager un moment festif et fraternel. Les jeunes Auvergnats ont offerts aux Savoyards leur passion et leur enthousiasme dans un esprit de partage. Ces adolescents sont vraiment notre richesse, nous en sommes tous convaincus ! J'espère que chacun gardera ces merveilleux souvenirs dans son cœur même si le temps fut maussade. La Savoie est si belle sous le soleil : ils reviendront certainement l'apprécier la fois prochaine !

Désormais, au gré de nos vies, nous nous envoyons des cartes postales pour maintenir vivante l'amitié qui nous lie et fut scellée au cœur du Lot sous le regard bienveillant de saint Jacques. Les *Témoins et bâtisseurs* continuent leur chemin une semaine par an : avec constance, ils arriveront bientôt à Compostelle !

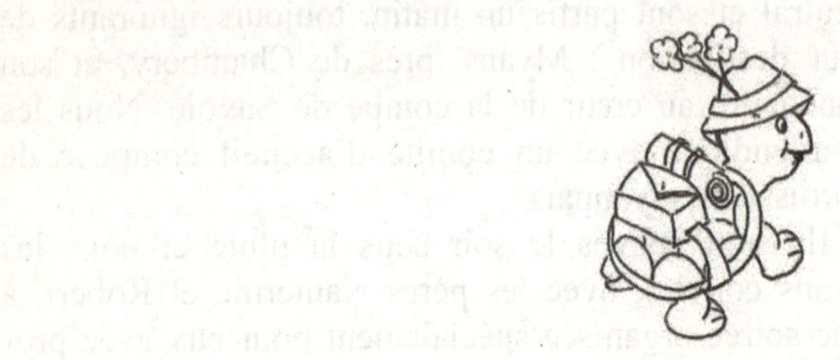

Quelques années plus tard…

« Soyez un témoignage vivant... » Saint-Paul

Nous sommes dimanche après-midi, il n'est que 17 heures et pourtant le ciel s'est assombri, d'un ton gris uniforme et blanchâtre, il englobe tout le massif de la Grande Chartreuse, laissant çà et là quelques bosquets d'arbres, vastes taches sombres qui percent le grand manteau neigeux… Quelques lumières scintillent au loin comme des étoiles, les maisons dessinent leur contour et sont en partie cachées par les rangées d'arbres… c'est vrai que nous sommes à quelques jours de Noël.

Pour mieux apprécier ce beau panorama sur les falaises du Granier, j'ai éteint la lumière du salon ; Nicole lit près de moi ses journaux à la lueur des flammes qui crépitent dans l'âtre de la cheminée, un concert de musique classique meuble notre silence.

Je regarde vers le balcon où notre petite maison d'hiver pour les oiseaux regorge de graines… Une noria de moineaux, mésanges, rouges-gorges, chardonnerets et même un pic épeiche viennent se nourrir : c'est le repas du soir !

Je ne peux m'empêcher de penser que si j'étais sur le *Camino*… tout ce petit monde viendrait converser avec moi !

Le temps a passé et vous vous demandez peut-être ce qu'il est advenu de cette petite tortue tordue, ce pèlerin un peu surprenant dont vous avez lu les aventures sur le chemin de retour de Compostelle.

Une pile de lettres est là devant moi. Je parcours la première, écrite par Jacques que j'ai rencontré dans ma jeunesse à Bergerac et qui, après avoir lui aussi pérégriné sur le Chemin et lu mon témoignage, m'offre une citation de Guy Dutey[1] qui, dit-il, me va si bien :

« Le touriste exige, le pèlerin rend grâce ! Le touriste visite, le pèlerin est visité ! »

En réfléchissant, j'accueille cette grâce qui ne s'explique pas ! Je pense que sur le Chemin, elle se reçoit avec humilité pour celui qui a compris que c'est dans le changement de ses habitudes qu'il peut sentir monter en lui, au fil des jours, une impression de sérénité tout au long de ces rencontres, avec tendresse et compassion.

Mon cœur s'est ouvert à la nature, à mon environnement et je me suis tourné vers les autres afin d'atteindre cette harmonie naissante que j'appelle l'état de grâce ! C'est, je crois, un trésor qu'il faut

1. Pèlerin et auteur du livre *Se savoir accompagné sur le chemin de Compostelle : percevoir les signes d'une présence* – Coll. « Comprendre les personnes ».

essayer de conserver et d'améliorer sans cesse malgré les épreuves parfois très difficiles de notre chemin de vie !

En effet, nous avons nous aussi vécu des moments dramatiques avec la découverte chez notre fils Gauthier (alors âgé de 35 ans) d'un myélome avancé, un cancer de la moelle des os. À travers son combat pour la vie, pour son fils Noa, et grâce aux dons de moelle de son frère Florian, il nous étonne par sa volonté de mener une guerre sans merci à la maladie… gagnant bataille après bataille. Sa foi en Dieu et en la vie nous impressionne et force notre admiration !

Comme il l'expliquait l'autre jour à tous ses neveux et nièces lors d'une réunion de famille : « C'est chaque jour qu'il faut gravir l'Everest ! Chasser les mauvaises pensées afin de ne conserver que le positif ! Lorsque l'épreuve ou le traitement deviennent trop durs, je demande aux forces divines de venir m'aider et me secourir… Je sais aussi dire merci ! » C'était très impressionnant de voir tous les enfants auprès de lui, qui l'écoutaient si attentivement !

Toute notre famille s'est mobilisée autour de Gauthier pour lui prouver le profond amour qui nous anime. Pendant les longs mois de son traitement à l'hôpital Édouard Herriot de Lyon, nous nous sommes relayés afin qu'il ne soit jamais seul.

Aujourd'hui nos deux fils témoignent auprès des jeunes dans les écoles avec l'espoir d'augmenter le nombre des donneurs potentiels de moelle osseuse enregistrés au fichier mondial.

Gauthier vient de se remarier avec Ania et une ravissante Joy est née de leur union, contrairement aux pronostics des spécialistes.

« Voilà encore un signe de la Providence », dit-il !

Notre famille s'est agrandie... de deux petits-enfants, Enam et Fantine ; avec l'arrivée de Joy, cela porte à treize le nombre des membres de la « tribu » de nos petits enfants.

Notre chemin de vie professionnelle ne fut pas de tout repos... lui non plus ! Mon désir de quitter les affaires après la révélation reçue sur ce retour de Compostelle ne fut pas évident !

Mais aujourd'hui toutes ces épreuves appartiennent au passé. Seuls comptent pour moi le présent et l'avenir.

Depuis cet été, j'ai repris mon bâton de pèlerin, sillonnant la région et le Chemin pour présenter, avec un diaporama retraçant mon aller et retour à Saint-Jacques, mon témoignage et cette rencontre extraordinaire avec la spiritualité qui a changé ma vie !

Lors d'une soirée sur Saint-Jacques cet automne à Salon-de-Provence, j'ai retrouvé deux couples que j'avais rencontrés et croisés à deux jours d'intervalle sur mon retour : Christine et Jacques, ainsi que Marcel et Thérèse. Ils se souvenaient bien de ce pèlerin qui remontait le Chemin... Marcel sur son carnet de route avait noté : « Nous avons rencontré un Marseillais-Savoyard enthousiaste, certes un peu original, qui nous a offert un bouquet de fleurs et nous a parlé de sa philosophie et de sa recherche du bonheur… Étrange rencontre d'un gars sympa que nous ne reverrons vraisemblablement jamais… » C'était à O Cebrerio, à la frontière entre la Castille et la Galice.

Je suis maintenant « en grandes vacances… » et comme le dit si bien Zazie : « La vie, c'est bien le chemin. Il faut aimer, le prendre chaque jour, semé de fleurs ou d'embûches, le célébrer sans cesse, lui rendre hommage. »

Mes journées sont bien remplies ! « Espérance Jeunesse », fondée avec des amis chers, se met en place pour apporter aide et soutien à l'enfance défavorisée… « Ce qui est insupportable, c'est de voir la souffrance des enfants », me disait Jacques.

Voilà ce qui me motive et que vous pouvez partager avec nous !

En septembre 2009, la direction de la Foire de Savoie m'a invité à exposer les photos qui illustrent ce livre-témoignage que vous avez entre les mains. À la suite de quoi, Florian m'a demandé de mettre en place une exposition permanente dans l'établissement professionnel familial de Challes-les-Eaux et c'est un réel plaisir d'ouvrir le Chemin aux personnes de passage…

Sur le livre d'or, le premier visiteur a écrit ces mots magnifiques : « Aime et fais ce que tu veux !

Cette parole de saint Augustin peut éclairer toute une vie tant l'amour est la vraie pierre sur laquelle nous fondons nos existences. Mais aimer est aussi une mission, un agir, un souhait… un itinéraire. Je souhaite que beaucoup de personnes, en regardant cette exposition, puissent cheminer et méditer pour confirmer cet amour dans leur vie ou le redécouvrir. Et peut-être que les uns ou les autres sauront en percevoir la source… qui pour moi n'a d'autre nom que Dieu[1]. »

Désormais, j'ai confiance en la Providence et mon désir d'amour se traduit par une grande espérance à travers des petits gestes de tous les jours… Saint Augustin a dit : « Fais ce que tu veux », je préfère penser que « je fais ce que je peux » !

Je vois aujourd'hui autour de moi beaucoup de femmes et d'hommes empreints de bonne volonté et ouverts sur l'avenir. Est-ce la lecture de ce livre qui les incite à la confidence ? Peut-être… Je trouve ces attitudes réconfortantes et positives dans un monde où le sensationnel et les faits divers tragiques envahissent nos médias… Ces nouvelles rencontres touchent mon cœur et m'incitent à continuer mon chemin : à travers elles, et loin de vouloir donner une leçon à quiconque, je souhaite simplement témoigner de mes efforts répétés et partager cet esprit de fraternité et de spiritualité qui m'apprennent à aimer.

Alors à chacun de vous, je dis sereinement : « Ayez confiance et bon chemin de vie ! »

1. Citation de Monseigneur Philippe Ballot, Archevêque de Chambéry – Évêque de Maurienne et Tarentaise.

Votre compagnon, votre frère, votre ami

Priez, nourrissez la relation à Dieu
Faites connaitre aux autres la sérénité
Et la richesse que cette relation vous apporte
Soyez un témoignage vivant...

Saint Paul

« Si tu peux... »
Pensées d'un pèlerin de Compostelle...
Inspiré du poème
de Rudyard Kipling : Si...

Si tu peux accepter qu'un souvenir heureux soit peut-être sur la Terre plus vrai que le bonheur
Sans jamais regretter ce que tu as vécu les jours précédents,
Éviter de reprendre toutes tes mauvaises habitudes – conscient de tes possibilités réelles –
Avec le désir profond de les changer,

Si tu gardes toujours présent dans ton cœur cette volonté de tolérance et de respect
Qui te permet de voir les autres différemment,

Si tu as appris à être patient, pas après pas le long de ton chemin, Conscient qu'en ce monde les artifices de la flatterie, de la position sociale,
De la réussite et même de la gloire ne sont rien sans la simplicité dans la sincérité,

Si tu peux rester humble devant la célébrité qu'on peut te vouer, conservant dans ton âme,
Les qualités essentielles qui doivent régir ta vie de tous les jours,

Si ton regard vers les autres, vers celui qui est face à toi est empreint de compassion,
De tendresse, de compréhension, d'écoute et d'amour,

Si pour toi le temps d'un partage même très court, d'une poignée de mains, d'un sourire,
D'un mot, gardent de l'importance en rapport avec ton frère, avec le souhait de l'échange.
Si tu acceptes chaque jour dès le matin de remettre en question ta journée de la veille,
Afin de trouver en toi les forces qui te permettront de changer… et par-là même, grandir,

Si tu as toujours conscience dans ton cœur et dans ton âme, Que la vie est faite de choses simples : la beauté d'un lever de soleil,
Une élévation de tes yeux vers les étoiles avec la pureté de ton regard d'enfant que tu portes en toi,
Qui te permettront d'accepter ces forces divines qui dirigent le monde,

Alors tu auras acquis la sagesse des grands hommes,
Tu sauras, face aux événements, conserver l'essentiel :
Le partage d'amour et la compassion dans une tendresse infinie. Ton cœur vivra à l'unisson, détaché enfin de l'argent, du pouvoir de la gloire,
Libre de choisir ta voie…
Vrai pèlerin tu seras devenu !

Gérard TRÈVES

Table des matières

Bibliographie

Quand je suis parti sur le Chemin, je n'avais pas beaucoup d'informations en ma possession et cela m'a beaucoup manqué. Aujourd'hui, il me semble important de transmettre mon expérience aux lecteurs afin qu'ils abordent plus sereinement cette longue marche.

Je propose donc dans un premier temps une liste d'ouvrages qu'il me paraît essentiel de se procurer avant d'entamer cette pérégrination :

Chemin de Saint-Jacques-de-Compostelle en Rhône-Alpes de Genève au Puy-en-Velay – N° 15 spécial mars 2002

Guide de l'association Rhône-Alpes des Amis de Saint-Jacques

Tous les points d'accueil jacquaire disponibles.

Siège de l'association : 30, quai St-Antoine, Commanderie des Antonins 69002 Lyon

Miam-Miam Dodo GR65 Le Puy-en-Velay

Clouteau L. et J., Éd. du Vieux Crayon, 2013, 256 p.

Miam-Miam Dodo sur le Camino francès

Cambriels M.V. et Clouteau L., Éd. du Vieux Crayon, 2013, 256 p.

Compostelle Mode d'emploi
Clouteau J., Éd. du Vieux Crayon, 2012, 256 p.
Histoires secrètes du Chemin de Saint-Jacques (tome 1)
Clouteau J., Éd. du Vieux Crayon, 2012, 320 p.

Collection *Miam-Miam Dodo*
Guides indispensables pour trouver les gîtes et points de ravitaillement.

Sentier vers Saint-Jacques-de-Compostelle* via *le Puy-en-Velay
Topo guides GR 65 de la FFRP (Fédération française de la Randonnée pédestre)
- *Genève/Le Puy* réf. 650
- *Le chemin du Puy – Le Puy/Figeac* réf. 651
- *Le chemin du Puy – Figeac/Moissac* réf. 652
- *Moissac/Roncevaux* réf. 653

Descriptions précises des itinéraires accompagnées des cartes IGN avec signalétiques en rouge du GR 65 sélectionné et par tronçon.
FFRP, centre d'information : 64, rue du Dessous-des-Berges 75013 Paris
T. 01 44 89 93 93 – www.ffrandonnee.fr

Vers Saint-Jacques-de-Compostelle
Lepère Éditions – www.lepere-editions.com
- *La via Podiendis* (2009), Lepère-Delattre
- *Le Camino frances* (2009), Lepère-Dehnel
- *La via Tolosana* (2008), Lepère-Dehnel
- *La voie de Vézelay* (2011), Lepère-Dehnel
- *Le Camino del Norte* (2011), Lepère-Terrien
- *La voie de Tours* (2013), Lepère-Terrien
- *La voie du Piémont pyrénéen*, Lepère

Puis, fort de votre expérience mais encore sous le charme du Chemin, vous trouverez ci-dessous une bibliographie plus personnelle qui, je l'espère, vous ravira autant que moi :

Chemin de nature vers Compostelle
Hors-série Pèlerin/Terre sauvage, juin 2008, n° 807

Chemins de Saint-Jacques
Guides Gallimard, 2006, 2007

Du Puy à Conques par le chemin des pèlerins et Carnet d'Aubrac
Le Maître Anne, Éditions du Rouergue, 2002, 109 p. et 2005, 108 p.

En si bon chemin
Gantelet Léo, Éditions François Lepère, 2002, 290 p.

Chemin d'étoiles et sabots d'airain
Angèle Béatrice, Éd. Le Vieux Crayon, 2001 & ALTESS, 2003, 256 p. et 261 p.

Le Grand Chemin de Compostelle et Retours à Conques
Bourlès J.-C., Payot, 2004, 304 p.

Le Guide du pèlerin de Saint-Jacques-de-Compostelle : texte latin du XIIe siècle
5e édition
(édité et traduit en français)
Vieilliard J., Éditions Vrin, 1997, 152 p.

Les Chemins de Saint-Jacques-de-Compostelle
Roux Julie, Éditions MSM, 1999, 320 p.

Les Étoiles de Compostelle
Vincenot Henri – Éditions Gallimard, 1987, 346 p.

Le Pèlerin de Compostelle
Coelho Paolo, Éditions Livre de Poche, 1998, 251 p.

Pèleriner vers Compostelle, sur un chemin pas comme les autres
Être femme sur le chemin de Compostelle
Dutey Guy, Éditions Chronique sociale, Lyon, 2002, 181 p. et 2005, 152 p.

Priez pour nous à Compostelle
Barret P. et Gurgand J.-N., Hachette Littérature, 1999, 348 p.

Sacrés Chemins de Saint-Jacques-de-Compostelle
Serex A. et Leroux L., Éditions Déclics, Paris, 2006, 160 p.

Saint-Jacques La Mecque – film
Serreau Coline, Éditions Double DVD, 2005

Se savoir accompagné sur le chemin de Compostelle : percevoir les signes d'une présence
Dutey Guy, Éditions Chronique sociale, 2008, 108 p.

Sur le chemin de Compostelle
Jager Patrick, collection « Carnet d'un peintre », Éditions Glénat 2003, 128 p.

Sur les chemins de Compostelle
Les Chemins de Compostelle en terre de France
Huchez P. et Boelle Y., Éditions Ouest-France, Rennes, 1997, 127 p.

Tous les chemins mènent à Compostelle
Sur le chemin du Puy : en marche vers Compostelle (livre photos)
Grégoire J.-Y., Rando Éditions, 2007, 254 p. et 1999

En avant, route !
Alix de Saint-André, Éditions Gallimard, 2010, 307 p. livre broché
et 2011, Éditions Livre de Poche, 351 p.

Randonner avec un âne
Jacques Clouteau, Éd. du Vieux Crayon, 2005, 160 p.

Il est un beau chemin semé d'épines et d'étoiles
Jacques Clouteau, Éd. du Vieux Crayon, 2008, 576 p.

Compostelle mode d'emploi
Jacques Clouteau, Éd. du Vieux Crayon, novembre 2011, 256 p.

Si vous souhaitez vous tenir informés des actualités du Chemin, partager des expériences, des témoignages, recevez gratuitement les cyber-bulletins suivants : le Camino (m@il : bulletincamino@aol.com), les Zoreilles (m@il : zoreilles@chemindecompostelle.com), Chemin Faisant (m@il : stjacquesalpilles@yahoo.fr).

Vous pouvez également visiter les sites www.compostelle2000.com, www.chemindecompostelle.com, www.chemin-compostelle.info, www.amis-st-jacques.org…

Naturellement, cette bibliographie n'est pas exhaustive et votre libraire favori se fera une joie de vous conseiller d'autres ouvrages tous plus intéressants les uns que les autres.

Associations jacquaires en France et en Europe

Amis de St-Jacques-de-Compostelle en Alpilles
283, Vieux chemin
du Val de Cuech
13300 Salon-de-Provence

Association des Amis de St-Jacques en Alsace
1, rue de la chaîne
67140 Andlau
Tél. 03 88 98 34 63
www.saint-jacques-alsace.org

Association des Amis de St-Jacques en Anjou
45, av. du 8 mai
42290 Chalonnes-sur-Loire
Tél. 02 41 78 27 16
www.compostelle-anjou.fr

Amis de St-Jacques-de-Compostelle en Aquitaine
4, rue Blanqui
33110 Le Bouscat
Tél. 05 56 08 46 18
www.saint-jacques-aquitaine.com

Association régionale des Amis de St-Jacques en Auvergne
67, rue Jean Giraudoux
03300 Cusset
Tél. 05 70 98 84 59

Association bretonne des Amis de St-Jacques
BP 45
56273 Ploemeur Cedex
Tél. 06 80 32 77 93
www.saint-jacques-compostellebretagne.fr

Association région Centre des Amis de St-Jacques
12, rue du Dr Guérin
37000 Tours

Amis de St-Jacques Champagne-Ardenne
20, pl. Georges Clemenceau
10370 Villenauxe-la-Grande
Tél. 03 25 73 13 60

Association des Amis de St-Jacques en Franche-Comté
7, av. Charles Siffert
25000 Besançon
Tél. 03 81 81 98 77

Les Amis de St-Jacques dans le Gers
La Salasse
32700 Lectoure
Tél. 05 62 68 79 29
www.st-jacques-compostellegers.org

Association des Amis du chemin de St-Jacques en Languedoc-Roussillon
7, rue de Théron
34150 Saint-Guilhem-le-Désert
www.chemin-arles-en-lr.com

Association des Amis de St-Jacques en Limousin-Périgord
8, rue de la Constitution
24000 Périgueux
Tél. 05 53 35 32 72

Amis de St-Jacques-de-Compostelle en région Lorraine
6, rue de la République
54200 Toul
Tél. 03 83 62 98 39

Les Amis du chemin de St-Jacques-de-Compostelle du Nord
298, rue Clemenceau
59139 Wattignies
Tél. 03 20 97 23 49
www.compostelle-nord.com

Association normande des Amis de St-Jacques
6, allée des Aubépines
50460 Querqueville
Tél. 02 33 03 35 34
www.chemin-pelerinsnormands.org

Association des Amis de St-Jacques en Picardie
7, rue de l'église

80250 Ailly-sur-Noye
Tél. 03 22 09 45 61

Association régionale des Amis de St-Jacques en Poitou-Charentes
18, rue de Coburg
79000 Niort

Les Amis de St-Jacques en Provence-Alpes-Côte-d'Azur
BP 526
83054 Toulon
Tél. 04 94 03 35 30

Association Rhône-Alpes des Amis de St-Jacques
30, quai St Antoine
Commanderie des Antonins
69002 Lyon
www.amis-st-jacques.org
Ȣ Délégation de Savoie
59, rue Curé Jacquier
73290 La Motte-Servolex
Tél. 04 79 32 69 72

Association des Amis de St-Jacques de la voie de Vézelay
Rue Saint Pierre
89450 Vézelay
Tél. 03 86 32 38 11

www.amis-saint-jacques-decompostelle.asso.fr

En Europe

Association Belge des Amis de St-Jacques-de-Compostelle
Chemin des Ajoncs, 2
B 5100 Wepion
Tél/Fax 081/461258
www.st-jacques.ws

Vlaams Genootschap van Santiago de Compostela
(sté flamande de St Jacques)
Varkensstraat 6
2800 Mechelen
Tél. 015 29 84 36
www.compostelagenootschap.be

Deutsche St. Jakobus-Gesellschaft e. V.
(Sté Allemande de St Jacques)
Tempelhofer Strasse 21
D-52068 Aachen
Tél. 0241/4790-127
www.deutsche-jakobusgesellschaft.de

Les Amis du Chemin de Saint Jacques en Suisse
_ Secrétariat Suisse romande
Route de Founex 4
1291 Commugny
Tél. + 41 22 776 12 08
ɤ Secrétariat Suisse alémanique Schanzweg 5
4132 Muttenz
Tél. +41 76 319 45 66
www.chemin-de-stjacques.ch

Confraternità de San Jacopo di Compostella
(Confraternité italienne)
Informations :
Centro italiano di studi compostellani
Via del Verzaro 49
06123 Perugia
Tél. 075 5736381
Fax 075 5854607
www.confraternitadisanjacopo.it

Federación Española de Asociaciones de Amigos del Camino de Santiago
(fédération espagnole)
Calle Ruavieja 3, bajo
26001 – Logroño (La Rioja)
Tél. (34) 941-245-674
Fax (34) 941-247-571
www.caminosantiago.org

DANS LE MONDE

Association québecoise des pèlerins et amis du Chemin de Saint-Jacques
650 rue Girouard Est
Saint-Hyacinthe (Québec)
J2S 2Y2 Canada
www.duquebecacompostelle.org

Association jacquaire au Brésil
www.caminhodesantiago.com.br

ET POUR PLUS D'INFORMATIONS

Office de tourisme de Saint-Jacques-de-Compostelle
43, rua del Villar
15704 Santiago de Compostela
Tél. (34) 981 584 081
www.santiagoturismo.com

Il est à noter qu'il existe plus de 80 associations jacquaires en France, en dehors de la capitale.

Alexandra Ragache
a offert les 20 dessins qui agrémentent ce livre

Alexandra RAGACHE
Courriel : aragache@sfr.fr
www.nananere-deco.fr

Et maintenant…

Je me rapproche de vous en témoignant de mon expérience lors de soirées-diaporama pour vous offrir ce merveilleux Chemin de Saint-Jacques. Associations jacquaires, culturelles, scolaires ou sportives : prenez contact avec nous !

Vous pouvez aussi consulter notre site et écrire vos impressions sur notre blog dans la rubrique « Courrier des lecteurs ».

Vous pouvez nous contacter aux adresses suivantes :

TRÈVES EDITIONS – Gérard Trèves
285 rue Amélie Gex – 73190 Challes-Les-Eaux
Site : www.gerardlatortuedecompostelle.fr
Courriel : info@gerardlatortuedecompostelle.fr

ou

ESPÉRANCE JEUNESSE,
SOUTIEN À LA FONDATION D'AUTEUIL
285 rue Amélie Gex – 73190 Challes-Les-Eaux
Site : www.esperancejeunesse.org
Courriel : info@esperancejeunesse.org

Nous attendons vos messages, vos réactions et vos observations !

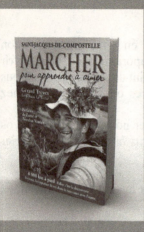

Bon chemin ... de vie! Gérard Trèves.

Je remercie…

Tous ceux qui, de près ou de loin, m'ont aidé et encouragé dans la réalisation de cet ouvrage, et particulièrement :

— Zazie, femme de cœur, pour sa touchante préface en 4ème de couverture. Une fois encore, elle prouve son engagement et sa générosité.

— Nicolas Vanier, pour son attachante préface et son message d'espoir et de reconnaissance pour ce chemin de vie.

— Mon fils Florian pour le choix du titre, la sélection de la photo en première page, la préface de son amie Zazie et celle de Nicolas Vanier.

— Le comité de lecture : mon épouse, mes enfants : Gauthier, Marion, Sybille et Jean-Paul, Florian, mon frère Guy et son épouse Simone, ma sœur Gisèle, mes amis : Alexandra, Arlette, Evelyne, Babette, Josiane, Laurence, Marie-Joëlle, Sonia, Véronique, Alain, Jean-François, Jean-Michel Colas, Gérard, Hervé, Luc, Maxime, Patrick, Pierre et Yves, dont les suggestions furent bien souvent judicieuses

— Leïla Oufkir et Catherine Francoz qui ont déchiffré et transcrit mes carnets de voyage

— Christine Macé qui a réalisé ce long travail de mise en forme du récit afin qu'il soit agréable à lire et fidèle à mes écrits

— Nathalie Raguin pour sa relecture efficace et précise, ainsi que la pertinence de son analyse

— André Dréan qui a eu la gentillesse d'écrire le prologue.

— Glenda Pajean pour la traduction des phrases en espagnol

— l'abbé Hugues Leblong pour sa relecture et ses avis éclairés

— Patrick Jager pour son dessin humoristique de Gérard la Tortue,

— Sylviane Murat de l'atelier *Pierre de Lune* à albertville pour la création de la première page, et de l'ensemble des couvertures

— Christine et Jean de *Photo Leleu* à Antibes pour leur assistance dans la mise en place des épreuves photos

— Alexandra Ragache, artiste peintre, qui a ma profonde reconnaissance pour le cadeau de ses superbes dessins originaux au trait

— Alain Durrieu pour la pertinence de ses conseils dans le choix de mes photos et du suivi du manuscrit jusqu'à sa diffusion

— Aux Éditions de la Page Blanche pour leur aide et particulièrement à Adrien pour son professionnalisme.

— A Frederic Colomb, pour la création bénevole et amicale, des sites internet, www.Gérardlatortuedecompostelle.fr et www.esperancejeunesse.org

— Patrice Dard, Albert Benloulou et Patrick Fillion pour leur soutien et conseils éclairés dans la mise en place de la société d'édition et de distribution

— En espérant n'avoir oublié personne !

Un homme n'est jamais si grand
que lorsqu'il est à genoux pour aider un enfant.

Pythagore

Prendre un enfant par la main...

Yves DUTEIL

L'expérience est une lanterne qui éclaire le chemin
parcouru, jamais celui à parcourir...

LAO-TSEU

La plus petite vague du monde est faite
de milliards de gouttes d'eau.

Emmanuel KANT

Maintenant que tu as senti ma présence
et accepté la confiance que j'ai mise en toi,
va où ton cœur t'entraîne.
Mais n'oublie jamais que ta vie doit être faite
de petits gestes d'amour à offrir chaque jour.
Tu es sur le chemin de la vérité,
de l'espérance et de l'amour.
Dis-toi à chaque instant que l'important,
c'est d'aimer.

La superbe couverture de cet ouvrage a été conçue et réalisée en collaboration avec le studio d'arts graphiques de l'agence *Pierre de Lune* à Albertville, en Savoie et *L'Oiseau à Ressort* de Sylviane Murat.

Les dessins au trait ainsi que les aquarelles des tortues sont des œuvres originales gracieusement offertes par Alexandra Ragache.

Le dessin de la tortue qui accompagne le poème *Si...* est offert par Patrick Jager

La chanson *Ultréia !* que l'on remet à Conques a été écrite et mise en musique par Jean-Claude Bénazet.

Afin de ne pas gêner les personnes rencontrées tout au long d ce cheminement et par souci de discrétion, certains prénoms ont été changés lors de la relecture de ces écrits.

Toutes les erreurs qui pourraient s'être glissées dans les descriptions, les lieux, les personnages ou situations me sont totalement personnelles. Si je me suis trompé, je vous remercie par avance de bien vouloir accepter mes excuses.

Les droits d'auteur ainsi que les bénéfices de ce livre sont intégralement versés à la Fondation Espérance Jeunesse pour les enfants défavorisés et les jeunes en difficulté.

Comment nos lecteurs peuvent-ils soutenir activement les actions du Fonds de dotation « Espérance Jeunesse », soutien à la Fondation d'Auteuil

Après avoir permis en 2009 l'agrandissement de l'orphelinat Sainte-Thérèse de l'Enfant-Jésus de Lomé au Togo, le fonds de dotation « espérance jeunesse » a décidé de venir en aide aux projets de la Fondation d'Auteuil qui œuvre depuis plus de 140 ans auprès des jeunes en grande difficulté familiale, sociale et affective.

Nous vous proposons donc de nous aider sur les trois projets de la Fondation d'Auteuil qu'« espérance jeunesse » a choisi de soutenir dès l'année 2010.

— Une crèche Arc-en-ciel à Vaulx-en-Velin (69), pour les tout-petits vivant seuls avec leur jeune maman.

— Un chœur gospel Family One/Arts et Loisirs, pour révéler les talents cachés et mettre les jeunes sur le chemin de la réussite.

— Une action éducative de solidarité internationale (construction d'un atelier de formation professionnelle pour les jeunes, dans le village de Toamasina), menée conjointement par les Enfants du Soleil et les jeunes de la Fondation d'Auteuil.

N'hésitez pas à sélectionner le projet qui vous séduit : les participations, mêmes les plus modestes, sont les bienvenues. Un reçu correspondant à votre don vous sera transmis par « espérance jeunesse » pour vous permettre de bénéficier des déductions fiscales correspondantes, (75 % à hauteur de 513 €, puis 66 % dans la limite de 20 % du revenu imposable).

Merci d'avance pour votre aide envers les enfants défavorisés et les jeunes en difficulté.

Gérard TRÈVES,
Responsable du fond de dotation
« Espérance Jeunesse » en soutien
à la Fondation d'Auteuil

Nota : Le fonds de dotation est un nouvel outil qui s'adresse à tous ceux (acteurs privés ou publics) qui ont un projet ou une mission d'intérêt général. Il cumule tous les avantages d'une fondation reconnue d'utilité publique sans en avoir les contraintes administratives.

Pour vos dons, adressez votre chèque à l'ordre :
« Espérance Jeunesse »
285 rue Amélie Gex –
73190 Challes-les-Eaux

Composé par Nord Compo à Villeneuve-d'Ascq

Imprimé en France par CPI
en août 2015

POCKET - 12, avenue d'Italie - 75627 Paris Cedex 13

N° d'impression : 2017604
Dépôt légal : mai 2013
Suite du premier tirage : août 2015
S23371/04